Manfred Steyer, Dr. Holger Schwichtenberg

Moderne Webanwendungen mit ASP.NET MVC 4

ASP.NET MVC 4 im Einklang mit ASP.NET Web API, Entity Framework
und JavaScript-APIs

Manfred Steyer, Dr. Holger Schwichtenberg

Moderne Webanwendungen mit ASP.NET MVC 4

ASP.NET MVC 4 im Einklang mit ASP.NET Web API, Entity Framework und JavaScript-APIs

Manfred Steyer, Dr. Holger Schwichtenberg: Moderne Webanwendungen mit ASP.NET MVC 4.
ASP.NET MVC 4 im Einklang mit ASP.NET Web API, Entity Framework und JavaScript-APIs.
Copyright © 2013 by O'Reilly Verlag GmbH & Co. KG

Kommentare und Fragen können Sie gerne an uns richten:

Microsoft Press Deutschland
Konrad-Zuse-Straße 1
85716 Unterschleißheim
E-Mail: *mspressde@oreilly.de*

15 14 13 12 11 10 9 8 7 6 5 4 3 2 1
15 14 13

Druck-ISBN 978-3-86645-564-1, PDF-ISBN 978-3-86645-790-4
EPUB-ISBN 978-3-8483-0140-9, MOBI-ISBN 978-3-8483-1136-1

© 2013 O'Reilly Verlag GmbH & Co. KG
Balthasarstraße 81, 50670 Köln
Alle Rechte vorbehalten

Korrektorat: Kristin Grauthoff, Lippstadt
Fachlektorat: Uwe Thiemann, Möhnesee
Lektorat: René Majer, rene@oreilly.de
Satz: Silja Brands, ActiveDevelop, Lippstadt (www.ActiveDevelop.de)
Layout: Gerhard Alfes, mediaService, Siegen (www.media-service.tv)
Umschlaggestaltung: Hommer Design GmbH, Haar (www.HommerDesign.com)
Gesamtherstellung: Kösel, Krugzell (www.KoeselBuch.de)

Inhaltsverzeichnis

Vorwort.. 13
    Über die Firma www.IT-Visions.de.. 15
    Über den Autor Manfred Steyer 15
    Über den Autor Dr. Holger Schwichtenberg... 16
    Leserservice.. 17
    Unterstützung durch den Verlag 17
    Ihre Entwicklungsumgebung für .NET 4.5 17

1 ASP.NET MVC 19
    Architektur.. 20
        Model-View-Controller (MVC) 20
        Überblick über MVVM (Model-View-ViewModel) 21
    Erste Schritte mit ASP.NET MVC... 22
        ASP.NET MVC-Projekt anlegen 22
        Modell anlegen 25
        Controller anlegen 26
        View anlegen 28
        Webanwendung testen 32
        Einträge editieren... 32
        Vorschlagswerte über Dropdown-Listenfelder anbieten...................... 37
    Controller... 40
        Models entgegennehmen... 41
        View auswählen... 42
        Auf Ausnahmen reagieren.. 43
        URL-Mapping beeinflussen 43
        Asynchrone Controller 45
        Vereinfachte Implementierung asynchroner Controller ab .NET 4.5....... 46
    Views.. 47
        Razor... 47
        Razor-Helper 49
        Layoutseiten.. 50
        Partielle Views 52
        Vorlagen für Felder und Models 53
        Views für mobile Anwendungen 56
        Zwischen unterschiedlichen Ansichten wechseln............................... 57
        Minification und Bundling.. 58

Models.. 59
   Metadaten im Model festlegen 59
   Html-Text übermitteln... 59
   Validieren von Benutzereingaben... 60
Globalisierung.. 66
   Sprach- und Ländereinstellungen festlegen 66
   Über Ressourcendateien mehrsprachige Inhalte bereitstellen 67
   Codierung festlegen 69
Areas... 69
Filter 72

2 ASP.NET Web API... 75
Einen einfachen REST-Service erstellen 76
   Parameter und Rückgabewerte 77
   REST-Dienste konfigurieren 78
   REST-Dienste mit Fiddler testen 79
Mehr Kontrolle über HTTP-Nachrichten.. 80
REST-Dienste über HttpClient konsumieren.. 83
Weiterführende Schritte mit der Web-API 86
   Benutzerdefinierte Routen... 86
   Dynamische Parameter 87
   Tracing... 88
   Querschnittsfunktionen mit Message-Handlern implementieren 89
   Handler mit HttpClient verwenden 90
   Querschnittsfunktionen mit Filter realisieren 92
   Benutzerdefinierte Formate unterstützen... 95
   Formatter mit HttpClient verwenden 97
   Validieren 98
Serialisierung beeinflussen.. 98
   JSON-Serializer konfigurieren 98
   XML-Serializer konfigurieren 99
   Eigenschaften von der Serialisierung ausschließen... 99
   Zirkuläre Referenzen serialisieren 100
Web-API und HTML-Formulare.. 102
   Einfache Formularfelder übermitteln 102
   Dateiupload via HTML-Formular 102
Fortschritt ermitteln... 105
Feingranulare Konfiguration 106
   Controllerbasierte Konfiguration 106
   Routenbasierte Konfiguration 107

3 JavaScript-APIs 109
   JavaScript als Multiparadigmen-Sprache.. 110
      Die prozedurale Seite von JavaScript... 110
      Die funktionale Seite von JavaScript.. 112
      Die objektorientierte Seite von JavaScript... 115
      Die modulare Seite von JavaScript 122
   JavaScript debuggen.. 123
   jQuery.. 124
      Wrapper-Objekte.. 124
      Selektion von Seitenelementen 125
      Ereignisbehandlung mit jQuery 125
      Modifizieren von Seitenelementen 126
      Animationen.. 127
      AJAX.. 128
   ASP.NET MVC-Modelle mit jQuery Validate validieren 130
   jQuery UI 132
   jQuery Mobile 134
      Logische Seiten 135
      Dialogfelder 137
      Navigationsleisten... 138
      Formularfelder 140
      Listen... 143
   Offlinefähige Webanwendungen mit HTML5.. 146
      Daten im Browser speichern... 146
      Anwendungsdateien im Browser speichern 147
   modernizr 153
   knockout.js 154
      View-Models mit knockout.js 155
      Views mit knockout.js... 156
      Arrays binden 157
   TypeScript 162
      Typen und Variablen... 163
      Funktionen.. 163
      Klassen... 164
      Schnittstellen 165
      Ambiente Deklarationen 166
      Module.. 167
      Verweise auf andere TypeScript-Dateien... 168

4 ASP.NET SignalR 169
   Long-Polling 170
   Web-Sockets 171
   Überblick über ASP.NET SignalR... 171

PersistentConnection 172
 Erste Schritte mit SignalR und PersistentConnection 172
 Lifecycle-Methoden 173
 URL-Mapping für persistente Verbindungen 173
 Einfacher Client für eine persistente Verbindung 173
 Einfacher JavaScript-Client für eine persistente Verbindung 175
Hubs 176
 Methoden und Callbacks mit SignalR und Hubs 176
 URL-Mapping für Hubs 178
 Lifecycle-Methoden 178
 Hubs konsumieren 178
 Hubs über JavaScript konsumieren 180
 Gruppen 183
Pipeline-Module für Querschnittsfunktionen 184
SignalR konfigurieren 186
SignalR skalieren 186

5 Datenzugriff mit dem Entity Framework 187
 Überblick 188
 Mit dem Entity Data Model arbeiten 189
  Entity Data Model anlegen 189
  Entity Data Model aus bestehender Datenbank ableiten 190
  Entity Data Model einsehen und bearbeiten 192
  Entity Data Model nach Datenbankänderungen aktualisieren 195
  Datenbank für Database First generieren 195
 Daten abfragen 196
  Auf Entitäten zugreifen 196
  Ergebnismenge einschränken und sortieren 199
  Ladestrategien 200
  Mit Entity SQL auf Datenbanken zugreifen 204
 Entitäten verwalten 205
  Entitäten einfügen 205
  Entitäten aktualisieren 205
  Getrennte Objektgraphen aktualisieren 207
  Entitäten löschen 208
  Konflikte erkennen und auflösen 209
  Mit Transaktionen arbeiten 211
 Erweiterte Mapping-Szenarien 212
  Komplexe Typen 213
  Enumerationen 214
  Vererbung 216
  Tabellen zu einer Klasse zusammenfassen 222
  Klasse auf ausgewählte Datensätze einer Tabelle abbilden 223
  Tabelle auf mehrere Klassen verteilen 224

Mit Gespeicherten Prozeduren arbeiten 225
    Gespeicherte Prozeduren zum Erzeugen, Aktualisieren und Löschen verwenden 225
    Vollständige Parallelität mit Gespeicherten Prozeduren 226
    Mit Gespeicherten Prozeduren Daten abrufen 228
Mit nativem SQL arbeiten 229
Codegenerierung anpassen 230
Code First 231
    Erste Schritte mit Code Only 231
    Standardkonventionen 234
    Konventionen mit Fluent API überschreiben 235
    Konventionen mit Attributen übersteuern 237
    Automatisches Migrieren von Datenbanken 239
Datenbasierte Dienste mit dem Entity Framework, ASP.NET Web API und OData 242
    Daten mit OData flexibel abfragen 242
    Mögliche OData-Abfragen einschränken 244
    OData-Abfragen global aktivieren 246
    OData-Abfragen manuell auswerten 246
    Daten mit OData verwalten 247

6 Direkt mit HTTP interagieren 253
    HttpContext 254
    Objektmodell 254
    Server (HttpServerUtility) 255
    Request (HttpRequest) 256
    Response (HttpResponse) 258

7 Zustandsverwaltung 261
    Überblick über die Zustandsverwaltung in ASP.NET MVC 262
    Zustandsverwaltung auf Sitzungsebene 263
        Überblick 263
        Weitere Optionen 264
        Programmieren mit dem Sitzungszustand 265
        URL-basierte Sitzungsverwaltung ohne Cookies 265
        Konfiguration des Sitzungszustands 266
        Speicherort der Sitzungstabelle wählen 267
        Komprimierung des Sitzungszustands 267
        Deaktivieren des Sitzungszustands 268
    Zustandsverwaltung auf Anwendungsebene 268
        Unbedingter Anwendungszustand 268
    Benutzerzustand mit individuellen Cookies 269
    Grundprinzip der Cookies 269
        Einwertige Cookies 270
        Mehrwertige Cookies 270
    Vergleich der Zustandsverwaltungsmöglichkeiten 271

8   Caching.. 273
    Überblick.. 274
    Pro und Contra Zwischenspeicherung... 274
    Zwischenspeicherung ganzer Seiten (Output-Caching).......................... 275
    Zwischenspeicherungsprofile (Caching Profiles) 277
    Caching von Seitenteilen (Fragmentzwischenspeicherung).................... 277
    Programmatisches Caching 278
    Cacheinvalidierung 279
        Cacheinvalidierung durch die Datenbank... 279
        Cache Invalidation bei Microsoft SQL Server 7.0 und 2000.............. 280
        Cacheinvalidierung bei Microsoft SQL Server ab Version 2005......... 281

9   Internet Information Services (IIS)... 283
    Installation der IIS.. 284
        Nötige Schritte für die Installation 284
        Integration zwischen ASP.NET und IIS 285
        Test der Installation 285
    IIS-Administration.. 285
        IIS-Manager 286
        Automatisierte Administration und APIs.. 287
    IIS-Websites (Virtuelle Webserver)... 288
        Webserver erstellen 288
        Wichtige Einstellungen 289
        Authentifizierung.. 290
        Secure Socket Layer (SSL) 290
    Virtuelle Verzeichnisse... 292
    IIS-Anwendungen 294
        Rahmenbedingungen einer IIS-Anwendung 294
        Anlegen einer IIS-Anwendung.. 294
    IIS-Anwendungspools 295
        Eigenschaften eines Anwendungspools 296
        Liste der Anwendungspools.. 296
        Zuordnung von Websites und IIS-Anwendungen zu Anwendungspools... 297
        ASP.NET-Version 297
        Erweiterte Einstellungen 298
        Anwendungspoolidentität 299
        Wiederverwendung (Recycling).. 299
        Leistungseinstellungen 300
        Zustandsüberwachung... 300
    IIS-Autostart 301
    Konfiguration des Webservers in der Entwicklungsumgebung................ 304

10 Sicherheit.. 305
    Verschlüsselung.. 306
    Zugang zu Action-Methoden beschränken... 306
    Zugriff auf Anwendung beschränken 307
    HTTP-basierte Authentifizierung 308
        HTTP-Sicherheit in IIS konfigurieren... 309
        HTTP-Sicherheit in ASP.NET konfigurieren................................... 309
    Formularbasierte Authentifizierung.. 310
    Mitgliedschaftsanbieter... 312
        Konfiguration 312
        Mitgelieferte Administrationsoberfläche 314
        Nutzung des Mitgliedschaftsanbieters... 314
    Rollenanbieter 315
        Konfiguration 315
        Programmierschnittstelle für Rollen.. 316
    Benutzerdefinierte Mitgliedschafts- und Rollenanbieter..................... 317
    Single Sign-On mit Google, Facebook, Twitter und Co. 318
        Protokolle und Implementierungen 319
        Anmeldeanbieter registrieren 319
        Authentifizierung über Anmeldeanbieter anfordern..................... 320
        Callback von Anmeldeanbieter entgegennehmen 321
        Authentifizierung mit vorgefertigter Logik aus Vorlage 322
    Erweiterte Sicherheitsszenarien mit OAuth2 und DotNetOpenAuth........... 326
        Überblick zu OAuth 326
        Zugriff auf geteilte Ressourcen über Webanwendungen................. 327
        Umsetzung mit ASP.NET MVC, DotNetOpenAuth und OAuth2................ 328
        Authentifizierung und Autorisierung mit Google........................... 328
        Token validieren um Sicherheitsloch zu schließen.......................... 332
        Entwicklung eines Autorisierungsservers 334
        Mit Client auf Autorisierungsserver und Ressourcenserver zugreifen........... 341
        OAuth2 für den Zugriff auf Dienste über klassische Clients 342
    Single Sign-On mit WIF.. 345
        Verweis auf STS einrichten 346
        Konfigurieren von ASP.NET-Projekten für den Einsatz mit WIF........... 349
        Übermittelte Claims prüfen 350
        Claims in Action-Methoden verwenden 351
        Programmatisches Anfordern einer Anmeldung 352
        Sitzungscookie für Claims erstellen 352

11 ASP.NET MVC und ASP.NET Web API erweitern.................................... 353
    ASP.NET MVC erweitern.. 354
        DependencyResolver... 354
        ModelBinder.. 356
        ValueProvider.. 360

ModelValidatorProvider 362

MetadataProvider 365

View-Helper 369

Basisklasse für Razor-Views ändern 372

Action-Methoden mit ActionMethodSelectorAttribute auswählen 373

ActionNameSelectorAttribute 375

Controller mit ControllerFactory auswählen 376

View-Engine 378

Benutzerdefiniertes ActionResult 382

ASP.NET Web API erweitern 383

Abhängigkeiten auflösen mit benutzerdefiniertem DependencyResolver 383

Methodenparameter auf benutzerdefinierte Weise mit HttpParameterBinding binden... 384

Zusätzliche Assemblys mit AssembliesResolver laden 387

Service-Operationen über HttpActionSelector auswählen 388

Controller über HttpControllerSelector auswählen 389

12   Testbare Systeme mit Dependency-Injection 391

Fallbeispiel ohne Dependency-Injection 392

Implementierung mit ASP.NET MVC 392

Komponententests (engl. Unit Tests) 395

Diskussion der betrachteten Lösung 396

Fallbeispiel mit Dependency-Injection 396

Implementierung der Webanwendung 396

Brückenschlag zwischen ASP.NET MVC und Unity 399

Testen 400

Zusammenfassung und Fazit 402

Stichwortverzeichnis 403

Vorwort

Das Web hat sich verändert. Während für gute Web-Anwendungen vor rund 10 Jahren noch die Regel galt, so viele Aufgaben wie möglich auf dem Server zu erledigen, machen moderne Web-Systeme sehr stark von clientseitigen Techniken, allen voran JavaScript, Gebrauch, um die Benutzerfreundlichkeit zu steigern und sich so von Konkurrenz-Produkten abzuheben. Dank HTML 5 können nun auch offlinefähige Web-Anwendungen entwickelt werden, sodass Web-Techniken eine ernstzunehmende Alternative zu klassischen Plattformen für die Entwicklung von Desktop-Clients darstellen. Darüber hinaus werden moderne Web-Anwendungen den klassischen mehrschichtigen Anwendungen, die sich auf bereitgestellte Services stützen und von diesen gezielt Informationen beziehen, immer ähnlicher.

Auch im Bereich mobiler Endgeräte spielen moderne Web-Systeme eine wichtige Rolle, zumal sie derzeit sowie in absehbarer Zukunft die einzige Technologie zur Entwicklung plattformübergreifender Lösungen darstellen: Egal ob auf dem iPhone, auf der Android-Plattform, Bada oder unter Windows (Phone) 8: Web-Technologien werden überall unterstützt.

Das vorliegende Buch präsentiert einen Technologie-Mix, mit dem .NET-Entwickler solche modernen Web-Anwendungen entwickeln können. Dabei wird auf serverseitige Technologien wie ASP.NET MVC, ASP.NET Web API oder das Entity Framework ebenso eingegangen, wie auf clientseitige Konzepte, ohne die die beschriebene Art von Anwendungen nicht möglich wäre. Zu diesen clientseitigen Technologien zählen jQuery, jQuery Mobile, knockout.js, TypeScript sowie der HTML 5 AppCache. Auch das Thema Sicherheit wird behandelt, indem neben klassischen Szenarien auch erweiterte Ansätze, wie Single Sign-On und die Delegation von Rechten mit aufstrebenden Standards wie OAuth2 eingangen wird. Eine Diskussion über Dependency Injection zur Steigerung der Testbarkeit am Ende des Buchs rundet den vermittelten Stoff ab.

Zielgruppe

Das Buch richtet sich an Softwareentwickler, die bereits grundlegende Erfahrung mit .NET und C# sowie clientseitigen Web-Technologien, allen voran JavaScript und HTML haben und moderne Web-Anwendungen entwickeln wollen.

Besprochene Version

Das Buch behandelt die Mitte August 2012 erschienene Release to Manufacturing (RTM)-Version von Microsoft .NET Framework 4.5 sowie die Entwicklungsumgebung Visual Studio 2012. Sämtliche Beispiele wurden mit Visual Studio 2012 Premium getestet. Darüber hinaus wird an einigen Stellen auf Neuerungen, die seit Mitte Februar 2013 über die *ASP.NET and Web Tools 2012.2* bereitgestellt werden, eingegangen.

Zielsetzung des Buchs

Zielsetzung dieses Buchs ist es, dem Leser zu zeigen, wie die eingangs erwähnten Technologien verwendet werden können, um moderne Web-Anwendungen zu schaffen. Der Fokus liegt dabei auf den Konzepten, die hinter diesen Technologien stehen. Für eine erschöpfende Auflistung sämtlicher Funktionen wird, gerade bei den clientseitigen Technologien, auf die umfangreichen frei verfügbaren Online-Referenzen verwiesen.

Verwendete Programmiersprache

Das vorliegende Buch verwendet serverseitig die Programmiersprache C# sowie clientseitig JavaScript.

Alle Leser, die serverseitig lieber mit Visual Basic .NET arbeiten, können die abgedruckten Beispiele sehr einfach mit kostenlosen Werkzeugen nach Visual Basic .NET konvertieren. Informationen dazu findet man unter *http://www.dotnetframework.de/tools.aspx*.

Sprachversion

Dieses Buch beschreibt die englische Version von Visual Studio, weil inzwischen viele deutsche Entwickler (einschließlich der Autoren) die englische Version der Software bevorzugen, zumal die Übersetzungen ins Deutsche oft holprig sind und die Fehlermeldungen nur schwerer verständlich machen. Anwender einer anderen Sprachversion können über den Befehl *Tools | Options | Environment | International Settings* weitere Sprachpakete herunterladen und einrichten. Weiterhin sei noch darauf hingewiesen, dass die Anordnung der Menüs und auch einige Tastaturkürzel von den gewählten Einstellungen in Visual Studio abhängen. Alle Ausführungen in diesem Buch beziehen sich auf die Umgebungseinstellung *Common Settings*, die bei der Installation des Produkts ausgewählt werden kann.

Danksagungen

Unseren Dank für ihre Mitwirkung an diesem Buch möchten wir aussprechen an

- unsere Familienangehörigen, allen voran und in alphabetischer Reihenfolge Felix, Heidi, Kerstin und Maja, die uns neben unserem Hauptberuf das Umfeld geschaffen haben, auch an manchen Abenden und Wochenenden an diesem Buch zu arbeiten

- die Microsoft Press-Lektoren *Thomas Braun-Wiesholler* und *René Majer,* die dieses Buch von der Verlagsseite aus betreut haben

- den Fachlektor Uwe Thiemann, der alle Texte inhaltlich geprüft hat

- die Korrektorin Kristin Grauthoff, die das Buch sprachlich verbessert hat und

- die Setzerin Silja Brands, die sich um die optischen Aspekte des Buchs gesorgt hat

Graz & Essen

Im März 2013

Manfred Steyer & Holger Schwichtenberg

Über die Firma www.IT-Visions.de

Die beiden Autoren arbeiten bei der Firma *www.IT-Visions.de* als Softwarearchitekten, Softwareentwickler, Trainer und Berater für .NET-Techniken. *www.IT-Visions.de* ist ein Verbund der deutschen Top-Experten im Bereich der Microsoft-Produkte und -Technologien insbesondere .NET. Unter Leitung und Mitwirkung des bekannten .NET-Experten Dr. Holger Schwichtenberg bietet *www.IT-Visions.de*:

- Strategische und technische Beratung

- Konzepte, Machbarkeitsstudien und Reviews

- Coaching bei Entwicklungsprojekten

- Technischer Support vor Ort und via Telefon, E-Mail oder Web-Konferenz

- Individuell zugeschnittene technische Vor-Ort-Schulungen und anforderungsorientierte Workshops

- Öffentliche Seminare (in Kooperation mit dem Heise-Verlag), siehe *www.dotnet-akademie.de*

Die Schwestergesellschaft *5Minds IT-Solutions GmbH & Co. KG* bietet Software-entwicklung (Prototypen und komplette Lösungen) sowie den Verleih von Soft-wareentwicklern.

Zu den Kunden gehören neben vielen mittelständischen Unternehmen auch Großunternehmen wie z.B. E.ON, Bertelsmann, EADS, Siemens, MAN, Bayer, VW, Bosch, ThyssenKrupp, Merkle, Fuji, Festo, Dr. Oetker, Deutsche Post, Deutsche Telekom, Fielmann, Roche, HP, Jenoptik, Hugo Boss, Zeiss, IKEA, diverse Banken und Versicherungen sowie mehrere Landesregierungen.

Über den Autor Manfred Steyer

Manfred Steyer ist Trainer und Berater bei *www.IT-Visions.de* sowie verantwortlich für den Fachbereich Software Engineering der Studien-richtung IT und Wirtschaftsinformatik an der FH CAMPUS 02 in Graz.

Er schreibt für das windows.developer magazin (vormals dot.net magazin) und ist Buchautor bei Microsoft Press, Carl Hanser sowie Entwickler Press. Manfred hat berufsbegleitend IT und IT-Marketing in Graz sowie Computer Science in Hagen studiert und kann auf mehrere Jahre Er-fahrung in der Planung und Umsetzung von großen Applikationen zurückblicken. Er ist ausgebildeter Trainer für den Bereich der Erwachsenenbildung und spricht regelmäßig auf Fachkonferenzen.

In der Vergangenheit war Manfred Steyer mehrere Jahre für ein ein großes österreichisches Systemhaus tätig. In der Rolle als Bereichsleiter hat er gemeinsam mit seinem Team Geschäftsanwendungen konzipiert und umgesetzt.

Sein Weblog errreichen Sie unter *www.softwarearchitect.at*.

Seine E-Mail-Adresse lautet *m.steyer@IT-Visions.de*.

Über den Autor Dr. Holger Schwichtenberg

- Studienabschluss Diplom-Wirtschaftsinformatik an der Universität Essen
- Promotion an der Universität Essen im Gebiet komponentenbasierter Softwareentwicklung
- Seit 1996 selbstständig als unabhängiger Berater, Dozent, Softwarearchitekt und Fachjournalist
- Leiter des Berater- und Dozententeams bei *www.IT-Visions.de*
- Leitung der Softwareentwicklung im Bereich Microsoft/.NET bei der 5minds IT-Solutions GmbH & Co. KG (*www.5minds.de*)
- 60 Fachbücher bei Microsoft Press, Addison-Wesley und dem Carl Hanser-Verlag und mehr als 700 Beiträge in Fachzeitschriften
- Gutachter in den Wettbewerbsverfahren der EU gegen Microsoft (2006–2009)
- Ständiger Mitarbeiter der Zeitschriften iX (seit 1999), dotnetpro (seit 2000) und Windows Developer (seit 2010) sowie beim Online-Portal *heise.de* (seit 2008).
- Regelmäßiger Sprecher auf nationalen und internationalen Fachkonferenzen (z. B. TechEd, Microsoft IT Forum, BASTA, BASTA-on-Tour, Advanced Developers Conference, .NET-Entwicklerkonferenz, OOP, VS One, Wirtschaftsinformatik, Net.Object Days, Windows Forum, DOTNET-Konferenz, XML-in-Action)
- Zertifikate und Auszeichnungen von Microsoft:
  - Microsoft Most Valuable Professional (MVP)
  - Microsoft Certified Solution Developer (MCSD)
- Thematische Schwerpunkte:
  - Microsoft .NET Framework, Visual Studio, C#, Visual Basic
  - .NET-Architektur/Auswahl von .NET-Technologien
  - Einführung von .NET Framework und Visual Studio/Migration auf .NET
  - Webanwendungsentwicklung mit IIS, ASP.NET und AJAX
  - Enterprise .NET, verteilte Systeme/Webservices mit .NET
  - Relationale Datenbanken, XML, Datenzugriffsstrategien
  - Objektrelationales Mapping (ORM), insbesondere ADO.NET Entity Framework
  - Windows PowerShell (WPS) und Windows Management Instrumentation (WMI)
- Ehrenamtliche Community-Tätigkeiten:
  - Vortragender für die International .NET Association (INETA)
  - Betrieb diverser Community-Websites *www.dotnetframework.de*, *www.entwickler-lexikon.de*, *www.windows-scripting.de*, *www.aspnetdev.de*, u. a.
- Firmenwebsites: *http://www.IT-Visions.de* und *http://www.5minds.de*
- Weblog: *http://www.dotnet-doktor.de*
- Kontakt: *hs@IT-Visions.de* sowie *Telefon 0201 7490-700*

Leserservice

Den Lesern dieses Buchs werden von den Autoren folgende Serviceleistungen im Rahmen einer zugangsbeschränkten Website angeboten:

- **Downloads**   Sie können alle in diesem Buch vorgestellten Codebeispiele hier herunterladen

- **Diskussionsrunde**   Ein webbasiertes Forum bietet die Möglichkeit, Fragen an die Autoren zu stellen. Bitte beachten Sie jedoch, dass dies eine freiwillige Leistung der Autoren ist und kein Anspruch auf eine kostenlose Betreuung besteht.

- **Newsletter**   Alle registrierten Leser erhalten zwei- bis viermal jährlich einen Newsletter mit aktuellen Terminen und Publikationshinweisen

- **Leserbewertung**   Vergeben Sie Noten für dieses Buch und lesen Sie nach, was andere Leser von diesem Buch halten

- **Errata**   Trotz eines jahrelang erprobten Vorgehensmodells und der dreifachen Qualitätskontrolle (Co-Autor, Fachlektor, Verlag) ist es möglich, dass sich einzelne Fehler in dieses Buch eingeschlichen haben. Im Webportal können Sie nachlesen, welche Fehler gefunden wurden. Sie können hier auch selbst Fehler melden, die Ihnen auffallen.

Zugang zum Leser-Portal

Der URL für den Zugang zum Leser-Portal lautet: *http://www.dotnetframework.de/leser*. Bei der Anmeldung müssen Sie das Kennwort *Terra Nova* angeben.

Unterstützung durch den Verlag

Es wurden von Verlagsseite aus alle Anstrengungen unternommen, um die Korrektheit dieses Buchs zu gewährleisten. Microsoft Press bietet Kommentare und Korrekturen für seine Bücher im Web unter *http://www.microsoft-press.de/support.asp* an.

Wenn Sie Kommentare, Fragen oder Ideen zu diesem Buch haben, können Sie diese gerne per E-Mail an *mspressde@oreilly.de* senden, oder per Post an:

Microsoft Press Deutschland
Konrad-Zuse-Straße 1
85716 Unterschleißheim

Bitte beachten Sie, dass über diese Adressen kein Support für Microsoft-Produkte angeboten wird. Wenn Sie Hilfe zu Microsoft-Produkten benötigen, kontaktieren Sie bitte den Microsoft Online Support unter *http://support.microsoft.com*.

Die Beispieldateien können Sie ebenfalls über die Websites des Verlags herunterladen:

www.microsoft-press.de/support/9783866455641

msp.oreilly.de/support/2287/788

Ihre Entwicklungsumgebung für .NET 4.5

Zum Entwickeln mit .NET 4.5 empfehlen wir folgende Konfiguration:

1. .NET Framework 4.5 Redistributable

2. Entwicklungsumgebung Visual Studio 2012 Professional oder höher, englische Version

3. Microsoft SQL Server 2012 Express oder höher, englische Version

> **TIPP** Wenn Sie Visual Studio 2012 Professional (oder höher) installieren, wird dadurch automatisch .NET Framework 4.5 Redistributable ebenfalls installiert. Durch die Installation von .NET Framework 4.5 wird ein eventuell vorher vorhandenes .NET Framework 4.0 überschrieben, da es sich bei der Version 4.5 um ein »In-Place-Update« der Versoin 4.0 handelt.

Express-Editionen

Microsoft bietet neben Visual Studio auch noch eine Produktfamilie unter dem Titel »Visual Studio Express Editionen« an. Bei den Express-Editionen handelt es sich um größere Bausteine, die aus Visual Studio herausgebrochen wurden und jeweils für einen speziellen Anwendungsfall bereitstehen. Diese Express-Editionen sind kostenlos auf der Microsoft Website (*http://www.microsoft.com/visualstudio/eng/products/visual-studio-express-products*) beziehbar. Sie können ohne Gebühren unbegrenzt verwendet werden. Es existieren derzeit die in nachfolgender Tabelle genannten Express-Editionen. Die Express-Editionen reichen für die wichtigsten Anwendungstypen aus. Es gibt keine Express-Editionen für bestimmte .NET-Anwendungsarten, z. B. Microsoft Office-Anwendungen, SharePoint-Webparts oder SQL Server-Anwendungen.

Als Express-Editionen erhalten Sie auch den Datenbankserver SQL Server 2012 und das Quellcodeverwaltungssystem/ALM-System Team Foundation Server 2012.

	Programmiersprachen	UI-Sprachen	Konsolenanwendungen	Windows-Desktop-Anwendung	Windows 8 Store-Apps	Bibliotheken (DLL)	Webanwendungen	Webservices
Visual Studio 2012 Professional und höher	C#, Visual Basic, C++, F#, JavaScript	XAML, HTML, Windows Forms	X	X	X	X	X	X (IIS oder EXE gehostet)
Visual Studio 2012 Express for Windows Desktop	C#, Visual Basic, C++	XAML, Windows Forms	X	X		X		X (EXE gehostet)
Visual Studio 2012 Express for Windows 8	C#, Visual Basic, C++, F#, JavaScript	XAML, HTML			X			(nur Client)
Visual Studio 2012 Express for Web	C# und Visual Basic	HTML					X	X (im IIS gehostet)

Tabelle V.1 Übersicht über die Express-Editionen von Visual Studio

> **ACHTUNG** Bitte beachten Sie, dass in diesem Buch aus Platzgründen nicht explizit die Unterschiede zwischen Express-Variante und den kommerziellen Varianten beschrieben werden können. Beachten Sie bitte auch, dass sämtliche hier beschriebenen Beispiele mit der kommerziellen Premium Edition erstellt und getestet wurden und deswegen keine Garantie abgegeben wird, dass sämtliche Beispiele mit den Express-Versionen verwendet werden können.

Installation der Express-Editionen

Sie können alle Express-Editionen problemlos gemeinsam auf einem Computersystem installieren. Jedoch integrieren sich die Produkte nicht ineinander, d.h. alle Entwicklungsumgebungen besitzen ein eigenes Anwendungsfenster, auch eine Mischung von verschiedenen Projekttypen in einer Projektmappe ist nicht möglich. Diese Integration hat Microsoft den käuflich zu erwerbenden Visual Studio 2012-Vollprodukten vorbehalten.

Kapitel 1

ASP.NET MVC

In diesem Kapitel:

Architektur	20
Erste Schritte mit ASP.NET MVC	22
Controller	40
Views	47
Models	59
Globalisierung	66
Areas	69
Filter	72

ASP.NET MVC ist ein Framework aus der ASP.NET-Familie, welches zum einen das weit verbreitete MVC-Muster implementiert und dem Entwickler zum anderen die volle Kontrolle über die gerenderten Webseiten gibt. Dieses Kapitel zeigt, wie dieses Framework eingesetzt wird.

Architektur

Bevor die ersten Codebeispiele folgen, beschäftigt sich dieser Abschnitt mit verschiedenen Überlegungen zum MVC-Muster. Darüber hinaus wird auf das MVVM-Muster (Model-View-ViewModel, auch als Model-View-Presenter bekannt) eingegangen, da dieses heutzutage häufig in Kombination mit MVC eingesetzt wird.

Model-View-Controller (MVC)

Die Abkürzung MVC steht für Model-View-Controller, einem Pattern, das ursprünglich bei Xerox für die Trennung von Logik und Präsentation entwickelt wurde. Es sieht vor, dass eine Applikation in drei Teile aufgeteilt wird: Model, View und Controller (Abbildung 1.1).

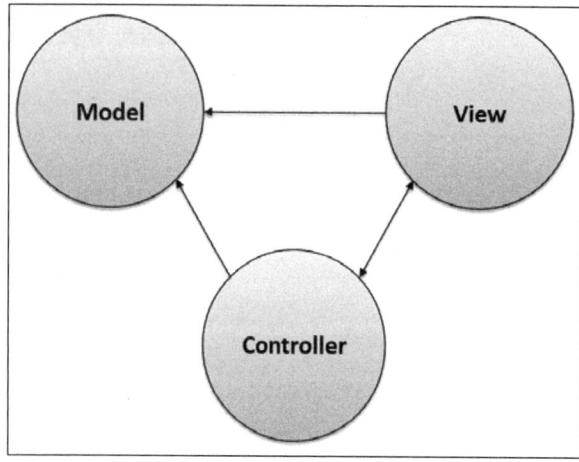

Abbildung 1.1 Das MVC-Muster

Das Modell entsprach dabei ursprünglich den fachlichen Daten sowie den darauf operierenden Routinen. Da diese beiden Aspekte heutzutage in der Regel voneinander getrennt werden, wird das Modell häufig lediglich mit den Daten der Applikation assoziiert und die Operationen für diese Daten, wie Laden, Speichern oder das Durchführen von Berechnungen, in eigene Klassen ausgelagert. Die Aufgabe der View ist das Anzeigen von Models sowie das Entgegennehmen von Benutzereingaben. Der Controller stellt das Bindeglied zwischen Modell und View dar: Er nimmt Anfragen sowie Benutzereingaben entgegen und wählt zur Abarbeitung der Anfrage eine passende Routine aus. Anschließend wird eine View ausgewählt und die anzuzeigenden Daten in Form eines Models an diese übergeben.

Durch diese Trennung können die einzelnen Teile separat wiederverwendet werden. Beispielsweise müssten bei einem Produkt, welches an das Design verschiedener Kunden anzupassen ist, lediglich die Views ausgetauscht bzw. modifiziert werden. Daneben erleichtert es das gleichzeitige Unterstützen verschiedener Benutzerschnittstellen – zum Beispiel eine für Mitarbeiter, eine weitere für Kunden und eine für mobile Endgeräte. Durch die Verteilung der einzelnen Aufgaben auf die Komponenten Modell, View und Controller wird auch eine eventuell gewünschte Arbeitsteilung vereinfacht. Webdesigner könnten sich beispielsweise um die View kümmern, Entwickler um den Controller sowie um die von ihm angestoßenen Routinen, und Datenbankexperten um das Modell, welches sich ggf. auf einen O/R-Mapper, wie das ADO.NET Entity Framework, stützt. Da die gesamte Logik durch den Controller wiedergespiegelt wird, wird auch das Testen und das Automatisieren von Tests erleichtert.

Überblick über MVVM (Model-View-ViewModel)

Da dieselben fachlichen Daten in unterschiedlichen Views häufig unterschiedlich angezeigt werden, sieht das Muster *MVVM* (*Model-View-ViewModel*) vor, dass jede View ein eigenes Modell erhält, welches als *ViewModel* bezeichnet wird. Dieses basiert auf einem oder mehreren Models und bereitet deren Daten für die Verwendung innerhalb der View auf. Zusätzlich kann es auch Berechnungen durchführen oder benachbarte Objekte in einer »flachen« Struktur anbieten.

Beispielsweise könnte so für eine Rechnung auch die Anzahl der stattgefundenen Mahnungen über eine Eigenschaft angeboten oder die von der View zu verwendende Hintergrundfarbe in Hinblick auf das Hervorheben mehrfach gemahnter Rechnungen ermittelt werden. Darüber hinaus ist es auch nicht unüblich, im ViewModel Methoden zu hinterlegen, welche sich um die Verarbeitung der Daten (Validieren, Speichern, Laden, Berechnungen) kümmern oder die damit verbundenen Verarbeitungsvorgänge zumindest anstoßen, indem sie an die entsprechenden Klassen weiterdelegieren.

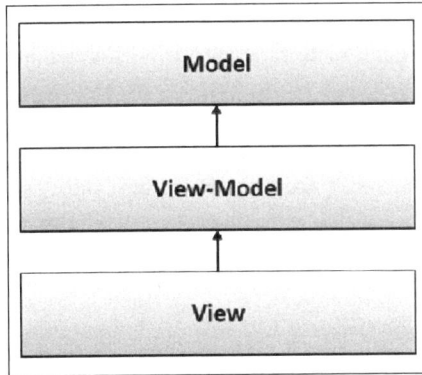

Abbildung 1.2   Das Muster MVVM (Model-View-ViewModel)

Beim Modell im Sinne von MVC handelt es sich somit, zumindest bei größeren Anwendungen, häufig um ein View-Modell, welches Daten für eine bestimmte View oder eine Gruppe von Views zur Verfügung stellt.

Erste Schritte mit ASP.NET MVC

Zur Einführung in ASP.NET MVC zeigt dieser Abschnitt, wie damit eine einfache Webanwendung zur Verwaltung von Hotels erstellt werden kann. Damit Sie einen guten Überblick erhalten, werden viele Themen, die in den folgenden Abschnitten detailliert erläutert werden, an dieser Stelle nur gestreift. Zur Vereinfachung kommt keine Datenbank sondern lediglich eine statische Liste zum Einsatz. Diese erlaubt es Ihnen, sich an dieser Stelle voll und ganz auf ASP.NET MVC zu konzentrieren.

ASP.NET MVC-Projekt anlegen

Zum Anlegen einer ASP.NET MVC-Applikation kann in Visual Studio die Vorlage *ASP.NET MVC 4 Web Application* aus der Kategorie *Web* herangezogen werden (Abbildung 1.3). Diese führt zu einem weiteren Dialogfeld, welches unter anderem die Möglichkeit bietet, eine weitere Projektvorlage für das neue MVC-Projekt auszuwählen (Abbildung 1.4). Abhängig von den installierten Erweiterungen stehen hier mehr oder weniger Optionen zur Verfügung. Diese unterscheiden sich im Wesentlichen nur durch die Dateien, die in das neue Projekt standardmäßig eingebunden werden sowie durch Konfigurationseinstellungen, die Visual Studio standardmäßig hinterlegt.

Einen Überblick über jene Vorlagen, die nach einer Neuinstallation von Visual Studio 2012 zur Verfügung stehen, finden Sie in Tabelle 1.1. Zum Starten empfiehlt sich die Projektvorlage *Internet-Application*, da sie bereits einige nützliche Dateien, wie eine beispielhafte Startseite, CSS-Dateien sowie ausgewählte Scriptdateien beinhaltet.

Zusätzlich bietet das betrachtete Dialogfeld die Möglichkeit, sich auf eine View-Engine festzulegen. Dabei handelt es sich um eine austauschbare Komponente, die sich um das Rendern der Views kümmert. Die View-Engine legt auch eine Grammatik fest, mit welcher innerhalb der View die für das Rendering benötigten serverseitigen Anweisungen formuliert werden.

Aus historischen Gründen stehen für ASP.NET MVC zwei verschiedene View-Engines zur Verfügung. Seit der ersten Version von ASP.NET MVC gibt es jene View-Engine, die aus dem älteren Web-Framework ASP.NET Web Forms übernommen wurde. Diese wird als Web Form(s)-View-Engine oder – aufgrund der von ihr für Views verwendeten Dateiendung – auch als ASPX-View-Engine bezeichnet. Da deren Einsatz im MVC-Umfeld als keine sonderlich gute Wahl erschien, wird seit Version 3 als Alternative dazu die View-Engine Razor, deren Grammatik sich bei MVC-Projekten natürlicher anfühlt, mit ausgeliefert. Neue Projekte sollten aus diesem Grund generell Razor verwenden. Dies ist auch der Grund, warum sich das vorliegende Werk auf Razor beschränkt.

Wie eingangs erwähnt, erleichtert das MVC-Muster das automatisierte Testen von Webanwendungen, zumal es sich bei Controllern lediglich um (mehr oder weniger) simple Klassen handelt und diese somit auf sehr einfache Weise mittels Unit-Tests getestet werden können, ohne HTTP-Anfragen simulieren zu müssen. An diesen Umstand erinnert auch das hier betrachtete Dialogfeld, das dem Entwickler die Möglichkeit bietet, mit einem Mausklick anzugeben, ob für das neue MVC-Projekt auch gleich ein Testprojekt für Unit-Tests angelegt werden soll. Auch wenn dieser erste Überblick über ASP.NET MVC dieses Angebot zur Vereinfachung nicht nutzt, ist es generell eine gute Idee, sich um eine entsprechende Abdeckung durch automatisierte Tests zu kümmern.

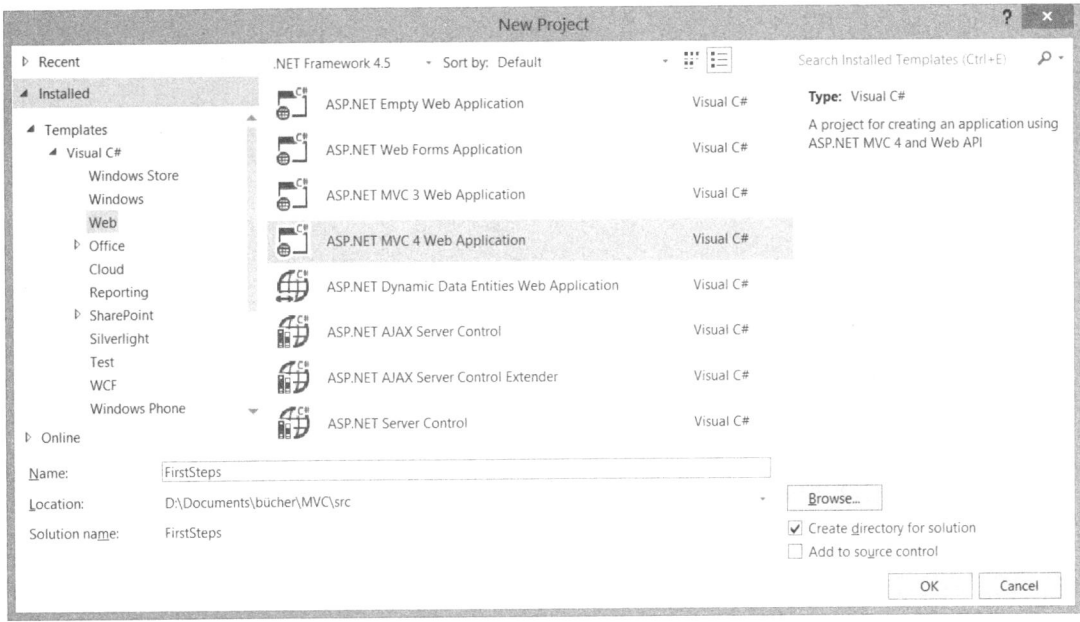

Abbildung 1.3   Projektvorlage für ASP.NET MVC

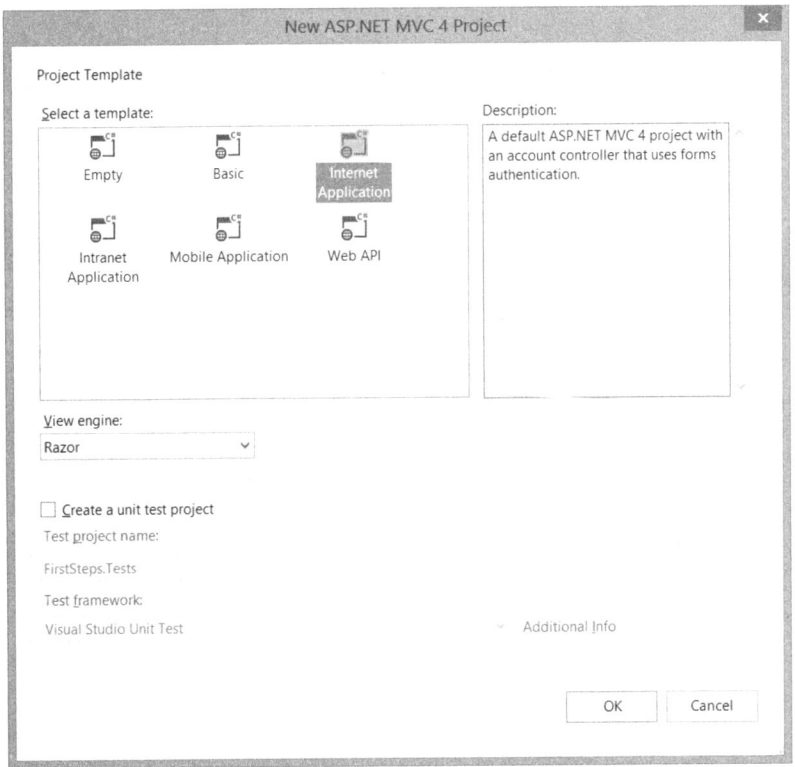

Abbildung 1.4   Auswahl einer Projektvorlage für das neue ASP.NET MVC-Projekt

Projektvorlage	Beschreibung
Empty	Erstellt ein leeres ASP.NET MVC-Projekt
Basic	Erstellt ein neues ASP.NET MVC-Projekt mit ausgewählten JavaScript-Dateien sowie beispielhaften Views und CSS-Dateien
Internet Application	Wie Basic einschließlich einer beispielhaften Startseite sowie der Möglichkeit, sich als Benutzer zu registrieren und anzumelden. Benutzer werden dazu in einer SQL Server-Datenbank gespeichert. Diese wird beim ersten Start der Anwendung, sofern sie unter einem Benutzer ausgeführt wird, der das Recht dazu hat, angelegt.
Intranet Application	Wie Internet-Application, mit der Ausnahme, dass Benutzer gegen das Active Directory bzw. gegen lokale Windows-Benutzerkonten authentifiziert werden
Mobile	Wie Internet-Application, wobei die beispielhafte Startseite sowie die bereitgestellten Seiten zum Anmelden und Registrieren von Benutzern für mobile Plattformen gestaltet sind. Zu diesem Zweck kommt das freie Framework jQuery Mobile zum Einsatz, welches ebenfalls eingebunden wird.
Web API	Erstellt ein neues Projekt, über welches (REST-)Services zur Verfügung gestellt werden können. Diese können zum Beispiel von JavaScript-Routinen genutzt werden, um gezielt Daten nachzuladen. Hierzu kommt das Framework ASP.NET Web API zum Einsatz, welches in Kapitel 2 näher beschrieben wird.

Tabelle 1.1   Projektvorlagen für ASP.NET MVC 4

Nachdem im betrachteten Dialogfeld sämtliche Einstellungen durch einen Klick auf *OK* bestätigt wurden, erstellt Visual Studio ein neues ASP.NET MVC-Projekt. Die Struktur dieses Projekts ist in Abbildung 1.5 dargestellt.

Abbildung 1.5   Verzeichnisstruktur eines ASP.NET MVC-Projekts

Dabei fallen drei Ordner auf: *Models*, *Views* und *Controllers*. Der Ordner *Controllers* beinhaltet die einzelnen Controller-Klassen, deren Namen per Definition auf `Controller` enden. Beispielsweise bietet die Projektvorlage *Internet Application* einen *HomeController* für die Startseite sowie einen *AccountController* für das Registrieren und Anmelden von Benutzern. Der Ordner *Models* beherbergt die einzelnen Modellimplementierungen. Dabei handelt es sich in der Regel um Klassen, welche Konzepte aus dem Bereich der Anwendung repräsentieren, zum Beispiel Hotels bei einer Anwendung zur Verwaltung von Hotels.

Der Ordner *Views* ist in weitere Ordner unterteilt, wobei jeder Ordner die Views eines bestimmten Controllers beinhaltet und auch dessen Namen (ohne die Endung Controller) übernimmt. Der Ordner *Views/Home* beinhaltet zum Beispiel die Views, an die der *HomeController* delegiert; *Views/Account* jene, die der *AccountController* nutzt. Die einzige Ausnahme ist der Ordner *Shared* – er beinhaltet Views, welche von sämtlichen Controllern verwendet werden können, darunter allgemeine Fehlerseiten oder Layoutseiten, die in sämtliche Views eingebunden werden.

Um einen neuen Controller hinzuzufügen, kann der Befehl *Add | Controller* aus dem Kontextmenü des Ordners *Controllers* verwendet werden; um eine neue View hinzuzufügen, der Befehl *Add | View* aus dem Kontextmenü des Ordners *Views* bzw. eines darunter liegenden Ordners. Zum Anlegen eines neuen Models existiert hingegen kein eigener Befehl, da es sich hierbei in der Regel um herkömmliche Klassen handelt, die keine gemeinsamen Charakteristika aufweisen, wie z.B. gemeinsame Basisklassen.

Modell anlegen

Für die hier beschriebene erste Beispielanwendung wird im Ordner *Models* eine Klasse `Hotel` angelegt.

```
public class Hotel
{
    public int HotelId { get; set; }
    public string Bezeichnung { get; set; }
    public int Sterne { get; set; }
}
```

Listing 1.1   Einfaches Model

Zum Laden und Speichern von Hotels wird darüber hinaus unterhalb des Projektordners ein Ordner *Data* mit einer `HotelRepository`-Klasse eingerichtet (Listing 1.2). Um das Beispiel einfach zu halten, verwaltet es Hotels in einer statischen Liste anstatt in einer Datenbank, sodass sich der Leser auf ASP.NET MVC konzentrieren kann und sich nicht darüber hinaus noch mit Aspekten des Datenbankzugriffs, welcher in Kapitel 5 behandelt werden, belasten muss.

```
public class HotelRepository
{
    private static List<Hotel> hotels = new List<Hotel>();

    static HotelRepository()
    {
        hotels.Add(new Hotel { HotelId = 1, Bezeichnung = "Hotel zur Post", Sterne = 2 });
        hotels.Add(new Hotel { HotelId = 2, Bezeichnung = "Hotel Rebstock", Sterne = 3 });
        hotels.Add(new Hotel { HotelId = 3, Bezeichnung = "Wellness Hotel", Sterne = 4 });
    }
```

```
public List<Hotel> FindAll()
{
    return hotels;
}

public Hotel FindById(int id)
{
    return hotels.Where(h => h.HotelId == id).FirstOrDefault();
}

public void Delete(int hotelId)
{
    var hotel = FindById(hotelId);
    hotels.Remove(hotel);
}

public void Save(Hotel h)
{
    if (h.HotelId == 0)
    {
        // Neues Hotel einfügen
        hotels.Add(h);
        h.HotelId = hotels.Max(htl => htl.HotelId) + 1;
    }
    else
    {
        // Bestehendes Hotel aktualisieren
        var hotel = FindById(h.HotelId);
        hotel.Bezeichnung = h.Bezeichnung;
        hotel.Sterne = h.Sterne;
    }
}
}
```

Listing 1.2 Repository für Hotels

Controller anlegen

Zum Anlegen des Controllers für das hier betrachtete Beispiel wählt der Entwickler aus dem Kontext-Menü des Ordners *Controllers* den Befehl *Add | Controller*. Daraufhin zeigt Visual Studio ein Dialogfeld an, in dem der Entwickler den Namen des neuen Controllers hinterlegen sowie eine Vorlage für diesen neuen Controller auswählen kann (siehe Abbildung 1.6). Der Entwickler kann die Vorlagen nutzen, um Visual Studio zu veranlassen, innerhalb des Controllers die Grundgerüste von Methoden für CRUD-Aufgaben (Create, Read, Update, Delete), die sich auf ein bestimmtes Modell beziehen, zu erstellen. Einige Vorlagen stützen sich auf das Entity Framework (siehe Kapitel 5) und einige Vorlagen sind speziell für Services, die mit der ASP.NET Web API geschrieben werden (siehe Kapitel 2), gedacht. Abhängig von der gewählten Vorlage muss der Entwickler in diesem Dialogfeld mehr oder weniger Eckdaten, die Visual Studio zum Erstellen der Grundgerüste benötigt, hinterlegen.

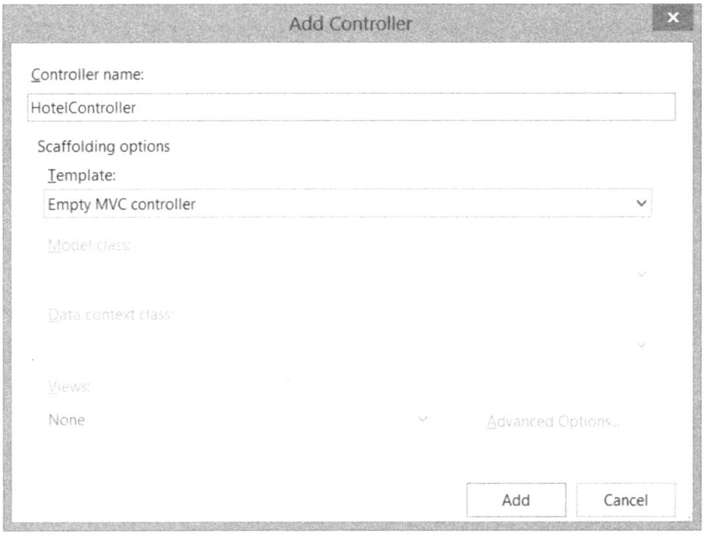

Abbildung 1.6 Neuen Controller hinzufügen

Für die Erstellung der hier beschriebenen Beispielanwendung wird die Vorlage *Empty MVC controller* gewählt, sodass der Entwickler gezwungen ist, die benötigten Methoden selber einzurichten. Den Controller-Namen legt er passend zum Modell auf *HotelController* fest. Nachdem er das Dialogfeld bestätigt hat, richtet Visual Studio eine neue Controller-Klasse ein, welche von der Basisklasse `Controller` erbt. Alternativ dazu könnte der Entwickler diese Klasse auch von `ControllerBase` erben lassen oder stattdessen das Interface `IController` implementieren. In der Praxis wird dies selten gemacht, da dieses Verhalten mit dem Verlust jenes Komforts, der durch die Basisklasse `Controller` geboten wird, einhergeht.

Die öffentlichen Methoden der Controller-Klassen nennen sich Action-Methoden. Sie werden auf einen URL abgebildet und liefern per Definition eine Instanz von `ActionResult` zurück. Der URL, auf den sie standardmäßig abgebildet werden, lautet auf */controller/action*, wobei *controller* für den Namen des Controllers (ohne die Endung *Controller*) sowie *action* für den Namen der Action-Methode steht. Die Methode `Index` in Listing 1.3 wird demnach angestoßen, wenn der Anwender auf den URL */hotel/index* zugreift. Da es sich bei `Index` um den standardmäßig verwendeten Methodennamen handelt, könnte der Benutzer alternativ dazu auch nur auf */hotel* zugreifen. Der standardmäßige Controller-Name lautet im Übrigen auf *Home*, was auch der Grund dafür ist, dass ohne Angabe eines URLs die Action-Methode `Index` im Controller *HomeController* angestoßen wird, welche zur Anzeige der Startseite führt.

HINWEIS   Soll eine Methode nicht als Action-Methode herangezogen werden, kann diese mit dem Attribut *NonAction* annotiert werden. Soll innerhalb des URLs eine vom Methodennamen abweichende Bezeichnung verwendet werden, kann diese über das Attribut *ActionName*, mit dem die jeweilige Action-Methode zu markieren ist, festgelegt werden.

Die Action-Methode `Index` im betrachteten Controller lädt sämtliche Hotels über das eingerichtete `HotelRepository` und erzeugt anschließend mit der von `Controller` geerbten Hilfsmethode `View` ein `ActionResult`, welches ASP.NET MVC anweist, eine View zu rendern. Den Namen dieser View übergibt sie als erstes Argument, das von der View anzuzeigende Modell – eine Liste mit Hotels – als zweites Argument. Da sie als Namen der View `Index` angibt, sucht ASP.NET MVC im *View*-Ordner des Controllers, der den Namen */Views/Hotel* trägt, nach dieser View. Wird das Framework dort nicht fündig, wird die Suche nach der View *Index* im Ordner */Views/Shared* fortgesetzt. Bleibt auch dieser Anlauf erfolglos, erhält der Aufrufer eine Fehlermeldung.

Da der Name der gewünschten View dem Namen der Action-Methode gleicht (beide nennen sich `Index`), kann der Entwickler beim Aufruf der Methode `View` auch den Namen der View weglassen. Das Ergebnis dieses Aufrufs, welcher durch den Kommentar am Ende der Methode `Index` angedeutet wird, wäre dasselbe: ASP.NET MVC würde trotzdem nach einer View mit dem Namen `Index` Ausschau halten.

```
public class HotelController : Controller
{
    // Mapping auf: /Hotel/Index
    //              /Hotel
    public ActionResult Index()
    {
        var rep = new HotelRepository();
        var hotels = rep.FindAll();
        return View("Index", hotels);
        // return View(hotels);
    }
}
```

Listing 1.3 Einfacher Controller zum Abfragen von Hotels

View anlegen

Um die in Listing 1.3 referenzierte View nur für den gezeigten Controller bereitzustellen, müssen Sie sie im Verzeichnis */Views/Hotels* einrichten. Um sich hierbei von Visual Studio unterstützen zu lassen, führen Sie einen Rechtsklick auf dem Inhalt der Action-Methode aus und wählen anschließend den Befehl *Add View* (Abbildung 1.7). Daraufhin zeigt Visual Studio ein Dialogfeld an, über das der Entwickler Eckdaten zur anzulegenden View bekannt geben kann (Abbildung 1.8). Neben dem Namen und der zu verwendenden View-Engine kann er zum Beispiel festlegen, ob es sich bei der View um eine streng typisierte View handeln soll.

Streng typisierte Views gehen davon aus, dass sie ein Modell eines ganz bestimmten Typs zur Anzeige übergeben bekommen. Für streng typisierte Views kann der Entwickler auch eine Vorlage auswählen, die Visual Studio zur Erzeugung eines Grundgerüsts für typische CRUD-Aufgaben innerhalb der View verwendet. Wird zum Beispiel das Modell *Hotel* und die Vorlage *List* gewählt, erstellt Visual Studio eine View, welche sämtliche Eigenschaften der Klasse `Hotel` in einer Liste ausgibt. Dabei ist zu beachten, dass die Modell-Klassen erst vorgeschlagen werden, nachdem der Entwickler sie kompiliert hat.

Die Option *Create as partial view* gibt an, ob die neue View als so genannte partielle View, welche in andere Views eingebettet wird, einzurichten ist. Mit der Option *Use a layout or master page* gibt der Entwickler an, dass das Ergebnis der View in eine Layoutseite, welche immer wiederkehrende Elemente wie Menüeinträge oder eine Fußzeile beinhaltet, eingebettet werden soll. Wählt der Entwickler diese Option aus, ohne eine Layout-Seite im sich darunter befindlichen Eingabefeld anzugeben, verwendet Visual Studio die standardmäßige Layoutseite.

Weitere Infos zu Layoutseiten finden Sie im Abschnitt »Layoutseiten«. Fürs erste genügt es, wenn Sie wissen, dass es dieses Konzept gibt und dass bei Einsatz der Projektvorlage *Internet-Application* die Anwendung auch schon eine beispielhafte Layoutseite beinhaltet, die standardmäßig herangezogen wird.

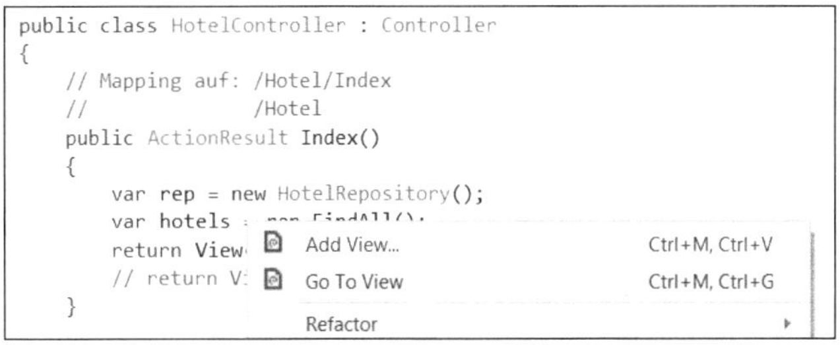

```
public class HotelController : Controller
{
    // Mapping auf: /Hotel/Index
    //              /Hotel
    public ActionResult Index()
    {
        var rep = new HotelRepository();
        var hotels : new FindAll();
        return View:       Add View...              Ctrl+M, Ctrl+V
        // return V:       Go To View               Ctrl+M, Ctrl+G
    }
                         Refactor                                ▸
```

Abbildung 1.7   Kontextmenübefehl zum Hinzufügen einer neuen View

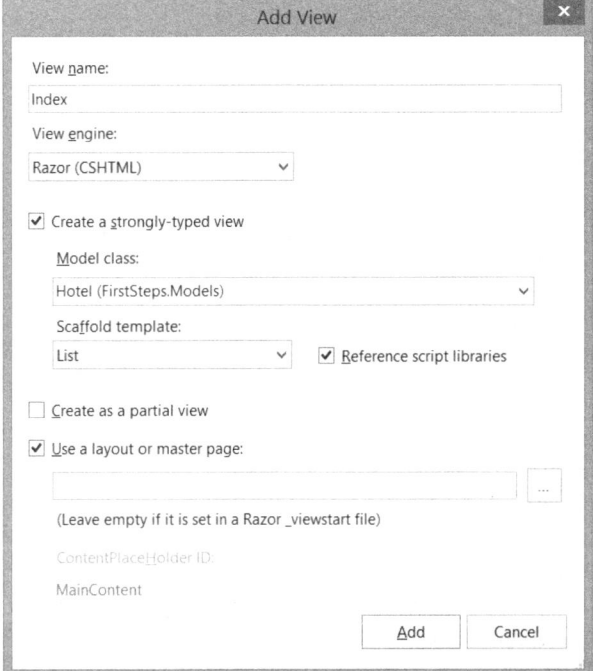

Abbildung 1.8   Neue View einfügen

Um eine View für die zuvor beschriebene Action-Methode Index aus dem eingerichteten *HotelController* anzulegen, wählt der Entwickler die in Abbildung 1.8 gezeigten Optionen und bestätigt das Dialogfeld. Daraufhin richtet Visual Studio im Verzeichnis */Views/Hotel* eine View mit dem Namen *Index.cshtml* ein. Würde er Visual Basic verwenden, hätte die View den Namen *Index.vbhtml*. Bei *.cshtml* bzw. *.vbhtml* handelt es sich um die Dateiendungen, die die gewählte View-Engine Razor für Views verwendet. Listing 1.4 zeigt den Inhalt dieser View. Anweisungen, die mit einem @ beginnen sowie Anweisungen, die sich innerhalb von @{ … } befinden, führt Razor im Zuge des Renderings aus. Alle anderen Zeilen werden in Form von HTML-Markup direkt ausgegeben.

Die Anweisung @model legt den Typ des darzustellenden Modells auf IEnumerable<FirstSteps.Models.Hotel> fest. Die View erwartet demnach als Modell eine Auflistung mit Hotel-Objekten. Dies macht die View zu einer streng typisierten View und erlaubt es dem Entwickler, über die Eigenschaft Model sämtliche übergebenen Hotel-Instanzen in diesem Modell zu iterieren. Beispielsweise könnte er durch die folgende Anweisung für jedes Hotel im übergebenen Modell einen Absatz bestehend aus der Eigenschaft Bezeichnung und Sterne ausgeben lassen, wobei die beiden Eigenschaften in der Ausgabe durch ein Komma getrennt dargestellt würden.

```
@foreach(var h in Model) { <p>@h.Bezeichnung, @h.Sterne</p> }
```

Da der Typ des Models bekannt ist, unterstützt Visual Studio das Formulieren dieser Anweisung mittels IntelliSense. Wie von Geisterhand scheint Razor die Grenzen zwischen den Codefragmenten, die serverseitig im Zuge des Renderings zur Ausführung gebracht werden, und jenen, die direkt in Form von HTML-Markup auszugeben sind, zu erkennen. Beispielsweise erkennt Razor, dass die schließende geschweifte Klammer am Ende zur serverseitigen foreach-Anweisung gehört oder dass das Komma, welches die Bezeichnung von den Sternen trennt, direkt in das Markup auszugeben ist. Dass Razor hierzu klare Regeln verwendet, die man glücklicherweise in den meisten Fällen nicht beachten muss, wird später im Abschnitt »Razor« aufgezeigt.

Legt der Entwickler mit @model den Typ des Models nicht fest, wird Model zur dynamischen Eigenschaft, für die der Entwickler natürlich von Visual Studio auch kein IntelliSense erhält. Wie bei dynamischen Eigenschaften üblich, kann auch der Compiler nicht prüfen, ob durchgeführte Zugriffe möglich sind. Vielmehr winkt er alle Zugriffe durch und Fehler werden erst zur Laufzeit durch eine Ausnahme abgemahnt.

Die Anweisung ViewBag.Title legt den Seitentitel, den die Layoutseite im Kopfbereich der HTML-Seite auszugeben hat, fest. Die Hilfsmethode @Html.ActionLink erzeugt einen Link, der die Beschriftung *Create New* trägt und auf die Action-Methode Create des zuletzt verwendeten Controllers verweist. Über eine Überladung dieser Methode könnte der Entwickler auch einen anderen Controller referenzieren.

Standardmäßig lautet der URI, der von dieser Methode verwendet wird, */Hotel/Create*, weswegen der Entwickler in Versuchung kommen könnte, den entsprechenden HTML-Befehl für einen solchen Link direkt in der View zu platzieren. Da man allerdings über die Konfiguration die Art und Weise, wie URLs auf Action-Methoden abzubilden sind, ändern kann, erscheint es sinnvoller, diese Hilfsmethode, welche den tatsächlichen URL aufgrund dieser Konfigurationseinstellungen ermittelt, heranzuziehen.

@Html.DisplayNameFor rendert den Namen einer Eigenschaft, welche in Form eines Lambda-Ausdrucks übergeben wird. Diesen Namen könnte man zwar an dieser Stelle auch direkt platzieren, allerdings gibt ASP.NET MVC dem Entwickler die Möglichkeit, direkt im Modell Metadaten, wie eben die anzuzeigenden Eigenschaftsnamen, zu platzieren. Und genau diese Bezeichnung würde DisplayNameFor in Erfahrung bringen und ausgeben. Somit könnte der Entwickler beispielsweise festlegen, dass das Feld Sterne in der GUI als Hotelkategorie bezeichnet werden soll und DisplayNameFor würde hierfür einheitlich diese Bezeichnung zu Tage fördern.

Die betrachtete View iteriert mit einer foreach-Schleife durch das Modell, wobei es sich um eine Auflistung mit Hotel-Objekten handelt. Pro Hotel gibt sie die Eigenschaften Bezeichnung und Sterne aus. Hierzu würden die Anweisungen @item.Bezeichnung bzw. @item.Sterne reichen. Stattdessen verwendet die View jedoch die Hilfsmethode DisplayFor, an die die auszugebende Eigenschaft als Lambda-Ausdruck übergeben wird. Der Grund dafür liegt in der Tatsache, dass der Entwickler pro Model-Eigenschaft eine Vorlage definieren kann, mit der die Eigenschaft angezeigt werden soll. Existiert für eine Eigenschaft keine solche Vorlage, prüft ASP.NET MVC, ob für den Datentyp der Eigenschaft eine Vorlage vorliegt. Standardmäßig existiert zum Beispiel eine Vorlage für boolesche Felder, die diese in Form eines nicht editierbaren Kontrollkästchens (ausgefüllt entspricht true, leer entspricht false) anzeigt. Weitere Informationen hierzu finden Sie im Abschnitt »Vorlagen für Felder und Models«.

Am Ende rendert die betrachtete View auch noch drei Links, welche auf die (noch nicht existierenden) Controller-Methoden Edit, Details und Delete verweisen und dieselbe Beschriftung tragen. Die Eigenschaften des übergebenen anonymen Objekts werden in die generierten Links in Form von URL-Parametern integriert. Eigenschaften mit der Bezeichnung id kommt dabei jedoch eine Sonderstellung zu: Sie werden standardmäßig in den URL eingefügt. Der Action-Link mit der Beschriftung Edit würde somit auf den URL */Hotel/Edit/7* verweisen, sofern die Eigenschaft id den Wert 7 aufwiese. Dies ist aus Sicht von ASP.NET MVC (beim Einsatz der Standardeinstellungen) gleichbedeutend mit */Hotel/Edit?id=7*. Da die erste Variante von Suchmaschinen bevorzugt wird – zumal HTTP davon ausgeht, dass jede Ressource ihren eigenen URL besitzt – nimmt ASP.NET MVC damit vorlieb. Alle anderen Parameter werden standardmäßig jedoch immer an den URL angehängt. Hieße der zu übergebende Parameter zum Beispiel *HotelNr*, würde die Hilfsmethode ActionLink hierfür den folgenden URL rendern: */Hotel/Edit?HotelNr=7*.

```
@model IEnumerable<FirstSteps.Models.Hotel>

@{
    ViewBag.Title = "Index";
}

<h2>Index</h2>

<p>
    @Html.ActionLink("Create New", "Create")
</p>
<table>
    <tr>
        <th>
            @Html.DisplayNameFor(model => model.Bezeichnung)
        </th>
        <th>
            @Html.DisplayNameFor(model => model.Sterne)
        </th>
        <th></th>
    </tr>

@foreach (var item in Model) {
    <tr>
        <td>
            @Html.DisplayFor(modelItem => item.Bezeichnung)
        </td>
        <td>
            @Html.DisplayFor(modelItem => item.Sterne)
        </td>
        <td>
            @Html.ActionLink("Edit", "Edit", new { id=item.HotelId }) |
            @Html.ActionLink("Details", "Details", new { id=item.HotelId }) |
            @Html.ActionLink("Delete", "Delete", new { id=item.HotelId })
        </td>
    </tr>
}

</table>
```

Listing 1.4   Einfache View zum Anzeigen von Hotels

Webanwendung testen

Um die erzeugte Webseite zu testen, führt der Entwickler das Projekt aus. Dies bewirkt, dass Visual Studio einen Webserver startet. In Visual Studio 2012 handelt es sich dabei um IIS Express. Visual Studio öffnet auch ein Browserfenster mit der Starseite der Anwendung. Indem der Entwickler an den URL im Browser */hotel/index* (bzw. alternativ dazu nur */hotel*, da *index* die standardmäßig verwendete Action-Bezeichnung ist) anhängt, gelangt er zur soeben entwickelten Hotelseite (Abbildung 1.9). Die einzelnen Links führen zwar noch ins Nirvana, aber dieses Problem lässt sich durch das Bereitstellen weiterer Action-Methoden beheben.

Bei Betrachtung der Seite fällt auch auf, dass das Ergebnis der View in eine Layoutseite eingebettet wurde. Diese definiert zum Beispiel die Kopfzeile mit dem Menü auf der rechten Seite oder die Fußzeile mit einem beispielhaften Copyright-Hinweis.

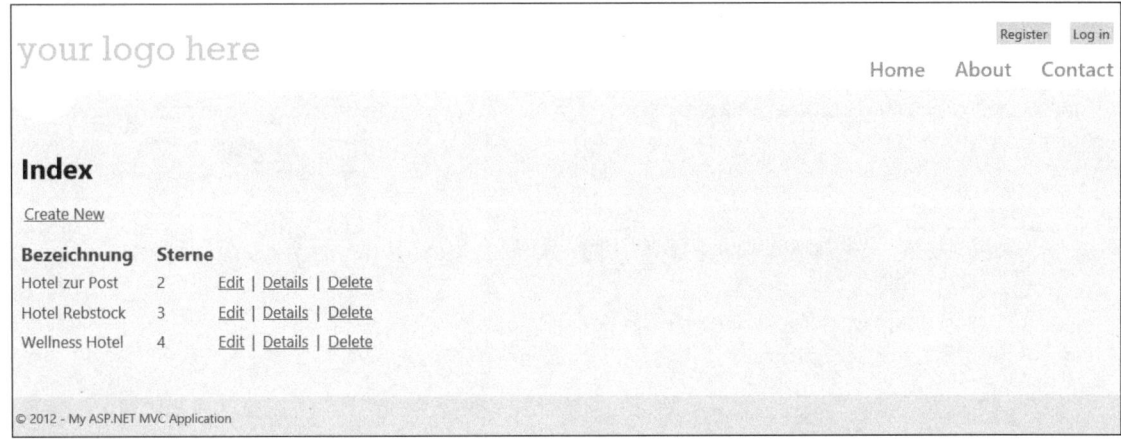

Abbildung 1.9   Erste Webseite

Einträge editieren

Zum Abschluss dieses ersten Rundgangs durch ASP.NET MVC soll noch gezeigt werden, wie die Möglichkeit zum Editieren von Hotels zur hier betrachteten Beispielanwendung hinzugefügt werden kann. Dazu wird zunächst der Controller um zwei Action-Methoden erweitert: Die eine lädt das zu editierende Hotel und bringt es mit einer View innerhalb eines HTML-Formulars zur Anzeige. Die zweite nimmt die Daten aus dem Formular entgegen und aktualisiert damit das Hotel in der statischen Liste.

Listing 1.5 zeigt diese beiden Methoden neben der bereits besprochenen Methode Index. Beide tragen den Namen Edit. Die erste nimmt als Parameter die ID des zu editierenden Hotels entgegen. ASP.NET MVC weist diesem Parameter die ID aus dem URL zu. Dies funktioniert im Übrigen für sämtliche URL-Parameter, deren Namen den Parametern der Action-Methode gleichen. Anschließend lädt die Action-Methode anhand dieser ID das Hotel mithilfe von HotelRepository und delegiert anschließend unter Verwendung der geerbten Hilfsmethode View an eine View weiter, welche dieses Hotel als Modell übergeben bekommt. Da beim Aufruf der Methode View kein Viewname angegeben wird, verwendet ASP.NET MVC den Namen der aktuellen Action-Methode, Edit, als Viewname. Somit erwartet das Framework eine View namens *Edit* im Ordner */Views/Hotel* bzw. falls es dort nicht fündig wird, in */Views/Shared*.

Die zweite Action-Methode, welche ebenfalls den Namen Edit trägt, nimmt eine Instanz von Hotel entgegen. Wird diese Methode von ASP.NET MVC angestoßen, versucht es, dieses Hotel aus den übersendeten Parametern, deren Ursprung im HTML-Formular liegt, zusammenzusetzen. Der Entwickler muss sich somit nicht mehr um die wenig spannende jedoch umso mehr fehleranfällige Aufgabe des Auslesens und Castens von Parametern kümmern.

Die betrachtete Action-Methode speichert das übergebene Hotel mithilfe von HotelRepository und bringt es anschließend erneut zur Anzeige. Über die Eigenschaft ViewBag.Message lässt sie der View darüber hinaus eine anzuzeigende Nachricht zukommen.

Bei der Eigenschaft ViewBag handelt es sich um ein dynamisches Objekt, welches der Entwickler nach Belieben mit eigenen Eigenschaften bestücken kann. Verwendung findet es immer dann, wenn neben dem eigentlichen Modell noch weitere Informationen, wie zum Beispiel Vorschlagswerte oder eben Nachrichten, an die View zu übermitteln sind. Als dynamisches Objekt bringt ViewBag sämtliche Vor- und Nachteile der dynamischen Programmierung mit sich. Der Vorteil liegt in der gewonnenen Flexibilität. Der Nachteil liegt in der Umgehung des Typsystems.

Alternativ zur Verwendung der Eigenschaft ViewBag könnte der Entwickler im betrachteten Fall auch ein eigenes View-Modell einrichten, das mit einer Eigenschaft auf das Hotel und mit einer anderen Eigenschaft auf eine eventuell anzuzeigende Nachricht verweisen würde. Generell scheint es eine gute Idee zu sein, sich am Beginn eines Projekts mit seinen Kollegen abzustimmen, ob bzw. wie der Ansichtsbehälter (ViewBag) verwendet werden soll.

Damit ASP.NET MVC entscheiden kann, wann welche der beiden Edit-Methoden aufzurufen ist, wurde die zweite mit dem Attribut HttpPost annotiert. Das bedeutet, dass diese nur dann herangezogen werden soll, wenn der Aufruf über das HTTP-Verb POST erfolgt, was zum Beispiel der Fall ist, wenn Formulardaten übersendet werden. Ruft der Anwender die Seite über GET auf, zum Beispiel indem er einem Link folgt oder die Adresse der Seite direkt eingibt, kommt die andere Methode zur Ausführung. Neben HttpPost stehen analoge Attribute für GET, PUT und DELETE zur Verfügung. Sie nennen sich sinngemäß HttpGet, HttpPut bzw. HttpDelete.

```
public class HotelController : Controller
{
    // Mapping auf: /Hotel/Index
    //              /Hotel
    public ActionResult Index()
    {
        var rep = new HotelRepository();
        var hotels = rep.FindAll();
        return View("Index", hotels);
        // return View(hotels);
    }
    // Zum Editieren abrufen
    public ActionResult Edit(int id)
    {
        var rep = new HotelRepository();
        var hotel = rep.FindById(id);
        return View(hotel);
    }
```

```
// Zum Speichern des Hotels
[HttpPost]
public ActionResult Edit(Hotel h)
{
    var rep = new HotelRepository();
    rep.Save(h);
    ViewBag.Message = "Hotel wurde gespeichert!";
    return View(h);
}
}
```

Listing 1.5 Einfache View zum Anzeigen von Hotels

Um die noch fehlende View zu ergänzen, klickt der Entwickler abermals mit der rechten Maustaste in eine der beiden Edit-Methoden und wählt anschließend den Kontextmenü-Befehl *Add View*. Als Viewnamen hinterlegt er nun *Edit*, als Modellklasse abermals *Hotel* und als Template wählt er nun *Edit*, sodass das Grundgerüst für ein Formular zum Editieren von Hotels generiert wird.

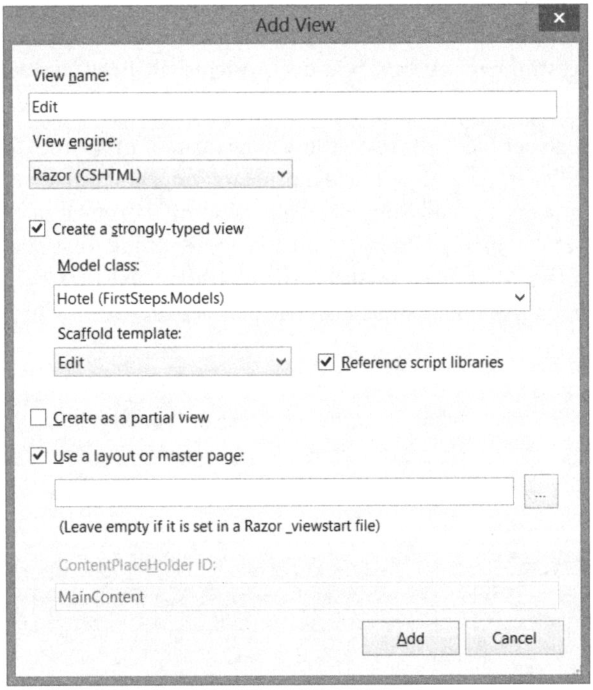

Abbildung 1.10 View für Action-Methode erzeugen

Nachdem der Entwickler das Dialogfeld bestätigt hat, richtet Visual Studio unter */Views/Hotel* eine View mit dem Namen *Edit.cshtml* ein (Listing 1.6). Mit der model-Direktive zu Beginn gibt die View an, dass sie als Modell eine Hotel-Instanz erwartet. Mit der Hilfsmethode Html.BeginForm wird ein form-Tag gerendert. Da keine Parameter angegeben werden, erzeugt diese Methode ein form-Tag, welches im Zuge des Absendens die erfassten Daten mittels POST an jenen URL sendet, von dem aus das Formular ursprünglich abgerufen wurde. Im betrachteten Fall handelt es sich hierbei um den URL */Hotel/Edit*.

Der Entwickler kann durch Überladungen dieser Methode angeben, dass die Daten an einen anderen URL zu senden sind bzw. dass ein anderes HTTP-Verb heranzuziehen ist. Dazu kann er zum Beispiel den Namen eines Controllers bzw. den Namen einer Action-Methode dieses Controllers angeben.

Darüber hinaus besteht die Möglichkeit, URL-Parameter in Form eines dynamischen Objekts anzuhängen. Generell empfiehlt sich ein Blick auf die unterschiedlichen Überladungen der zur Verfügung stehenden Hilfsmethoden. Da `Html.BeginForm` innerhalb einer `using`-Anweisung Verwendung findet, wird am Ende dieser das schließende `form`-Tag gerendert. Alternativ dazu könnte der Entwickler an der gewünschten Stelle auch auf die Methode `Html.EndForm` zurückgreifen.

Innerhalb des Formulars rendert die View mithilfe der Methode `Html.ValidationSummary` eine eventuelle Validierungsfehlermeldung. Erfasst der Anwender zum Beispiel für die Eigenschaft `Sterne` einen Wert, der nicht nach `int` konvertiert werden kann, ergibt sich ein Validierungsfehler, der von der betrachteten Methode ausgegeben wird. Indem die View `true` übergibt zeigt sie an, dass sie lediglich Fehlermeldungen anzeigen soll, die sich auf das gesamte Modell, nicht aber nur auf einzelne Eigenschaften beziehen. Für die Ausgabe von feldbezogenen Fehlermeldungen kommt hingegen unmittelbar neben den einzelnen Eingabefeldern die Hilfsmethode `Html.ValidationMessageFor` zum Einsatz. Weitere Informationen zum Validieren von Eingaben finden sich im Abschnitt »Validieren von Benutzereingaben«.

Mit `Html.HiddenFor` rendert die View ein verstecktes Feld, in dem die `HotelId` platziert wird. Somit kann die `HotelId` zwar nicht editiert werden, jedoch wird sie beim Absenden des Formulars mit den anderen Parametern an die adressierte Action-Methode übertragen, sodass diese weiß, welches Hotel zu aktualisieren ist. `Html.LabelFor` rendert Beschriftungsfelder und `Html.EditorFor` Eingabefelder für die einzelnen Eigenschaften. Standardmäßig erzeugt `Html.EditorFor` Kontrollkästchen für boolesche Eigenschaften sowie Eingabefelder in allen anderen Fällen. Allerdings kann der Entwickler für bestimmte Eigenschaften oder auch nur für bestimmte Datentypen Vorlagen definieren, die `EditorFor` verwendet. Somit kann er sicherstellen, dass dieselben Felder immer auf dieselbe Weise editiert werden können. Mehr dazu findet sich im Abschnitt »Vorlagen für Felder und Models«.

Neben `EditorFor` stehen noch weitere Hilfsmethoden zur Verfügung, mit denen der Entwickler den Feldtyp des zu rendernden Felds bestimmten kann. Neben der bereits beschriebenen Methode `HiddenFor` sind dies `TextBoxFor`, `TextAreaFor`, `CheckBoxFor`, `RadioButtonFor`, `DropDownListFor` und `ListBoxFor`. Die Namen dieser Methoden korrelieren mit jenen HTML-Tags, welche sie rendern. Darüber hinaus existieren auch Varianten dieser Methoden ohne die Endung `For`. Diese bieten dieselben Möglichkeiten, erwarten jedoch die anzuzeigende Modelleigenschaft in Form eines Strings. Da in diesem Fall der Compiler nicht zur Prüfung verwendet werden kann, werden diese Varianten in der Regel gemieden.

Am Ende definiert die View einen Submit-Button, einen Link, der zurück zur Übersicht aller Hotels führt, sowie eine Sektion, die den Namen `Scripts` trägt. Sektionen sind benannte Seitenfragmente, die innerhalb der Layoutseite an einer wohldefinierten Stelle eingefügt werden.

Die standardmäßig von der Projektvorlage *Internet-Application* eingerichtete Layoutseite rendert zum Beispiel am Ende die Sektion `Scripts`, welche per Definition JavaScript-Anweisungen beinhaltet. Mit `@Scripts.Render` wird ein `Script`-Tag erzeugt, welches verschiedene JavaScript-Dateien einbindet. Im betrachteten Fall dienen diese der Validierung von Eingaben.

```
@model FirstSteps.Models.Hotel

@{
    ViewBag.Title = "Edit";
}

<h2>Edit</h2>

@using (Html.BeginForm()) {
    @Html.ValidationSummary(true)

    <fieldset>
        <legend>Hotel</legend>

        @Html.HiddenFor(model => model.HotelId)

        <div class="editor-label">
            @Html.LabelFor(model => model.Bezeichnung)
        </div>
        <div class="editor-field">
            @Html.EditorFor(model => model.Bezeichnung)
            @Html.ValidationMessageFor(model => model.Bezeichnung)
        </div>

        <div class="editor-label">
            @Html.LabelFor(model => model.Sterne)
        </div>
        <div class="editor-field">
            @Html.EditorFor(model => model.Sterne)
            @Html.ValidationMessageFor(model => model.Sterne)
        </div>

        <p>
            <input type="submit" value="Save" />
        </p>
    </fieldset>
}

<div>
    @Html.ActionLink("Back to List", "Index")
</div>

@section Scripts {
    @Scripts.Render("~/bundles/jqueryval")
}
```

Listing 1.6 View zum Editieren eines Hotels

Um die über ViewBag übertragene Nachricht in der View anzuzeigen, fügt der Entwickler noch das Quell-codefragment aus Listing 1.7 an der gewünschten Position ein.

```
@if (ViewBag.Message != null)
{
    <p>
        <b>@ViewBag.Message</b>
    </p>
}
```

Listing 1.7 Zugriff auf ViewBag über View

Das Ergebnis dieses Unterfangens gestaltet sich anschließend wie in Abbildung 1.11 dargestellt.

Edit

Hotel wurde gespeichert!

Bezeichnung

Hotel zur Post

Sterne

2

Save

Back to List

Abbildung 1.11   Anzeigen der über das `ViewBag` übertragenen Meldung

---

HINWEIS   Die meisten HTML-Hilfsmethoden bieten eine Überladung, welche ein Dictionary mit HTML-Attributen und deren Werten entgegennimmt. Diese HTML-Attribute werden samt ihrer Werte in das generierte Markup übernommen. Um den Schreibaufwand zu reduzieren, bieten diese Hilfsmethoden auch noch eine weitere Überladung, welche anstatt des Dictionaries ein Objekt entgegennimmt. Die Idee dahinter ist, dass der Entwickler an diese Parameter ein anonymes Objekt übergibt, wobei die Eigenschaften dieses Objekts in Form von HTML-Attributen gerendert werden.

Beispielsweise führt der Aufruf von

```
@Html.LabelFor(model => model.Sterne, new { style="color:red" })
```

dazu, dass `LabelFor` folgenden Markup rendert:

```
<label for="Sterne" style="color:red">Sterne</label>
```

Vorschlagswerte über Dropdown-Listenfelder anbieten

Dieser letzte Abschnitt dieses ersten Streifzugs durch die Möglichkeiten von ASP.NET MVC zeigt, wie Vorschlagswerte über Dropdown-Listenfelder bereitgestellt werden können. Im Zuge dessen wird das Textfeld zum Erfassen der Eigenschaft `Sterne` durch ein Dropdown-Listenfeld ersetzt.

Damit ASP.NET MVC beim Rendern von Dropdown-Listenfeldern unterstützen kann, muss der Entwickler die Vorschlagswerte in Form einer Auflistung mit `SelectListItem`-Instanzen bereitstellen. Listing 1.8 verwendet zum Aufbereiten dieser Auflistung die private Methode `CreateSterne`. Darüber hinaus wurden beide `Edit`-Methoden erweitert, sodass diese Vorschlagswerte über `ViewBag` an die View übermittelt werden. Dabei ist darauf zu achten, dass die Eigenschaft im Ansichtsbehälter nicht denselben Namen aufweisen darf, wie die Eigenschaft im Modell. Aus diesem Grund wurde für erstere der Name `SterneAuswahl` und nicht etwa `Sterne` gewählt.

```csharp
public class HotelController : Controller
{
    // Mapping auf: /Hotel/Index
    //              /Hotel
    public ActionResult Index()
    {
        var rep = new HotelRepository();
        var hotels = rep.FindAll();
        return View("Index", hotels);
        // return View(hotels);
    }

    private List<SelectListItem> CreateSterne()
    {
        var item1 = new SelectListItem();
        item1.Value = "1";
        item1.Text = "Ein Stern, Tourist";

        var item2 = new SelectListItem();
        item2.Value = "2";
        item2.Text = "Zwei Sterne, Standard";

        var item3 = new SelectListItem();
        item3.Value = "3";
        item3.Text = "Drei Sterne, Komfort";

        var item4 = new SelectListItem();
        item4.Value = "4";
        item4.Text = "Vier Sterne, First Class";

        var item5 = new SelectListItem();
        item5.Value = "5";
        item5.Text = "Fünf Sterne, De Luxe";

        var items = new List<SelectListItem> { item1, item2, item3, item4, item5 };
        return items;
    }

    // /Hotel/Edit?id=4711
    // /Hotel/Edit/4711
    public ActionResult Edit(int id)
    {
        // Zum Editieren abrufen
        var rep = new HotelRepository();
        var hotel = rep.FindById(id);

        ViewBag.SterneAuswahl = CreateSterne();

        return View(hotel);
    }

    [HttpPost]
    public ActionResult Edit(Hotel h)
```

```
    {
        var rep = new HotelRepository();
        rep.Save(h);
        ViewBag.Message = "Hotel wurde gespeichert!";

        ViewBag.SterneAuswahl = CreateSterne();

        return View(h);
    }

}
```

Listing 1.8 Bereitstellen von Vorschlagswerten

Damit diese Vorschlagswerte auch in der View zum Rendern eines Dropdown-Listenfelds herangezogen werden, ersetzt der Entwickler dort den Aufruf von

```
@Html.EditorFor(model => model.Sterne)
```

durch den folgenden

```
@Html.DropDownListFor(model =>model.Sterne, (IEnumerable<SelectListItem>)ViewBag.SterneAuswahl)
```

Der explizite Cast in den Typ `IEnumerable<SelectListItem>` ist dabei nötig, da ansonsten aufgrund des dynamischen Charakters von `ViewBag` der Compiler den Typ des zweiten Arguments nicht herausfinden und somit auch nicht auf die gewünschte Überladung von `DropDownListFor` schließen kann.

Das Ergebnis dieser Maßnahme findet sich in Abbildung 1.12.

Abbildung 1.12 Dropdown-Listenfeld zum Editieren der Eigenschaft `Sterne`

Liegen die Vorschlagswerte in Form von Objekten vor, können sie auch alternativ zum hier gezeigten Vorgehen unter Verwendung einer `SelectList` in eine Auflistung mit `SelectListItems` umgewandelt werden. Listing 1.9 demonstriert dies unter Verwendung der Klasse `HotelKlassifikation`. Die Methode `CreateSterne` legt sich zunächst eine Liste mit `HotelKlassifikation`-Instanzen zurecht. In einem für den Produktiveinsatz geplanten System könnte diese Liste aus der Datenbank geladen werden.

`CreateSterne` übergibt anschließend diese Liste an den Konstruktor von `SelectItemList`. Im Zuge dessen gibt sie auch den Namen der Eigenschaft an, die intern zu verwenden ist (`Sterne`) sowie jene Eigenschaft, deren Inhalt in der Dropdown-Liste angezeigt werden soll (`Bezeichnung`). Eine weitere Überladung dieses Konstruktors nimmt auch den Wert des standardmäßig auszuwählenden Elements entgegen (zum Beispiel 2, wenn standardmäßig der Wert mit der Klassifikation »2 Sterne« vorgeschlagen werden soll).

Bei der auf diesem Weg erzeugten SelectItemList handelt es sich bereits um die benötigte Auflistung mit SelectListItem-Instanzen, zumal SelectItemList von IEnumerable<SelectListItem> erbt. Somit kann sie als solche zurückgeliefert werden und genau so, wie die Auflistung im zuvor betrachteten Beispiel Verwendung finden.

```
class HotelKlassifikation
{
    public HotelKlassifikation(int sterne, string bezeichnung)
    {
        this.Sterne = sterne;
        this.Bezeichnung = bezeichnung;
    }

    public int Sterne { get; set; }
    public string Bezeichnung { get; set; }
}

[...]

private IEnumerable<SelectListItem> CreateSterne()
{
    var k1 = new HotelKlassifikation(1, "Tourist");
    var k2 = new HotelKlassifikation(2, "Standard");
    var k3 = new HotelKlassifikation(3, "Superior");
    var k4 = new HotelKlassifikation(4, "First Class");
    var k5 = new HotelKlassifikation(5, "De Luxe");

    var list = new List<HotelKlassifikation> { k1, k2, k3, k4, k5 };

    var selectList = new SelectList(list, "Sterne", "Bezeichnung");
    return selectList;
}
```

Listing 1.9   Vorschlagswerte über SelectList aufbereiten

HINWEIS   Neben der Klasse SelectList existiert auch eine Klasse MultiSelectList, welche der Entwickler analog zur SelectList verwenden kann, um mit dem HTML-Helper ListBoxFor eine Auswahlliste zu rendern, die eine Mehrfachauswahl zulässt.

Controller

Nachdem der prinzipielle Aufbau einer ASP.NET MVC-Applikation besprochen wurde, zeigt dieser Abschnitt einige weiterführende Möglichkeiten für die Implementierung von Controllern.

Models entgegennehmen

Wie bereits im einführenden Beispiel gezeigt wurde, kann ASP.NET MVC die beim Aufruf übergebenen Parameter verwenden, um eine Instanz eines Models zu erzeugen. Möglich wird dies durch die so genannte Modellbindung (engl. Model Binder). Listing 1.10 demonstriert dies.

```
[HttpPost]
public ActionResult Edit(Hotel h)
{
    [...]
    return View();
}
```

Listing 1.10   Controller, welcher ein Model entgegennimmt

Um zu bestimmen, welche Parameter an die Eigenschaften des Modells gebunden werden sollen, kann der jeweilige Parameter mit dem Attribut Bind annotiert werden. Listing 1.11 demonstriert die Verwendung, indem mit der Eigenschaft Exclude angegeben wird, dass die HotelId beim Binden der Parameter nicht berücksichtigt werden soll. Sollen mehrere Eigenschaften ausgeschossen werden, können diese durch Kommata getrennt angeführt werden.

Als Alternative zu Exclude steht auch eine Eigenschaft Include zur Verfügung. Wird diese verwendet, werden nur die angeführten Eigenschaften gebunden. Darüber hinaus kann mit Prefix angegeben werden, dass die zu bindenden Parameter einen bestimmten Präfix aufweisen müssen.

```
public ActionResult Edit([Bind(Exclude = "HotelId")]Hotel h) { [...] }
```

Listing 1.11   Die Modellbindung beeinflussen

Nicht immer ist es wünschenswert, eine neue Modellinstanz von ASP.NET MVC erstellen zu lassen. In manchen Situationen ist es beispielsweise notwendig, die Modellinstanz aus einer Datenbank zu laden um sie anschließend mit den übertragenen Parametern zu aktualisieren. In diesen Fällen kann die Auflistung FormCollection als Parameter verwendet werden. ASP.NET MVC überträgt sämtliche beim Aufruf übertragene Parameter in diese Auflistung. Anschließend können diese mit der geerbten Methoden TryUpdateModel von FormCollection in ein beliebiges Objekt übertragen werden (vgl. Listing 1.12). Daneben existieren noch weitere Überladungen von TryUpdateModel, welche die Angabe der vom Attribut Bind bekannten Parameter Exclude, Include und Prefix erlauben.

```
[HttpPost]
public ActionResult Edit(FormCollection fc)
{
    Hotel h = [...];
    this.TryUpdateModel(h, fc);
    [...]
}
```

Listing 1.12   Manuelles Anstoßen der Modellbindung

View auswählen

Bis jetzt wurde die Methode View verwendet, um ein ActionResult zu erzeugen, mit dem angezeigt wurde, dass an die View mit dem Namen der Action-Methode weiterdelegiert werden soll. Soll eine andere View Verwendung finden, kann, wie in Listing 1.13 gezeigt, deren Name als Parameter an View übergeben werden. Daneben existiert auch eine Überladung, welche den View-Namen sowie das zu verwendende Modell entgegennimmt. Die angegebene View muss sich entweder im View-Ordner des Controllers oder im View-Ordner *Shared* befinden.

```
public ActionResult Create()
{
    […]
    return View("Details");
}
```

Listing 1.13 Angabe der gewünschten View

Neben der Methode View existieren noch weitere Methoden, mit welchen das Ergebnis eines Aufrufs beeinflusst werden kann. All diese haben gemeinsam, dass sie eine Instanz einer Subklasse von ActionResult zurückliefern, welche zum gewünschten Verhalten führt. Tabelle 1.2 informiert über die Methoden dieser Klasse.

Methode	Beschreibung
Content	Liefert den angegebenen String als Ergebnis der Anfrage zurück
File	Veranlasst einen Download als Ergebnis
JavaScript	Gibt den angegebenen String als JavaScript-Code zurück, der auf dem Client ausgeführt wird
Json	Liefert das angegebene Modell JSON-formatiert zurück
PartialView	Verwendet eine partielle View, um einen Teil einer Seite zu rendern
Redirect	Leitet die aktuelle Anfrage zu dem angegebenen URL um
RedirectPermanent	Wie Redirect, verwendet jedoch den HTTP-Statuscode für eine permanente Umleitung, die zum Beispiel Suchmaschinen dazu bringt, den Sucheintrag mit dem Ziel der Umleitung zu verknüpfen
RedirectToAction	Leitet die aktuelle Anfrage an die angegebene Action-Methode um
RedirectToActionPermanent	Wie RedirectToAction, verwendet jedoch den HTTP-Statuscode für eine permanente Umleitung, die zum Beispiel Suchmaschinen dazu bringt, den Sucheintrag mit dem Ziel der Umleitung zu verknüpfen
RedirectToRoute	Leitet die aktuelle Anfrage zu dem URL um, der zur angegebenen Route passt
RedirectToRoutePermanent	Wie RedirectToRoute, verwendet jedoch den HTTP-Statuscode für eine permanente Umleitung, die zum Beispiel Suchmaschinen dazu bringt, den Sucheintrag mit dem Ziel der Umleitung zu verknüpfen

Tabelle 1.2 Methoden zur Beeinflussung des Ergebnisses

Neben diesen Hilfsmethoden existieren noch ein paar Derivate von `ActionResult`, die der Entwickler bei Bedarf manuell instanziieren muss. `HttpStatusCodeResult` gibt zum Beispiel einen anzugebenden HTTP-Statuscode zurück. `HttpNotFoundResult` retourniert hingegen den Statuscode für `Not Found`.

Auf Ausnahmen reagieren

Es besteht auch die Möglichkeit, für eventuell ausgelöste Ausnahmen eine View zu definieren, welche auf den aufgetretenen Fehler hinweist. Dazu wird, wie in Listing 1.14 demonstriert, mit dem Attribut `HandleError` der Typ einer Ausnahme auf eine View gemappt. Wird dieses Attribut auf eine Controller-Klasse angewandt, gilt es für jede einzelne Action-Methode dieser Klasse.

```
[HandleError(ExceptionType=typeof(ArgumentException), View="Error")]
public ActionResult List() { […] }
```

Listing 1.14   Festlegen von Views für Ausnahmen

Damit die hier angegebene View auch tatsächlich angezeigt wird, muss der Entwickler in der Datei *web.config* die Eigenschaft `mode` des Elements `system.web/customErrors` auf `On` oder auf `RemoteOnly` setzen:

```
<customErrors mode="RemoteOnly"/>
```

Die Einstellung `On` bewirkt, dass die angegebene View beim Auftreten der angegebenen Exception immer angezeigt wird. Bei Einsatz der Einstellung `RemoteOnly` ist dies jedoch nur dann der Fall, wenn der Aufruf nicht vom Webserver aus erfolgt ist. Somit wird sichergestellt, dass Entwickler, welche lokal testen, anstatt dieser View eine Fehlerseite mit aussagekräftigen Fehlerinformationen erhalten.

URL-Mapping beeinflussen

Action-Methoden werden auf URLs abgebildet. Beispielsweise verweist der URL */hotel/edit* standardmäßig auf die Action-Methode `Edit` in `HotelController`. Verantwortlich für diese Abbildung sind so genannte Routen.

Die aktuellen Projektvorlagen sehen eine Klasse `RouteConfig` mit einer statischen Methode `RegisterRoutes` im Ordner *App_Start* für die Definition von Routen vor. Damit `RegisterRoutes` beim Start der Webanwendung zur Ausführung gebracht wird, rufen die Projektvorlagen diese Methode innerhalb der Methode `Application_Start` auf, welche sich in der Klasse `MvcApplication` befindet. Die Klasse `MvcApplication` findet sich wiederum per Definition in der Datei `global.asax`, welche im Root jeder ASP.NET-Anwendung vorhanden sein sollte.

Listing 1.15 zeigt die Definition der standardmäßig vorhandenen Route. Beim ersten Parameter handelt es sich um den Namen der Route, beim zweiten um den URL der Route inkl. Platzhalter für die Namen des Controllers und der Action-Methode.

Darüber hinaus findet sich am Ende der Route der Parameter `id`. Der beim Aufruf für diesen Parameter angegebene Wert wird einem eventuell vorhandenen gleichnamigen Parameter der Action-Methode zugewiesen. Ein Aufruf von `Hotel/Edit/7` führt somit beispielsweise dazu, dass die Action-Methode `Edit` eines `Controllers` mit dem Namen `HotelController` aufgerufen wird, wobei – sofern vorhanden – dem Parameter `id` dieser Methode der Wert 7 zugewiesen wird.

Beim dritten Parameter handelt es sich im betrachteten Beispiel um ein anonymes Objekt, welches die Standardwerte der in der Route definierten Parameter angibt. Daraus ist ersichtlich, dass standardmäßig die Action-Methode Index sowie der Controller Home angenommen wird, sofern diese Daten beim Aufruf weggelassen werden. Dadurch, dass für id der Standardwert UrlParameter.Optional festgelegt wird, wird ASP.NET MVC angezeigt, dass dieser Parameter auch fehlen darf und dass in diesem Fall kein Standardwert heranzuziehen ist.

```
routes.MapRoute(
    name: "Default",
    url: "{controller}/{action}/{id}",
    defaults: new { controller = "Home", action = "Index", id = UrlParameter.Optional }
);
```

Listing 1.15   Standard-Route

Ein Beispiel für eine benutzerdefinierte Route findet sich in Listing 1.16. Sie erlaubt es, die Parameter a und b direkt im URL durch Beistriche getrennt anzugeben. Für den Namen des Controllers sieht diese Route keinen Platzhalter im URL vor. Deswegen muss dieser zwingend im Rahmen der Standardwerte angegeben werden. Darüber hinaus werden mit dem vierten Parameter von MapRoute die gültigen Werte für die einzelnen Parameter im URL durch Angabe regulärer Ausdrücke eingeschränkt. Der reguläre Ausdruck \d+ erwartet beliebig viele Ziffern, jedoch mindestens eine. Ein auf diese Route passender Aufruf wäre zum Beispiel Calculator/Add/1,2.

```
routes.MapRoute(
    "CalcRoute",
    "Calculator/{action}/{a},{b}",
    new { controller="Calc" },
    new { a=@"\d+", b=@"\d+" }
);
```

Listing 1.16   Benutzerdefinierte Route

Ein weiteres Beispiel einer benutzerdefinierten Route findet sich in Listing 1.17. Hier wird ein Parameter nach dem Schema {*Parametername} definiert. Das bedeutet, dass der gesamte restliche URL dem definierten Parameter zugewiesen werden soll. Ein Beispiel für einen zu dieser Route passenden Aufruf ist Calculator/Interpreter/2komma5mal2/runden. Dieser Aufruf würde bewirken, dass der Wert 2komma5mal2/runden an den Parameter restlicheUrl übergeben wird.

```
routes.MapRoute(
    "CalcRoute2",
    "Calculator/Interpreter/{*restlicheUrl}",
    new { controller = "Calc", action = "Interpretiere" }
);
```

Listing 1.17   Eine weitere benutzerdefinierte Route

In manchen Situationen möchte man den Routingmechanismus ganz umgehen, und die angeforderte Adresse auf die ursprüngliche Weise durch die ASP.NET-Laufzeitumgebung interpretieren lassen. In diesen Fällen kann die Methode `IgnoreRoute` herangezogen werden. Listing 1.18 demonstriert den Einsatz dieser Methode. Der gezeigte Aufruf, welcher sich standardmäßig in der Methode `RegisterRoutes` befindet, bewirkt, dass Aufrufe von Dateien mit der Endung axd nicht geroutet werden.

```
routes.IgnoreRoute("{resource}.axd/{*pathInfo}");
```

Listing 1.18 Routen ignorieren

Asynchrone Controller

Für das Abarbeiten von Anfragen bekommen Applikationen, welche in IIS ausgeführt werden, einen Thread aus einem Threadpool zugewiesen. Um zu verhindern, dass langlaufende Anfragen diese Threads blockieren, besteht die Möglichkeit, einen eigenen Thread zur Abarbeitung der Action-Methode abzuspalten. Nachdem dieser die ihm zugewiesenen Aufgaben vollendet hat, muss das Framework benachrichtigt werden, damit es einen neuen Thread aus dem Threadpool anfordern kann, welcher zum Beispiel eine View rendert und diese als Antwort zum Aufrufer sendet.

Controller, die solche Methoden anbieten, werden als asynchrone Controller bezeichnet. Diese erben von `AsyncController` und weisen für asynchrone Anfragen ein Methodenpaar namens `XXXAsync` und `XXXCompleted` auf, wobei `XXX` einen Platzhalter für einen frei zu wählenden Namen darstellt. Die erste Methode wird zu Beginn der Abarbeitung aufgerufen und hat die Aufgabe, einen Thread abzuspalten. Die zweite Methode wird nach Abarbeitung der Aufgabe durch den Thread aufgerufen, um ein geeignetes `ActionResult` auszuwählen.

Da lediglich für diese beiden Methoden Threads aus dem IIS-Threadpool herangezogen werden, werden diese Threads von der eigentlichen langlaufenden Aufgabe, welche von einem eigenen Thread ausgeführt wird, nicht blockiert und können somit zur Bedienung weiterer Anfragen verwendet werden.

Damit die Laufzeitumgebung weiß, wann `XXXCompleted` ausgeführt werden kann, inkrementiert `XXXAsync` einen internen Zähler für jeden abgespalteten Thread. Die einzelnen Threads dekrementieren diesen Zähler nach Vollendung ihrer Aufgaben wieder, sodass er den Ursprungswert (0) aufweist, sobald alle Threads beendet wurden. Dies zeigt der Laufzeitumgebung an, dass auch die asynchrone Abarbeitung der Anfrage fertiggestellt wurde, woraufhin `XXXCompleted` angestoßen wird.

Listing 1.19 zeigt die Implementierung eines asynchronen Controllers. `AddAsync` nimmt zwei zu addierende Integer entgegen und erhöht den internen Zähler durch Aufruf von `AsyncManager.OutstandingOperations.Increment` auf den Wert 1. Anschließend werden die beiden Parameter in einem `Object`-Array verpackt. Dies ist notwendig, da an Threads lediglich ein einziger Parameter übergeben werden kann. Danach wird ein neuer Thread, welcher die Methode `DoStuff` ausführt, abgespalten. Diese holt die beiden zu addierenden Werte aus dem übergebenen `Object`-Array, simuliert eine langlaufende Aufgabe durch Aufruf von `Thread.Sleep` und addiert anschließend die beiden Werte.

Das Ergebnis wird im Dictionary `AsyncManager.Parameters` abgelegt und der interne Zähler wird wieder dekrementiert. Da der interne Zähler somit wieder den Wert 0 aufweist, führt das Framework die zur aufgerufenen Action-Methode passende `Completed`-Methode aus, die im betrachteten Beispiel den Namen `AddCompleted` trägt. Die einzelnen Parameter dieser Methode werden mit den Werten aus dem zuvor verwendeten Dictionary `AsyncManager.Parameters` bestückt.

```
public class AsyncSampleController : AsyncController
{
    public void AddAsync(int a, int b)
    {
        AsyncManager.OutstandingOperations.Increment();
        object parameter = new object[] { a, b};

        Thread t = new Thread(new ParameterizedThreadStart(DoStuff));
        t.Start(parameter);
    }

    public ActionResult AddCompleted(int result)
    {
        ViewData["result"] = result;
        return View();
    }

    public void DoStuff(object o)
    {
        object[] parameter = (object[])o;
        int a = (int)parameter[0];
        int b = (int)parameter[1];

        Thread.Sleep(10000);

        int result = a + b;
        AsyncManager.Parameters["result"] = result;
        AsyncManager.OutstandingOperations.Decrement();
    }

}
```

Listing 1.19   Implementierung eines asynchronen Controllers

Vereinfachte Implementierung asynchroner Controller ab .NET 4.5

Auch die in .NET 4.5 eingeführten Konzepte zur asynchronen Programmierung sind in ASP.NET MVC 4 angekommen. Action-Methoden können damit nun auf einfache Weise asynchron bereitgestellt werden (Listing 1.20). Somit wird der ursprüngliche IIS-Thread frei und kann sich um weitere Anfragen kümmern.

```
public async Task<ActionResult> Reisen(string ziel, Datum datum) {
    var hotelService = new HotelService();
    var flugService = new FlugService();

    var model = new ReiseModel {
        Hotels = await hotelService.GetHotelsAsync(ziel, datum),
        Fluege = await flugService.GetFluegeAsync(ziel, datum)
    };

    return View("ReiseAngebote", model);
}
```

Listing 1.20   Asynchroner Controller

Asynchrone Action-Methoden können auch inklusive der von ihnen angestoßenen asynchronen Methoden unter Verwendung der mit .NET 4 eingeführten `CancellationToken` abgebrochen werden, wenn die von ihnen beanspruchte Zeit einen definierten Schwellwert überschreitet (Listing 1.21). Der Schwellwert ist dabei mit dem Attribut `AsyncTimeout` anzugeben; die im Falle eines Abbruchs anzuzeigende Fehlerseite mit `HandleError`. Außerdem ist die Signatur der Action-Methode um einen Parameter vom Typ `CancellationToken` zu erweitern, wobei sich das Framework um die Erzeugung und Übergabe dieses Tokens kümmert. Damit im Falle eines Abbruchs auch die angestoßenen asynchronen Methoden beendet werden, ist das `CancellationToken` auch an diese weiterzureichen.

```
[AsyncTimeout(3000)]
[HandleError(ExceptionType = typeof(TaskCanceledException), View = "TimedOut")]
public async Task<ActionResult> ReisenWithCancellation(
            string ziel, DateTime datum, CancellationToken cToken) {

    var hotelService = new HotelService();
    var flugService = new FlugService();

    var model = new ReiseModel {
        Hotels = await hotelService.GetHotelsAsync(ziel, datum, cToken),
        Fluege = await flugService.GetFluegeAsync(ziel, datum, cToken)
    };

    return View("ReiseAngebote", model);
}
```

Listing 1.21 Asynchroner Controller mit `CancellationToken`

Views

Dieser Abschnitt beschreibt weiterführende Techniken für die Entwicklung von Views. Dazu wird auf die mit Version 3 eingeführte View-Engine Razor sowie auf die Möglichkeiten zum Bereitstellen von Layoutseiten und partiellen Views eingegangen. Darüber hinaus wird gezeigt, wie Views für mobile Anwendungen bereitgestellt werden können sowie wie der Entwickler die Performance von Webanwendungen mittels Bundling und Minification erhöhen kann.

Razor

Wie bereits im einführenden Beispiel gezeigt, verwendet Razor das Symbol @, um serverseitige Anweisungen einzuleiten. Es wird dabei entweder einer Kontrollstruktur oder einer Variable bzw. Eigenschaft oder Methode vorangestellt, deren (Rückgabe-)Wert an Ort und Stelle in die View zu übernehmen ist. Das Schöne daran ist, dass Razor Werte, die es auf diese Weise ausgibt, immer HTML-codiert, was Sicherheitslücken und anderen ungewollten Effekten vorbeugt. Möchte der Entwickler einen Text ohne HTML-Codierung ausgeben, muss er auf die Funktion `Html.Raw` zurückgreifen:

```
@Html.Raw("<b>Html-formatierter Text</b>")
```

Anweisungen, die keinen Wert liefern, können auf diese Weise nicht aufgerufen werden. Allerdings können diese in Blöcken, die der Entwickler zur serverseitigen Ausführung markiert, platziert werden:

```
@{
    ViewBag.Title = "Hotels";
    RenderAction("MyAction")
      int i = 7;
}
```

Das Symbol @ wird auch zum Einleiten von Direktiven verwendet, die in der Regel am Beginn einer Datei platziert werden. Die Direktive @model wurde bereits in der Einführung verwendet. Sie legt fest, von welchem Typ das Modell ist. Mit

```
@model FirstSteps.Models.Hotel
```

legt der Entwickler zum Beispiel fest, dass das Modell der aktuellen View vom Typ FirstSteps.Models.Hotel ist. Eine weitere nützliche Direktive ist die Direktive @using. Sie erlaubt es, die benötigten Namensräume zu referenzieren und kann somit mit dem gleichnamigen Schlüsselwort in C# verglichen werden. Die Angabe von

```
@using FirstSteps.Models
```

bindet zum Beispiel den Namensraum FirstSteps.Models ein. Mit Vorsicht zu genießen ist die Direktive @functions. Sie erlaubt es, innerhalb eines Blocks beliebige Methoden zu definieren:

```
@functions {
    private bool HaveLuck(bool needLuck) { return !needLuck; }
}
<b>Lucky:</b> @HaveLuck(true)
```

Bei ihrer Verwendung in Views darf man sich zu Recht fragen, ob dadurch nicht zu viel Logik in die View verlagert wird bzw. ob diese Logik nicht woanders besser aufgehoben wäre. In Razor-Helper oder in Vorlagen (siehe unten) kann sie hingegen schon zur Lesbarkeit beitragen.

Möchte der Entwickler tatsächlich das Symbol @ ausgeben, muss er es doppelt angeben. Die Anweisung

```
m.steyer@@it-visions.de
```

würde demnach zur Ausgabe der E-Mail-Adresse m.steyer@it-visions.de führen. In einigen wenigen Fällen tut sich Razor schwer damit, das Ende eines Methodennamens zu entdecken. Dies ist beispielsweise bei

```
@Model.Vorname.Steyer@@it-visions.de
```

der Fall. Hier kann Razor nicht entdecken, dass Steyer keine Eigenschaft von Vorname ist sondern lediglich ein Text, den es auszugeben gilt. Abhilfe schafft hier das Setzen von Klammern:

```
@(Model.Vorname).Steyer@@it-visions.de
```

Razor erkennt an den meisten Stellen automatisch den Übergang zwischen serverseitigem Code und client-seitigem Markup. Bei der Anweisung

```
@for(int i=0; i<10; i++) { <b>@i</b> }
```

wird zum Beispiel erkannt, dass die schließende geschweifte Klammer zur serverseitigen Schleife gehört sowie dass es sich beim b-Tag um Markup handelt, der auszugeben ist. Die Logik dahinter ist vom Prinzip her einfach: Immer dann, wenn ein Tag beginnt, geht Razor davon aus, dass nun ein clientseitiger Block folgt. Dies ist auch der Grund, warum

```
@for(int i=0; i<10; i++) { Hallo Welt! }
```

nicht korrekt ausgeführt werden kann, denn »Hallo Welt« befindet sich nicht in einem Tag und wird somit als serverseitiger Befehl wahrgenommen. Um dieses Problem zu umgehen, müsste der Entwickler diesen Text in einem beliebigen Tag kapseln. Bietet sich kein Tag an, kann er auf das von Razor vorgegebene Tag text zurückgreifen:

```
@for(int i=0; i<10; i++) { <text>Hallo Welt!</text> }
```

Dieses Tag erlaubt es Razor, den Beginn von clientseitigen Elementen zu erkennen. Darüber hinaus filtert Razor das Tag, sodass es sich nicht in der Ausgabe wiederfindet.

Eine sehr angenehme Eigenschaft von Razor ist die Tatsache, dass die Tilde (~) in Pfadangaben durch den Pfad des Roots der aktuellen Webanwendung ersetzt wird. Ist das Root der Webanwendung zum Beispiel /myApp, so wird eine Angabe von

```
<img src="~/img/myImage.png">
```

durch

```
<img src="/myApp/img/myImage.png">
```

ersetzt.

Zu guter Letzt erlaubt Razor auch die Definition von serverseitigen Kommentaren. Diese werden durch die Sequenz @* eingeleitet sowie mit *@ beendet:

```
@* Das ist ist ein Kommentar *@
```

Razor-Helper

Immer wiederkehrende Aufgaben können mit Unterstützung von Razor in eigene so genannte Helper ausgelagert werden. Im Wesentlichen handelt es sich dabei um Methoden, die mithilfe von Razor entwickelt werden. Razor-Helper werden innerhalb von Views mit dem Schlüsselwort @helper eingeleitet. Das nachfolgende Beispiel zeigt zum Beispiel die Definition des Helpers RenderLogo, welches den Namen eines Logos entgegennimmt, und damit ein Image-Tag rendert.

```
@helper RenderLogo(string name) {
    <img src="@name"  width= "64" height= "64"  />
}
```

Anschließend kann der Helper wie eine serverseitige Methode an den gewünschten Stellen aufgerufen werden:

```
<div class="logos">
   @RenderLogo("beeindruckend.jpg")
</div>
```

Um einen Helper für alle Views bereitzustellen, definiert ihn der Entwickler in einer Datei, welche die Endung cshtml (oder vbhtml) aufweist und sich im globalen Projektverzeichnis App_Code befindet. Angenommen, die Datei trägt den Namen LogoHelper und beherbergt den Helper RenderLogo, so kann der Entwickler auf diesen Helper in sämtlichen Razor-Views durch Angabe von @LogoHelper.RenderLogo zurückgreifen. Würde sich die Datei in einem Ordner namens App_Code/MyHelpers befinden, könnte der Entwickler RenderLogo hingegen über @MyHelpers.LogoHelper.RenderLogo zur Ausführung bringen. Somit lassen sich Helper beliebig strukturieren.

Layoutseiten

Um allgemeine Seitenelemente, wie Menüleisten, Designelemente oder Fußzeilen nicht in jeder einzelnen View wiederholen zu müssen, bietet Razor das Konzept von Layoutseiten. Es handelt sich dabei um HTML-Seiten mit Platzhaltern, in die die gerenderten Views eingebettet werden.

Listing 1.22 zeigt eine einfache Layoutseite. Im div-Element mit der ID menucontainer werden hier einige Links, welche zu Navigationszwecken auf allen Seiten erscheinen sollen, ausgegeben. Im div-Element mit der ID main wird die View-Engine durch Aufruf der Methode RenderBody angewiesen, die aufgerufene Seite zu rendern.

```
<html>
[...]
<body>
    <div class="page">
        <div id="header">
            [...]
            <div id="menucontainer">
                <ul id="menu">
                    <li>@Html.ActionLink("Home", "Index", "Home")</li>
                    <li>@Html.ActionLink("About", "About", "Home")</li>
                </ul>
```

```
            </div>

        </div>

        <div id="main">
            @RenderBody()
        </div>

    </div>

</body>
</html>
```

Listing 1.22 Einfache Layoutseite

Ergänzend zur Verwendung von `RenderBody` kann die Methode `RenderSection` zum Rendern von benannten Bereichen, die ebenfalls in den einzelnen Views zu hinterlegen sind, herangezogen werden. Listing 1.23 demonstriert dies, indem auf die beiden Abschnitte `pageTitle` und `links` verwiesen wird. Da der Abschnitt `links` als optional gekennzeichnet ist, müssen Seiten, die auf die betrachtete Layoutseite verweisen, diesen nicht beinhalten.

```
<div id="main">
    <h2>@RenderSection("pageTitle")</h2>
    <div>@RenderSection("links", optional:true)</div>
    <div>@RenderBody()</div>
</div>
```

Listing 1.23 Layoutseite mit benannten Sektionen

Eine diese Layoutseite referenzierende View findet sich in Listing 1.26. Diese View referenziert die Layoutseite explizit, indem sie am Begin die Eigenschaft `LayoutPage` auf den Pfad der gewünschten Layoutseite setzt. Die Inhalte der beiden Abschnitte `links` und `pageTitle` werden dabei mit `@section` eingeleitet.

```
@{
    View.Title = "Index";
    LayoutPage = "~/Views/Shared/OtherLayout.cshtml";
}

<table>
    [...]
</table>

@section links {
    Wichtige Links
    <ul>
    <li><a href="http://softwarearchitekt.at">Softwarearchitekt</a></li>
        <li><a href="http://software-engineer.biz">Softwareengineer</a></li>
    <ul>
}

@section pageTitle {
    Hamsterliste
}
```

Listing 1.24 Layoutseite mit benannten Sektionen

Das direkte Angeben der gewünschten Layoutseite durch das Setzen der Eigenschaft `LayoutPage` ist eher unüblich. Beim Einsatz der Projektvorlagen *Internet-Application*, *Intranet-Application* und *Mobile Application* wird standardmäßig die Layoutseite */Views/Shared/_Layout.cshtml* herangezogen. Diese Seite ist jedoch nicht hartcodiert. Vielmehr ist es so, dass sich unter */Views* eine Datei *_ViewStart.cshtml* befindet – und die wird per Definition in jede View eingebunden. Der Inhalt dieser Datei beschränkt sich beim Einsatz der genannten Vorlagen auf die folgenden Zeilen, welche die Layoutseite */Views/Shared/_Layout.cshtml* referenzieren.

```
@{
    Layout = "~/Views/Shared/_Layout.cshtml";
}
```

Möchte der Entwickler für bestimmte Views eine eigene *_ViewStart.cshtml* definieren, muss er lediglich im Verzeichnis dieser View eine eigene *_ViewStart.cshtml* anlegen. Wird ASP.NET MVC im Verzeichnis der View hingegen nicht fündig, setzt es solange die Suche auf der nächsthöheren Ordnerebene fort, bis es im Ordner */Views* angelangt ist.

Partielle Views

Partielle Views sind Views, welche in andere Views eingebunden werden. Listing 1.25 zeigt eine sehr einfache partielle View. Sie legt den Typ des Modells auf `string` fest und rendert den Inhalt dieses Strings zwischen zwei `hr`-Tags.

```
@model string
<hr />
    @Model
<hr />
```

Listing 1.25   Einbinden einer partiellen View

Um solch eine partielle View in eine andere View einzubinden, verwendet der Entwickler die HTML-Hilfsmethode `Html.Partial`. Als erstes Argument übergibt er den Namen der partiellen View; als zweites optionales Argument übergibt er einen Wert, der innerhalb der partiellen View als Modell dienen soll:

```
@Html.Partial("CopyRight", model: "(c) 2013, Manfred Steyer")
```

`Html.Partial` rendert die partielle View und liefert ihr Ergebnis als String retour. Da die Methode mit einem vorangestellten @ aufgerufen wurde, gibt Razor diesen String anschließend in die aktuelle View aus. Bei großen partiellen Views kann das Herumreichen von Strings Performanceeinbußen mit sich bringen. In diesem Fall bietet sich der Einsatz von `Html.RenderPartial` an. Diese Methode nimmt dieselben Parameter wie Partial entgegen und schreibt die gerenderte partielle View direkt in das Ergebnis der aktuellen View – ohne Umweg über einen String, der an Razor weitergereicht wird. Da diese Methode jedoch keinen Rückgabewert hat, muss sie innerhalb eines serverseitigen Blocks ausgeführt werden:

```
@{ Html.RenderPartial("CopyRight", model: "(c) 2013, Manfred Steyer"); }
```

Neben `Partial` und `RenderPartial` stehen auch noch die Methoden `Action` und `RenderAction` zur Verfügung. Diese stoßen eine Action-Methode an, welche eine partielle View liefert und binden anschließend diese partielle View ein. Analog zu `Partial` gibt `Action` eine Zeichenfolge zurück. `RenderAction` schreibt hingegen direkt in das Ergebnis der View. Zur Demonstration beinhaltet Listing 1.26 eine Action-Methode, welche mit `PartialView` eine partielle View rendert. Als Modell übergibt sie der View einen String. Damit dieser String nicht als Name der anzustoßenden View interpretiert wird, wird er nach `object` gecastet.

```
public ActionResult CopyRight()
{
    var model = (object)"(c) 2013, Manfred Steyer";
    return PartialView(model);
}
```

Listing 1.26 Einbinden einer partiellen View

Um diese Action-Methode innerhalb einer View aufzurufen und die von ihr gerenderte partielle View anschließend einzubinden, verwendet der Entwickler die Hilfsmethode `Action`:

```
@Html.Action("CopyRight")
```

Als Parameter wird dabei der Name der Action-Methode übergeben. Standardmäßig wird diese Action-Methode im gerade verwendeten Controller erwartet. Überladungen dieser Methode geben dem Entwickler jedoch die Möglichkeit, die Namen anderer Controller anzugeben und im Zuge dessen URL-Parameter zu spezifizieren.

Vorlagen für Felder und Models

Damit dieselben Eigenschaften einheitlich auf dieselbe Weise dargestellt werden, erlaubt ASP.NET MVC das Definieren von Vorlagen. Die Hilfsmethoden `Html.EditorFor` und `Html.DisplayFor` verwenden diese Vorlagen, um Eingabefelder zu Rendern; `DisplayFor` rendert eine nicht editierbare Ausgabe. Das Framework bringt für diesen Zweck bereits ein paar wenige Vorlagen mit. Diese bewirken zum Beispiel, dass `EditorFor` für boolesche Eigenschaften ein Kontrollkästchen rendert. Bei der Auswahl der heranzuziehenden Vorlage gehen diese Methoden wie folgt vor:

- Hat der Entwickler beim Aufruf über eine entsprechende Überladung der Methode den Namen einer Vorlage übergeben, wird diese verwendet:

```
@Html.EditorFor(model => model.Infos, templateName: "MultilineText")
```

- Ansonsten wird geprüft, ob der Entwickler in den Metadaten der Eigenschaft den Namen einer Vorlage hinterlegt hat. Dies kann er zum Beispiel mit den Attributen `UIHint` und `DataType` tun. Ist dem so, wird eine Vorlage mit dem Namen genutzt, der mit `UIHint` bzw. mit dem durch `DataType` definierten Typ bestimmt wurde:

```
public class HotelInfo
{
    [UIHint("CustomDataType")]
    public string Infos { get; set; }
```

```
    [DataType(DataType.MultilineText)]
    public string Lage { get; set; }
}
```

- Ansonsten wird geprüft, ob eine Vorlage mit dem Namen des Datentyps der jeweiligen Eigenschaft existiert. Falls ja, wird diese herangezogen.

- Ansonsten wird die Eigenschaft wie ein String gerendert.

ASP.NET MVC erwartet Vorlagen zum Editieren von Feldern im *Views*-Verzeichnis des jeweiligen Controllers (z.B. */Views/Hotel*) oder unter */Views/Shared* in einem Ordner namens *EditorTemplates*. Die Vorlagen für die Anzeige erwartet es an entsprechender Stelle innerhalb eines Ordners *DisplayTemplates* (vgl. Abbildung 1.13). Bei der Benennung der Vorlagen für primitive Typen ist der Entwickler gut beraten, jene Bezeichner zu verwenden, die in Visual Basic.NET üblich sind, sprich `Integer` anstatt `int` oder `Boolean` anstatt `bool`.

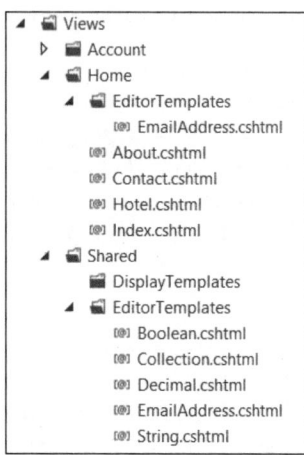

Abbildung 1.13   Projektstruktur mit Vorlagen

Bei den Vorlagen handelt es sich um partielle Views. Innerhalb dieser partiellen Views kann der Entwickler Informationen über die anzuzeigende Eigenschaft mit `ViewData.ModelMetadata` in Erfahrung bringen. `ViewData.ModelMetadata.PropertyName` liefert zum Beispiel den Namen der Eigenschaft; `ViewData.ModelMetadata.Model` hingegen ihren Wert, wobei sich der Name `Model` in diesem Fall wirklich nur auf die jeweilige Eigenschaft bezieht.

Listing 1.27 beinhaltet ein Beispiel für eine Vorlage zum Editieren von booleschen Werten. Damit es standardmäßig Verwendung findet, muss es sich im Verzeichnis *EditorTemplates* befinden und den Namen *Boolean.cshtml* aufweisen. Das Template rendert zwei Felder: das eine mit der Beschriftung *Ja*, das andere mit der Beschriftung *Nein*. Der tatsächlich ausgewählte Wert wird in einem versteckten Feld gespeichert, welches mit `Html.Hidden` gerendert wird. Beim Aufruf dieser Methode wird als Name des Felds ein Leer-String übergeben. Dies veranlasst das Framework, den Namen der darzustellenden Eigenschaft für den Namen des versteckten Felds heranzuziehen. Bei einem Klick auf eines der beiden Felder wird die jeweils aktivierte Option mittels JavaScript hervorgehoben und der neue Wert (`true` oder `false`) im versteckten Feld verstaut.

```
@helper ShowJsBooleanField(string onColor, string offColor) {

    string yesBg;
    string noBg;
    string propertyName = ViewData.ModelMetadata.PropertyName;
    string yesButtonId = "div_" + propertyName + "_yes";
    string noButtonId = "div_" + propertyName + "_no";
    bool value = Convert.ToBoolean(ViewData.ModelMetadata.Model);

    if (ViewData.ModelMetadata.Model == null || !value) {
        yesBg = offColor;
        noBg = onColor;
    }
    else {
        yesBg = onColor;
        noBg = offColor;
    }


    <div id="@yesButtonId" style="background-color:@yesBg; text-align:center; cursor:pointer;
        width:50px;height:20px; border: 1px solid black; display:inline-block;">Ja</div>
    <div id="@noButtonId" style="background-color:@noBg; text-align:center; cursor:pointer;
        width:50px;height:20px; border: 1px solid black; display:inline-block">Nein</div>
    @Html.Hidden("", value)

    <script>
        $(function () {

            // Event-Handler für Mousedown auf "Nein"
            $("#@noButtonId").mousedown(function () {
                $("#@noButtonId").css("background-color", "@onColor");
                $("#@yesButtonId").css("background-color", "@offColor");
                $("#@propertyName").val("false");
            });

            // Event-Handler für Mousedown auf "Ja"
            $("#@yesButtonId").mousedown(function () {
                $("#@noButtonId").css("background-color", "@offColor");
                $("#@yesButtonId").css("background-color", "@onColor");
                $("#@propertyName").val("true");
            });

        });

    </script>
}

@ShowJsBooleanField("#6699FF", "white")
```

Listing 1.27   Vorlage für booleschen Wert

Neben Eigenschaften können auch vollständige Modelle unter Verwendung von Vorlagen gerendert werden. Hierfür stehen analog zu den bereits für Eigenschaften bekannten Hilfsmethoden die Methoden `Html.EditorForModel` und `Html.DisplayForModel` zur Verfügung. Standardmäßig rendern sie sämtliche Eigenschaften des Modells unter Verwendung der für sie gefundenen Vorlagen. Die Reihenfolge der Eigenschaften legt der Entwickler über das Attribut `Display` fest, indem er damit die einzelnen Eigenschaften annotiert und die Eigenschaft `Order` auf eine entsprechende Ordnungszahl setzt. Um eine Eigenschaft zu unterdrücken, ist sie hingegen mit `[ScaffoldColumn(false)]` zu annotieren.

Um das Standardverhalten von `Html.EditorForModel` und `Html.DisplayForModel` zu überschreiben, kann der Entwickler beim Aufruf eine zu verwendende Template übergeben. Solch eine Template kann entweder auf ein bestimmtes Modell zugeschnitten oder generischer Natur sein. Im letzten Fall würde es unter Verwendung der Metadaten sowie unter Verwendung der Reflektion die einzelnen Felder durchlaufen und rendern.

Eine weitere Möglichkeit zur Definition einer benutzerdefinierten Vorlage für Modelle ist das Bereitstellen einer Vorlage mit dem Namen des Modells oder einer seiner Basistypen, wie zum Beispiel `object`.

Views für mobile Anwendungen

Ab Version 4 unterstützt ASP.NET MVC mehrere Varianten einer View für unterschiedliche Gerätetypen. Verwendet der Aufrufer einen mobilen Browser, versucht ASP.NET MVC eine View zu finden, deren Namen dem vom Controller angegebenen Namen entspricht, jedoch zusätzlich auf `.Mobile` endet. Wird beispielsweise die View `Index` angefordert, kommt bei mobilen Browsern die View `Index.Mobile.cshtml` zum Einsatz, sofern C# und Razor Verwendung finden. Existiert diese nicht, wird – wie bisher – auf `Index.cshtml` zurückgegriffen. Diese View ist es auch, die standardmäßig für nicht mobile Browser herangezogen wird. Auf dieselbe Art wird vorgegangen, um eingebundene partielle Views oder Layout-Views zu lokalisieren.

Weitere Weichenstellungen für Views können in der Datei *app.config* innerhalb der Methode `Application_Start` festgelegt werden, indem der Entwickler hier ein Kriterium angibt, das sich auf den aktuellen `HttpContext` bezieht, sowie ein Suffix für die Namen der Views. Dazu kommt die statische Eigenschaft `DisplayModes.Modes` zum Einsatz. Listing 1.28 legt zum Beispiel fest, dass das Suffix `iPhone` heranzuziehen ist, wenn der String `iPhone` im Kopfzeileneintrag `UserAgent` vorkommt. Ersteres wird als Argument an den Konstruktor von `DefaultDisplayMode` übergeben, Letzteres als Lambda-Ausdruck an dessen Eigenschaft `ContextCondition`. Wird nun über ein iPhone die View `Index` angefordert, kommt `Index.iPhone.cshtml` zum Einsatz, sofern sie existiert. Ansonsten wird mit `Index.cshtml` vorlieb genommen.

```
protected void Application_Start()
{
    AreaRegistration.RegisterAllAreas();

    RegisterGlobalFilters(GlobalFilters.Filters);
    RegisterRoutes(RouteTable.Routes);

    DisplayModes.Modes.Insert(0, new DefaultDisplayMode("iPhone")
    {
        ContextCondition = (context => context.Request.UserAgent.IndexOf
            ("iPhone", StringComparison.OrdinalIgnoreCase) >= 0)
    });
}
```

Listing 1.28   Definition eines Endgeräts

Soll der Benutzer die Möglichkeit bekommen, auf eine andere Ansicht umzuschalten, kann die Eigenschaft UserAgent, die an und für sich den verwendeten Browser beschreibt, mit einem benutzerdefinierten Wert überschrieben werden. Hierzu stellt ASP.NET MVC 4 zwei Überladungen der Methode HttpContext. SetOverriddenBrowser (vgl. Listing 1.29) zur Verfügung. Eine der beiden Überladungen nimmt einen Wert der Enumeration BrowserOverride entgegen und legt den UserAgent auf einen standardmäßigen mobilen bzw. auf einen standardmäßigen nicht mobilen Browser fest. Für Ersteren wird der Wert BrowserOverride.Mobile verwendet; für die nicht mobile Version der Wert BrowserOverride.Desktop.

Diese Variante können Sie nutzen, wenn Sie zwischen der mobilen und nicht-mobilen Darstellung der Seite wechseln möchten, ohne sich mit den konkreten Browser-Beschreibungen belasten zu müssen. Die zweite Überladung legt die heranzuziehende Browserbeschreibung als String fest. Der auf diese Weise festgelegte Wert kann über HttpContext.GetOverriddenUserAgent abgerufen werden.

Um diesen Wert wieder zu entfernen, sodass wieder der vom Browser gesendete Wert zur Wahl der View herangezogen wird, kommt HttpContext.ClearOverriddenBrowser zum Einsatz. Zum Abfragen der Möglichkeiten des festgelegten Browsers kann HttpContext.GetOverriddenBrowser verwendet werden.

```csharp
public ActionResult SetOverriddenBrowser(string browser)
{
    if (browser == "mobile")
    {
        HttpContext.SetOverriddenBrowser(BrowserOverride.Mobile);
    }
    else if(browser == "desktop") {
        HttpContext.SetOverriddenBrowser(BrowserOverride.Desktop);
    }
    else {
        HttpContext.SetOverriddenBrowser(browser);
    }
    ViewBag.OverriddenBrowser = HttpContext.GetOverriddenUserAgent();
    return View("Index");
}
```

Listing 1.29 Überschreiben der Browser-Einstellung

Zwischen unterschiedlichen Ansichten wechseln

Möchten Sie eine Webanwendung entwickeln, welche sowohl an klassische als auch an mobile Plattformen angepasst ist, können Sie ein Projekt mit der Vorlage *Internet-Application* erstellen und durch Einbinden des NuGet-Pakets jQuery.Mobile.MVC das Framework jQuery Mobile nachrüsten.

Fügt der Entwickler dieses zum aktuellen Projekt hinzu, richtet Visual Studio unter anderem auch einen Controller sowie eine partielle View _ViewSwitcher ein, welche auf mobilen Endgeräten den Wechsel zwischen der mobilen Ansicht und der nicht-mobilen Ansicht erlaubt. Diese partielle View wird auch in der standardmäßig verwendeten Layoutseite _Layout mittels @Html.Partial("_ViewSwitcher") eingebunden.

Minification und Bundling

Websites bestehen heutzutage häufig aus zahlreichen größeren CSS- und JavaScript-Dateien. Gerade beim Laden über langsame Netzwerkverbindungen (z.B. in Mobilfunknetzwerken) wird dies zum Problem. ASP.NET 4.5 bietet zwei Instrumente zur Beschleunigung:

- CSS- und JavaScript-Dateien können vor der Übertragung zum Client verkleinert werden, indem Leerräume und Kommentare aus dem Quellcode entfernt werden.

- Mehrere CSS- und JavaScript-Dateien können vor der Übertragung zu einer Datei zusammengefasst werden. Durch die Reduzierung der Anzahl der HTTP-Anfragen wird die Übertragung einer Webseite beschleunigt.

Zum Konfigurieren dieser Möglichkeiten, die sich *Minification* und *Bundling* nennen, sehen die Projektvorlagen eine Klasse `BundleConfig` im Ordner *App_Start* vor. Sie weist eine statische Methode `RegisterBundles` auf. Diese wird beim Start der Webanwendung zur Ausführung gebracht, indem sie von der Methode `Application_Start` in der Datei *global.asax* aufgerufen wird. Bei diesem Aufruf übergibt sie die statische Auflistung `BundleTable.Bundles`, welche per Definition sämtliche registrierte Bundles beinhaltet.

Listing 1.30 zeigt einen Teil der Methode `RegisterBundles`, welche von der Projektvorlage *Internet-Application* eingerichtet wurde. An den Konstruktor von `ScriptBundle` übergibt sie den Namen des Bundles. Mit `Include` werden die einzelnen Dateien angegeben, die zum Bundle hinzuzufügen sind. Bei der Angabe dieser Dateinamen kann der Entwickler Platzhalter verwenden. Ein Stern (*) steht zum Beispiel für eine beliebige Zeichenkette; der Platzhalter {version} für eine Versionsnummer. Die vordefinierte Liste an Bundles kann der Entwickler nach Belieben erweitern.

```
public static void RegisterBundles(BundleCollection bundles)
{
    bundles.Add(new ScriptBundle("~/bundles/jquery").Include(
            "~/Scripts/jquery-{version}.js"));

    bundles.Add(new ScriptBundle("~/bundles/jqueryui").Include(
            "~/Scripts/jquery-ui-{version}.js"));

    bundles.Add(new ScriptBundle("~/bundles/jqueryval").Include(
            "~/Scripts/jquery.unobtrusive*",
            "~/Scripts/jquery.validate*",
            "~/Scripts/methods_de.js"));
    [...]
}
```

Listing 1.30 Standardmäßig eingerichtete Bundles

Wird in einer View über ein Script-Tag auf den Namen eines Bundles mit JavaScript-Dateien oder über einen Link-Tag auf den Namen eines Bundles mit CSS-Dateien verwiesen, erhält der Browser diese Dateien mit einer einzigen Anfrage in einer *minificated* Form. Dabei ist auch darauf zu achten, dass Bundles mit HTTP-Kopfzeilen ausgeliefert werden, die den Browser ermutigen, sie zu cachen.

Jedes Bundle besitzt eine Auflistung mit Transformationen, die vor der Auslieferung auf das Bundle angewandt werden. Standardmäßig befindet sich in dieser Auflistung eine Transformation zum Minifizieren von JavaScript- bzw. CSS-Dateien. Wollte der Entwickler auf die Minifizierung im Debugmodus verzichten, könnte er in *global.asax* sämtliche registrierte Bundles in der statischen Auflistung `BundleTable.Bundles` iterieren und deren Transformationen entfernen (Listing 1.31).

```
#if DEBUG
foreach (var bundle in BundleTable.Bundles)
{
    bundle.Transforms.Clear();
}
#endif
```

Listing 1.31 Transformationen bei sämtlichen Bundles entfernen

Models

Dieser Abschnitt geht auf Details zur Gestaltung von Models ein. Er zeigt, wie der Entwickler Metadaten sowie Validierungsregeln für einzelne Eigenschaften hinterlegen kann. Darüber hinaus wird auch auf die Möglichkeiten einer manuellen Validierung eingegangen.

Metadaten im Model festlegen

Der Entwickler hat die Möglichkeit, für Modelleigenschaften Metadaten festzulegen, die zur Laufzeit beispielsweise das Verhalten von Hilfsmethoden bestimmen. Listing 1.32 demonstriert dies, indem die Eigenschaft Sterne mit dem Attribut Display und DisplayFormat annotiert wird. Mit Display wird jener Name festgelegt, der von den Hilfsmethoden DisplayNameFor und LabelFor für diese Eigenschaft auszugeben ist. Mit DisplayFormat wird das standardmäßig von Hilfsmethoden heranzuziehende Ausgabeformat für Werte der Eigenschaft Sterne beschrieben. Darüber hinaus wird mit der Eigenschaft ApplyFormatInEditMode festgelegt, dass dieses Ausgabeformat auch im Zuge des Editierens zu verwenden ist.

```
public partial class Hotel
{
    public int HotelId { get; set; }

    [Required]
    [StringLength(30, ErrorMessage = "{0} darf aus max. {1} Zeichen bestehen")]
    public string Bezeichnung { get; set; }

    [Range(0, 5, ErrorMessage = "{0} muss im Wertebereich zwischen {1} und {2} liegen")]
    [Display(Name="Hotelkategorisierung")]
    [DisplayFormat(DataFormatString="0.00", ApplyFormatInEditMode=true)]
    public int Sterne { get; set; }
}
```

Listing 1.32 Metadaten mit Display und DisplayFormat festlegen

Html-Text übermitteln

Aus Sicherheitsgründen verbietet ASP.NET das Übersenden von HTML-formatiertem Text. Für ausgewählte Attribute kann der Entwickler dies jedoch erlauben. Dazu muss er diese innerhalb des Models mit AllowHtml annotieren (siehe Listing 1.33).

```
public class News
{
    public string Title { get; set; }

    [AllowHtml]
    public string Text { get; set; }
}
```

Listing 1.33   Html-Text für ausgewählte Eigenschaften erlauben

Validieren von Benutzereingaben

Für das Validieren von Benutzereingaben sind zwei Ansätze vorgesehen. Entweder findet die Validierung im Controller statt oder sie erfolgt deklarativ, indem das Modell mit Validierungsattributen annotiert wird. Dieser Abschnitt geht auf diese beiden Möglichkeiten ein.

Manuelles Validieren

Wurde durch benutzerdefinierte Validierungslogiken ein Eingabefehler entdeckt, kann dieser an die Methode ViewData.ModelState.AddModelError zur Zwischenspeicherung übergeben werden (Listing 1.34). Als erster Parameter wird der Name des Felds, auf das sich der Fehler bezieht, angegeben; als zweiter Parameter die Fehlermeldung.

```
public ActionResult Edit(Hotel h)
{
    if (Hotel.Sterne < 0)
    {
        ViewData.ModelState.AddModelError("Sterne", "Sterne darf nicht kleiner 0 sein!");
    }
    [...]
    return View();
}
```

Listing 1.34   Manuelles Validieren von Benutzereingaben

Zum Anzeigen der hinterlegten Validierungsfehler können die Methoden ValidationSummary und ValidationMessageFor verwendet werden. ValidationSummary gibt sämtliche Fehlermeldungen aus; ValidationMessageFor gibt die Fehlermeldung für die über einen Lambda-Ausdruck angegebene Eigenschaft aus. Für Fälle, in denen die Fehlermeldung nicht über einen Lambda-Ausdruck sondern lediglich über einen String referenziert werden soll, kann die Methode ValidationMessage herangezogen werden.

Listing 1.35 demonstriert die Verwendung von ValidationSummary und ValidationMessageFor. Damit eine eventuelle Fehlermeldung nicht doppelt angezeigt wird, wird mit dem zweiten Parameter von ValidationMessageFor angegeben, dass das Vorhandensein einer Fehlermeldung lediglich durch Ausgabe eines Sternchens angezeigt werden soll.

```
@Html.ValidationSummary("Die folgenden Fehler sind aufgetreten:")
[…]
<div class="editor-field">
    @Html.TextBoxFor(model => model.Eintritt)
    @Html.ValidationMessageFor(model => model.Eintritt, "*")
</div>
```

Listing 1.35 Ausgabe eines Validierungsfehlers

Deklaratives Validieren

Während in Version 1 von ASP.NET MVC das Validieren von Benutzereingaben manuell implementiert werden musste, bietet das Framework ab Version 2 die Möglichkeit, Validierungsregeln für Modelle mithilfe von Attributen festzulegen. Das Framework kümmert sich dabei selbstständig um die Validierung nach den festgelegten Regeln.

Validierungsattribute

Für die Eigenschaften der in Listing 1.36 dargestellten Modellklasse wurden mit Attributen Validierungsregeln definiert. Es handelt sich dabei um Klassen, welche von ValidationAttribute ableiten und, wie gezeigt, entweder eine Fehlermeldung beinhalten oder einen Verweis auf eine Ressourcendatei (vgl. Abschnitt *Über Ressourcendateien mehrsprachige Inhalte bereitstellen*), in der die Fehlermeldung zu finden ist. Darüber hinaus bieten die meisten Validierungsattribute auch noch die Möglichkeit der Parametrisierung. Der Wert 30 bei Verwendung des Attributs StringLength im betrachteten Beispiel schränkt die maximale Länge des zu erfassenden Strings auf 30 Zeichen ein. Mit Range wird hingegen der erlaubte Wert auf den Wertebereich zwischen 0 und 5 eingeschränkt.

Damit bereits bekannte Eigenschaften nicht innerhalb der Fehlermeldung wiederholt werden müssen, unterstützten sie Platzhalter. {0} steht in der Regel für den Namen der zu validierenden Eigenschaft; alle weiteren Platzhalter repräsentieren die einzelnen Parameter, die der Entwickler für das Validierungsattribut angegeben hat. Das Ergebnis des hier gezeigten Beispiels kann sich zur Laufzeit wie in Abbildung 1.14 dargestellt gestalten. Tabelle 1.3 gibt einen Überblick über die zur Verfügung stehenden Validierungsattribute.

```
public class Hotel
{
    public int HotelId { get; set; }

    [Required]
    [StringLength(30, ErrorMessage="{0} darf aus max. {1} Zeichen bestehen")]
    public string Bezeichnung { get; set; }

    [Range(0,5, ErrorMessage="{0} muss im Wertebereich zwischen {1} und {2} liegen")]
    public int Sterne { get; set; }
}
```

Listing 1.36 Verwendung von Validierungsattributen

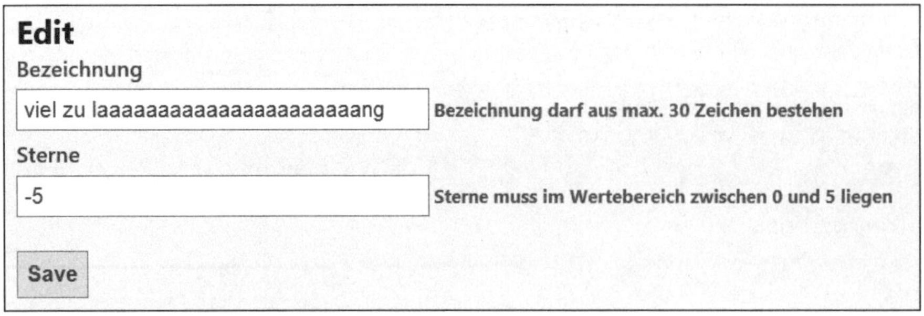

Edit

Bezeichnung

| viel zu laaaaaaaaaaaaaaaaaaaaaang | Bezeichnung darf aus max. 30 Zeichen bestehen |

Sterne

| -5 | Sterne muss im Wertebereich zwischen 0 und 5 liegen |

Save

Abbildung 1.14   Validierungsfehler

Validierungsattribut	Beschreibung
MaxLength	Prüft auf eine maximale Länge
MinLength	Prüft auf eine minimale Länge
Range	Prüft, ob sich der zu validierende Wert in einem bestimmten Wertebereich befindet
RegularExpression	Validiert die annotierte Eigenschaft mit regulären Ausdrücken
Required	Markiert die annotierte Eigenschaft als Pflichtfeld
StringLength	Prüft auf eine maximale Textlänge
Compare	Prüft, ob zwei Eigenschaften denselben Wert haben. Wird zum Beispiel verwendet, wenn ein Passwort bei der Vergabe doppelt zu erfassen ist
Remote	Bringt eine serverseitige Validierungs-Routine per AJAX zur Ausführung (siehe Abschnitt »Remotevalidierung«)
CreditCard	Prüft, ob der zu validierende Wert eine Kreditkartennummer ist
EMailAddress	Prüft, ob der zu validierende Wert eine E-Mail-Adresse ist
Url	Prüft, ob der zu validierende Wert ein URL ist
Phone	Prüft, ob der zu validierende Wert eine gültige (US-)Telefonnummer ist
FileExtensions	Prüft, ob der zu validierende Wert ein Dateiname mit einer bestimmten Endung ist

Tabelle 1.3   Zur Verfügung stehende Validierungsattribute

Validierungsattribute in Metadatenklassen auslagern

Werden die Modellklassen, zum Beispiel unter Verwendung eines O/R-Mappers wie dem Entity Framework, generiert, ist es nicht ratsam, sie um Validierungsattribute zu erweitern, da diese bei einer erneuten Generierung überschrieben werden. In solchen Fällen kann der Entwickler die zu validierenden Eigenschaften in eigenen so genannten Metadatenklassen nachbilden und dort mit den gewünschten Validierungsattributen versehen. Zur Vereinfachung muss er die Eigenschaften auch nicht 1:1 nachbilden, sondern kann stattdessen öffentliche Member vom Typ object erstellen. Lediglich die Namen müssen übereinstimmen.

Um die Metadatenklasse mit der Modellklasse in Beziehung zu setzen, legt der Entwickler für diese eine partielle Klasse an. Diese annotiert er mit `MetadataType`, wobei er an dieses Attribut den Typ der Metadatenklasse übergibt. Dieses Spielchen setzt jedoch voraus, dass es sich beim generierten Modell auch um eine partielle Klasse handelt. Listing 1.37 beinhaltet ein Beispiel für dieses Vorgehen.

```
class HotelMetaData
{
    [Required]
    [StringLength(30, ErrorMessage = "{0} darf aus max. {1} Zeichen bestehen")]
    public object Bezeichnung;

    [Range(0, 5, ErrorMessage = "{0} muss im Wertebereich zwischen {1} und {2} liegen")]
    public object Sterne;
}

[MetadataType(typeof(HotelMetaData))]
public partial class Hotel
{
}
```

Listing 1.37   Implementierung einer Metadatenklasse

Remotevalidierung

Einige Validierungen können ausschließlich serverseitig erfolgen. Ein Beispiel dafür ist eine Prüfung gegen bestimmte Datensätze in einer Datenbank. Damit diese Validierungen auch bereits am Client vor dem Absenden der Daten erfolgen können, bietet ASP.NET MVC seit Version 3 die Möglichkeit, sie via AJAX anzustoßen. Im Hintergrund kommt dabei das populäre JavaScript-Framework `jQuery` zum Einsatz.

Um von dieser Möglichkeit Gebrauch zu machen, wird zunächst eine Action-Methode, welche den zu validierenden Wert entgegennimmt, bereitgestellt. Optional kann diese Methode auch noch weitere Werte, die gemeinsam mit dem zu validierenden Wert erfasst werden, entgegennehmen (Listing 1.38). Diese Action-Methode führt die Validierung durch und liefert, je nachdem, ob die Validierung erfolgreich war oder nicht, `true` oder `false` in Form von JSON retour.

```
public ActionResult ValidateTitle(string title, string text)
{
    if (title == null) title = "";
    if (text == null) text = "";

    if (title == "Unknown Title")
            return Json(false, JsonRequestBehavior.AllowGet);

    if (text == title)
            return Json(false, JsonRequestBehavior.AllowGet); ;

    return Json(true, JsonRequestBehavior.AllowGet);;
}
```

Listing 1.38   Action-Methode für die Remotevalidierung

Anschließend kann das zu validierende Feld, wie in Listing 1.39 gezeigt, mit Remote annotiert werden. Im betrachteten Fall werden der Name der Action-Methode sowie der Name des Controllers übergeben. Zusätzlich wird die im Falle einer fehlgeschlagenen Validierung anzuzeigende Fehlermeldung sowie die zu verwendende HTTP-Methode übergeben. Möchte der Entwickler, dass ASP.NET MVC neben dem zu validierenden Wert auch die Werte weiterer Felder an die Validierungsmethode weiterreicht, muss er deren Namen kommasepariert innerhalb der Eigenschaft AdditionalFields anführen.

```
public class News
{
    [Remote("ValidateTitle", "News",
            ErrorMessage = "Titel ist ungültig!",
            HttpMethod = "POST",
            AdditionalFields= "Text")]
    public string Title { get; set; }

    [AllowHtml]
    public string Text { get; set; }
}
```

Listing 1.39   Einsatz des Validierungsattributs Remote

Benutzerdefinierte Validierungsattribute

Um benutzerdefinierte Validierungsattribute bereitzustellen, leitet der Entwickler von der Basisklasse ValidationAttribute ab und überschreibt deren Methode IsValid. Diese bekommt vom Framework den zu validierenden Wert sowie einen ValidationContext mit weiteren Informationen über den aktuellen Validierungsvorgang übergeben, wie z.B. den Namen der zu validierenden Eigenschaft oder die Werte der anderen Eigenschaften.

Liefert diese Methode die Konstante ValidationResult.Success zurück, zeigt der Validator an, dass die Validierung erfolgreich war. Gibt IsValid hingegen ein ValidationResult zurück, weist sie damit auf einen Validierungsfehler hin. Beim Erzeugen einer Instanz von ValidationResult ist als erster Parameter die Fehlermeldung sowie als zweiter Parameter ein Array mit den Namen der von der Fehlermeldung betroffenen Eigenschaften zu übergeben. Ein Beispiel für ein benutzerdefiniertes Validierungsattribut findet sich in Listing 1.40.

```
public class SternValidator: ValidationAttribute
{
    protected override ValidationResult IsValid(object value, ValidationContext validationContext)
    {
        int v = (int)value;

        if (v >= 0 && v <= 5)
        {
            return ValidationResult.Success;
        }

        var error = "Sterne müssen zwischen 0 und 7 sein!";
        var result = new ValidationResult(error, new[]{"Sterne"});
        return result;
    }
}
```

Listing 1.40   Benutzerdefinierte Validierungsattribute implementieren

Serverseitige deklarative Validierung

ASP.NET MVC führt sämtliche Validierungsattribute aus, bevor die jeweilige Action-Methode angestoßen wird. Innerhalb der Action-Methode ist es jedoch die Aufgabe des Entwicklers, in Erfahrung zu bringen, ob das übergebene Modell korrekt validiert werden konnte. Dies kann durch Prüfen der Eigenschaft ModelState.IsValid bewerkstelligt werden. Hat diese Eigenschaft den Wert true, war die Validierung erfolgreich; false zeigt hingegen an, dass Validierungsfehler vorliegen. Listing 1.41 bricht beim Erkennen eines Validierungsfehlers die Ausführung der Action-Methode ab und delegiert stattdessen an eine View weiter, welche die fehlerhaften Werte anzeigt und den Anwender auffordert, diese zu korrigieren.

```
[HttpPost]
public ActionResult Create(Hotel h)
{
    if (!ModelState.IsValid) return View(h);

    Debug.WriteLine("Täusche Speichern vor: " + h.Bezeichnung);

    return View("Success")
}
```

Listing 1.41 Reagieren auf Validierungsergebnis

Clientseitige Validierung

Zusätzlich zur serverseitigen Validierung stoßen viele der im Lieferumfang von .NET enthaltenen Validierungsattribute zusätzlich auch eine clientseitige Validierung mittels JavaScript an. Diesen Komfort erhält der Entwickler ohne zusätzlichen Aufwand. Allerdings erfolgt die Validierung standardmäßig gegen Konventionen aus dem englischsprachigen Raum.

Glücklicherweise basiert die JavaScript-Validierung auf dem populären Framework jQuery Validation, für welches im Download unter *http://bassistance.de/jquery-plugins/jquery-plugin-validation/* Lokalisierungsdateien mit Fehlermeldungen und Validierungslogiken für die verschiedensten Sprachen zur Verfügung stehen. Um die Validierung beispielsweise in Hinblick auf deutsche Konventionen stattfinden zu lassen, bindet der Entwickler die Datei *methods_de.js* aus diesem Download in die Webanwendung und dort ins Bundle ~/bundles/jqueryval ein:

```
bundles.Add(new ScriptBundle("~/bundles/jqueryval").Include(
                    "~/Scripts/jquery.unobtrusive*",
                    "~/Scripts/jquery.validate*",
                    "~/Scripts/methods_de.js"));
```

Die Bereitstellung von clientseitigen Validierungsroutinen für benutzerdefinierte Validierungsattribute gestaltet sich jedoch ein wenig aufwändiger und wird im dritten Kapitel erörtert, nachdem dort ausgewählte Aspekte von JavaScript sowie JavaScript-APIs besprochen wurden. Möchte der Entwickler die clientseitige Validierung hingegen deaktivieren, setzt er die Einstellung ClientValidationEnabled in der Datei *web.config* auf false.

Validieren unterbinden

Möchte der Entwickler beim Aufruf bestimmter Action-Methoden eine Validierung verhindern, kann er diese mit dem Attribut ValidateInput annotieren und dessen Parameter auf false setzen:

```
[ValidateInput(false)]
public ActionResult Delete(News n) { [...] }
```

Globalisierung

Dieser Abschnitt zeigt, wie man Webprojekte für die Verwendung mit unterschiedlichen Sprachen bzw. in unterschiedlichen Ländern anpassen kann. Dazu wird auf die Möglichkeit, die Sprach- bzw. Ländereinstellungen zu beeinflussen genauso eingegangen, wie auf den Einsatz von Ressourcendateien, mit denen Texte in unterschiedlichen Sprachen bereitgestellt werden können. Darüber hinaus informiert dieser Abschnitt auch darüber, wie der Entwickler die Codierung von gerenderten Views beeinflussen kann.

Sprach- und Ländereinstellungen festlegen

Für die Formatierung von Werten zieht ASP.NET zwei Eigenschaften heran: UICulture und Culture. Erstere wird innerhalb von Views verwendet; letztere von Methoden, wie DateTime.ToString oder DateTime.Parse. In der Regel werden diese beiden Eigenschaften auf denselben Wert gesetzt. Bei diesem kann es sich entweder um ein Sprachkürzel (z.B. de für Deutsch oder en für Englisch) oder um die Kombination aus einem Sprachkürzel und einem Länderkürzel (z.B. de-AT für österreichisches Deutsch, de-DE für Bundesdeutsch, en-UK für britisches Englisch oder en-US für jenes Englisch, das in den USA gesprochen wird) handeln. Auch die Validierung von Eingaben wird von diesen Werten beeinflusst. So werden Datumswerte bei Verwendung der Kultur en-US im Format *Monat/Tag/Jahr* erwartet, während sie bei Verwendung von en-UK im Format *Tag/Monat/Jahr* vorzuliegen haben.

HINWEIS   Die Modellbindung ist beim Parsen von Datumswerten sehr tolerant. Liegt das Datum zum Beispiel nicht in dem Format vor, das beim Einsatz der aktuellen Kultur erwartet wird, versucht sie trotzdem – soweit es geht – einen gültigen Datumswert daraus abzuleiten. So wird zum Beispiel das ISO-Format *Jahr-Monat-Tag* in der Regel ebenso unterstützt, wie Datumswerte, die sich zwar an der aktuellen Kultur orientieren, jedoch die falschen Trennzeichen verwenden (z.B. *Monat.Tag.Jahr* anstatt *Monat/Tag/Jahr* bei en-US).

Die standardmäßig heranzuziehenden Werte für UICulture und Culture können in der Datei *web.config* unter system.web/globalization gesetzt werden:

```
<system.web>
    <globalization uiCulture="de-DE" culture="de-DE"/>
    [...]
</system.web>
```

Legt der Entwickler hier jeweils den Wert auto fest, verwendet ASP.NET jenen Wert, den der jeweils aufrufende Browser über den HTTP-Kopfzeileneintrag Accept-Language als bevorzugte Sprache bzw. Sprach/Land-Kombination an den Webserver übersendet.

Programmatisch können diese Werte über die Eigenschaften `Thread.CurrentThread.CurrentCulture` bzw. `Thread.CurrentThread.UICurrentCulture`, welche den Typ `System.Globalization.CultureInfo` aufweisen, gesetzt werden.

Dabei ist jedoch zu beachten, dass die auf diesem Weg vorgenommenen Einstellungen nicht über Seitenaufrufe hinweg gespeichert werden und somit am Beginn jedes einzelnen Seitensaufrufs erneut zu setzen sind. Hierfür bietet es sich an, innerhalb der Datei *global.asax* eine Methode `Application_AcquireRequestState` einzurichten. Sofern diese existiert, ruft sie ASP.NET bei jeder Anfrage auf. Listing 1.42 demonstriert dies.

```
protected void Application_AcquireRequestState(object sender, EventArgs args)
{
    var culture = new CultureInfo("de-DE");
    Thread.CurrentThread.CurrentCulture = culture;
    Thread.CurrentThread.CurrentUICulture = culture;

}
```

Listing 1.42 `CurrentCulture` und `CurrentUICulture` beim Aufruf jeder Seite setzen

HINWEIS Wenn ASP.NET die Methode `Application_AcquireRequestState` aufruft, steht bereits der Sitzungszustand (siehe Kapitel 7) zur Verfügung. Somit können im Zuge der Anmeldung des aktuellen Benutzers die bevorzugten Einstellungen als Sitzungsvariablen hinterlegt werden.

Über Ressourcendateien mehrsprachige Inhalte bereitstellen

Zum Bereitstellen mehrsprachiger Inhalte bieten sich neben Datenbanken auch die von .NET unterstützten Ressourcendateien an, welche mit der Elementvorlage *Resource File* angelegt werden können. Bei Ressourcendateien handelt es sich im Wesentlichen um eine Auflistung von Name/Wert-Paaren, für welche der Entwickler auch einen Kommentar hinterlegen kann (Abbildung 1.15).

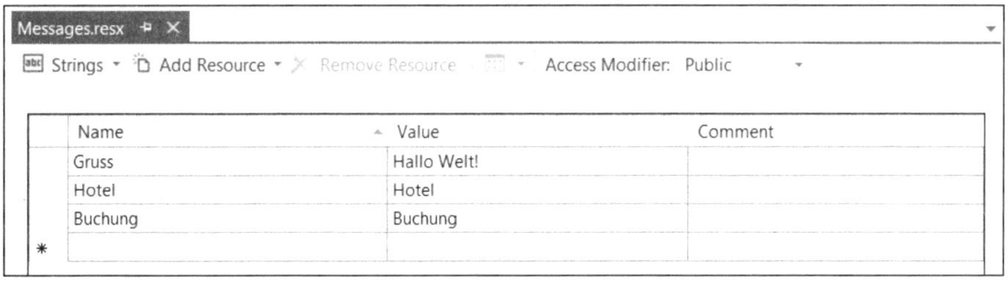

Abbildung 1.15 Ansicht einer Ressourcendatei in Visual Studio

Technisch gesehen sind Ressource-Dateien lediglich XML-Dateien mit der Endung *.resx*. Aus diesen Dateien generiert Visual Studio gleichnamige Klassen und spendiert diesen pro Name/Wert-Paar eine Eigenschaft. Damit sowohl Views als auch andere Klassen, wie `Controller`, darauf zugreifen können, sollte der Entwickler die Eigenschaft *Access Modifier* auf *Public* setzen (vgl. Abbildung 1.15).

Von jeder Ressourcendatei kann der Entwickler mehrere Varianten für unterschiedliche Regionen bzw. Kulturen erstellen. Deren Namen müssen per Definition dem Aufbau *Name.Sprache-Land.resx* bzw. *Name.Sprache.resx* aufweisen. Die Variante der Datei *Message.resx* für österreichisches Deutsch hat demnach den Namen *Message.de-AT.resx*, jene für Bundesdeutsch *Messages.de-DE.resx*. Gäbe es eine Variante, welche deutsche Einträge unabhängig vom jeweiligen Land beinhalten würde, hieße sie *Messages.de.resx*.

Beim Zugriff auf die Eigenschaften der generierten Klassen entscheidet die aktuelle Kultur (engl. Culture), die über `Thread.CurrentThread.CurrentCulture` abgerufen bzw. gesetzt werden kann, aus welcher Variante der jeweiligen Ressourcendatei der Wert zu lesen ist. Handelt es sich bei dieser zum Beispiel um de-DE, so wird im hier betrachteten Beispiel zunächst auf die Inhalte von *Messages.de-DE.resx* zugegriffen. Existiert diese Datei nicht oder beinhaltet sie den jeweiligen Eintrag nicht, so wird die Suche in der Datei *Messages.de.resx* fortgesetzt. Ist auch dieses Unterfangen erfolglos, versucht es .NET mit der Datei *Messages.resx*.

Die nachfolgende Zeile zeigt, wie der Entwickler über die generierte Klasse auf einen Eintrag der Ressourcendatei zugreifen kann:

```
var buchung = MyApp.Resources.Messages.Buchung;
```

Hierbei wird davon ausgegangen, dass der Standardnamensraum der Anwendung `MyApp` heißt und dass die Ressourcendatei mit dem Namen *Messages* in einem Ordner *Resources* abgelegt wurde.

Der Zugriff über Razor-Views erfolgt analog dazu:

```
@MyApp.Resources.Messages.Buchung;
```

Neben dem typisierten Zugriff kann der Entwickler auf Einträge einer Ressourcendatei auch durch Angabe eines Zeichenfolgenparameters zugreifen, der den Namen des jeweiligen Eintrags beinhaltet:

```
MyApp.Resources.Messages.ResourceManager.GetString("Buchung");
```

HINWEIS　　ASP.NET sieht für Ressourcendateien die globalen Ordner *App_GlobalResources* sowie *App_LocalResources* vor. Der Einsatz dieser Ordner ist jedoch nicht empfehlenswert, da die darin befindlichen Dateien von ASP.NET kompiliert werden. Ein Zugriff darauf über Anwendungen, die nicht im Kontext von ASP.NET ausgeführt werden, darunter Komponententests, Windows-Anwendungen bzw. -Dienste, ist somit nicht möglich.

HINWEIS　　Während sämtliche Validierungsattribute die Möglichkeit bieten, die anzuzeigenden Fehlermeldungen aus Ressourcendateien zu laden, sucht man beim Attribut `Display` danach vergebens. Möchte der Entwickler auch dieses Attribut lokalisieren, muss er davon ableiten und die dafür notwendige Logik in der so erhaltenen Subklasse von `Display` manuell bereitstellen.

HINWEIS　　Neben Strings können die Werte von Einträgen in Ressourcendateien auch Bilder oder sonstige Dateien beinhalten.

Codierung festlegen

Standardmäßig rendert ASP.NET sämtliche Views unter Verwendung von Unicode (UTF-8) und erwartet auch übermittelte Werte in dieser Kodierung. Somit werden Probleme mit fremden Zeichen weitestgehend vermieden. Der Entwickler kann diese Einstellung jedoch in der Datei *web.config* ändern. Die nachfolgenden Einstellungen legen zum Beispiel fest, dass anstatt UTF-8 die Kodierung ISO-8859-1 heranzuziehen ist, wobei es sich um den standardisierten Zeichensatz für West-Europa handelt:

```
<system.web>
  <globalization responseEncoding="ISO-8859-1" requestEncoding="ISO-8859-1"/>
</system.web>
```

Analog dazu können diese Einstellungen auch pro Anfrage über `Request.ContentEncoding` bzw. `Response.ContentEncoding` verändert werden. Dies sollte jedoch nur dann gemacht werden, wenn der Entwickler einen wirklich guten Grund dafür hat, zumal die Standardeinstellung in den meisten Fällen am einfachsten zu verwenden ist.

Areas

Um große Anwendungen wartbarer zu gestalten, bietet ASP.NET MVC seit Version 2 die Möglichkeit, ein Webprojekt in so genannte Areas aufzuteilen. Eine Area ist ein Teilprojekt, welches möglichst eigenständig entwickelt werden kann. Abbildung 1.16 zeigt eine mögliche Ordnerstruktur für solche Projekte.

Die einzelnen Areas befinden sich hierbei unterhalb des Ordners *Areas*, wobei jede Area ähnlich wie ein ASP.NET MVC-Projekt organisiert ist. So finden sich in beiden hier gezeigten Areas beispielsweise die Ordner *Controllers* und *Views* wieder. Zusätzlich existiert eine Standardarea, deren Controller und Views sich, wie bei Area-freien Projekten auch, in den gleichnamigen Ordnern unterhalb des Projektordners befinden.

HINWEIS   Visual Studio unterstützt Sie im Projektmappen-Explorer beim Hinzufügen einer neuen Area mit dem Befehl *Add/Area*, den Sie aus dem Kontextmenü des Projekts auswählen.

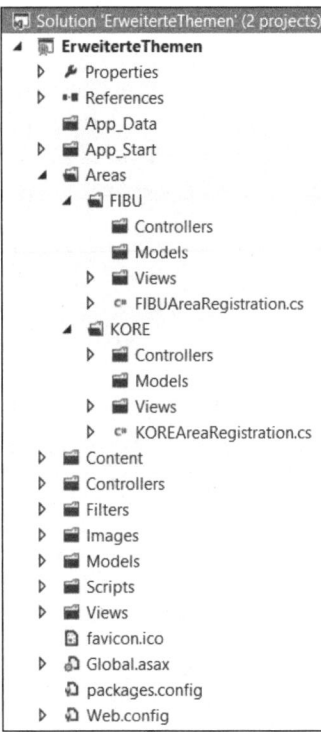

Abbildung 1.16   Ordnerstruktur eines Projekts mit Areas

Jede Area ist angehalten, Informationen über ihre Routen preiszugeben. Dies erfolgt über eine Subklasse von AreaRegistration. Listing 1.43 demonstriert dies. Die zu überschreibende Eigenschaft AreaName liefert den Namen der Area; die zu überschreibende Methode RegisterArea trägt die Routen der jeweiligen Area mittels MapRoute in den übergebenen Context ein. Dabei ist zu beachten, dass mit dem letzten Parameter die Namensräume der Controller der jeweiligen Area bekanntgegeben werden.

```
public class KOREAreaRegistration : AreaRegistration
{
    public override string AreaName
    {
        get
        {
            return "KORE";
        }
    }

    public override void RegisterArea(AreaRegistrationContext context)
    {
        context.MapRoute(
            "KORE_default",
            "KORE/{controller}/{action}/{id}",
            new { action = "Index", id = URLParameter.Optional }
        );
    }
}
```

Listing 1.43   Bereitstellen von Informationen für eine Area

Damit diese Angaben auch Beachtung finden, ist in der Methode `Application_Start` in der `Global.asax` die Methode `AreaRegistration.RegisterAllAreas` aufzurufen (Listing 1.44). Diese durchsucht das Projekt nach Subklassen von `AreaRegistration`, instanziiert diese und erweitert die Routendefinition mit der entsprechenden Implementierung von `RegisterArea`.

```
protected void Application_Start()
{
    AreaRegistration.RegisterAllAreas();
    [...]
}
```

Listing 1.44   Registrierung aller Areas via `RegisterAllAreas`

Bei Area-übergreifenden Verweisen ist nun auch der Name der Zielarea anzugeben. Dabei handelt es sich um jenen String, welcher von der Eigenschaft `AreaName` der jeweiligen Implementierung von `AreaRegistration` zurückgeliefert wird (Listing 1.43). Handelt es sich bei der Zielarea um die Standardarea, so kann dies durch einen Leer-String angegeben werden. Listing 1.45 demonstriert dies. Der erste Link verweist auf die Standardarea; der zweite auf die Area mit dem Namen `FutterManagement`. Dabei sind jeweils über den letzten Parameter die gewünschten HTML-Attribute als Instanz von `HtmlAttributes` zu übergeben, damit sich der Compiler für die richtige Überladung entscheidet. Da diese Angabe im betrachteten Beispiel nicht benötigt wird, wird lediglich `null` übergeben.

```
@Html.ActionLink(
    "Hamster", "Index", "Hamster",
    new { area = "" }, null)

@Html.ActionLink(
    "Futter", "Index", "Futter",
    new { area = "FutterManagement" }, null)
```

Listing 1.45   Area-übergreifende Links

HINWEIS   Befindet sich in einer benannten Area sowie in der Standardarea jeweils ein Controller mit demselben Namen, scheitert ASP.NET MVC, sobald dieser Controller innerhalb der Standardarea adressiert wird. Der Grund dafür liegt in der Tatsache, dass sich benannte Areas hierarchisch betrachtet unterhalb der Standardarea befinden. Geht ASP.NET MVC nun innerhalb der Standardarea auf die Suche nach dem Controller, wird es zwei Mal fündig – einmal im `Controllers`-Namespace der Standardarea und einmal im `Controllers`-Namespace der benannten Area, welche sich hierarchisch gesehen auch unterhalb der Standardarea befindet.

Um dieses Problem zu umgehen, können die Routen der Standardarea, welche innerhalb von `App_Start/RouteConfig` definiert werden, mit dem Namensraum des Ordners `Controllers` in der Standardarea versehen werden. Dies bewirkt, dass ASP.NET MVC die Suche nach einem Controller für die Standardarea auf diesen Namensraum beschränkt:

```
routes.MapRoute(
    name: "Default",
    url: "{controller}/{action}/{id}",
    defaults: new { controller = "Home", action = "Index", id = UrlParameter.Optional },
    namespaces: new[] { "ErweiterteThemen.Controllers" }
);
```

Filter

Kommt es zur Abarbeitung einer ASP.NET MVC-Anfrage, werden in der Regel zunächst eine Action-Methode sowie dann eine View, welche das Ergebnis rendert, ausgeführt. Filter bieten die Möglichkeit, vor und zwischen diesen Schritten benutzerdefinierte Logiken zur Ausführung zu bringen, wobei ein Filter auf beliebig viele Seiten angewandt werden kann. Beispielsweise könnte ein Filter definiert werden, welcher für alle Seiten eines bestimmten Verzeichnisses vor der Ausführung der Action-Methode prüft, ob der aufrufende Benutzer angemeldet ist und falls dem nicht so ist, an ein Login-Formular weiterdelegiert, ohne die Anfrage weiter zu bearbeiten.

ASP.NET MVC bietet vier Arten von Filtern an: Autorisierungsfilter werden vor Abarbeitung der Anfrage ausgeführt; Action-Filter vor und nach dem Ausführen der Action-Methode; Ergebnisfilter vor und nach dem Ausführen des Action-Ergebnisses (zum Beispiel vor und nach dem Ausführen der View) und Ausnahmefilter, nachdem eine Ausnahme ausgelöst wurde.

Implementiert wird ein Filter, indem eine Klasse bereitgestellt wird, welche zum einen von `FilterAttribute` erbt und zum anderen mindestens eine Schnittstelle implementiert, die mit einer der vier Filterarten assoziiert wird. Durch das Erben von `FilterAttribut` kann der Filter als Attribut verwendet werden, und somit die Action-Methoden auf welche der Filter angewandt werden soll, damit annotiert werden. Informationen über die Schnittstellen sowie deren Methoden finden sich in Tabelle 1.4.

Schnittstelle	Methode	Beschreibung
IAuthorizationFilter	OnAuthorization	Wird ausgeführt, bevor die Anfrage abgearbeitet wird
IActionFilter	OnActionExecuting	Wird vor der Action-Methode ausgeführt
	OnActionExecuted	Wird nach der Action-Methode ausgeführt
IResultFilter	OnResultExecuting	Wird vor dem Action-Ergebnis (z.B. View) ausgeführt
	OnResultExecuted	Wird nach dem Action-Ergebnis (z.B. View) ausgeführt
IExceptionFilter	OnException	Wird ausgeführt, wenn eine Ausnahme ausgelöst wurde

Tabelle 1.4 Für die Implementierung von Filtern bereitgestellte Schnittstellen

Jeder Filtermethode wird von ASP.NET MVC eine Instanz einer Subklasse von `ControllerContext` übergeben, welche Informationen über den aktuellen Stand der Abarbeitung der jeweiligen Anfrage bietet. Unter anderem beinhaltet diese Instanz auch eine Eigenschaft `Result` vom Typ `ActionResult`. Durch das Setzen dieser Eigenschaft kann die Filtermethode das darzustellende Ergebnis beeinflussen. Daneben beinhaltet diese Instanz auch eine Eigenschaft `ExceptionHandled`. Wird diese auf `true` gesetzt, wird angezeigt, dass sich der Filter um eine aufgetretene Ausnahme gekümmert hat und somit die Abarbeitung der Anfrage fortgesetzt werden kann.

Listing 1.46 zeigt eine beispielhafte Filterimplementierung, welche alle vier Filterschnittstellen implementiert und einige Informationen zum aktuellen Zustand der Abarbeitung ausgibt. Die Verwendung der zuvor diskutierten Eigenschaften `Result` und `ExceptionHandled` wird dabei durch Kommentare angedeutet. Damit einfacher ersichtlich ist, welche Methode von welcher der vier Schnittstellen vorgegeben wird, wurden diese explizit implementiert.

```
public class DemoFilter:
    FilterAttribute, IAuthorizationFilter,
    IActionFilter, IResultFilter, IExceptionFilter
{

    void IAuthorizationFilter.OnAuthorization(AuthorizationContext filterContext)
    {
        // filterContext.Result = ...

        Debug.WriteLine("IAuthorizationFilter.OnAuthorization");
        Debug.WriteLine("  User: " + filterContext.HttpContext.User.Identity.Name);
        Debug.WriteLine("  Controller: " + filterContext.Controller.ToString());
        Debug.WriteLine("  Action: " + filterContext.ActionDescriptor.ActionName);
        Debug.WriteLine("");

    }

    void IActionFilter.OnActionExecuting(ActionExecutingContext filterContext)
    {
        Debug.WriteLine("IActionFilter.OnActionExecuting");
        Debug.WriteLine("  User: " + filterContext.HttpContext.User.Identity.Name);
        Debug.WriteLine("  Controller: " + filterContext.Controller.ToString());
        Debug.WriteLine("  Action: " + filterContext.ActionDescriptor.ActionName);
        Debug.WriteLine("");

    }

    void IActionFilter.OnActionExecuted(ActionExecutedContext filterContext)
    {

        Debug.WriteLine("IActionFilter.OnActionExecuted");
        Debug.WriteLine("  User: " + filterContext.HttpContext.User.Identity.Name);
        Debug.WriteLine("  Controller: " + filterContext.Controller.ToString());
        Debug.WriteLine("  Action: " + filterContext.ActionDescriptor.ActionName);
        Debug.WriteLine("  Exception: " + filterContext.Exception);
        Debug.WriteLine("  ExceptionHandeled: " + filterContext.ExceptionHandled);

        Debug.WriteLine("");

    }

    void IResultFilter.OnResultExecuting(ResultExecutingContext filterContext)
    {
        Debug.WriteLine("IResultFilter.OnResultExecuting");
        Debug.WriteLine("  User: " + filterContext.HttpContext.User.Identity.Name);
        Debug.WriteLine("  Controller: " + filterContext.Controller.ToString());
        Debug.WriteLine("  Result: " + filterContext.Result.ToString());
        Debug.WriteLine("");
    }

    void IResultFilter.OnResultExecuted(ResultExecutedContext filterContext)
    {
        Debug.WriteLine("IResultFilter.OnResultExecuted");
        Debug.WriteLine("  User: " + filterContext.HttpContext.User.Identity.Name);
        Debug.WriteLine("  Controller: " + filterContext.Controller.ToString());
```

```
        Debug.WriteLine("  Result: " + filterContext.Result.ToString());
        Debug.WriteLine("  Exception: " + filterContext.Exception);
        Debug.WriteLine("  ExceptionHandeled: " + filterContext.ExceptionHandeled);
        Debug.WriteLine("");
    }


    void IExceptionFilter.OnException(ExceptionContext filterContext)
    {
        Debug.WriteLine("IExceptionFilter.OnException");
        Debug.WriteLine("  User: " + filterContext.HttpContext.User.Identity.Name);
        Debug.WriteLine("  Controller: " + filterContext.Controller.ToString());
        Debug.WriteLine("  Result: " + filterContext.Result.ToString());
        Debug.WriteLine("  Exception: " + filterContext.Exception);
        Debug.WriteLine("  ExceptionHandeled: " + filterContext.ExceptionHandeled);
        Debug.WriteLine("");

        // filterContext.ExceptionHandled = true;
    }
}
```

Listing 1.46   Beispielhafter Filter, welcher einige der von ASP.NET MVC erhaltenen Informationen ausgibt

Um einen Filter auf eine Action-Methode anzuwenden, ist diese mit der Filterimplementierung zu annotieren. Listing 1.47 demonstriert dies. Alternativ dazu kann auch eine Controller-Klasse mit einem Action-Filter annotiert werden. Dies bewirkt, dass der Filter für jede einzelne Action-Methode der jeweiligen Controller-Klasse herangezogen wird.

```
[DemoFilter]
public ActionResult Edit(int? id)
{
    […]
}
```

Listing 1.47   Anwenden eines Filters

Seit Version 3 können Filter auch als globale Filter definiert werden. Globale Filter werden bei sämtlichen Aufrufen berücksichtigt. Dazu ist eine Instanz des gewünschten Filters in der statischen Auflistung GlobalFilters.Filters zu hinterlegen. Wie bei allen Konfigurationseinstellungen, die programmatisch getroffen werden, sollte auch diese Aufgabe beim Start der Webanwendung erledigt werden. Dazu bietet sich die Methode Application_Start der Klasse MvcApplication in der Datei *global.asax* an. Die Projektvorlagen sehen an dieser Stelle sogar einen Einsprungspunkt vor, indem sie dort die statische Methode FilterConfig.RegisterGlobalFilters aufrufen, welche für genau diese Aufgaben gedacht ist.

Kapitel 2

ASP.NET Web API

In diesem Kapitel:

Einen einfachen REST-Service erstellen   76
Mehr Kontrolle über HTTP-Nachrichten   80
REST-Dienste über HttpClient konsumieren   83
Weiterführende Schritte mit der Web-API   86
Serialisierung beeinflussen   98
Web-API und HTML-Formulare   102
Fortschritt ermitteln   105
Feingranulare Konfiguration   106

Egal ob auf mobilen Geräten, in Webbrowsern oder bei Cloud-Services, egal ob auf der Java-Plattform, unter PHP oder .NET: HTTP wird überall unterstützt. Dies ist auch der Grund dafür, warum die REST-Bewegung, die den puren Einsatz von HTTP zur Bereitstellung von Services fordert, in den letzten Jahren zunehmend an Bedeutung gewinnt.

Die ASP.NET Web API, welche im Rahmen von ASP.NET MVC 4 genutzt werden kann, wird in Zukunft die Entwicklung REST-basierter Dienste erheblich vereinfachen. Anders als WCF wird dabei das darunter liegende Protokoll nicht verborgen und abstrahiert, sondern ein direkter Zugriff auf die Möglichkeiten von HTTP gewährt.

Ursprünglich sollte die Web-API ein Teil von WCF werden. Allerdings entschied man sich bei Microsoft, dass sich ASP.NET MVC als übergeordnetes Framework besser eignet. Deswegen wurde sie von WCF Web API in ASP.NET Web API umbenannt.

Einen einfachen REST-Service erstellen

Möchte man REST-Dienste über einen Webserver zur Verfügung stellen, sind diese in einem ASP.NET MVC 4-Projekt anzulegen. Alternativ dazu kann sich der Entwickler auch, wie weiter unten beschrieben, selbst um das Hosting kümmern. In diesen Fällen wird ein eigener Webserver, der im Lieferumfang der Web-API enthalten ist, in einer benutzerdefinierten Anwendung gestartet.

REST-Dienste leiten von ApiController ab (siehe Listing 2.1). Die vom Entwickler bereitgestellten Methoden dieser Klassen stellt Web-API unter Beachtung bestimmter Konventionen via HTTP bereit. Beginnt der Name einer Methode zum Beispiel mit Get, kann sie über das HTTP-Verb GET erreicht werden. Dieses kommt per Definition immer dann zum Einsatz, wenn Daten abgerufen werden sollen, und es wird zum Beispiel immer dann von einem Webbrowser herangezogen, wenn der Benutzer angibt, zu einer bestimmten Adresse navigieren zu wollen. Dasselbe gilt analog für POST, PUT und DELETE. Hierbei steht POST für das Erzeugen von Ressourcen am Server, PUT für das Aktualisieren und DELETE für das Löschen.

Weicht der Name einer Methode von dieser Konvention ab, kann diese über die Attribute HttpGet, HttpPost, HttpPut und HttpDelete mit den entsprechenden Verben assoziiert werden (siehe FindHotelsBySterne in Listing 2.1). Weitere Verben können mit dem Attribut AcceptVerbs zugewiesen werden. Beispiele dafür finden sich in Listing 2.2, wo unter anderem das benutzerdefinierte Verb X-ECHO[1] der Methode Echo zugewiesen wird. Der Einsatz von AcceptVerbs verhindert jedoch nicht, dass die Web-API zusätzlich auch die erwähnten Konventionen anwendet. Aus diesem Grund könnte der Aufrufer die Methode GetImplementationInfo in Listing 2.2 sowohl über X-INFO als auch über GET erreichen. Damit GET nicht automatisch zugewiesen wird, wird hier jedoch unter Verwendung des Attributs ActionName angegeben, dass intern der Name ImplementationInfo anstatt von GetImplementationInfo zu verwenden ist.

---

[1]   Benutzerdefinierte Verben sollten sparsam eingesetzt werden und beginnen per Definition mit X-

Parameter und Rückgabewerte

Die Übergabeparameter dieser Methoden entnimmt die Web-API aus den übersandten URL-Parametern. Wird sie dort nicht fündig, versucht sie, die mittels HTTP in der Nutzlast (engl. payload) übertragenen Daten heranzuziehen. Im Zuge dessen werden auch Überladungen von Methoden unterstützt. Der von einer Methode zurückgelieferte Wert wird immer im Rahmen der Nutzlast zurückgeliefert.

Daten, die über die Nutzlast via HTTP zum Dienst oder zum Client übertragen werden, werden standardmäßig unter Verwendung von JSON dargestellt. Auf Wunsch des Clients kann die Darstellung auch via XML erfolgen. Daneben können binäre Daten ohne weitere Formatierung übersendet werden. Dazu ist der Typ Stream als Übergabeparameter und/oder Rückgabewert heranzuziehen. Weitere Formate unterstützt die Web-API, wie weiter unten beschrieben, unter Verwendung von benutzerdefinierten Formatierern. Um die Darstellungsart für die übermittelten Daten anzugeben, kann der Aufrufer den HTTP-Header Content-Type verwenden. Analog dazu kann er mittels Accept angeben, in welchem Format er den Rückgabewert erwartet.

```csharp
public class HotelsController : ApiController
{
    public Hotel GetHotel(int id)
    {
        var rep = new HotelRepository();
        var hotel = rep.FindById(id);
        if (hotel == null) throw new HttpResponseException(HttpStatusCode.NotFound);

        return hotel;
    }

    public Hotel PostHotel(Hotel hotel)
    {
        var rep = new HotelRepository();
        rep.Create(hotel);
        return hotel;
    }

    [HttpGet]
    public List<Hotel> FindHotelsBySterne(int minSterne)
    {
        var rep = new HotelRepository();
        var hotels = rep.FindBySterne(minSterne);
        return hotels;
    }

    [...]
}
```

Listing 2.1 Einfacher, auf einer Web-API basierender Dienst

```csharp
public class HotelsController : ApiController
{
    [...]

    [AcceptVerbs("X-ECHO")]
    public List<Hotel> EchoHotels(List<Hotel> hotels)
```

```
        {
            return hotels;
        }

        [AcceptVerbs("X-INFO")]
        [ActionName("ImplementationInfo")]
        public string GetImplementationInfo()
        {
            [...]
        }
    }
```

Listing 2.2   Konventionen überschreiben

REST-Dienste konfigurieren

Für das Konfigurieren von auf einer Web-API basierenden REST-Diensten bietet sich die Datei *global.asax* an. Diese beinhaltet eine Klasse mit Methoden, welche ASP.NET beim Eintreten bestimmter Ereignisse aufruft. Beispielsweise ist hier eine Methode Application_Start vorgesehen, welche beim Hochfahren der Anwendung im Webserver zur Ausführung kommt. Bei Verwendung der Visual Studio-Vorlage für Web-API-Projekte wird hier die statische Methode WebApiConfig.Register aufgerufen, welche für sämtliche Einstellungen gedacht ist, die ASP.NET Web API betreffen. Diese Methode definiert Routen, welche URLs auf ApiController abbilden.

Standardmäßig wird, wie in Listing 2.3 gezeigt, eine Route mit dem Namen DefaultAPI eingerichtet. Diese legt fest, dass ApiController über den URL api/{controller}/{id} erreichbar sind, wobei {controller} ein Platzhalter für den Namen des ApiController-Objekts ist; mit {id} wird ein beliebiger Wert bezeichnet, der einem eventuell vorhandenen Methodenpramenter id zugewiesen wird. Wird zum Beispiel

http://servername:port/api/Hotel/17

unter Verwendung von GET angefordert, führt dies bei Verwendung des Controllers aus Listing 2.1 dazu, dass die Web-API die Methode GetHotel aufruft und für den Parameter id den Wert 17 übergibt. Dabei fällt auf, dass in dem URL lediglich der Name Hotel und nicht HotelController vorkommt – die Endung Controller wird also weggelassen. Der URL

http://servername:port/api/Hotel?id=17

führt zur selben Action-Methode, wobei in diesem Fall die ID explizit als URL-Parameter angeführt wird. Da die Web-API auch Methodenüberladungen unterstützt, könnte der Aufrufer hingegen den URL

http://servername:port/api/Hotel?minSterne=3

heranziehen, um die Methode FindHotelsBySterne aus Listing 2.1 zur Ausführung zu bringen.

Die Methode WebApiConfig.Register bietet sich auch für die Konfiguration weiterer Web-API-bezogener Aspekte an. Über die statische Eigenschaft GlobalConfiguration.Configuration kann hierzu ein Objekt, welches die aktuelle Konfiguration repräsentiert, abgerufen werden.

Listing 2.4 nutzt dieses Objekt, um mit der Eigenschaft IncludeErrorDetailPolicy das Verhalten der Web-API beim Auftreten von Ausnahmen im Programmcode zu konfigurieren. Der festgelegte Wert Always definiert, dass Fehlermeldungen in solchen Fällen immer übertragen werden sollen. Dies kann zwar für die Diagnose von Fehlern nützlich sein, bietet jedoch potenziellen Angreifern auch eine Menge Informationen. Aus

diesem Grund ist es eine gute Idee, im Produktivbetrieb die Einstellungen LocalOnly oder Never heranzuziehen. Erstere legt fest, dass Fehlermeldungen nur dann übertragen werden, wenn sich der Aufrufer auf
demselben Rechner wie der Service befindet, was im Zuge der Entwicklung in der Regel der Fall ist. Never
gibt hingegen an, dass Fehlermeldungen nie übertragen werden.

```
public static class WebApiConfig
{
    public static void Register(HttpConfiguration config)
    {
        config.Routes.MapHttpRoute(
            name: "DefaultApi",
            routeTemplate: "api/{controller}/{id}",
            defaults: new { id = RouteParameter.Optional }
        );
    }
}
```

Listing 2.3   Standard-Route

```
GlobalConfiguration
            .Configuration
            .IncludeErrorDetailPolicy = IncludeErrorDetailPolicy.Always;
```

Listing 2.4   Web-API-Konfiguration

REST-Dienste mit Fiddler testen

Zum Testen von REST-Diensten bieten sich Anwendungen an, die ein direktes Versenden und Empfangen
von HTTP-Nachrichten erlauben. Eine hierfür sehr beliebte Implementierung stellt Fiddler dar
(*http://fiddler2.com*). Neben dem direkten Versenden von Nachrichten kann damit auch die HTTP-basierte
Kommunikation anderer Anwendungen, wie zum Beispiel des Internet Explorers, überwacht werden.

Abbildung 2.1 zeigt zum Beispiel eine in Fiddler formulierte HTTP-Anfrage, welche beim in Listing 2.1
dargestellten Dienst Hotels abruft. Dabei kommt das Verb GET zum Einsatz. Mit dem Kopfzeileneintrag
Accept wird angegeben, dass JSON als Antwortformat erwartet wird. Die dazugehörige Antwort findet sich
in Listing 2.5.

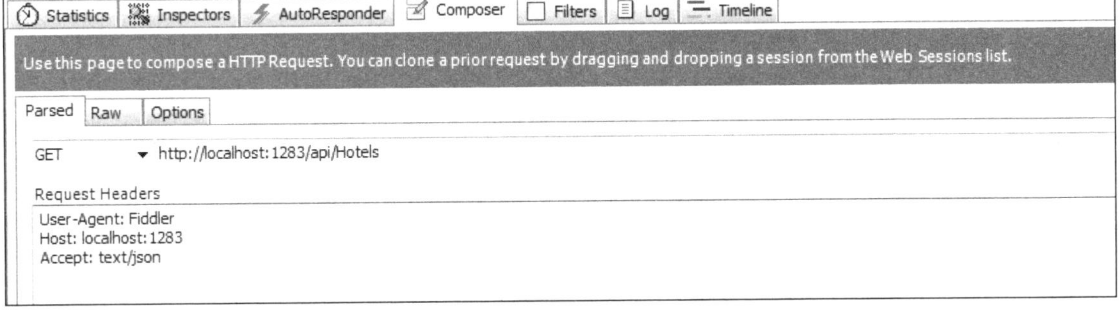

Abbildung 2.1   Daten mit Fiddler von einem REST-Dienst abrufen

```
HTTP/1.1 200 OK
[...]
Content-Type: text/json; charset=utf-8
Connection: Close
Content-Length: 57

[{"Bezeichnung":"Hotel zur Post","HotelId":1,"Sterne":3}]
```

Listing 2.5 HTTP-basierte Antwort mit JSON

Alternativ dazu findet sich in Abbildung 2.2 eine auf POST basierende Anfrage, welche im Gegensatz zum zuvor betrachteten Beispiel auch Daten an den Service sendet. Der Kopfzeileneintrag Content-Type zeigt hier an, dass die übersendeten Daten, welche im Feld Request Body zu finden sind, in Form von JSON vorliegen. Mit Accept wird wieder angezeigt, dass die Antwort ebenfalls JSON-formatiert sein soll.

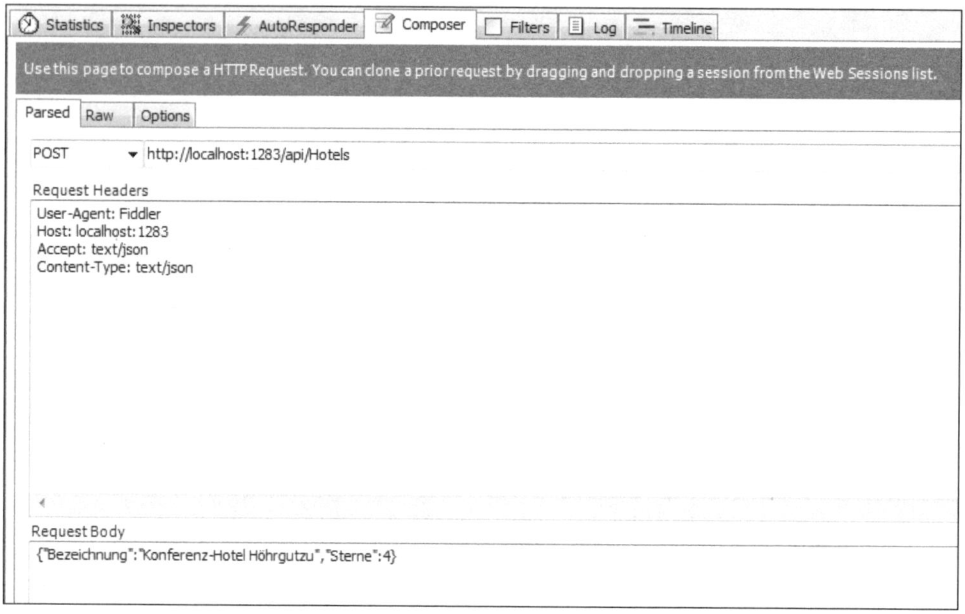

Abbildung 2.2 Daten mit Fiddler an REST-Dienst senden

Mehr Kontrolle über HTTP-Nachrichten

Um mehr Kontrolle über die von der Web-API via HTTP versendeten Nachrichten zu erhalten, liefert der Entwickler anstatt des eigentlichen Rückgabewerts eine Instanz von HttpResponseMessage zurück. Listing 2.6 demonstriert dies. Die darin enthaltene Methode Post nimmt eine HotelBuchung entgegen und speichert diese. Anschließend erzeugt es eine HttpResponseMessage und legt den HTTP-Statuscode auf den für diese Fälle vorgesehenen Wert Created (201) fest. Anschließend setzt sie den Kopfzeileneintrag Location auf jenen URL, unter dem die soeben angelegte Ressource ab sofort zu finden ist. Am Ende liefert sie die HttpResponseMessage zurück. In diesem Fall liefert die Web-API abgesehen von den definierten Kopfzeilen keine Daten zurück.

```
class BuchungenController: ApiController {
    public HttpResponseMessage Post(HotelBuchung buchung)
    {
        var rep = new HotelBuchungRepository();
        rep.Create(buchung);

        var response = new HttpResponseMessage(HttpStatusCode.Created);
        string uri = Url.Route(null, new { id = buchung.HotelBuchungId });
        response.Headers.Location = new Uri(Request.RequestUri, uri);

        return response;
    }
    [...]
}
```

Listing 2.6   Antwort mit HttpResponseMessage beeinflussen

Während ASP.NET Web API beim Aufruf der soeben betrachteten Methode lediglich Kopfzeilen retour liefert, finden sich im Ergebnis der Methode in Listing 2.7 auch Nutzdaten wieder. Sie erzeugt unter Verwendung der Eigenschaft Request, die die aktuelle Anfrage repräsentiert, ein HttpResponse-Objekt als Antwort. Im Zuge dessen übergibt sie den gewünschten Status-Code sowie die im Rahmen der Nutzdaten zu übertragenden Informationen. Bei diesen handelt es sich um eine Liste mit Buchungen. Anschließend legt sie ausgewählte Kopfzeileneinträge für die Antwort fest und liefert diese zurück.

```
public HttpResponseMessage GetByHotel(int hotelId)
{
    var rep = new HotelBuchungRepository();
    var buchungen = rep.FindByHotel(hotelId);


    var response =
        Request.CreateResponse<List<HotelBuchung>>(
                            HttpStatusCode.OK, buchungen);

    response.Headers.CacheControl = new CacheControlHeaderValue();
    response.Headers.CacheControl.NoCache = true;

    return response;

}
```

Listing 2.7   Beeinflussung der zurückgelieferten Kopfzeileneinträge

Objekte der Klasse HttpResponseMessage verweisen über ihre Content-Eigenschaft auf die zurückzugebenden Nutzdaten. Diese Eigenschaft ist vom Typ HttpContent. Im zuletzt betrachteten Beispiel erzeugt Request.CreateResponse eine Instanz von ObjectContent, die die Liste mit den abgerufenen Buchungen ummantelt, und weist diese Content zu.

Bei ObjectContent handelt es sich um eine von mehreren Subklassen von HttpContent. Wie der Name vermuten lässt, besteht die Aufgabe dieser Klasse darin, die an den Aufrufer zu sendenden Objekte zu repräsentieren. Bei der direkten Instanziierung dieser Klasse muss der Entwickler einen so genannten Formatter angeben, der das Übertragungsformat bestimmt.

Bei der Erzeugung über `Request.CreateResponse` muss er hingegen keinen `Formatter` angeben. In diesem Fall wählt ASP.NET Web API einen passenden `Formatter` unter Berücksichtigung jenes Formats, welches der Aufrufer in Form eines eventuellen `Accept`-Headers angefordert hat. Beispielsweise kann über die Header der Anfrage durch Angabe von `Accept: text/json` JSON als Antwortformat erbeten werden. Standardmäßig unterstützt ASP.NET Web API XML und JSON.

Neben `ObjectContent` bietet ASP.NET MVC noch weitere `HttpContent`-Derivate: `ByteArrayContent`, `StreamContent`, `StringContent`, `FormUrlEncodedContent`, `MultipartContent`. Die ersten drei veranlassen den Download des Inhalts eines Byte-Arrays, eines Streams oder eines Strings; `FormUrlEncodedContent` liefert URL-kodierte Schlüssel/Wert-Paare zurück (z.B. `Parameter1=Wert1&Parameter2=Wert2`) und `MultipartContent` liefert mehrere Ergebnisse zurück, die allesamt durch jeweils ein weiteres `HttpContent`-Derivat repräsentiert werden. Eine Subklasse von `MultipartContent` ist `MultipartFormDataContent`, welche bei Dateiuploads über HTML-Formulare zum Einsatz kommt.

Während die Thematik rund um Dateiuploads und `MultipartContent` weiter unten besprochen wird, demonstriert das nachfolgende Codefragment den Einsatz der Eigenschaft `Content` unter Verwendung einer `StringContent`-Instanz.

```
var r = new HttpResponseMessage();
r.Content = new StringContent("Hallo Welt");
return r;
```

Analog zum Zugriff auf die Kopfzeilen der Antwortnachricht kann der Entwickler auch auf die Kopfzeilen der Anfragenachricht zugreifen. Diese ist vom Typ `HttpRequestMessage` und kann innerhalb eines `ApiController`-Objekts über dessen Eigenschaft `Request` erreicht werden. Alternativ dazu kann der Entwickler einen Parameter dieses Typs definieren. In diesem Fall injiziert ASP.NET Web API beim Aufruf der Action-Methode das `Request`-Objekt in diesen Parameter.

Das auf diese Weise erhaltene `HttpRequestMessage`-Objekt wird in Listing 2.8 verwendet, um den Kopfzeileneintrag `If-None-Match` in Erfahrung zu bringen. Dieser wird zur Implementierung eines bedingten GET (engl. conditional get) herangezogen. *Bedingtes GET* bedeutet, dass der Aufrufer eine Ressource nur dann haben möchte, wenn eine bestimmte Bedingung erfüllt ist, beispielsweise wenn die Ressource seit dem letzten Abruf geändert wurde. Im Fall von `If-None-Match` gibt der Aufrufer hierzu ein so genanntes Entity-Tag (`ETag`) an.

Ein Entity-Tag steht für den aktuellen Zustand einer Ressource und muss sich per Definition ändern, wenn jemand die Ressource ändert. Hierbei kann es sich zum Beispiel um einen Hashwert, den Zeitstempel der letzten Änderung oder um eine Versionsnummer handeln. Weist die angeforderte Ressource nach wie vor das angegebene Entity-Tag auf, muss sie nicht erneut über das Netzwerk übertragen werden. Diesen Umstand zeigt der Dienst durch den HTTP-Status `Not Modified` (304) an. Hat sich jedoch das Entity-Tag und somit auch die gewünschte Ressource in der Zwischenzeit geändert, liefert der Dienst diese zurück, wobei das aktuelle Entity-Tag innerhalb der Kopfzeilen positioniert wird.

```
private string Quote(string str)
{
    return "\"" + str + "\"";
}

public HttpResponseMessage Get(int id, HttpRequestMessage request)
```

```
{
    var rep = new HotelBuchungRepository();
    var buchung = rep.FindById(id);

    if (buchung == null)
    {
        return this.Request.CreateResponse(HttpStatusCode.NotFound);
    }

    var etag = Quote(buchung.Version.ToString());
    var ifNoneMatchHeader = request.Headers.IfNoneMatch.FirstOrDefault();
    if (ifNoneMatchHeader != null && ifNoneMatchHeader.Tag == etag)
    {
        return this.Request.CreateResponse(HttpStatusCode.NotModified);
    }

    var response = this.Request.CreateResponse<HotelBuchung>(
                                    HttpStatusCode.OK, buchung);

    response.StatusCode = HttpStatusCode.OK;
    response.Headers.CacheControl = new CacheControlHeaderValue();
    response.Headers.CacheControl.NoCache = true;
    response.Headers.ETag = new EntityTagHeaderValue(etag);
    return response;
}
```

Listing 2.8 Bedingtes GET

Dass die übermittelten Nutzdaten nicht zwangsläufig in typisierter Form gelesen werden müssen, veranschaulicht Listing 2.8. Die hier gezeigte Methode Put liest die Nutzdaten über einen Stream und gibt sie zu Demonstrationszwecken im Debugfenster aus. Da es sich bei der Methode ReadAsStreamAsync um eine Erweiterungsmethode handelt, muss der Namespace System.Net.Http eingebunden werden, damit sie zur Verfügung steht.

```
public void Put(int id)
{
    var stream = Request.Content.ReadAsStreamAsync().Result;

    using (var r = new StreamReader(stream)) {
        Debug.WriteLine(r.ReadToEnd());
    }
}
```

Listing 2.9 Übersendete Daten als Stream lesen

REST-Dienste über HttpClient konsumieren

Web-API-basierte Services können mit jedem Client, der HTTP unterstützt, konsumiert werden. Unter JavaScript bietet sich dazu der Einsatz von Bibliotheken, wie *jQuery*, an (siehe Kapitel 3). Für .NET-basierte Clients stellt die Web-API mit der Klasse HttpClient ein neues, vereinfachtes Programmiermodell für solche Szenarien zur Verfügung. Wie viele neue Programmiermodelle ist auch dieses asynchron und hilft somit, Anwendungen zu schreiben, die jederzeit auf Benutzereingaben reagieren. Aus diesem Grund kommen dabei die mit .NET 4.0 eingeführten Tasks immer wieder zum Einsatz.

Um sicherzustellen, dass sämtliche Bibliotheken, die für den Einsatz von `HttpClient` benötigt werden, referenziert sind, empfiehlt sich das Einbinden des NuGet-Packages *Microsoft.AspNet.WebApi.Client*. Im Zuge dessen wird auch die von ASP.NET Web API zur JSON-Serialisierung herangezogene freie Bibliothek *JSON.Net* eingebunden. Da sich `HttpClient` teilweise auf Erweiterungsmethoden stützt, sollte darüber hinaus der Namespace `System.Net.Http` mit einer entsprechenden `using`-Anweisung eingebunden werden.

Listing 2.10 zeigt einen einfachen Client, der unter Verwendung von `HttpClient` auf den in diesem Kapitel gezeigten Hoteldienst zugreift. Dazu fordert dieser mit `GetAsync` den gegebenen URL an. Der Rückgabewert dieser Methode ist ein Task, welcher eine asynchrone Operation repräsentiert. Mit `ContinueWith` gibt der Client einen Lambda-Ausdruck an, der auszuführen ist, wenn dieser Task beendet wurde. Als Parameter nimmt dieser Ausdruck den fertiggestellten Task entgegen und gibt mittels `Result.Content.ReadAsAsync` an, dass das Ergebnis geparst in ein `IEnumerable<Hotel>` umgewandelt werden soll. Dies resultiert in einem weiteren asynchronen Task, welcher wiederum mit `ContinueWith` erweitert wird. Der dazu verwendete Lambda-Ausdruck nimmt das `Result`, bei dem es sich nun um das gewünschte `IEnumerable<Hotel>` handelt, entgegen und gibt die darin enthaltenen Hotels aus.

Dabei ist zu beachten, dass der Entwickler die Klasse `Hotel` am Client selber erstellen muss. Kommt sowohl am Client als auch am Server .NET zum Einsatz, könnte er die Klasse auch kopieren oder diese in eine Assembly auslagern, die sowohl beim Client als auch beim Server eingebunden ist. Dieser Umstand ist der Tatsache geschuldet, dass es keinen akzeptierten Standard gibt, um REST-basierte Dienste formal zu beschreiben. Somit besteht, im Gegensatz zur SOAP-Welt, wo Webdienste durch WSDL-Dokumente beschrieben werden, leider auch nicht die Möglichkeit, die benötigten Klassen oder gar Proxys am Client zu generieren.

```
var client = new HttpClient();

var url = "http://localhost:1283/api/Hotels";

// Simple Get
client.GetAsync(url).ContinueWith(getTask =>
{
    getTask.Result
                .Content.ReadAsAsync<IEnumerable<Hotel>>()
                .ContinueWith(readTask =>
        {
            var hotels = readTask.Result;
            foreach (var hotel in hotels)
            {
                Console.WriteLine(hotel.Bezeichnung);
            }

        });
});
Console.WriteLine("Aktion wird im Hintergrund ausgeführt...");
Console.ReadLine();
```

Listing 2.10 Ressource mit `HttpClient` abrufen

Der Einsatz von solchen asynchronen APIs mag an dieser Stelle ein wenig kompliziert erscheinen. Die aufwändige Handhabung von Tasks gestaltet sich ab .NET 4.5 bei Verwendung asynchroner Methoden, die die neuen Schlüsselwörter `async` und `await` nutzen, um einiges einfacher. Listing 2.11 demonstriert dies, indem es die Logik von Listing 2.10 unter Verwendung dieser neuen Schlüsselwörter implementiert. Die gezeigte Methode wurde mit dem Schlüsselwort `async` definiert. Das bedeutet, dass sie beim ersten Auftreten von `await` im Hintergrund ausgeführt wird, um den aktuellen Thread nicht zu blockieren.

```
static async void SimpleGet()
{
    var client = new HttpClient();

    var url = "http://localhost:1307/api/Hotels";

    var response = await client.GetAsync(url);
    var hotels = await response.Content.ReadAsAsync<IEnumerable<Hotel>>();

    foreach (var hotel in hotels)
    {
        Console.WriteLine(hotel.Bezeichnung);
    }
}
```

Listing 2.11 `HttpClient` unter Verwendung von `async` und `await` nutzen

Um Kopfzeileneinträge an den Server zu senden, müsste der Entwickler Gebrauch von der Auflistung `DefaultRequestHeaders` des `HttpClients` machen. Die hier hinterlegten Parameter werden bei jedem nachfolgenden Aufruf in die Nachricht eingebunden. Der folgende Schnipsel demonstriert deren Einsatz.

```
client.DefaultRequestHeaders.AcceptLanguage.Add(
            new StringWithQualityHeaderValue("de-DE"));
```

Analog zu `GetAsync` stehen auch weitere Methoden für den Einsatz der Verben `POST`, `PUT` und `DELETE` zur Verfügung. Diese nennen sich `PostAsync`, `PutAsync` und `DeleteAsync`. Weitere Verben können mit `SendAsync` verwendet werden. Alternativ zur Methode `ReadAsAsync`, welche die Nutzlast in ein Objekt umwandelt, kann auch die Methode `ReadAsStringAsync`, welche die Nutzlast als Zeichenfolge zurückliefert, oder die Methode `ReadAsStreamAsync`, welche über einen Stream Zugriff auf die Nutzlast gewährt, herangezogen werden. Daneben kann mit `ReadAsByteArrayAsync` ein Byte-Array angefordert werden und `ReadAsMultipartAsync` erlaubt den Zugriff auf eine mehrteilige MIME-basierte Nachricht. Neben der Eigenschaft `Content`, die die Nutzlast repräsentiert, erhält der Entwickler über die Eigenschaft `Header` Zugriff auf Kopfzeileneinträge oder über `StatusCode` auf den vom Server gemeldeten HTTP-Status.

Ein Beispiel für den Einsatz von `SendAsync` findet sich in Listing 2.12. Dieses Beispiel macht deutlich, dass `SendAsync` mehr Kontrolle über die Anfrage und Antwort erlaubt, indem diese als `HttpRequestMessage` und `HttpResponseMessage` explizit dargestellt werden. Im betrachteten Fall wird ein `HotelBuchung`-Objekt an den Dienst gesendet. Im Zuge dessen werden die für die Antwort bevorzugten Sprachen über den Kopfzeileneintrag `Accept-Language` angegeben.

```
private async static void SendBuchung()
{
    var url = "http://localhost:1307/api/Buchungen";

    var buchung = new HotelBuchung
    {
        HotelId = 1,
        Vorname = "Max",
        Nachname = "Muster"
    };
```

```
    var client = new HttpClient();

    var request = new HttpRequestMessage();
    request.Content = new ObjectContent<HotelBuchung>(buchung,
                                    new JsonMediaTypeFormatter());
    request.Content.Headers.ContentType = new MediaTypeHeaderValue("text/json");


    request.Method = HttpMethod.Post;
    request.RequestUri = new Uri(url);

    request.Headers.AcceptLanguage.Add(
                new StringWithQualityHeaderValue("de-DE"));
    request.Headers.AcceptLanguage.Add(
                new StringWithQualityHeaderValue("de-AT"));

    var response = await client.SendAsync(request);

    Console.WriteLine("Status: " + response.StatusCode);
    Console.WriteLine("Location: " + response.Headers.Location);
}
```

Listing 2.12   Details einer Anfrage beeinflussen

Weiterführende Schritte mit der Web-API

Nachdem die letzten Abschnitte gezeigt haben, wie man einen einfachen REST-Dienst mit der ASP.NET Web API entwickelt, beschäftigt sich dieser Abschnitt mit weiterführenden Aspekten, wie dem Definieren benutzerdefinierter Routen, dem Hinterlegen von Querschnittsfunktionen, die von allen oder vielen Diensten benötigt werden oder der Implementierung benutzerdefinierter Formate jenseits von XML und JSON.

Benutzerdefinierte Routen

Web-API gestattet die Definition von benutzerdefinierten Routen. Diese sind unter Verwendung der Methode MapHttpRoutes in der Datei *App_Start/WebApiConfig.cs* innerhalb von Register zu definieren. In Listing 2.13 wird zum Beispiel festgelegt, dass die Methoden des in den vorangegangenen Abschnitten besprochenen BuchungenControllers über api/Hotels/{hotelId}/Buchungen/{id} erreichbar sind. Dies schließt die Verwendung der Standardroute, die in derselben Datei definiert wird, jedoch nicht aus.

Bei {hotelId} handelt es sich hierbei um einen Platzhalter für einen Wert, der einem gleichnamigen Übergabeparameter der jeweiligen Methode übergeben wird. {id} stellt ebenfalls einen solchen Platzhalter dar. Im Gegensatz zu {hotelId} ist dieser, wie im Parameter defaults angegeben, optional.

```
[…]
    routes.MapHttpRoute(
        name: "BuchungenByHotelRoute",
        routeTemplate: "api/Hotels/{hotelId}/Buchungen/{id}",
        defaults: new { controller = "Buchungen", id = RouteParameter.Optional }
    );
[…]
```

Listing 2.13   Benutzerdefinierte Route

Dynamische Parameter

In Fällen, in denen der Entwickler keine eigene Klasse für das Objekt erstellen möchte, das eine Action-Methode zurückliefert, kann er auch ein anonymes Objekt erzeugen und dieses als object zurückgeben (Listing 2.14).

```
public object Get()
{
    return new
    {
        Version = 0.9
    };
}
```

Listing 2.14 Anonymes Objekt als Rückgabewert

Wird JSON als Übergabeformat verwendet, kann das übersendete JSON-Objekt auch generisch als JObject dargestellt werden (siehe Listing 2.15). Dieses bietet über Indexer Zugriff auf die einzelnen Eigenschaften. Das betrachtete Beispiel prüft, ob die Eigenschaft All die Zeichenkette true aufweist sowie in weiterer Folge, ob es eine Eigenschaft Settings.IncludeEMail mit dem Wert true gibt.

```
public object Post(JObject value)
{

    if (value["All"].ToString().ToLower() == "true")
    {

        string email = "";
        JToken includeEMail = null;
        JToken settings = value["Settings"];
        if (settings != null) includeEMail = settings["IncludeEMail"];

        if (includeEMail != null && includeEMail.ToString().ToLower() == "true")
        {
            email = "vorname.nachname@domain.siehe.oben";
        }
        else
        {
            email = "";
        }


        var response = new
        {
            Version = 0.9,
            Autor = "Manfred Steyer",
            URL = "www.softwarearchitekt.at",
            EMail = email
        };


        return response;

    }
```

```
return new {
    Version = 0.9
};

}
```

Listing 2.15   Generische Darstellung von JSON-Objekten mit JToken

Tracing

ASP.NET Web API verwendet einen anpassbaren Tracing-Mechanismus, um Nachrichten über durchgeführte Aktionen zu protokollieren. Um die protokollierten Informationen zu erhalten, implementiert der Entwickler das Interface ITraceWriter (Listing 2.16) sowie deren Methode Trace, an welche ASP.NET Web API die einzelnen Informationen übergibt. Im betrachteten Beispiel werden die erhaltenen Informationen lediglich mit Debug.WriteLine im Debugfenster ausgegeben. Alternativ dazu könnte der Entwickler an dieser Stelle die Daten in einer Protokolldatei oder in einer Datenbank ablegen bzw. an ein Protokollierungsframework der Wahl delegieren.

Interessant ist auch die Tatsache, dass zunächst nur die wichtigsten Daten der zu protokollierenden Nachricht zur Verfügung stehen. Dabei handelt es sich um die aktuelle HttpRequestMessage, eine Nachrichtenkategorie sowie ein Level, das den Schweregrad der Nachricht (Debug, Info, Warn, Error, Fatal) anzeigt. Aufgrund dieser Informationen kann die Implementierung entscheiden, ob weitere Details der Nachricht ermittelt werden sollen. Falls dem so ist, erzeugt sie – wie in der betrachteten Implementierung gezeigt – mit den genannten Daten einen TraceRecord und übergibt diesen an die übergebene Action. Diese hat die Aufgabe, den TraceRecord mit Details zu befüllen. Dadurch, dass diese Aufgabe von einer Action wahrgenommen wird, muss das Ermitteln von Details nur dann durchgeführt werden, wenn die Nachricht auch wirklich protokolliert werden soll. In allen anderen Fällen wird auf diese Aufgabe zugunsten der Performance verzichtet.

```
public class CustomTraceWriter : ITraceWriter
{
    public void Trace(HttpRequestMessage request, string category,
                      System.Web.Http.Tracing.TraceLevel level, Action<TraceRecord> traceAction)
    {
        TraceRecord record = new TraceRecord(request, category, level);
        traceAction(record);
        Debug.WriteLine(category + ": " + level + " " + record.Message);
    }
}
```

Listing 2.16   Benutzerdefinierter TraceWriter

Um den benutzerdefinierten TraceWriter zu registrieren, verwendet der Entwickler den nachfolgenden Schnipsel, welchen er zum Beispiel in der Methode WebApiConfig.Register platziert:

```
config.Services.Replace(typeof(ITraceWriter), new SimpleTracer());
```

Der auf diese Weise registrierte `TraceWriter` kann auch von den einzelnen Action-Methoden verwendet werden. Der folgende Schnipsel zeigt, wie dies bewerkstelligt wird:

```
Configuration.Services.GetTraceWriter().Info(Request, "Kategorie123", "Hallo Welt!");
```

Querschnittsfunktionen mit Message-Handlern implementieren

Um zu verhindern, dass der Entwickler allgemeine Logiken, wie Sicherheits-Prüfungen oder Protokollierungen, in jeder Methode wiederholen muss, kann er diese in Subklassen von `DelegatingHandler` auslagern. Die gewünschte Logik ist dabei innerhalb der zu überschreibenden Methode `SendAsync` zu hinterlegen.

Ein Beispiel dafür findet sich in Listing 2.17. Der hier gezeigte `LoggingHandler` gibt Informationen über den aktuellen Methodenaufruf im Debugfenster aus. Anschließend wird `base.SendAsync` aufgerufen. Diese Methode veranlasst die Web-API, den nächsten konfigurierten `DelegatingHandler` zur Ausführung zu bringen. Existiert kein weiterer `DelegatingHandler`, stößt `base.SendAsync` die eigentliche Dienstmethode an. Somit sind Aktionen, die vor dem Ausführen der Dienstmethode stattfinden sollen, vor diesem Aufruf zu platzieren und jene, die die Web-API erst danach zur Ausführung bringen soll, danach.

```
public class LoggingHandler : DelegatingHandler
{
    protected override Task<HttpResponseMessage> SendAsync(HttpRequestMessage request,

System.Threading.CancellationToken cancellationToken)
    {
        Debug.WriteLine("Begin Request: {0} {1}", request.Method, request.RequestUri);
        return base.SendAsync(request, cancellationToken);
    }
}
```

Listing 2.17 Benutzerdefinierter Handler

Ein weiteres Beispiel für einen `DelegatingHandler` weist der `LimitResultMessageHandler` in Listing 2.18 auf. Er prüft, ob die angestoßene Action-Methode ein `IEnumerable` zurückgeliefert hat. Ist dem so, limitiert er dessen Inhalt auf die ersten drei Einträge.

```
public class LimitResultMessageHandler : DelegatingHandler
{

    protected override async System.Threading.Tasks.Task<HttpResponseMessage> SendAsync(
                                                HttpRequestMessage request,
                        System.Threading.CancellationToken cancellationToken)
    {
        var response = await base.SendAsync(request, cancellationToken);

        var objectContent = response.Content as ObjectContent;
        if (objectContent == null) return response;

        var collection = objectContent.Value as IEnumerable<object>;
        if (collection == null) return response;
```

```
        if (collection.Count() > 3)
        {
            return request.CreateResponse(
                            response.StatusCode,
                            collection.Take(3),
                            objectContent.Formatter);
        }

        return response;
    }
}
```

Listing 2.18   MessageHandler zum Limitieren der abgefragten Datenmenge

Auch benutzerdefinierte DelegatingHandler müssen der Web-API bekannt gemacht werden. Hierfür bietet sich abermals die Methode WebApiConfig.Register an. Den dazu heranzuziehenden Methodenaufruf zeigt Listing 2.19.

```
GlobalConfiguration.Configuration
                    .MessageHandlers.Add(new MethodOverrideHandler());
GlobalConfiguration.Configuration.MessageHandlers.Add(new LoggingHandler());
```

Listing 2.19   Handler registrieren

Handler mit HttpClient verwenden

Auch clientseitig können Handler zum Ausführen allgemeiner Querschnittsfunktionen herangezogen werden. In diesem Fall ist jedoch nicht von DelegatingHandler sondern von MessageProcessingHandler abzuleiten (Listing 2.20). Zusätzlich müssen die Methoden ProcessRequest und ProcessResponse aufgerufen werden. Wie die Namen schon vermuten lassen, ruft der HttpClient die Methode ProcessRequest auf, bevor er eine Anfrage sendet, und ProcessResponse, nachdem er eine Antwort empfangen hat.

```
class LoggingMessageHandler : MessageProcessingHandler
{
    public LoggingMessageHandler() : base() { }

    public LoggingMessageHandler(MessageProcessingHandler h) : base(h) { }

    protected override HttpRequestMessage ProcessRequest(HttpRequestMessage request,
                                        System.Threading.CancellationToken cancellationToken)
    {
        Debug.WriteLine("Request: " + request.RequestUri.ToString());
        return request;
    }

    protected override HttpResponseMessage ProcessResponse(HttpResponseMessage response,
                                        System.Threading.CancellationToken cancellationToken)
    {
        Debug.WriteLine("Response: " + response.StatusCode);
        return response;
    }
}
```

Listing 2.20   Protokollierungshandler

Ein weiterer Unterschied zu `DelegatingHandler` besteht darin, dass beim Einsatz von `MessageHandler` manuell eine Aufrufkette zu erzeugen ist – serverseitig kümmert sich die API darum. Am Ende dieser Kette muss sich eine Instanz von `HttpClientHandler` befinden. Dieser Handler kümmert sich um die Verarbeitung der empfangenen Nachricht. Listing 2.21 demonstriert dies, indem es eine zweiteilige Kette erzeugt, die aus dem zuvor gezeigten `LoggingMessageHandler` und dem obligatorischen `HttpClientHandler` besteht. Der erste Knoten dieser Kette wird anschließend an den Konstruktor von `HttpClient` übergeben.

```
// Handler instanziieren und verketten
var handler = new LoggingMessageHandler
{
    InnerHandler = new HttpClientHandler()
};

// Client erzeugen
var client = new HttpClient(handler);

// Liste mit Formatter bereitstellen
var formatters = new List<MediaTypeFormatter>();
formatters.Add(new FlatFileFormatter());

// Accept-Header auf text/csv setzen
client.DefaultRequestHeaders.Accept.Add(
                new MediaTypeWithQualityHeaderValue("text/csv"));

var url = "http://localhost:1307/api/Hotels";

// Daten anfordern
var response = await client.GetAsync(url);
var hotels = await response.Content.ReadAsAsync<IEnumerable<Hotel>>(formatters);

foreach (var hotel in hotels)
{
    Console.WriteLine(hotel.Bezeichnung);
}
```

Listing 2.21   `HttpClient` mit Handler nutzen

Als Alternative zum manuellen Erzeugen von Handlerketten kann der Entwickler auch die Methode `Create` der statischen `HttpClientFactory` verwenden. Diese verkettet die übergebenen Handler und platziert am Ende den obligatorischen `HttpClientHandler`. Mit dieser Kette erzeugt sie anschließend einen `HttpClient` und gibt ihn zurück:

```
var client = HttpClientFactory.Create(new LoggingMessageHandler());
```

An `Create` können dabei beliebig viele Handler übergeben werden, zumal diese Methode unter anderem ein Parameter-Array mit Handlern erwartet.

Querschnittsfunktionen mit Filter realisieren

Neben Handler kann der Entwickler auch Filter zur Realisierung von Querschnittsfunktionen einsetzen. Dieses Konzept, welches dem gleichnamigen Konzept aus ASP.NET MVC gleicht, kann jedoch nur serverseitig verwendet werden. Im Gegensatz zu Handlern kann der Entwickler Filter gezielt für ausgewählte Operationen aktivieren.

Ein weiterer Unterschied zu Handler ist, dass es drei verschiedene Filterarten gibt: *ActionFilter*, *AuthorizationFilter* und *ExceptionFilter*. Um Verwechslungen mit der MVC-Welt zu vermeiden, muss der Entwickler darauf achten, die Komponenten aus dem Namensraum System.Web.Http und nicht ihre Gegenstücke aus dem Namensraum System.Web.Mvc zu verwenden.

Autorisierungsfilter (AuthorizationFilter) kommen zum Einsatz, wenn geprüft werden soll, ob der aktuelle Benutzer die adressierte Operation ausführen darf. Liefert der Filter zum Beispiel eine SecurityException, wird die Operation nicht ausgeführt. Die Web-API aktiviert Ausnahmefilter (ExceptionFilter), wenn Ausnahmen auftreten. Sie können eingesetzt werden, um Fehler zu protokollieren. Action-Filter werden hingegen eingesetzt, um Logiken vor und/oder nach der eigentlichen Dienstoperation zur Ausführung zu bringen.

Zur Implementierung von Filtern leitet der Entwickler von einer Basisklasse ab, die ASP.NET Web API für die gewünschte Filterart vorsieht. Tabelle 2.1 gibt eine Übersicht über diese Klassen und die im Zuge des Ableitens zu überschreibenden Methoden.

Schnittstelle	Methode	Beschreibung
AuthorizationFilterAttribute	OnAuthorization	Wird ausgeführt, bevor die Anfrage abgearbeitet wird
ActionFilterAttribute	OnActionExecuting	Wird vor der Action-Methode ausgeführt
	OnActionExecuted	Wird nach der Action-Methode ausgeführt
ExceptionFilterAttribute	OnException	Wird ausgeführt, wenn eine Ausnahme ausgelöst wurde

Tabelle 2.1   Übersicht über die Filterarten

Ein Beispiel für eine Implementierung der drei Filterarten findet sich in Listing 2.22. Die implementierten Methoden nehmen Informationen zum aktuellen Operationsaufruf über den übergebenen Kontext entgegen und geben diese aus. Stattdessen könnten Filter auch die einzelnen Kontexteigenschaften abändern bzw. im Fehlerfall eine Ausnahme auslösen.

```
public class SampleExceptionFilterAttribute : ExceptionFilterAttribute
{
    public override void OnException(HttpActionExecutedContext actionExecutedContext)
    {
        Debug.WriteLine("SampleExceptionFilterAttribute.OnException");
        Debug.WriteLine("Exception: " + actionExecutedContext.Exception.Message);
    }
}

public class SampleAuthorizationFilterAttribute : AuthorizationFilterAttribute
```

```
{
    public override void OnAuthorization(System.Web.Http.Controllers.HttpActionContext actionContext)
    {
        Debug.WriteLine("SampleAuthorizationFilterAttribute.OnAuthorization");
        Debug.WriteLine("Authorization-Header" + actionContext.Request.Headers.Authorization);
    }
}

public class SampleActionFilterAttribute : ActionFilterAttribute
{

    public override void OnActionExecuting(System.Web.Http.Controllers.HttpActionContext actionContext)
    {
        var request = actionContext.Request;
        var response = actionContext.Response;
        var action = actionContext.ActionDescriptor;
        var actionArguments = actionContext.ActionArguments;
        var modelState = actionContext.ModelState;

        Debug.WriteLine("SampleActionFilterAttribute.OnActionExecuting");
        Debug.WriteLine("HTTP Method: " + request.Method);
        Debug.WriteLine("Uri: " + request.RequestUri);
        Debug.WriteLine("ActionName: " + action.ActionName);
        Debug.WriteLine("ReturnType: " + action.ReturnType);
        Debug.WriteLine("Arguments: " + actionArguments.Count);
        Debug.WriteLine("IsValid: " + modelState.IsValid);

    }

    public override void OnActionExecuted(HttpActionExecutedContext actionExecutedContext)
    {
        var request = actionExecutedContext.Request;
        var response = actionExecutedContext.Response;
        var actionContext = actionExecutedContext.ActionContext;
        var exception = actionExecutedContext.Exception;

        Debug.WriteLine("SampleActionFilterAttribute.OnActionExecuting");
        Debug.WriteLine("HTTP Method: " + request.Method);
        Debug.WriteLine("Uri: " + request.RequestUri);
        Debug.WriteLine("ActionName: " + actionContext.ActionDescriptor.ActionName);

        if (exception != null)
        {
            Debug.WriteLine("Exception: " + exception.Message);
        }

        if (response != null && response.Content != null)
        {
            Debug.WriteLine("Content: " + response.Content.ReadAsStringAsync().Result);
        }

    }
}
```

Listing 2.22 Beispielhafte Filter

Listing 2.23 zeigt, dass Filter angewendet werden können, indem `ApiController` oder Dienstoperationen damit annotiert werden. Wird ein `ApiController` annotiert, kommt der Filter für sämtliche Operationen des Controllers zum Einsatz; ansonsten lediglich für die jeweilige Operation.

```
[SampleAuthorizationFilter]
public class FilterSampleController : ApiController
{
    private static string value = "42";
    [SampleActionFilter]
    public string Get()
    {
        return value;
    }
    public void Post([FromUri] string newValue) {

        if (string.IsNullOrEmpty(newValue)) throw new ArgumentException("Darf nicht null oder leer sein!");
        value = newValue;
    }
}
```

Listing 2.23   Filter anwenden, indem Controller bzw. Operationen damit annotiert werden

Eine weitere Möglichkeit zum Anwenden von Filtern stellt die Implementierung von `FilterProvider` dar. Bei einem `FilterProvider` handelt es sich um eine Klasse, welche die Schnittstelle `IFilterProvider` realisiert. Dieses Interface gibt die Methode `GetFilter` vor. Immer, wenn eine Dienstoperation angestoßen werden soll, ruft ASP.NET Web API diese Methode auf und übergibt Informationen über den gewünschten Aufruf. Die Aufgabe von `GetFilter` besteht darin, sämtliche Filter zu ermitteln, die im Zuge des jeweiligen Aufrufs zu verwenden sind, und diese zurückzuliefern.

Ein Beispiel dafür findet sich in Listing 2.24. Es beinhaltet einen `FilterProvider`, welcher prüft, ob der Aufrufer gerade eine POST-Anfrage an `FilterSampleController` sendet. Ist dem so, wird eine Instanz von `FilterInfo` erzeugt, die auf ein neues `SampleExceptionFilterAttribute` verweist. Anschließend wird dieses `FilterInfo`-Objekt innerhalb einer Liste zurückgegeben.

```
public class CustomFilterProvider: IFilterProvider
{
    public IEnumerable<FilterInfo> GetFilters(System.Web.Http.HttpConfiguration configuration,↵
System.Web.Http.Controllers.HttpActionDescriptor actionDescriptor)
    {
        var result = new List<FilterInfo>();

        if (actionDescriptor.ActionName == "Post" &&
actionDescriptor.ControllerDescriptor.ControllerType == typeof(FilterSampleController))
        {
            var filterInfo = new FilterInfo(new SampleExceptionFilterAttribute(), FilterScope.Action);
            result.Add(filterInfo);
        }

        return result;
    }
}
```

Listing 2.24   Filterprovider

Damit ASP.NET Web API einen `FilterProvider` einsetzt, muss ihn der Entwickler bei der Konfiguration registrieren, zum Beispiel innerhalb der Methode `WebApiConfig.Register`. Das nachfolgende Schnipsel zeigt, wie dies für den zuvor betrachteten `CustomFilterProvider` bewerkstelligt werden kann:

```
config.Services.Add(typeof(IFilterProvider), new CustomFilterProvider());
```

Wie dieser Schnipsel vermuten lässt, können beliebig viele `FilterProvider` auf diese Weise registriert werden.

Soll ein Filter bei sämtlichen Dienstoperationen zum Einsatz kommen, besteht auch die Möglichkeit, ihn in der Konfiguration unter Verwendung der Eigenschaft `Filter` zu registrieren:

```
config.Filters.Add(new SampleActionFilterAttribute());
```

Als Alternative zum Ableiten von den zuvor besprochenen Basisklassen kann der Entwickler auch die Schnittstellen `IExceptionFilter`, `IAuthorizationFilter` und `IActionFilter` implementieren. Auf diesem Weg können Filter bereitgestellt werden, die gleichzeitig mehrere Filterarten darstellen bzw. auch von anderen Klassen abgeleitet werden können. Sollen die auf diesem Weg entwickelten Filter auch als Attribute eingesetzt werden, muss der Entwickler jedoch zusätzlich von der Klasse `FilterAttribute` ableiten.

Benutzerdefinierte Formate unterstützen

Neben *JSON* und *XML* können weitere Formate unterstützt werden, indem eine benutzerdefinierte Subklasse von `MediaTypeFormatter` bzw. `BufferedMediaTypeFormatter` bereitgestellt wird. Erstere sieht den Einsatz asynchroner Methoden zum Lesen und Schreiben von Objekten vor. Deren Subklasse `BufferedMediaTypeFormatter` macht diese asynchrone API über synchrone Methoden zugänglich.

Ein Beispiel dafür stellt der `FlatFileFormatter` in Listing 2.25 dar. Dieser bietet die Möglichkeit, eine `List<Hotel>` als CSV-Datei zu serialisieren sowie Daten, die in diesem Format vorliegen, wieder als `List<Hotel>` zu deserialisieren.

Im Konstruktor wird der zu verwendende Mime-Typ auf `text/csv` festgelegt. Dies veranlasst die Web-API dazu, den `FlatFileFormatter` immer dann in Erwägung zu ziehen, wenn mit Daten dieses Mime-Typs gearbeitet werden soll. Durch weitere analoge Aufrufe könnten mit dem vorliegenden `FlatFileFormatter` auch weitere Mime-Typen assoziiert werden.

Die überschriebenen Methoden `CanReadType` und `CanWriteType` zeigen an, dass der `FlatFileFormatter` lediglich Objekte des Typs `List<Hotel>` (de)serialisieren kann; die Methoden `OnWriteStream` und `OnReadStream` und legen die zum Serialisieren bzw. Deserialisieren zu verwendende Logik fest.

```
public class FlatFileFormatter : BufferedMediaTypeFormatter
{
    public FlatFileFormatter()
    {
        this.SupportedMediaTypes.Add(new MediaTypeHeaderValue("text/csv"));
    }

    public override bool CanReadType(Type type)
    {
        return typeof(IEnumerable<Hotel>).IsAssignableFrom(type);
    }
```

```
public override bool CanWriteType(Type type)
{
    return typeof(IEnumerable<Hotel>).IsAssignableFrom(type);
}

public override object ReadFromStream(Type type, Stream readStream,
                                      System.Net.Http.HttpContent content,
                                      IFormatterLogger formatterLogger)
{
    var hotels = new List<Hotel>();
    StreamReader r = new StreamReader(readStream);

    string line;
    while ((line = r.ReadLine()) != null)
    {
        if (line.Trim() == "") continue;
        var cols = line.Split(',');
        var hotel = new Hotel
        {
            HotelId = Convert.ToInt32(cols[0]),
            Bezeichnung = cols[1],
            Sterne = Convert.ToInt32(cols[2])
        };
        hotels.Add(hotel);
    }

    return hotels;
}

public override void WriteToStream(Type type, object value,
                    Stream writeStream, System.Net.Http.HttpContent content)
{
    var hotels = (IEnumerable<Hotel>)value;
    if (hotels == null) return;

    StreamWriter w = new StreamWriter(writeStream);
    foreach (Hotel h in hotels)
    {
        w.WriteLine(h.HotelId + "," + h.Bezeichnung + "," + h.Sterne);
    }
    w.Flush();

}
}
```

Listing 2.25   Formatter für CSV-Dateien

Damit die Web-API einen benutzerdefinierten `MediaTypeFormatter` verwenden kann, ist der Entwickler angehalten, diesen zu registrieren. Dazu bietet sich abermals die Methode `WebApiConfig.Register` an. Listing 2.26 zeigt den dafür benötigten Aufruf.

```
[...]
GlobalConfiguration.Configuration.Formatters.Add(new FlatFileFormatter());
[...]
```

Listing 2.26   Benutzerdefinierten Formatter registrieren

Um einen Formatter in Aktion zu erleben, kann Fiddler herangezogen werden, zumal der Entwickler damit via HTTP Anfragen generieren kann. Abbildung 2.3 zeigt einen solchen Aufruf sowie eine dazu passende Antwort in Fiddler. Dabei ist zu beachten, dass das gewünschte Format bei der Anfrage im Kopfzeileneintrag Accept angegeben wurde.

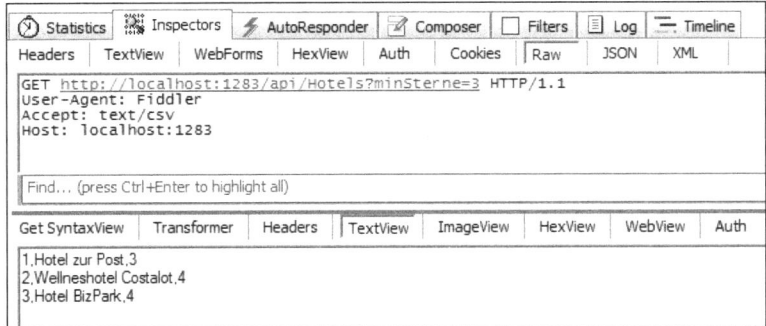

Abbildung 2.3 Mittels Fiddler Informationen im CSV-Format anfordern

Formatter mit HttpClient verwenden

Um auch clientseitig Formate jenseits von JSON und XML beim Senden von Anfragen heranzuziehen, hinterlegt der Entwickler beim Erzeugen einer ObjectContent-Instanz den gewünschten Formatter. Das nachfolgende Schnipsel führt den von der Web-API bereitgestellten JsonMediaTypeFormatter an.

```
var request = new HttpRequestMessage();
request.Content = new ObjectContent<HotelBuchung>(buchung,
                                new JsonMediaTypeFormatter());
```

Eine Liste der Formatter, die beim Deserialisieren der empfangenen Daten Verwendung finden sollen, kann darüber hinaus beim Aufruf von ReadAsync angegeben werden (Listing 2.27). Den Mime-Typ der zu sendenden Nachricht gibt der Entwickler über den Kopfzeileneintrag Content-Type an; den als Antwort Erwarteten mittels Accept.

```
// Client erzeugen
var client = new HttpClient();

// Liste mit Formattern bereitstellen
var formatters = new List<MediaTypeFormatter>();
formatters.Add(new FlatFileFormatter());

// Accept-Header auf text/csv setzen
client.DefaultRequestHeaders.Accept.Add(
        new MediaTypeWithQualityHeaderValue("text/csv"));

var url = "http://localhost:1307/api/Hotels";

// Daten anfordern
var response = await client.GetAsync(url);
var hotels = await response
                    .Content
                    .ReadAsAsync<IEnumerable<Hotel>>(formatters);
```

```
foreach (var hotel in hotels)
{
    Console.WriteLine(hotel.Bezeichnung);
}
```

Listing 2.27 `HttpClient` mit Formattern nutzen

Validieren

Die an eine Operation übersendeten Daten können auf dieselbe Weise wie Modelle bei ASP.NET MVC validiert werden. Informationen darüber finden sich im ersten Kapitel.

Serialisierung beeinflussen

ASP.NET Web API bietet standardmäßig einen JSON- sowie einen XML-Serializer. Diese können, zum Beispiel zur Vermeidung von Interoperabilitätsproblemen, angepasst werden.

JSON-Serializer konfigurieren

Details der Serialisierung sowie den zu verwendenden JSON- bzw. XML-Serializer kann der Entwickler über die globale Konfiguration anpassen – als Ort für diese Anpassungen bietet sich, wie so häufig, die Methode `WebApiConfig.Register` an. Listing 2.28 demonstriert einige Einstellungsmöglichkeiten für jenen Serializer, der standardmäßig vom `JsonFormatter` herangezogen wird.

`UseDataContractJsonSerializer` definiert, ob der aus WCF bekannte `DataContractJsonSerializer` zum Einsatz kommen soll. Obwohl diese Einstellung aus Gründen der Kompatibilität zu WCF-basierten Systemen sinnvoll erscheint, sollte sie gerade bei Neuentwicklungen auf ihrem Standardwert `false` belassen werden. Dies hat zur Folge, dass ASP.NET Web API auf den mächtigeren Serializer aus dem freien Projekt *JSON.Net*, welches mit der Web-API ausgeliefert wird, zurückgreift.

`DateTimeZoneHandling` legt fest, welche Zeitzone bei der Übertragung von Datumswerten zu verwenden ist. Die im betrachteten Fall verwendete Option `DateTimeZoneHandling.Local` bewirkt, dass ASP.NET Web API Uhrzeiten als lokale Uhrzeiten (unter Berücksichtigung der Einstellungen am Server) inkl. Zeitzonenoffset überträgt. Alternativen sind `DateTimeZoneHandling.Utc` sowie `DateTimeZoneHandling.RoundtripKind`. Erstere konvertiert Uhrzeiten immer nach UTC; Letztere erhält die Zeitzone, die der Client übersendet hat.

Eine der wohl wichtigsten Eigenschaften, die den Umgang mit Datumswerten beeinflusst, ist `DateFormatHandling`. Sie legt fest, wie Datumswerte in JSON dargestellt werden sollen und adressiert somit die Problemstellung, dass die JSON-Spezifikation keine Aussage darüber macht. Die Option `IsoDateFormat`, welche auch den Standardwert darstellt, bewirkt, dass ASP.NET Web API Datumswerte wie in XML üblich nach ISO 8601 darstellt. Ein Beispiel dafür ist *2013-01-20T21:00:00+01:00*. Das *T* trennt dabei den Datumsteil von der Uhrzeit und am Ende wird ein eventueller Zeitzonenoffset angehängt. Bei +01:00 handelt es sich um das Offset für die mitteleuropäische Zeit (MEZ), welche von der Standardzeit (UTC) um eine Stunde abweicht.

Eine Alternative hierzu stellt die Option `MicrosoftDateFormat` dar. Sie legt fest, dass jene Darstellung für Datumswerte heranzuziehen ist, die Microsoft-Frameworks im Zuge der JSON-Serialisierung in der Vergangenheit verwendet haben. Zugunsten der allgemein akzeptierten ISO-Repräsentation sollte der Entwickler diese Einstellung nur nutzen, wenn das entwickelte System zu solchen Systemen kompatibel sein muss.

Eine weitere Eigenschaft, die in Listing 2.28 verwendet wird, ist `Formatting`. Wird sie auf `Formatting.Indented` gesetzt, kommen – zur besseren Lesbarkeit – Zeilenschaltungen und Einrückungen zum Einsatz. Ansonsten verzichtet der JSON-Serializer darauf.

```
var jf = GlobalConfiguration.Configuration.Formatters.JsonFormatter;
jf.UseDataContractJsonSerializer = false;
jf.SerializerSettings.DateTimeZoneHandling =
                        Newtonsoft.Json.DateTimeZoneHandling.Local;
jf.SerializerSettings.DateFormatHandling =
                        Newtonsoft.Json.DateFormatHandling.IsoDateFormat;
// jf.SerializerSettings.DateFormatHandling =
                        Newtonsoft.Json.DateFormatHandling.MicrosoftDateFormat;
jf.SerializerSettings.Formatting = Newtonsoft.Json.Formatting.Indented;
```

Listing 2.28 JSON-Serialisierung anpassen

XML-Serializer konfigurieren

Ähnlich wie der Serializer, der standardmäßig vom `JsonFormatter` verwendet wird, kann auch jener, der standardmäßig vom XML-Formatter herangezogen wird, konfiguriert werden. Listing 2.29 demonstriert dies. Die Option `UseXmlSerializer` legt fest, ob der `XmlSerializer`, der seit .NET 1.0 mit von der Partie ist, zum Serialisieren heranzuziehen ist. Wird diese Option auf `false` gesetzt, kommt der `DataContractSerializer`, der auch von der WCF genutzt wird, zum Einsatz. `Ident` gibt darüber hinaus Auskunft, ob zur besseren Lesbarkeit Einrückungen verwendet werden sollen.

```
var xf = GlobalConfiguration.Configuration.Formatters.XmlFormatter;

xf.UseXmlSerializer = true;
xf.Indent = true;
```

Listing 2.29 XML-Serialisierung anpassen

Eigenschaften von der Serialisierung ausschließen

Um festzulegen, dass der JSON-Serializer bestimmte Eigenschaften nicht serialisieren soll, annotiert sie der Entwickler mit dem Attribut `JsonIgnore`. Damit der `XmlSerializer` das Attribut ebenfalls nicht serialisiert, ist es mit `XmlIgnore` zu annotieren. Beim Einsatz des aus der WCF bekannten `DataContractSerializer`- bzw. `DataContractJsonSerializer`-Objekts wird die jeweilige Eigenschaft hingegen nicht mit `DataMember` annotiert. Listing 2.30 demonstriert dies mit der Klasse `Abteilung`, deren Eigenschaft `Budget` in keinem der soeben beschriebenen Fälle serialisiert wird.

```
[DataContract]
public class Abteilung
{
    [DataMember(Name="AbteilungsName", IsRequired=true)]
    public String Bezeichnung { get; set; }
```

```
    [DataMember]
    public Mitarbeiter Manager { get; set; }

    [JsonIgnore]
    [XmlIgnore]
    public string Budget{ get; set; }
}
```

Listing 2.30   Serialisierung von Eigenschaften durch Annotationen unterdrücken

Zirkuläre Referenzen serialisieren

Da sowohl XML als auch JSON prinzipiell Daten in hierarchischer Form repräsentieren, sind Fälle, in denen zwei Elemente gegenseitig aufeinander verweisen, problematisch. Diese Problemstellung wird durch die beiden Klassen in Listing 2.31 veranschaulicht: Die Klasse Mitarbeiter verweist auf die Klasse Abteilung und die Klasse Abteilung verweist über die Eigenschaft Manager zurück auf die Klasse Mitarbeiter. Bei einer strikten hierarchischen Serialisierung würde sich eine Endlosschleife ergeben.

```
public class Mitarbeiter
{
    public String Name { get; set; }
    public Abteilung Abteilung { get; set; }
}
public class Abteilung
{
    public String Bezeichnung { get; set; }
    public Mitarbeiter Manager { get; set; }
    public string Budget{ get; set; }
}
```

Listing 2.31   Zirkuläre Verweise

Um dieses Problem zu umgehen, müssen die verwendeten Serializer angewiesen werden, Referenzen zu verwenden, anstatt referenzierte Elemente an Ort und Stelle zu platzieren und somit ggf. zu wiederholen. Der Serializer des JsonFormatters kann über seine Eigenschaft PreserveReferencesHandling zu diesem Verhalten bewegt werden (Listing 2.32).

```
var jf = GlobalConfiguration.Configuration.Formatters.JsonFormatter;
[…]
jf.SerializerSettings.PreserveReferencesHandling = PreserveReferencesHandling.All;
```

Listing 2.32   Referenzen aktivieren

Setzt der Entwickler diese Eigenschaft auf die Option PreserveReferencesHandling.All, vergibt der Serializer jedem serialisierten Objekt eine ID und Verweise auf diese Objekte werden unter Angabe dieser IDs modelliert. Listing 2.33 demonstriert dies, indem es das Ergebnis der JSON-Serialisierung der Mitarbeiterin Susi Sorglos zeigt, welche Managerin der eigenen Abteilung ist. Dabei fällt auf, dass der Serialisierer zum Darstellen von IDs die einzelnen Objekte um eine Eigenschaft $id erweitert hat. Zum Darstellen von Verweisen hat er darüber hinaus die Eigenschaft $ref eingeführt.

Beim Einsatz dieser Lösung ist zu beachten, dass es sich hierbei um eine Erweiterung von JSON.Net handelt, welche somit nicht von allen Kommunikationspartnern verstanden wird.

```
{
    "$id": "1",
    "Name": "Susi Sorglos",
    "Abteilung": {
        "$id": "2",
        "Bezeichnung": "Abteilung Einkauf",
        "Manager": {
            "$ref": "1"
        }
    }
}
```

Listing 2.33 JSON-Objekt mit Referenzen

Der `DataContractSerializer` bietet für XML-Dokumente mit zirkulären Verweisen zwei ähnliche Lösungsansätze. Zum einen kann der Entwickler bei der Definition eines Datenvertrags angeben, dass Verweise auf diesen Datenvertrag durch Angabe von IDs aufzulösen sind. Dazu legt er die Eigenschaft `IsReference` des Attributs `DataContract` auf true fest (siehe Listing 2.34).

```
[DataContract(IsReference = true)]
public class Abteilung
{
    [DataMember(Name="AbteilungsName", IsRequired=true)]
    public String Bezeichnung { get; set; }

    [DataMember]
    public Mitarbeiter Manager { get; set; }

    [JsonIgnore]
    [XmlIgnore]
    public string Budget{ get; set; }
}

[DataContract(IsReference = true)]
public class Abteilung
{
    [DataMember]
    public String Bezeichnung { get; set; }

    [DataMember]
    public Mitarbeiter Manager { get; set; }
}
```

Listing 2.34 Referenzen für Datenverträge aktivieren

Alternativ dazu kann der Entwickler pro Datenvertrag in der globalen Konfiguration einen vorkonfigurierten `DataContractSerializer` hinterlegen. Damit diese Serializer zum Auflösen von Verweisen ID-Referenzen einsetzen, übergibt er den Wert true an den Konstruktor-Parameter `preserveObjectReferences` (Listing 2.35).

```
var dcsAbteilung = new DataContractSerializer(typeof(Abteilung), null,
                            int.MaxValue, false,
                            /* preserveObjectReferences: */ true, null);
xf.SetSerializer<Abteilung>(dcsAbteilung);

var dcsMitarbeiter = new DataContractSerializer(typeof(Mitarbeiter), null,
                            int.MaxValue, false,
                            /* preserveObjectReferences: */ true, null);
xf.SetSerializer<Mitarbeiter>(dcsMitarbeiter);
```

Listing 2.35   Vorkonfigurierte Serializer registrieren

Web-API und HTML-Formulare

Neben der Tatsache, dass ASP.NET Web API XML- und JSON-basierte Daten empfangen und senden kann,
besteht auch die Möglichkeit, Daten in jenen Formaten entgegenzunehmen, in denen Browser sie senden.
Somit können Action-Methoden auch als Ziel von HTML-basierten Formularen dienen.

Einfache Formularfelder übermitteln

Die standardmäßig eingerichteten Formatter binden die übersendeten Felder eines HTML-Formulars
an die Übergabeparameter der angestoßenen Action-Methode. Daneben kann auch mit Request.
Content.ReadAsFormDataAsync eine Auflistung mit sämtlichen Formularparametern abgerufen werden (siehe
Listing 2.36).

```
public async Task<string> Post()
{
    if (Request.Content.IsFormData())
    {
        var formData = await Request.Content.ReadAsFormDataAsync();
        return formData["message"];
    }
    return "No Message!";
}
```

Listing 2.36   Daten eines HTML-Formulars lesen

Dateiupload via HTML-Formular

Um Dateiuploads, die von einem HTML-Formular aus erfolgen, verarbeiten zu können, muss ASP.NET Web
API dazu gebracht werden, mit Daten umzugehen, die sich am Mime-Typ multipart/form-data orientieren.
Dieser Mime-Type sieht vor, dass die übersendeten Informationen in mehrere Sektionen geteilt werden,
wobei jede Sektion einen eigenen Mime-Typ aufweisen kann. Diese Sektionen beinhalten zum Beispiel die
hochzuladenden Dateien oder auch die Inhalte von Formularfeldern.

Zum Lesen einer solchen Nachricht verwendet der Entwickler die Methode Content.ReadAsMultipartAsync
des aktuellen Request-Objekts (Listing 2.37). An diese kann er eine Instanz einer Subklasse von
MultipartStreamProvider übergeben, wobei diese die Art der Verarbeitung der übersendeten Daten festlegt.

Im betrachteten Fall kommt ein MultipartFormDataStreamProvider zum Einsatz. Dieser speichert die hochgeladenen Daten in jenem Ordner, den der Entwickler über dessen Konstruktor festgelegt hat. Darüber hinaus

hält er die Daten von Formularfeldern im Hauptspeicher vor und macht sie über die Eigenschaft `FormData` zugänglich. Die Auflistung `FileData` beinhaltet daneben Informationen über die hochgeladenen Dateien, welche im spezifizierten Verzeichnis abgelegt wurden.

Die einzelnen Einträge sind vom Typ `MultipartFileData`, welcher zwei Eigenschaften aufweist: `LocalFileName` repräsentiert den vollständigen Namen der hochgeladenen Datei im festgelegten Uploadordner des Servers; `Headers` liefert Kopfzeileneinträge, welche der Browser für die jeweilige Datei übersendet hat. Über den Kopfzeileneintrag `Content-Disposition` kann zum Beispiel jener Name, den die Datei auf der Clientseite hat, ermittelt werden; der Kopfzeileneintrag `Content-Type` gibt hingegen Auskunft über das Dateiformat (über `Content-Type`) der Datei. Im betrachteten Beispiel werden diese Informationen zur Demonstration im Debugfenster ausgegeben. Listing 2.38 zeigt zur Demonstration jene Ausgaben, die beim Hochladen einer ZIP-Datei entstanden sind. Eine HTML-Seite zum Testen dieser Action-Methode findet sich in Listing 2.39.

```
public async Task<string> Post()
{
    if (!Request.Content.IsMimeMultipartContent("form-data"))
    {
        throw new HttpResponseException(HttpStatusCode.UnsupportedMediaType);
    }

    var formDataProvider = new
            MultipartFormDataStreamProvider(@"c:\temp\bilder");
    var bodyParts = await
            Request.Content.ReadAsMultipartAsync(formDataProvider);

    var hotelId = bodyParts.FormData["hotelId"];
    Debug.WriteLine("HotelId: " + hotelId);

    foreach (var file in bodyParts.FileData)
    {
        Debug.WriteLine("File: " + file.LocalFileName);
        foreach (var h in file.Headers)
        {
            var array = h.Value as IEnumerable<string>;
            if (array != null) {
                Debug.WriteLine("   Header: " + h.Key + ": " + string.Join("|", array));
            }
            else {
                Debug.WriteLine("   Header: " + h.Key + ": " + h.Value);
            }

        }
    }

    return bodyParts.FileData.Count + " Dateien für Hotel #" + hotelId + " hochgeladen!";
}
```

Listing 2.37 File-Upload bearbeiten

```
HotelId: 333
File: c:\temp\bilder\BodyPart_2dc6a787-06f1-4dff-91cc-d1f48cf7d6e6
   Header: Content-Disposition: form-data; name="data";
                     filename="C:\Users\steyer\Desktop\ExtendingMVC.zip"
   Header: Content-Type: application/x-zip-compressed
```

Listing 2.38 Ausgabe der übersendeten Daten

```html
<!DOCTYPE HTML>
<html>
    <head>
        <title>Hotel-Bilder</title>

    </head>
    <body>

        <form
            method="POST"
            action="http://localhost:1307/api/Bilder"
            enctype="multipart/form-data">

            <div>
                HotelId
            </div>
            <div>
                <input name="hotelId" >
            </div>
            <div>
                Bilder:
            </div>
            <div>
                <input name="data" type="file" multiple>
            </div>
            <input type="submit" />

        </form>

    </body>

</html>
```

Listing 2.39   HTML-Formular für Dateiupload

Neben dem `MultipartFormDataStreamProvider` existieren noch ein paar weitere Implementierungen, die in solchen Szenarien verwendet werden können. Tabelle 2.2 gibt Aufschluss darüber.

Implementierung	Beschreibung
MultipartMemoryStreamProvider	Speichert sämtliche Teile der Nachricht im Hautspeicher und stellt diese in Form von MemoryStream-Objekten bereit
MultipartFileStreamProvider	Speichert sämtliche Teile der Nachricht im Dateisystem
MultipartFormDataStreamProvider	Speichert nur hochgeladene Dateien im Dateisystem; Formularfelder werden im Hauptspeicher vorgehalten
MultipartRelatedStreamProvider	Unterstützt den Mime-Typ Multipart/Related (RFC 2387), bei dem einzelne Nachrichtenteile aufeinander verweisen können (zum Beispiel eine XML-Nachricht im ersten Teil auf ein Bild im zweiten Teil)

Tabelle 2.2   `MultipartStreamProvider`-Derivate

Fortschritt ermitteln

Zum Ermitteln des Fortschritts eines Upload- bzw. Downloadvorgangs bietet ASP.NET Web API einen ProgressMessageHandler (Listing 2.40). Wie alle anderen MessageHandler auch, ist dieser mit allen anderen zu verwendenden Handlern zu verketten, wobei sich am Ende dieser Kette ein HttpClientHandler befinden muss. Nachdem er sie erzeugt hat, übergibt der Entwickler diese MessageHandler-Kette an den Konstruktor von HttpClient.

Der Eigenschaft HttpReceiveProgress von ProgressMessageHandler weist er zusätzlich eine Methode zu, die laufend über den Fortschritt eines Downloads informiert werden soll (siehe Listing 2.41). Diese Methode erhält bei jedem Aufruf ein Argument vom Typ HttpProgressEventArgs, das Zugriff auf Informationen, welche den aktuellen Fortschritt repräsentieren, gewährt. Die Eigenschaft ProgressPercentage enthält zum Beispiel den Grad der Fertigstellung in Prozent. Im betrachteten Fall wird dieser Wert ausgegeben, sofern er sich seit dem letzten Aufruf der Benachrichtigungs-Methode geändert hat.

HINWEIS	Die Verwendung von ProgressMessageHandler schließt den Einsatz von Streaming aus.

Um sich über den Fortschritt eines Uploadvorgangs informieren zu lassen, geht der Entwickler analog vor. Allerdings verwendet er hierzu die Eigenschaft HttpSendProgress anstatt von HttpReceiveProgress.

```
static async void DownloadDemo()
{
    var progressMessageHandler = new ProgressMessageHandler()
    {
        InnerHandler = new HttpClientHandler()
    };

    progressMessageHandler.HttpReceiveProgress +=
                    progressMessageHandler_HttpReceiveProgress;

    HttpClient client = new HttpClient(progressMessageHandler);

    var response = await client.GetAsync("http://localhost:1307/api/Bilder");
    var stream = await response.Content.ReadAsStreamAsync();

    Console.WriteLine("Habe Stream erhalten!");
    long bytes = 0;

    using (FileStream fs =
                new FileStream(@"c:\temp\download.dat", FileMode.Create))
    {
        int b;
        while ((b = stream.ReadByte()) != -1)
        {
            fs.WriteByte((byte)b);
            bytes++;
            if (bytes % (200 * 1024) == 0)
            {
                Console.WriteLine(bytes / 1024 + " KB gelesen ...");
            }
        }
    }
}
```

```
    Console.WriteLine("Fertig gelesen");

}
```

Listing 2.40   Einsatz von ProgressMessageHandler

```
static int progress = -1;
[…]
static void progressMessageHandler_HttpReceiveProgress(
                            object sender, HttpProgressEventArgs e)
{
    if (progress == e.ProgressPercentage) return;
    Console.WriteLine(e.ProgressPercentage + "% heruntergeladen");
    progress = e.ProgressPercentage;
}
```

Listing 2.41   Ereignisbehandlungsroutine für ProgressMessageHandler

Feingranulare Konfiguration

Bis dato waren sämtliche beschriebenen Konfigurationseinstellungen global und wirkten sich somit auf sämtliche Controller aus. Dieser Abschnitt zeigt, wie Konfigurationseinstellungen für bestimmte Controller hinterlegt werden können.

Controllerbasierte Konfiguration

Obwohl die globale Konfiguration von ASP.NET Web API in vielen Fällen ausreicht, gibt es Situationen, in denen Einstellungen lediglich für einen einzelnen oder wenige Controller vorgenommen werden sollen. In diesen Situationen besteht die Möglichkeit, die Schnittstelle IControllerConfiguration zu implementieren (Listing 2.42). Dieses gibt die Methode Initialize vor, welche die Konfiguration eines bestimmten Controllers übernimmt. Dazu übergibt ASP.NET Web API einen Parameter vom Typ HttpControllerSettings sowie einen HttpControllerDescriptor. An Ersteren sind die gewünschten Konfigurationseinstellungen zu übergeben; Letzterer bietet Informationen über den zu konfigurierenden Controller.

Im betrachteten Fall entfernt Initialize den ersten Formatter – es handelt sich dabei um den JSON-Formatter – und ersetzt die zu verwendende ITraceWriter-Implementierung durch eine benutzerdefinierte, die – um das Beispiel kurz zu halten – von der eigenen Klasse bereitgestellt wird. Dazu wird der benutzerdefinierte ITraceWriter implementiert und somit auch eine Methode Trace bereitgestellt.

```
public class CustomConfig : Attribute, IControllerConfiguration, ITraceWriter
{
    public void Initialize(HttpControllerSettings controllerSettings,
                            HttpControllerDescriptor controllerDescriptor)
    {
        controllerSettings.Formatters.RemoveAt(0);
        controllerSettings.Services.Replace(typeof(ITraceWriter), this);
    }

    public void Trace(HttpRequestMessage request, string category,
                    System.Web.Http.Tracing.TraceLevel level, Action<TraceRecord> traceAction)
```

```
    {
        TraceRecord record = new TraceRecord(request, category, level);
        traceAction(record);
        Debug.WriteLine(category + ": " + level + " " + record.Message);
    }
}
```

Listing 2.42 Controllerbasierte Konfiguration

Da die betrachtete Implementierung darüber hinaus auch von der Basisklasse `Attribute` erbt, kann sie zum Annotieren der zu konfigurierenden Controller herangezogen werden (Listing 2.43).

```
[CustomConfig]
public class MiniBarController : ApiController
{

    public double GetPrice(int hotelId, int roomNumber)
    {
        return 42;
    }

}
```

Listing 2.43 Einsatz einer controllerbasierten Konfiguration

Routenbasierte Konfiguration

Auch auf der Ebene von Routen kann der Entwickler die Standardkonfiguration variieren. Dazu hat er die Möglichkeit, einer Route eine Kette von `MessageHandler`-Objekten zuzuordnen. Listing 2.44 weist zum Beispiel der Route `BuchungenByHotelRoute` eine Kette bestehend aus einem `LimitResultMessageHandler` und einem `HttpControllerDispatcher` zu. Dabei ist zu beachten, dass Ketten dieser Art immer mit einem `HttpControllerDispatcher` abzuschließen sind, da dieser die entsprechende Action-Methode anstößt.

```
public static void RegisterRoutes(RouteCollection routes)
{
    routes.IgnoreRoute("{resource}.axd/{*pathInfo}");


    var handler = new LimitResultMessageHandler()
    {
        InnerHandler = new HttpControllerDispatcher(GlobalConfiguration.Configuration)
    };

    routes.MapHttpRoute(
        name: "BuchungenByHotelRoute",
        routeTemplate: "api/Hotels/{hotelId}/Buchungen",
        defaults: new { controller = "Buchungen" },
        constraints: null, // Notwendig, damit richtige Überladung gewählt wird!
        handler: handler
    );

    [...]
}
```

Listing 2.44 Konfiguration auf der Ebene einer Route

Kapitel 3

JavaScript-APIs

In diesem Kapitel:

JavaScript als Multiparadigmen-Sprache   110
JavaScript debuggen   123
jQuery   124
ASP.NET MVC-Modelle mit jQuery Validate validieren   130
jQuery UI   132
jQuery Mobile   134
Offlinefähige Webanwendungen mit HTML5   146
modernizr   153
knockout.js   154
TypeScript   162

Während der Einsatz von JavaScript in den ersten Tagen des Webs nicht gerne gesehen wurde, wird diese Sprache heutzutage sehr intensiv von modernen Webanwendungen genutzt. Die Gründe dafür liegen unter anderem in der Tatsache, dass JavaScript viele Möglichkeiten zur Steigerung der Benutzerfreundlichkeit bietet. Daneben ist JavaScript in Kombination mit HTML und CSS die einzige Technologie, die auf allen mobilen und klassischen Plattformen zur Umsetzung von Anwendungen zur Verfügung steht. Natürlich greifen heute auch ASP.NET-Webanwendungen gerne auf JavaScript zurück, weshalb wir dieser Sprache in diesem Buch ein ganzes Kapitel widmen.

Um die Komplexität, die mit der Erstellung von JavaScript-basierten Anwendungen einhergeht zu reduzieren, wurden zahlreiche Frameworks geschaffen, darunter das Framework jQuery, welches mittlerweile den Stellenwert eines de-facto Standards genießt. Microsoft hat diesen Trend erkannt und liefert deswegen gemeinsam mit seinen Web-Frameworks etablierte freie JavaScript-Frameworks aus, darunter neben jQuery auch jQuery UI, jQuery Mobile, knockout.js und modernizr. Darüber hinaus wurde mit TypeScript eine Sprache geschaffen, welche zum einen Typsicherheit bietet und zum anderen nach JavaScript übersetzt wird und somit den Einsatz der dynamischen Sprache JavaScript erheblich vereinfacht.

Bevor das vorliegende Kapitel diese Konzepte vorstellt, wendet es sich einigen Sprachmerkmalen von JavaScript zu, die für das Verständnis dieser Frameworks essenziell sind. Es wird dabei davon ausgegangen, dass der Leser grundlegende Kenntnisse über JavaScript mitbringt, zumal eine Einführung in diese Sprache den Rahmen des vorliegenden Werks sprengen würde. Weitere frei verfügbare Informationen zu JavaScript sowie eine Übersicht über sämtliche Objekte und Funktionen können darüber hinaus zum Beispiel unter `http://www.w3schools.com/js/default.asp` gefunden werden.

Die Informationen in diesem Kapitel sollen keine Konkurrenz zu den umfangreichen Dokumentationen der behandelten freien Frameworks darstellen, sondern vielmehr einen Überblick geben und deren Konzepte erläutern.

JavaScript als Multiparadigmen-Sprache

Um JavaScript, aber vor allem populäre JavaScript-Frameworks, effektiv nutzen zu können, muss man sich vor Augen halten, dass es sich hierbei nicht – wie vielerorts vermutet – um eine Teilmenge der objektorientierten Sprache Java, sondern vielmehr um eine eigenständige Sprache handelt, welche verschiedene Paradigmen in sich vereint. Aus diesem Grund betrachtet dieser Abschnitt die Sprache JavaScript aus dem Blickwinkel jener Paradigmen, die sie in sich vereint.

Die prozedurale Seite von JavaScript

Das wohl bekannteste Paradigma, das sich in der Sprache JavaScript wiederfindet, ist der prozedurale Ansatz: Befehle können zu Funktionen kombiniert und bei Bedarf zur Ausführung gebracht werden. Der Name Funktion wird hierbei unabhängig von der Tatsache verwendet, ob ein Wert zurückgeliefert wird.

Listing 3.1 zeigt ein Beispiel dafür. Hier wird die Funktion `calcZins` definiert. Da es sich bei JavaScript um eine dynamische Sprache handelt, werden weder die Typen der verwendeten Parameter bzw. Variablen noch der Datentyp des Rückgabewerts festgelegt. Allerdings gehört es zum guten Ton, Variablen mit dem Schlüsselwort var zu deklarieren und ihren Gültigkeitsbereich somit auf die aktuelle Funktion[1] zu beschränken. Dies führt im betrachteten Fall dazu, dass result lediglich innerhalb der Funktion calcZins bekannt ist. Verwendet der Entwickler eine Variable, ohne sie vorher zu deklarieren, wird diese von JavaScript als globale Variable angesehen. Aus Gründen der Wartbarkeit sollte davon jedoch abgesehen werden. Neuere Versionen von JavaScript können sogar dazu gebracht werden, solche Fälle zu verbieten (mehr Informationen zu diesem Mechanismus, der *Strict Mode* genannt wird, finden sich später in diesem Kapitel im Abschnitt »Die modulare Seite von JavaScript«).

```html
<html>
<head>
    <title></title>

    <script language="javascript">

        function calcZins(k, p, t) {
            var result = k * p * t / 36000;
            return result;
        }

        var result = calcZins(200,2,360);
        alert("Ergebnis: " + result);

    </script>
</head>
[...]
</html>
```

Listing 3.1   Einfache JavaScript-Funktion

Ein weiteres Beispiel für eine Funktion in JavaScript bietet Listing 3.2. Im Gegensatz zum zuvor betrachteten Beispiel handelt es sich hier um eine Funktion, die eine weitere Funktion aufruft.

```javascript
function showZins(k, p1, p2) {
    var msg = k + " bei ...\n\n";

    for (var p = p1; p <= p2; p++) {
        var zins = calcZins(k, p, 360);
        msg += "    " + p + "% p.a.: " + zins + "\n";
    }

    alert(msg);
}

showZins(500, 1, 3);
```

Listing 3.2   Weitere JavaScript-Funktion

---

[1]   Variablen sind unter JavaScript nach ihrer Deklaration mit *var* tatsächlich innerhalb der gesamten Funktion, in der sie deklariert wurden, sichtbar. Um den Gültigkeitsbereich einer Variablen auf den Block (z. B. auf den Schleifenkörper oder auf den jeweiligen Zweig einer Bedingung) zu beschränken, in dem sie deklariert wurde, bieten neuere JavaScript-Interpreter das Schlüsselwort let (let x = 10; anstatt var x = 10;).

Anders als in C# muss der Entwickler nicht sämtliche Parameter beim Aufruf einer Funktion angeben. Parameter, die nicht übergeben wurden, weisen innerhalb der Methode den Wert undefined auf. Da Java-Script-Interpreter die Werte undefined, 0 und null bei logischen Vergleichen wie false sowie alle anderen Werte wie true behandeln, kann der Entwickler wie in Listing 3.3 gezeigt sehr einfach prüfen, ob ein Wert (der von den genannten drei Werten abweicht) für einen Parameter vorliegt. Um direkt gegen den Wert undefined zu prüfen, kann auch, wie mit dem Kommentar in Listing 3.3 angedeutet, der Operator typeof herangezogen werden.

```javascript
function calcZins(k, p, t) {

    if (!t) t = 360;
    // if (typeof t == 'undefined') t = 360;


    var result = k * p * t / 36000;
    return result;
}
```

Listing 3.3 Optionale Parameter

Neben benutzerdefinierten Funktionen bietet JavaScript auch einen Satz an vordefinierten Funktionen (siehe Listing 3.4): parseInt wandelt eine Zeichenkette in einen Integer um; bei parseFloat handelt es sich hingegen beim Zieldatentyp um eine Fließkommazahl. Die Funktion String erzeugt einen String und isNaN prüft, ob es sich beim übergebenen Element um keine Zahl (Not a Number) handelt. Zu den »Nicht-Zahlen« gehören zum Beispiel Strings aber auch zum Beispiel nicht definierte Werte, wie zum Beispiel das Ergebnis einer Division durch Null.

```javascript
var two = parseInt("2");
var twoPointTwo = parseFloat("2.2");
var someString = String(two + twoPointTwo);
alert(someString);

var isSevenNaN = isNaN("seven");
alert("isSevenNaN: " + isSevenNaN);

var isThisNaN = isNaN(1 / 0);
alert("isThisNaN: " + isSevenNaN);

var is42NaN = isNaN(42);
alert("is42NaN: " + is42NaN);
```

Listing 3.4 Ausgewählte vordefinierte Funktionen

Die funktionale Seite von JavaScript

Die Tatsache, dass es sich bei JavaScript auch um eine funktionale Sprache handelt, dürfte weniger bekannt sein. Listing 3.5 demonstriert dies. Die Funktion forEach erwartet zwei Parameter: ein Array sowie eine Funktion, die für jeden Eintrag im Array aufzurufen ist. Dies ist möglich, da unter JavaScript Funktionen gleichzeitig auch Objekte sind. Als solche können sie Variablen zugewiesen, aber auch an andere Funktionen weitergereicht werden.

Bei showItem handelt es sich um eine weitere Funktion, die den übergebenen Wert darstellt und myInts ist ein Array mit vier vordefinierten Werten, wobei hier auffällt, dass JavaScript-Arrays eckige Klammern verwendet. Interessant wird es, wenn man den Aufruf von forEach betrachtet: Als erstes Argument übergibt das betrachtete Beispiel das Array, als zweites die Funktion showItem. Hätte der Entwickler an dieser Stelle stattdessen showItem() (man achte auf die runden Klammern) geschrieben, würde der JavaScript-Interpreter die Funktion an dieser Stelle ausführen und ihren Rückgabewert an forEach übergeben.

```
function forEach(ary, action) {
    for (var i = 0; i < ary.length; i++) {
        action(ary[i]);
    }
}

function showItem(item) {
    alert(item);
}

var myInts = [1, 2, 3, 4];

forEach(myInts, showItem);
```

Listing 3.5 Die Funktion forEach erwartet für den Parameter action eine weitere Funktion

Der Entwickler kann Funktionen, die an andere Funktionen übergeben werden, auch an Ort und Stelle definieren, ohne einen Funktionsnamen zu vergeben (Listing 3.6). Daneben besteht auch die Möglichkeit, Variablen Funktionen zuzuweisen (Listing 3.7). Wird die Variable wie eine Funktion behandelt, indem ihr runde Klammern nachgestellt werden, bringt der JavaScript-Interpreter die Funktion, auf die die Variable verweist, zur Ausführung.

```
forEach(myInts, function (item) {
    alert(item);
});
```

Listing 3.6 Anonyme Funktion

```
var fn = function (item) {
    alert(item);
}

forEach(myInts, fn);
fn("Hallo Welt");
```

Listing 3.7 Funktionen können von Variablen repräsentiert werden

Ähnlich wie mit Lambda-Ausdrücken in C# wird auch bei Einsatz des Schlüsselworts function ein so genannter Closure (Funktionsabschluss) gebildet. Das bedeutet, dass Funktionen Zugriff auf alle Variablen haben, die sich in sämtlichen übergeordneten Gültigkeitsbereichen (Scopes) befinden.

Die Funktion createLamp in Listing 3.8 erzeugt zum Beispiel eine neue Funktion, die der Variablen controller zugewiesen wird. Diese Funktion hat nun Zugriff auf die Variable dimFactor, zumal sie in einem übergeordneten Gültigkeitsbereich definiert wurde. Deswegen sowie aufgrund der Tatsache, dass diese Funktion zurückgeliefert wird, zerstört der Interpreter diese lokale Variable nicht nach der Ausführung von create-Lamp. Vielmehr wird sie bei jedem Aufruf dieser zurückgelieferten Funktion verwendet (siehe Listing 3.9). Somit wird eine »private Variable« geschaffen, die im betrachteten Fall nur dieser Funktion zur Verfügung steht und außerhalb dieser nicht direkt eingesehen oder verändert werden kann.

```javascript
function createLamp(lampId) {
    var dimFactor = 0;

    var controller = function (command) {
        switch (command) {
            case 'dimUp':
                if (dimFactor < 100) {
                    dimFactor = dimFactor + 10;
                }
                alert(lampId + ": " + dimFactor);
                break;

            case 'dimDown':
                if (dimFactor > 0) {
                    dimFactor = dimFactor - 10;
                }
                alert(lampId + ": " + dimFactor);
                break;

            case 'dimFactor':
            default:
                return dimFactor;

        }
    }

    return controller;
}
```

Listing 3.8 Definition von Closures

```javascript
var lamp1 = createLamp("Lamp #1");
var lamp2 = createLamp("Lamp #2");

lamp1("dimUp");
lamp1("dimUp");
lamp1("dimUp");
lamp1("dimDown");

lamp2("dimUp");
```

Listing 3.9 Einsatz von Closures

Die objektorientierte Seite von JavaScript

Die einfachste Möglichkeit zum Definieren von Objekten stellt der Einsatz der Java Script Object Notation (JSON) dar (Listing 3.10). Objekte werden dabei durch geschweifte Klammern beschrieben, Eigenschaften von Objekten in Form von Name/Wert-Paaren, welche durch einen Doppelpunkt zu trennen sind. Bei den Werten kann es sich um atomare Werte handeln (z.B. Strings, die in Anführungszeichen gehalten werden), um weitere Objekte (in geschweiftem Klammern) oder um Arrays (in eckigen Klammern). Dasselbe gilt für Werte, die sich innerhalb Arrays wiederfinden.

```javascript
var flugBuchung = {
    Von: "Graz",
    Nach: "Mallorca",
    Passagiere: [
        {
            Vorname: "Max",
            Nachname: "Muster"
        },
        {
            Vorname: "Susi",
            Nachname: "Sorglos"
        }
    ],
    Bezahlung: {
        Art: "Kreditkarte",
        Betrag: 250,
        Bezahlt: true
    }
};

alert(flugBuchung.Von + " - " + flugBuchung.Nach);
alert("Bezahlt: " + flugBuchung.Bezahlung.Bezahlt);
alert("Anzahl Passagiere: " + flugBuchung.Passagiere.length);
alert("Nachname 1. Passagier: " + flugBuchung.Passagiere[0].Nachname);
```

Listing 3.10 Objekte mit JSON beschreiben

Anders als die meisten objektorientierten Sprachen, kennt JavaScript das Konzept von Klassen nicht. Als Alternative dazu kommen hier so genannte Konstrukturfunktionen zum Einsatz (Listing 3.11). Eine Konstruktor-Funktion hat die Aufgabe, ein Objekt zu erzeugen. Dazu weist sie jene Eigenschaften, die das zu erzeugende Objekt aufweisen soll, der Pseudovariablen this zu. Eigenschaften können dabei auch auf Funktionen (Methoden) verweisen, die das zu erzeugende Objekt anbieten soll. Da sich der Wert von this im Zuge der Ausführung der Konstruktormethode ändern kann, hat es sich eingebürgert, dessen Wert am Beginn der Funktion in einer anderen Variablen abzulegen und fortan diese zu verwenden.

Listing 3.11 definiert zur Demonstration eine Konstruktormethode Person, welche die Variable that als Ersatz für this verwendet und dem zu erzeugenden Objekt die Eigenschaften vorname, nachname sowie vollerName zuweist, wobei Letztere auf eine Funktion verweist.

Um ein Objekt mit einer Konstruktormethode zu erzeugen, wird die Methode, wie am Ende von Listing 3.11 demonstriert, unter Verwendung des Operators new aufgerufen. Das Ergebnis wird im betrachteten Fall der Variablen rudi zugewiesen. Über den Punktoperator greift das Beispiel anschließend auf die Eigenschaften des Objekts zu. Im Zuge dessen wird die Funktion vollerName zur Ausführung gebracht.

```
function Person(vorname, nachname) {
    var that = this;
    that.vorname = vorname;
    that.nachname = nachname;

    that.vollerName = function () {
        return that.vorname + " " + that.nachname;
    }
}

var rudi = new Person("Rudolf", "Rentier");
alert(rudi.vorname);
alert(rudi.nachname);
alert(rudi.vollerName());
```

Listing 3.11   Konstruktorfunktion

Jene Eigenschaften, die innerhalb der Konstruktor-Methode über this zugewiesen werden, können mit öffentlichen Membern in C# verglichen werden – jeder hat darauf Zugriff. Um private Member, auf die im Fall von JavaScript lediglich das Objekt[2] selbst Zugriff hat, zu definieren, sollte man sich daran erinnern, dass mit dem Schlüsselwort function ein Closure erzeugt wird, der seinen Kontext einschließt (vgl. Abschnitt »Die funktionale Seite von JavaScript«).

Eine Variable, die der Entwickler innerhalb der Konstruktormethode definiert, kann somit auch von sämtlichen Funktionen des erzeugten Objekts verwendet werden, sofern er auch diese, wie im betrachteten Beispiel, innerhalb der Konstruktormethode hinterlegt. Ein Beispiel dafür findet man in Listing 3.12. Während die Eigenschaft inhaber über this zugewiesen wird und somit öffentlich ist, handelt es sich bei guthaben und protokoll um Variablen der Konstruktormethode. Somit sind sie außerhalb dieser nicht sichtbar, können jedoch als private Variablen auch von den einzelnen Methoden verwendet werden. Listing 3.13 demonstriert die Verwendung dieser Konstruktormethode sowie des damit erzeugten Objekts.

```
function Konto(inhaber, startGuthaben) {
    var that = this;
    that.inhaber = inhaber;

    var guthaben = startGuthaben;
    var protokoll = [];

    var addToProtocol = function (action, betrag, text) {

        // push fügt ein neues Element am Ende des Arrays ein

        protokoll.push({
            aktion: "ein",
            betrag: betrag,
            text: text
        });
    }
```

---

[2]   Wenig bekannt ist die Tatsache, dass auf private Member unter C# nicht nur das definierende Objekt, sondern auch andere Objekte derselben Klasse sowie auch deren statische Methoden Zugriff haben.

```
    that.einzahlen = function (betrag, text) {
        addToProtocol("EIN", betrag, text);
        guthaben += betrag;
    }

    that.abheben = function (betrag, text) {
        addToProtocol("AUS", betrag, text);
        guthaben -= betrag;
    };

    that.getGuthaben = function () {
        return guthaben;
    }

    that.getProtokoll = function () {
        return protokoll;
    }

}
```

Listing 3.12 Konstruktorfunktion für Objekt mit öffentlichen und privaten Eigenschaften

```
var myKonto = new Konto("Susi Sorglos", 200);

myKonto.einzahlen(50);
myKonto.abheben(30);

var guthaben = myKonto.getGuthaben();
var protokoll = myKonto.getProtokoll();

// Sinnlos, denn das vom Konto verwendete Guthaben ist
// in einer anderen Variablen 'guthaben' gespeichert ...
// myKonto.guthaben = 33;

alert(guthaben);
```

Listing 3.13 Einsatz einer Konstruktorfunktion

Ein weiteres wissenswertes Detail zu Objekten unter JavaScript ist die Tatsache, dass diese streng genommen assoziative Arrays (*Dictionaries*) sind, die die Namen der Eigenschaften auf deren Werte abbilden. Demonstriert wird dies u.a. durch Listing 3.14, welches auf die Eigenschaften eines Kontos sowohl über den Punktoperator als auch über die von Arrays bekannte Schreibweise zugreift. Da es sich hierbei jedoch um ein assoziatives Array handelt, kommen für die Indizes Zeichenfolgen zum Einsatz.

```
// Objekte sind assoziative Arrays ("Dictionaries")

alert(myKonto.inhaber);
alert(myKonto["inhaber"]);

alert(myKonto.getGuthaben());
alert(myKonto["getGuthaben"]());
```

Listing 3.14 Objekte als assoziative Arrays nutzen

Dies bedeutet aber auch, dass man lediglich ein Objekt anlegen muss, um ein assoziatives Array zu erhalten. Um sämtliche Schlüssel zu ermitteln, kann die in Listing 3.15 gezeigte for...in-Schleife herangezogen werden. Im Gegensatz zur foreach-Schleife in C# iteriert diese Schleife nicht die Werte sondern tatsächlich die Menge der Schlüssel. Deswegen müssen im betrachteten Fall die Werte durch erneuten Zugriff auf das Array via punkte[key] in Erfahrung gebracht werden.

```
var punkte = {};

punkte["max"] = 99;
punkte["susi"] = 111;

alert(punkte["max"]);

for (var key in punkte) {
    alert(key + ": " + punkte[key]);
}
```

Listing 3.15 Objekte sind assoziative Arrays

Zum Aufbau von Vererbungshierarchien bietet sich unter JavaScript unter anderem die Verwendung von Prototypen an. Ein Prototyp ist ein Objekt, welches einer Konstruktorfunktion zugewiesen wird. Kann der JavaScript-Interpreter eine Eigenschaft in einem Objekt nicht finden, durchsucht er dessen Prototyp (genauer: den Prototyp der Konstruktormethode). Wird er auch dort nicht fündig, wird die Suche beim Prototyp des Prototyps fortgesetzt. Dieses Spielchen wird fortgesetzt, bis er an der Spitze der Prototyp-Kette angekommen ist.

Ein Beispiel hierfür findet sich in Listing 3.16. Dadurch, dass der Eigenschaft prototype der Funktion GiroKonto ein Konto zugewiesen wird, legt der Entwickler fest, dass ein GiroKonto von Konto »erben« soll. Da die am Ende des Beispiels verwendete Funktion getGuthaben nicht innerhalb von GiroKonto gefunden wird, durchsucht der JavaScript-Interpreter das als Prototyp festgelegte Konto, wo er auch fündig wird.

Das betrachtete Beispiel demonstriert darüber hinaus zwei weitere Details des Umgangs mit Prototypen: Über die Funktion that.constructor ruft es die Konstruktormethode des Prototyps auf und initialisiert somit die Eigenschaften inhaber und startGuthaben. Zusätzlich definiert es für Girokonten eine eigene Methode abheben und »überschreibt« somit die »Geerbte«. Da diese Methode jedoch jene, die sie überschrieben hat, aufruft, sichert das betrachtete Beispiel davor den Wert von abheben, indem abheben der Variablen base_abheben zugewiesen wird.

```
function GiroKonto(inhaber, startGuthaben, limit) {
    var that = this;
    that.constructor(inhaber, startGuthaben);

    var base_abheben = that.abheben;

    that.abheben = function (betrag, text) {
        base_abheben(betrag, "*" + text + "*");
    }
}

GiroKonto.prototype = new Konto();
```

```
var gk = new GiroKonto("susi", 100, 300);
gk.abheben(99, "test");
alert(gk.getGuthaben());
```

Listing 3.16 Vererbung über Prototypen

Prototypen können auch eingesetzt werden, um im Nachhinein weitere Funktionen für bestimmte Objekte zu definieren. Listing 3.17 spendiert zum Beispiel auf diesem Weg der von JavaScript vorgegebenen Konstruktorfunktion Array eine zusätzliche Funktion each. Diese wird anschließend über das Objekt myArray aufgerufen.

```
Array.prototype.each = function (fn) {
    var ary = this;
    for (var i = 0; i < ary.length; i++) {
        fn(ary[i]);
    }
}

var myArray = new Array(3, 2, 1);

myArray.each(function (item) { alert(item); });
```

Listing 3.17 Den Prototyp einer bestehenden Klasse erweitern

Alternativ zum Einsatz von Prototypen kann der Entwickler auch die Konstruktormethode von der »geerbt« werden soll, innerhalb der »erbenden« Konstruktormethode aufrufen. In diesem Fall muss er jedoch sicherstellen, dass die aufgerufene Konstruktorfunktion als this das gerade erzeugte Objekt verwendet. Aus diesem Grund wird sie dazu unter Verwendung der Funktion call aufgerufen (siehe Listing 3.18). Diese Funktion erwartet als ersten Parameter jenes Objekt, welches als this verwendet werden soll. Der zweite Parameter wird dem ersten Parameter der Funktion zugewiesen; der dritte dem zweiten, der vierte dem dritten etc. Auf diese Weise lässt sich übrigens auch eine Mehrfachvererbung realisieren. Dazu sind lediglich mehrere Konstruktormethoden aufzurufen.

```
function GiroKonto(inhaber, startGuthaben, limit) {
    var that = this;
    Konto.call(that, inhaber, startGuthaben);

    var base_abheben = that.abheben;

    that.abheben = function (betrag, text) {
        base_abheben(betrag, "*" + text + "*");
    }
}

var gk = new GiroKonto("susi", 100, 300);
gk.abheben(99, "test");
alert(gk.getGuthaben());
```

Listing 3.18 An Konstruktor und Methoden des Prototyps delegieren

Sprachen wie C# verwenden Namespaces zum Organisieren von Klassen. Ein direktes Gegenstück dazu existiert in JavaScript zwar nicht, allerdings kann dieses Konzept durch Objekte nachgebildet werden. In Listing 3.19 wird auf diese Weise zum Beispiel ein Namespace `sample.oop.konto` nachgebildet. Eine weitere Möglichkeit zum Definieren von Namensräumen wird in diesem Kapitel unter »Die modulare Seite von JavaScript« besprochen.

```javascript
// Definition
sample = {};
sample.oop = {};
sample.oop.konto = {};
sample.oop.konto.GiroKonto = GiroKonto;
sample.oop.konto.Konto = Konto;
sample.oop.konto.Dauerauftrag = function (von, zu, betrag) {

    var that = this;

    that.von = von;
    that.zu = zu;
    that.betrag = betrag;

    that.ausfuehre = function () {
        // what ever ...
    }
}

// Verwendung

var kto = sample.oop.konto; // Alias

var gk = new kto.GiroKonto("Susi Sorglos", 200, 200);
gk.einzahlen(50, "Taschengeld von der Oma ...");
```

Listing 3.19   Namespaces über Objekte nachbilden

Um nicht ganz bei null starten zu müssen, bietet JavaScript dem Entwickler einige vordefinierte Objekte. Eine gute Übersicht darüber sowie eine detaillierte Referenz sämtlicher Funktionen findet man unter anderem unter *http://www.w3schools.com/jsref*. An dieser Stelle werden drei ausgewählte Objekte, die man ständig benötigt, besprochen: `String`, `Date` und `Array`.

Ein Beispiel für die Verwendung von `String` findet man in Listing 3.20. Es zeigt, dass die Instanziierung eines `String`-Objekts mittels `new` dasselbe ist wie das Zuweisen eines neuen Strings. Daneben demonstriert es, dass `length` die Länge des Strings widerspiegeln kann und `substr` ein Teil aus der Zeichenkette extrahiert. Das erste Argument ist dabei der Startindex, wobei 0 für das erste Zeichen steht, 1 für das zweite etc., und das zweite Argument spiegelt die Länge des zu extrahierenden Teilstrings wider.

```javascript
var str;

str = new String("Hallo Welt!");
str = "Hallo Welt!";  // kürzere Variante der Zeile darüber

alert("length: " + str.length);
alert("" + str.substr(6, 5)); // Ergebnis: Welt
```

Listing 3.20   Mit Strings arbeiten

Die Verwendung von `Date` demonstriert Listing 3.21. Es erzeugt zunächst ein `Date`-Objekt, ohne einen Wert an die Konstruktorfunktion zu übergeben. Aus diesem Grund wird dafür der aktuelle Zeitpunkt herangezogen. Es fällt auch auf, dass `Date` für sämtliche Teile, welche ein Datum ausmachen, einen Getter anbietet. Um diese Werte zu ändern, können »gleichnamige« Setter herangezogen werden (z.B. `now.setDate(1)`). Die Funktion `getDate` liefert den aktuellen Tag (z.B. 20 für den 20. Januar 1900); `getMonth` liefert das Monat des Datums, wobei hier bei 0 zu zählen begonnen wird.

Darüber hinaus demonstriert das besprochene Beispiel, dass die Konstruktorfunktion `Date` auch die einzelnen Bestandteile des zu erzeugenden Datums entgegennehmen kann sowie, dass mit `toLocaleDateString`, `toLocaleTimeString` und `toLocaleString` Funktionen existieren, die das Datum gemäß der am ausgeführten Client installierten Ländereinstellungen in Form eines Strings zurückliefern.

```javascript
var now = new Date();

var date = now.getDate()
var month = now.getMonth() + 1;
var year = now.getFullYear();

var day = now.getDay();

var hour = now.getHours();
var minute = now.getMinutes();
var second = now.getSeconds();


var past = new Date(2000, 0, 1, 5, 6, 7); // 2000-01-01 05:06:07
var millis = now.getTime() - past.getTime();

alert("millis: " + millis);

alert("toLocaleDateString: " + now.toLocaleDateString());
alert("toLocaleString: " + now.toLocaleString());
alert("toLocaleTimeString: " + now.toLocaleTimeString());
```

Listing 3.21 Mit Datumswerten arbeiten

Listing 3.22 gibt einen Überblick über die Verwendung von Arrays. Zunächst demonstriert es, dass die Erzeugung eines Array-Objekts mit der Konstruktorfunktion `Array` dasselbe bewirkt wie der Einsatz von eckigen Klammern. Da Arrays in JavaScript dynamisch wachsen, können neue Elemente hinten angefügt werden, indem einer freien Indexposition ein Element zugewiesen wird. Im betrachteten Fall wird zunächst mit `length` die Länge des Arrays ermittelt. Da der erste Eintrag mit dem Index 0 assoziiert ist, stellt diese Länge somit die erste freie Position dar. Das Listing zeigt aber auch, dass dies auch mit `push` bewerkstelligt werden kann. Die Funktion `pop` entfernt hingegen das letzte Element und liefert es zurück. Analog dazu fügt `unshift` ganz vorne ein Element ein und `shift` entfernt das erste Element und gibt es zurück.

```javascript
var lotto;

lotto = [];
lotto = new Array(); // Führt zum selben Ergebnis wie die Zeile darüber

lotto = [1, 2, 3];
lotto = new Array(1, 2, 3); // Führt zum selben Ergebnis wie die Zeile darüber
```

```
lotto = new Array();
var len = lotto.length;
lotto[len] = 20; // Hinten anhängen

lotto.push(1);  // Hinten anhängen
lotto.push(10); // Hinten anhängen

var x = lotto.pop(); // Letztes Element entfernen und zurückliefern
alert("pop: " + x);

for(var i = 0; i<lotto.length; i++) {
    console.log(i + ": " + lotto[i]);
}

lotto.unshift(999);  // Vorne hinzufügen
lotto.shift(); // Erstes Element entfernen und zurückliefern
```

Listing 3.22   Mit Arrays arbeiten

Die modulare Seite von JavaScript

Da Funktionen ihren eigenen Gültigkeitsbereich (Scope) besitzen, können sie zum Definieren von Modulen, die voneinander abgeschottet sind, herangezogen werden. In der Regel soll jedes Modul jedoch nur einmal existieren. Deswegen hat sich hierfür der Einsatz von anonymen Funktionen, die sofort nach ihrer Deklaration ausgeführt werden, eingebürgert. Dies wird mit der Schreibweise

```
(function() { … })();
```

erreicht. Das erste äußere Klammernpaar umschließt die Funktion, das abschließende Klammernpaar bringt es zur Ausführung. Listing 3.23 zeigt ein Beispiel dafür. Sowohl die Variable info als auch die beiden Methoden sum und alertInfo sind nur innerhalb des Moduls sichtbar – außerhalb des Moduls existieren sie nicht.

```
(function () {
    var info = "Hallo Welt";
    function sum(a, b) { return a + b; }
    function alertInfo() { alert(info); }

})();
```

Listing 3.23   Module über sich selbst ausführende, anonyme Funktionen definieren

Da ein Modul, welches lediglich private Inhalte hat, nicht sonderlich nützlich ist, muss ein Weg gefunden werden, um ausgewählte Teile des Moduls öffentlich zugänglich zu gestalten. Eine Lösung für dieses Problem stellt die Verwendung eines Übergabeparameters dar. Wird diesem Parameter ein Objekt übergeben, kann der Code innerhalb des Moduls dieses Objekt um alle Funktionen und Eigenschaften anreichern, die öffentlich verfügbar sein sollen. Ein Beispiel dafür ist in Listing 3.24 abgebildet.

Die dort verwendete anonyme Funktion erwartet über den Parameter root ein Objekt. Dieses erweitert es um die Funktionen sum und sayHello. Da das »leere« Objekt tools an diesen Parameter übergeben wird, können die beiden Funktionen anschließend per tools.sum oder tools.sayHello aufgerufen werden. Die Variable info, welche von sayHello verwendet wird, ist hingegen nach wie vor lediglich innerhalb des Moduls definiert, und kann somit außerhalb nicht verändert werden.

```
var tools = {};

(function (root) {
    var info = "Hallo Welt";

    root.sum = function(a, b) { return a + b; }
    root.sayHello = function() { alert(info); }
})(tools);

var sum = tools.sum(1,2);
alert(sum);
tools.sayHello();
```

Listing 3.24 Ausgewählte Elemente veröffentlichen

HINWEIS   Die hier gezeigte Möglichkeit zum Definieren von Modulen mittels anonymen, sich selbst ausführenden Funktionen wird sowohl vom populären JavaScript-Framework *jQuery* als auch bei der Entwicklung von Metro-basierten Windows-8-Anwendungen mittels JavaScript eingesetzt.

Neuere JavaScript-Interpreter unterstützen einen so genannten Strict-Modus. Dieser verbietet einige Sprachkonstrukte, die in der Vergangenheit immer wieder zu Problemen geführt haben, darunter die Verwendung globaler Variablen ohne deren Deklaration sowie die Funktion eval, welche JavaScript-Code, der in Form eines Strings übergeben wird, direkt ausführt und somit die Tore für Schadcode öffnet.

Aktiviert wird dieser Strict-Modus indem, wie in Listing 3.25 demonstriert, in der ersten Zeile einer Funktion ein String mit dem Inhalt use strict definiert wird. Da es sich hierbei lediglich um einen String, der keiner Variablen zugewiesen wird, handelt, hat dies keinen Seiteneffekt und wird auch von älteren Java-Script-Interpretern akzeptiert.

Auch wenn der Strict-Modus pro Funktion aktiviert werden kann, hat es sich doch eingebürgert, dies auf der Ebene von Modulen zu tun.

```
(function () {
    "use strict";

    // x = 5; // Fehler …

})();
```

Listing 3.25 Modul, welches im Strict-Modus ausgeführt wird

JavaScript debuggen

JavaScript-Routinen können auch direkt in allen gängigen Browsern debuggt werden. Um eine JavaScript-Routine zum Beispiel direkt im IE zu debuggen, startet der Entwickler IE direkt (also nicht über Visual Studio) und betätigt nach dem Aufrufen der zu debuggenden Seite [F12]. In den auf diesem Weg aufgerufenen *F12 Developer Tools* kann er Haltepunkte setzen und anschließend per Klick auf *Debuggen starten* mit dem Debuggen loslegen. Danach kann er mit den aus Visual Studio bekannten Tastenkürzeln bzw. Symbolen Schritt für Schritt den Programmablauf verfolgen und dabei die aktuellen Werte von Variablen sowie die aktuellen Ergebnisse von Ausdrücken einsehen (siehe Abbildung 3.1).

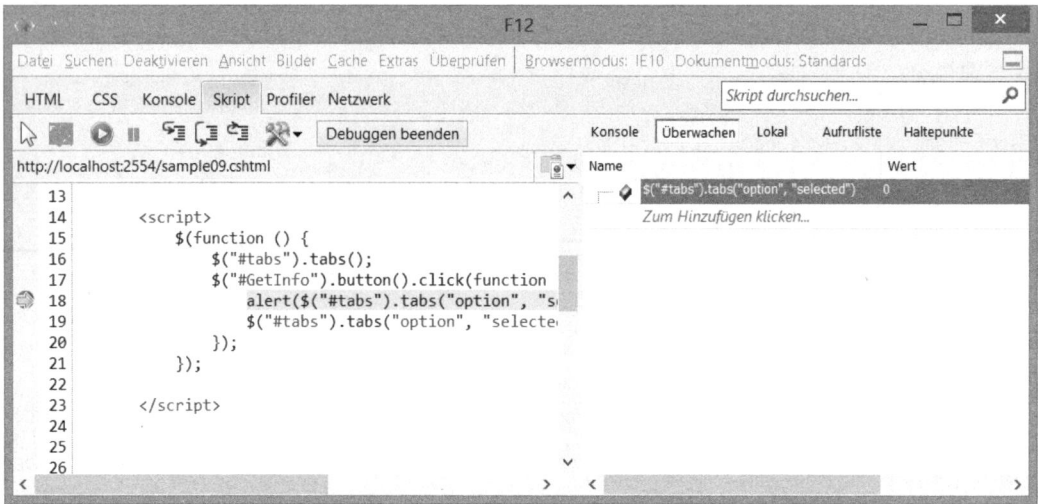

Abbildung 3.1 JavaScript im IE debuggen

jQuery

Nachdem in den vorangegangenen Abschnitten JavaScript beleuchtet wurde, widmet sich der Rest dieses Kapitels verschiedenen etablierten JavaScript-APIs, die dem Entwickler den Einsatz von JavaScript erleichtern. Den Anfang macht das sehr leichtgewichtige Framework jQuery, welches den Umgang mit Ereignissen, das dynamische Modifizieren von Seiten, das Nachladen von Daten via AJAX sowie die Entwicklung von Animationen vereinfacht.

Die Tatsache, dass es zum einen sehr einfach zu benutzen und zum anderen auch sehr mächtig ist sowie immer wiederkehrende Aufgaben automatisiert, dürften dazu beigetragen haben, dass es heutzutage als de-facto Standard betrachtet werden kann. Dieser Abschnitt gibt einen Überblick über die Funktionsweise von jQuery. Für eine Auflistung sämtlicher angebotener Funktionen empfiehlt sich ein Blick in die offizielle Dokumentation unter *www.jquery.com*.

Wrapper-Objekte

Ein grundlegendes Merkmal von jQuery ist, dass es Wrapper für JavaScript-Objekte bietet. Dabei handelt es sich um Objekte, welche die eigentlichen JavaScript-Objekte kapseln und für diese zusätzliche Funktionen anbieten. Um für ein bestehendes Objekt einen Wrapper zu erhalten, übergibt der Entwickler dieses an die von jQuery bereitgestellte Funktion $. Listing 3.26 übergibt zum Beispiel ein Array-Objekt an diese Funktion und erhält auf diesem Weg den Wrapper. Dieser bietet unter anderem eine Funktion each an, welche das Array iteriert. Pro Iteration ruft sie die übergebene anonyme Funktion auf, und übergibt den aktuellen Index (0, 1, 2, 3 etc.) sowie den aktuellen Eintrag.

```
var ary = new Array("A", "B", "C");

$(ary).each(function (i, item)) {
    alert(i + ": " + item);
});

// Ausgabe: 0: A, 1: B, 2: C
```

Listing 3.26 Wrapper-Element eines Arrays verwenden

Selektion von Seitenelementen

Um den Wrapper eines Elements der aktuellen Seite zu erhalten, übergibt der Entwickler einen String an die Funktion $. Dieser String muss einen gültigen CSS-Selektor beinhalten. In Listing 3.27 adressiert zum Beispiel die Funktion add mit dem Selektor #a das Element mit der ID a. Analog verfährt sie mit b und c. Bei allen drei Elementen handelt es sich um ein Textfeld. Über die Funktion val ermittelt sie deren Werte. Über dieselbe Funktion schreibt sie aber auch das errechnete Ergebnis zurück. Ob val den Wert setzt oder ermittelt, hängt davon ab, ob der Entwickler einen Parameter übergibt. Wird ein Parameter übergeben, aktualisiert val damit das Feld. Wird kein Parameter übergeben, retourniert val den aktuellen Wert.

```
function add() {
    var a = $("#a").val();
    var b = $("#b").val();

    var c = parseInt(a) + parseInt(b);

    $("#c").val(c);
}

[...]
    <input id="a" /> <input id="b" /> <input id="c" />
[...]
```

Listing 3.27 Mit val auf Inhalt eines Felds zugreifen

Ereignisbehandlung mit jQuery

jQuery vereinfacht die Behandlung von Ereignissen, indem die Wrapper-Objekte für die meisten Ereignisse Funktionen anbieten. Diese nehmen eine weitere Funktion entgegen. Wird das Ereignis ausgelöst, bringt jQuery die auf diese Weise registrierten Funktionen zur Ausführung. Listing 3.28 ermittelt zum Beispiel den Wrapper für das vordefinierte Objekt document und registriert über dessen Funktion ready eine Funktion, die jQuery zur Ausführung bringt, wenn der Browser die Seite soweit geladen hat, dass der Entwickler auf die darin enthaltenen Elemente programmatisch zugreifen kann.

Innerhalb dieses Listings werden mit dem CSS-Selektor a sämtliche Anchor-Elemente (Links) der Seite ermittelt und bei diesen eine Funktion für das Click-Ereignis registriert. Dabei fällt auch auf, dass diese Funktion ein Event-Objekt entgegennimmt. Dieses Objekt beschreibt das aufgetretene Ereignis näher. Im betrachteten Fall gibt es unter anderem darüber Auskunft, ob die Taste Alt beim Klicken gedrückt wurde (altKey). Daneben liefert es die Koordinaten jener Stelle, an der der Klick erfolgte, zurück (clientX und clientY). Eine Auflistung sämtlicher Informationen, die das Event-Objekt liefert, findet sich beispielsweise unter http://www.w3schools.com/jsref/dom_obj_event.asp.

```
$(document).ready(function () {

    $("a").click(function (event) {
        alert("Hallo Welt!");
        alert("Alt-Key: " + event.altKey);
        alert("x: " + event.clientX + ", y: " + event.clientY);
    });
});
```

Listing 3.28   Ereignisbehandlungsfunktionen registrieren

Das Ergebnis ready wird sehr häufig benötigt, zumal der Programmcode erst auf Elemente der Seite zugreifen möchte, nachdem diese geladen wurden. Aus diesem Grund existiert eine Kurzform dafür. Übergibt der Entwickler an die Funktion $ eine weitere Funktion, wird Letztere dem Ereignis ready zugewiesen (Listing 3.29).

```
$(function () {

    $("a").click(function (event) {
        alert("Hallo Welt!");
    });
});
```

Listing 3.29   Kurzform für $(document).ready

Modifizieren von Seitenelementen

Die jQuery-Wrapper bieten einige Funktionen zum Abändern von Seitenelementen. Mit removeClass kann zum Beispiel eine zugewiesene CSS-Klasse entfernt werden; addClass weist dem Element hingegen eine neue Klasse zu (Listing 3.30).

```
$("#someDiv").mouseover(function () {
    $("#someDiv").removeClass("blue");
    $("#someDiv").addClass("green");
});
$("#someDiv").mouseout(function () {
    $("#someDiv").removeClass("green");
    $("#someDiv").addClass("blue");
});
```

Listing 3.30   CSS-Klassen austauschen

Analog dazu erlaubt die Funktion attr das Verändern eines Attributs. Listing 3.31 veranlasst zum Beispiel, dass bei einem Mouse-Over-Ereignis das Attribut src auf ein anderes Bild gesetzt wird als beim Mouse-Out. Übergibt der Entwickler nur ein Parameter mit dem Namen eines Attributs an die Funktion attr, liefert sie dessen Wert zurück.

Damit Mouse-Over Effekte, wie der hier gezeigte, reibungslos funktionieren, muss der Entwickler die zu verwendenden Bilder vorladen. Tut es dies nicht, lädt der Browser erst bei Bedarf das neue Bild und dies führt zu einer Zeitverzögerung. Zum Vorladen von Bildern können diese zum Beispiel innerhalb eines versteckten Seitenbereichs mittels HTML eingebunden werden oder über das JavaScript-Objekt Image geladen werden. Dazu ist der Pfad des jeweiligen Bilds lediglich an dessen Eigenschaft src zuzuweisen (Listing 3.32).

```
$("#star").mouseover(function () {
    $("#star").attr("src", "images/FilledStar.png");
});
$("#star").mouseout(function () {
    $("#star").attr("src", "images/EmptyStar.png");
});
```

Listing 3.31 Bilder austauschen

```
var heavyImage = new Image();
heavyImage.src = "heavyimagefile.jpg";
```

Listing 3.32 Bilder vorladen

Einzelne direkt über das Attribut `style` zugewiesene Formatierungen können analog dazu mit der Funktion `css` gesetzt bzw. gelesen werden (Listing 3.33). Zum Verändern des Inhalts eines Elements kann der Entwickler die Funktionen `text` und `html` heranziehen (Listing 3.34). Erstere bietet lediglich Zugriff auf den textuellen Inhalt eines Elements; Letztere erlaubt auch das Hantieren mit HTML-Tags.

```
$("#divWithStyle").css("background-color", "green");

[...]

<div id="divWithStyle" style="width:100px; height:100px; background-color:blue">
</div>
```

Listing 3.33 CSS-Eigenschaften dynamisch setzen

```
$("#myDif").text("Hallo Welt!");
$("#yourDif").html("<b>Hallo Welt!</b>");
```

Listing 3.34 Inhalte zur Laufzeit verändern

Animationen

Auch Animationen werden von jQuery unterstützt. Zur Demonstration verwendet Listing 3.35 die Funktion `hide`, um ein Element auszublenden. Der Parameter legt die Geschwindigkeit für diese Animation fest. Wird ein Integer übergeben, legt dieser fest, wie lange die Animation dauern soll. 300 bedeutet zum Beispiel, dass die Animation 300 Millisekunden in Anspruch nehmen soll. Alternativ dazu können auch die Werte `fast` und `slow` übergeben werden, wobei `slow` für 600 und `fast` für 200 Millisekunden steht.

```
$(function () {
    $("#hideLink").click(function () {
        $("#myDiv").hide('slow');
    });
});
```

Listing 3.35 Elemente ausblenden

Zum Einblenden eines Elements kann der Entwickler die Funktion show verwenden. Listing 3.36 verwendet show und hide zusammen mit toggle. toggle registriert einen Click-Handler, welcher beim ersten Klick die erste angegebene Funktion und beim zweiten Klick die zweite angegebene Funktion ausführt. Der dritte Klick führt dann wieder zur Ausführung der ersten Funktion usw. Somit wird hier die Möglichkeit geschaffen, ein Element per Klick auf einen Link ein- bzw. auszublenden.

```
$(function () {
    $("#showHideLink").toggle(function () {
        $("#myDiv").hide('slow');
    }, function () {
        $("#myDiv").show('fast');
    });
});
```

Listing 3.36   Elemente aus- und einblenden

AJAX

Um zu verhindern, dass zum Aktualisieren einer Seite diese – wie in den ersten Tagen des Webs – komplett neu geladen werden muss, verwendet man Techniken, die unter AJAX bekannt sind, um aus dem Browser heraus gezielt Daten nachzuladen. Heutzutage wird dazu in der Regel das mittlerweile von allen Browsern bereitgestellte XmlHttpRequest-Objekt (*http://www.w3schools.com/xml/xml_http.asp*) herangezogen.

jQuery bietet einige Funktionen, welche den Umgang mit diesem Objekt abstrahieren und somit einfacher gestalten. Die mächtigste dieser Funktionen ist $.ajax, welche zahlreiche Argumente in Form eines Objekts entgegennimmt (Listing 3.37). Die Eigenschaft type repräsentiert hierbei das gewünschte HTTP-Verb (meistens GET oder POST), url den zu adressierenden URL und data die zu übersendenden Daten.

War der Aufruf erfolgreich, ruft jQuery die über done registrierte Funktion auf. Diese Funktion erhält drei Parameter: Ein Objekt, das die abgerufenen Daten repräsentiert, den vom Server gelieferten HTTP-Statuscode (z.B. 200 für OK) und das verwendete HttpXmlRequest-Objekt. In Fällen, in denen die abgefragte Ressource ein XML-Dokument darstellt, repräsentiert data ein DOM-Node-Objekt, welches mit seinen Funktionen Zugriff auf die einzelnen Teile des Dokuments gewährt.

Das betrachtete Beispiel ruft mittels childNodes[0].childNodes[0].nodeValue den Wert des ersten Kindknotens ab, welcher wiederum der erste Kindknoten des Dokuments ist. Haben die abgerufenen Daten zum Beispiel die Form <Result>Hallo Welt!</Result>, wird Hallo Welt! geliefert. Der erste Kindknoten des Dokuments wird hierbei durch das Tag string, der zweite durch den darin enthaltenen Textknoten repräsentiert. Dessen Wert bringt das gezeigte Beispiel über die Eigenschaft nodeValue in Erfahrung.

```
$(function () {
    $("#sayHelloLink").click(function () {
        $.ajax({
            type: "GET",
            url: "/api/SayHello",
            data: "name=James"
        }).done(function (data, status, req) {
            gruss = data
                    .childNodes[0]
                    .childNodes[0]
```

```
                          .nodeValue;
              $("#sayHelloDiv").html(gruss);
        });
      });
});
```

Listing 3.37 XML nachladen

Auf diese Art ein XML-Dokument zu parsen kann sehr aufwändig und fehleranfällig sein. Aus diesem Grund hat es sich mittlerweile eingebürgert, Objekte nicht mittels XML sondern unter Verwendung der JavaScript Object Notation (JSON) zu serialisieren. In diesem Fall ist jQuery in der Lage, den empfangenen Text in ein JavaScript-Objekt umzuwandeln. Dieses wird an den Paramcter data der über done registrierten Funktion übergeben.

Ein Beispiel dazu findet sich in Listing 3.38. In diesem Fall wird ein Objekt angefordert, welches als JSON-formatierter Text in der Form {"Result": "3", "Remainder": "1"} übertragen und von jQuery in ein entsprechendes JavaScript-Objekt überführt wird. Aus diesem Grunde kann die Funktion success direkt auf die Eigenschaften Result und Remainder zugreifen.

Als HTTP-Verb verwendet dieses Beispiel POST, was zur Folge hat, dass der unter data angegebene JSON-String innerhalb der Nutzdaten übertragen wird. Mit contentType gibt das Beispiel an, dass die übersendeten Daten in Form von JSON vorliegen; dataType legt hier fest, dass das Ergebnis ebenfalls in Form von JSON vorliegen soll, was jQuery dazu veranlasst, diese Information über den Accept-Header an den Server weiterzugeben und die empfangenen Daten als JSON-Nachricht zu behandeln. ProcessData gibt hingegen an, ob jQuery das unter data angegebene Objekt parsen soll. Wird dieser Wert auf true gesetzt, werden aus den Eigenschaften des unter data angegebenen Objekts URL-Parameter generiert.

```
$(function () {
    $("#execDivLink").click(function () {
        $.ajax({
            type: "POST",
            url: "/api/Div",
            data: '{ "A":10, "B":3 }',
            dataType: "json",
            contentType: "application/json",
            processData: false,
        }).done(function (data, status, req) {
                alert("Result: " + data.Result);
                alert("Remainder: " + data.Remainder);
        });
    });
});
```

Listing 3.38 JSON nachladen

> **HINWEIS**   Um zu verhindern, dass gecachte Daten abgerufen werden, bietet die Funktion $.ajax einen weiteren Parameter cache. Wird dieser auf false gesetzt, hängt jQuery an den Aufruf die aktuelle Uhrzeit an. Da dies zu einem eigenen URL pro Aufruf führt, sendet der Browser jeweils eine neue Anfrage an den Server anstatt bereits vorhandene Daten aus dem Cache zu verwenden:

```
$.ajax({[…], cache: false, […] }).done( […] );
```

Um herauszufinden, ob eine Anfrage schief gegangen ist, kann der Entwickler über die Funktion error eine weitere Funktion hinterlegen, die im Fehlerfall von jQuery aufgerufen wird. Diese nimmt das HtmlXmlRequest-Objekt sowie zwei Fehlerbeschreibungen entgegen (Listing 3.39). Mögliche Werte für die Fehlerbeschreibung, die durch den Parameter textStatus geboten wird, sind: timeout, error, abort sowie parsererror. Im Falle eines HTTP-Fehlers finden sich Informationen darüber im Parameter errorThrown.

```
$.ajax({ [...] })
    .done( [...] )
    .error(function (req, textStatus, errorThrown) {
        alert("Error: " + req.status);
    });
```

Listing 3.39　AJAX-Fehler behandeln

HINWEIS　　Wenige ausgewählte Möglichkeiten zur Implementierung von AJAX-Funktionalität bieten auch die Hilfsmethoden der Eigenschaft Ajax, die in Razor-Views zur Verfügung steht. Mit @Ajax.ActionLink kann der Entwickler zum Beispiel einen Link gestalten, der eine Webressource über AJAX anfordert und in einem Platzhalterelement unterbringt. Analog dazu kann er auch mit @Ajax.BeginForm ein Formular rendern, dessen Inhalte per Ajax versendet werden. Da diese Möglichkeiten jedoch in Relation zur direkten Verwendung von *jQuery* sehr eingeschränkt sind, empfiehlt es sich, mit jQuery Vorlieb zu nehmen.

Moderne Browser bieten dem Entwickler die Möglichkeit, mit JSON.parse(str) einen JSON-formatierten String in ein Java-Script-Objekt umzuwandeln, sowie mit JSON.stringify(obj) aus einem JavaScript-Objekt einen JSON-formatierten String zu erstellen. Für ältere Browser kann die Funktionalität durch Einbinden des Skripts *json2*, welches sich unter *http://www.json.org/* findet, nachgerüstet werden.

ASP.NET MVC-Modelle mit jQuery Validate validieren

ASP.NET MVC setzt zum clientseitigen Validieren mittels JavaScript auf das freie Framework jQuery Validate. Während dies beim Validieren von Eigenschaften über die mitgelieferten Validationsattribute automatisch zum Einsatz kommt, muss der Entwickler zum Bereitstellen von benutzerdefinierten Validierungsattributen, für die auch eine clientseitige Validierung erfolgen soll, ein wenig Hand anlegen.

Um ein Validierungsattribut, welches nicht nur serverseitig sondern auch clientseitig Anwendung findet, bereitzustellen, ist – wie in Listing 3.40 demonstriert – von ValidationAttribute abzuleiten und zusätzlich die Schnittstelle IClientValidatable zu implementieren. Diese Schnittstelle definiert die Methode GetClientValidationRules, die Eckdaten der durchzuführenden Validierungslogiken in Form einer Auflistung mit ModelClientValidationRule-Instanzen zurückliefert. Diese Eckdaten legt ASP.NET MVC beim Rendern der jeweiligen Eingabefelder in data-Attributen ab. Diese werden anschließend via JavaScript ausgelesen.

Auf diese Weise wird verhindert, dass dynamisches JavaScript erzeugt werden muss, und es wird eine Trennung zwischen HTML und JavaScript-Logiken erreicht, die komplett in eigene Dateien ausgelagert werden können. Auf den (unwahrscheinlichen) Wunsch des Entwicklers hin, kann dieses Verhalten deaktiviert werden, indem die Konfigurationseinstellung UnobtrusiveJavaScriptEnabled innerhalb der appSettings in der web.config auf false gesetzt wird.

```
public class PasswordValidationAttribute:
                              ValidationAttribute, IClientValidatable
{
    public int MinLength { get; set; }
    public bool MustHaveSpecialChar { get; set; }
    protected override ValidationResult IsValid(
                              object value, ValidationContext validationContext)
    {
        if (value == null) return ValidationResult.Success;
        bool failed = HasValidationError([...]);
            // Hilfsmethode, liefert true, wenn Validierung erfolgreich
        if (failed) return new ValidationResult(base.ErrorMessageString);
        return ValidationResult.Success;
    }
    public IEnumerable<ModelClientValidationRule> GetClientValidationRules(
                              ModelMetadata metadata, ControllerContext context)
    {
        var rule = new ModelClientValidationRule();
        rule.ErrorMessage = base.ErrorMessageString;
            rule.ValidationParameters["minlength"] = MinLength;
            rule.ValidationParameters["musthavespecialchar"] = MustHaveSpecialChar;
        rule.ValidationType = "password";
        var result = new List<ModelClientValidationRule>();
            result.Add(rule);
            return result;
    }
}
```

Listing 3.40   Benutzerdefinierter Validator, welcher Informationen zur Validierung via JavaScript liefert

Nun muss noch der clientseitige Code um JavaScript-basierende Validierungslogiken erweitert werden. Dazu sind zwei Schritte nötig: Zum einen muss die Validierungsmethode an sich bereitgestellt werden und zum anderen muss ein Adapter, welcher die von ASP.NET MVC generierten HTML 5-Attribute auf diese Validierungsmethode abbildet, erstellt werden. Ersteres wird im betrachteten Fall mit der Methode `$.validator.addMethod` bewerkstelligt (Listing 3.41); Letzteres mit `$.validator.unobtrusive.adapters.add` (Listing 3.42). Der zweite Schritt erwartet den Namen der Validierung (password), ein Array mit jenen Parametern, die aus den data-Attributen auszulesen sind sowie eine Adapterfunktion. Diese Adapterfunktion greift über die Eigenschaft params des übergebenen Objekt options auf die ausgelesenen Parameter zu.

Über `options.message` wird die ebenfalls aus den data-Attributen ausgelesene Fehlermeldung, die im Fall eines Validierungsfehlers anzuzeigen ist, in Erfahrung gebracht. Anschließend verstaut die Adapterfunktion unter `options.rules["password"]` die Parameter, welche zu einem Array zusammengefasst wurden, sowie unter `options.messages["password"]` die Fehlermeldung. Auf diese Weise bereitet sie jene Daten auf, die im Zuge des Validierens verwendet werden. Beispielsweise wird der unter `options.rules["password"]` gespeicherte Wert beim Validieren an den Parameter params der Validierungsfunktion (vgl. Listing 3.41) übergeben.

```
$.validator.addMethod(
    "password",
    function (value, element, params) {
        var MinLength = params[0];
        var MustHaveSpecialChar = params[1];
```

```
      var failed = hasValidationError(...);
              // Hilfsmethode; hier nicht abgebildet
              // Liefert true, wenn Validierung ok
      if (failed) return false;
      return true;
});
```

Listing 3.41 Benutzerdefinierte clientseitige Validierungsfunktion

```
$.validator.unobtrusive.adapters.add(
    "password",
    ["minlength", "musthavespecialchar"],
    function (options) {
        var params = new Array(
                            options.params.minlength,
                            options.params.musthavespecialchar);
        var msg = options.message;

        options.rules["password"] = params;
        options.messages["password"] = msg;
});
```

Listing 3.42 Adapter für clientseitige Validierungsfunktion

jQuery UI

Bei jQuery UI (*http://jqueryui.com*) handelt es sich um ein auf jQuery basierendes Framework, welches Steuerelemente und Animationen bereitstellt. Daneben bietet es dem Entwickler die Möglichkeit, eigene Farbschemata zu definieren. Außerdem können Sie vor dem Download des Framworks angeben, welche Steuerelemente und Animationen wirklich benötigt werden. Auf diese Weise erhalten Sie Skript- und CSS-Dateien für jQuery UI, die keine unnötigen Inhalte besitzen und somit die Webanwendung nicht unnötig aufblähen.

Eine umfangreiche Dokumentation dieses Frameworks erfolgt an dieser Stelle aus Platzgründen sowie aufgrund der Tatsache, dass es prinzipiell einfach einzusetzen ist, nicht. Wünschen Sie eine ausführliche Anleitung, finden Sie diese in Form von Online-Ressourcen unter *http://jqueryui.com*.

Das Beispiel in Listing 3.43 demonstriert, wie dieses Framework anzuwenden ist. Im Kopfbereich der gezeigten Website werden sowohl die Skripts für jQuery als auch für jQuery UI eingebunden. Darüber wird die CSS-Datei von jQuery UI referenziert.

Im unteren Bereich wird Markup für mehrere Registerkarten (Tabs) platziert, zwischen denen der Entwickler wechseln kann. Dabei handelt es sich um »normales« HTML. Sämtliche Registerkarten sind in einem div-Element gekapselt und jede einzelne Registerkarte wird ebenfalls durch einen div-Tag bzw. einen ul-Tag repräsentiert.

Dadurch, dass im Skript-Bereich auf das div-Element, welches sämtliche Registerkarten kapselt, die von jQuery UI bereitgestellte Funktion tabs angewendet wird, rendert jQuery UI daraus jene Registerkarten, die in Abbildung 3.2 dargestellt sind.

Um die Nummer der aktuell markierten Registerkarte in Erfahrung zu bringen, ruft die Ereignisbehandlungsroutine, die darunter dargestellt wird, dieselbe `tabs`-Funktion mit den Parametern `option` und `selected` auf. Um anschließend zur Registerkarte mit der Nummer 1 zu wechseln, kommt abermals dieselbe Funktion mit den Parametern `option`, `selected` und 1 zum Einsatz. Dies ist ein Beispiel für eine im jQuery-Umfeld häufig anzutreffende Design-Entscheidung, wonach jedes Modul, das jQuery erweitert, lediglich eine Funktion definieren soll.

```html
<!DOCTYPE html>
<html>
<head>
    <link href="Content/themes/base/jquery.ui.all.css" rel="stylesheet" type="text/css" />
    <script src="Scripts/jquery-1.6.2.js" type="text/javascript"></script>
    <script src="Scripts/jquery-ui-1.8.11.js" type="text/javascript"></script>
    <title></title>
</head>
<body>

    <script>
        $(function () {
            $("#tabs").tabs();

            $("#GetInfo").button().click(function () {
                alert($("#tabs").tabs("option", "selected"));
                $("#tabs").tabs("option", "selected", 1);
            });
        });
    </script>


    <a id="GetInfo">Get Info</a>
    <p> </p>
<div id="tabs" style="width:400px">
    <ul>
        <li><a href="#tabs-1">Überblick</a></li>
        <li><a href="#tabs-2">Detail</a></li>
        <li><a href="#tabs-3">Weitere Infos</a></li>
    </ul>
    <div id="tabs-1">
        <p>
            Das ist ein Überblick ...
        </p>
    </div>
    <div id="tabs-2">
        <p>
            Das ist eine Detailansicht ...
        </p>

    </div>
    <div id="tabs-3">
        <p>
            Weitere Infos findet man unter ...
        </p>
    </div>
</div>

</body>
</html>
```

Listing 3.43 Mit jQuery UI implementiertes Registerblatt

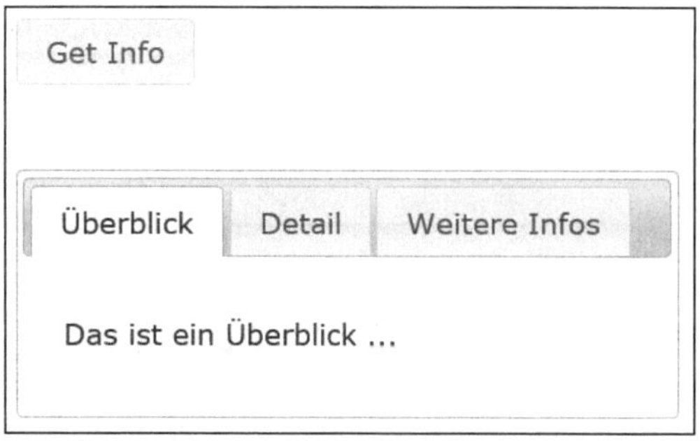

Get Info
Überblick
Detail
Weitere Infos
Das ist ein Überblick ...

Abbildung 3.2 Registerkarten

Neben dem äußerst populären Framework jQuery UI, welches nun auch mit Visual Studio ausgeliefert wird, finden sich im Web zahlreiche weitere Frameworks, die auf jQuery basieren und Steuerelemente anbieten. Vor allem die Entwickler, die nach Grid- und Baum-Steuerelementen Ausschau halten, werden dort fündig (jQuery UI spart an solchen Elementen). Beispiele hierfür finden sich unter *https://djme.codeplex.com/* sowie *http://www.jqwidgets.com/*, wobei Letzteres für kommerzielle Projekte kostenpflichtig ist.

jQuery Mobile

Das freie Framework jQuery Mobile (*http://jquerymobile.com/*), welches auf jQuery basiert, erlaubt das Bereitstellen eines mobilen Look-and-Feels. Es definiert verschiedene HTML 5-konforme `data`-Attribute, mit denen der Entwickler festlegen kann, wie einzelne Elemente darzustellen sind. Da Browser unbekannte Attribute ignorieren, funktioniert dieser Ansatz auch mit älteren Modellen.

jQuery Mobile beinhaltet fünf Farbschemata, so genannte Themes, die die Namen A bis E tragen (vgl. Abbildung 3.3). Daneben kann der Entwickler über einen Konfigurator unter *http://jquerymobile.com/* eigene Farbschemata definieren.

Bar A - Link
Bar B - Link
Bar C - Link
Bar D - Link
Bar E - Link

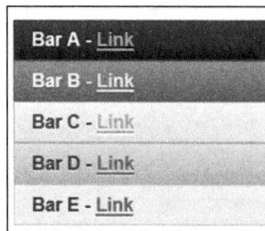

Abbildung 3.3 Vordefinierte Farbschemata (Themes)

Um jQuery einzubinden, referenziert der Entwickler eine im Lieferumfang befindliche CSS-Datei, eine JavaScript-Datei, welche jQuery beinhaltet, sowie die JavaScript-Datei mit jQuery Mobile:

```
<link rel="stylesheet" href="http://code.jquery.com/mobile/1.0rc2/jquery.mobile-1.0rc2.min.css" />
<script type="text/javascript" src="http://code.jquery.com/jquery-1.6.4.min.js"></script>
<script type="text/javascript"
       src="http://code.jquery.com/mobile/1.0rc2/jquery.mobile-1.0rc2.min.js"></script>
```

Dabei ist zu beachten, dass die tatsächlichen Bezeichnungen dieser Dateien von Version zu Version variieren können.

Logische Seiten

jQuery Mobile unterteilt eine physische Seite in mehrere logische Seiten. Somit ist es möglich, performant zwischen logischen Seiten zu wechseln, ohne weitere Seiten nachladen zu müssen. Um eine logische Seite zu definieren, hinterlegt der Entwickler in eine Seite einen `div`-Abschnitt, den er mit dem Attribut `data-role="page"` markiert (siehe Listing 3.44). Jede logische Seite besteht aus bis zu drei Teilen: einem Kopfabschnitt, einem Inhaltsabschnitt sowie einem Fußbereich. Diese werden über das Attribut `data-role`, welches die Werte `header`, `content` bzw. `footer` erhält, markiert.

```
<div data-role="page" id="page1">
    <div data-role="header">[…]</div>
    <div data-role="content">[…]</div>
    <div data-role="footer">[…]</div>
</div>
```

Listing 3.44   Aufbau einer logischen Seite

Listing 3.45 zeigt ein Beispiel einer einfachen logischen Seite, die in Abbildung 3.4 dargestellt ist. Sie besteht aus einem Kopfbereich, der unter Verwendung des Farbschemas B angezeigt wird (`data-theme="b"`). Der Kopfbereich besteht aus zwei Links, die durch die Angabe von `data-role="button"` als Schaltflächen dargestellt werden. Auch wenn der erste Link einen Text beinhaltet, wird er als Schaltfläche ohne Beschriftung gerendert, zumal er mit `data-iconpos="notext"` markiert wurde.

Alternative Werte für das Attribut `data-iconpos` sind `top`, `bottom`, `left` und `right`. Diese Werte geben an, dass das Symbol über, unter, links oder rechts des Texts anzuzeigen ist. Das Attribut `data-icon` gibt eines von mehreren vordefinierten Symbolen an, die anzuzeigen sind. Die Menge der zur Verfügung stehenden vordefinierten Symbole findet sich in Abbildung 3.5. Die jeweilige Beschriftung stellt hierbei auch den Namen des Symbols, welcher im Attribut `data-icon` angegeben werden kann, dar.

Die Überschrift der Kopfzeile wird durch einen `h1`-Tag dargestellt. jQuery Mobile richtet die Schaltflächen, die links bzw. rechts davon definiert sind, links- bzw. rechtsbündig aus.

```
<div data-role="page" id="page1">
    <div data-role="header" data-theme="b">
        <a href="#page2" data-role="button"
            data-icon="home" data-iconpos="notext">Home</a>
        <h1>Title</h1>
        <a href="#page3" data-role="button"
            data-icon="search">Suche</a>
    </div>
    <div data-role="content">Lorem ipsum</div>
</div>
```

Listing 3.45   Einfache logische Seite mit Header

Abbildung 3.4   Einfache logische Seite mit Header

◀	arrow-l	▲	arrow-u	▼	arrow-d	▶	arrow-r
✚	plus	➖	minus	✔	check	⚙	gear
↩	back	↪	forward	★	star	⊞	grid
⚠	alert	ⓘ	info	⌂	home	🔍	search

Abbildung 3.5   Vordefinierte Symbole

HINWEIS   Um zu verhindern, dass Kopf- und Fußzeilen scrollen, setzt der Entwickler bei deren Definition das Attribut `data-position` auf `fixed`. Möchte er, dass jQuery Mobile die Kopf- und Fußzeilen bei einem Klick auf den Hintergrund des Inhalts-Bereichs aus- bzw. wieder einblendet, kann er `data-fullscreen` auf `true` setzen.

Links zwischen logischen Seiten werden durch relative Links eingerichtet, die auf die ID der adressierten logischen Seite verweisen (siehe Listing 3.46). Bei Verweisen dieser Art kann der Entwickler mit `data-transition` eine Animation für den Seitenwechsel angeben. Eine Liste mit den möglichen Animationen findet sich unter *http://tinyurl.com/3ljes2m*.

```
<div data-role="page" id="page1">
    <div data-role="header"><h1>Seite 1</h1></div>
    <div data-role="content">
        <a href="#page2"
                data-transition="slide"
                data-role="button">Seite 2</a>
    </div>
    <div data-role="footer">[…]</div>
</div>


<!-- Page 2 -->
<div data-role="page" id="page2"> […] </div>
```

Listing 3.46   Verweis auf andere logische Seite innerhalb einer physischen Seite

Verweist der Entwickler auf eine andere physische Seite mit mehreren logischen Seiten oder auf eine externe Seite, muss er diesen Umstand anzeigen, indem er das Attribut `rel="external"` im Link hinterlegt:

```
<a href="multipage.html" rel="external">Multi-page link</a>
```

Dialogfelder

Um anzugeben, dass ein Link, der auf eine andere logische Seite der aktuellen physischen Seite führt, als Dialogfeld zu öffnen ist, hinterlegt der Entwickler das Attribut `data-rel="dialog"` im jeweiligen Link. Listing 3.47, dessen Ergebnis in Abbildung 3.6 gezeigt wird, demonstriert dies.

```
<div data-role="page" id="page1">
   <div data-role="header" data-theme="b">
      <h1>Title</h1>
   </div>
   <div data-role="content">
      <a href="#page3" data-role="button"
         data-rel="dialog"  data-icon="search">Dialog</a>
   </div>
</div>
<div data-role="page" id="page3" data-theme="b">
   [...]
</div>
```

Listing 3.47 Einfaches Dialogfeld

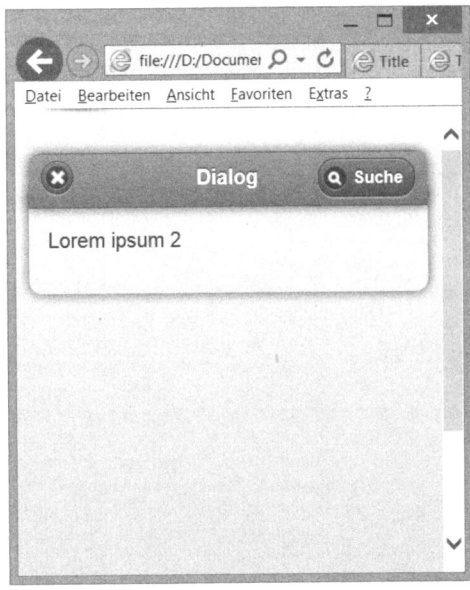

Abbildung 3.6 Einfaches Dialogfeld

Navigationsleisten

Navigationsleisten werden mit jQuery Mobile durch `div`-Bereiche definiert, die mit `data-role="navbar"` markiert werden und eine ungeordnete Liste (engl. unordered list; `<ul></ul>`) beinhalten. Die einzelnen Listeneinträge erhalten Links, die jQuery Mobile in diesem Fall als Schaltfläche der Navigationsleiste rendert (siehe Abbildung 3.7). Jene Schaltfläche, die aktiviert erscheinen soll, erhält die CSS-Klasse `ui-btn-active`.

```
<div data-role="navbar">
   <ul>
     <li><a href="#" class="ui-btn-active">
                              Menüpunkt 1</a></li>
     <li><a href="#">Menüpunkt 2</a></li>
     <li><a href="#">Menüpunkt 3</a></li>
     </ul>
</div>
```

Listing 3.48   Einfache Navigationsleiste

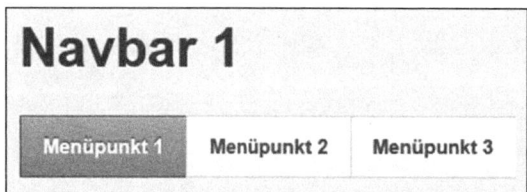

Abbildung 3.7   Einfache Navigationsleiste

Wie Listing 3.49 demonstriert, kann der Entwickler die einzelnen Schaltflächen mit einem Symbol versehen, indem er das bereits diskutierte Attribut `data-icon` verwendet. Das Ergebnis dieses Listings findet man in Abbildung 3.8.

```
<h1>Navbar 1</h1>
<div data-role="navbar">
<ul>
   <li><a href="#" data-icon="grid"
         class="ui-btn-active">Menüpunkt 1</a></li>
   <li><a href="#" data-icon="search">Menüpunkt 2</a></li>

   <li><a href="#" data-icon="plus">Menüpunkt 3</a></li>
</ul>
</div>
```

Listing 3.49   Navigationsleiste mit Symbolen

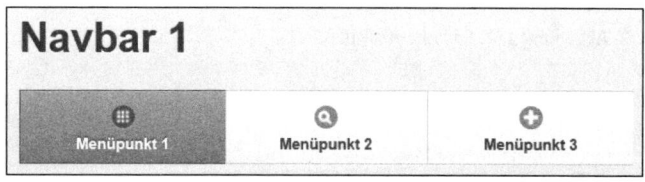

Abbildung 3.8   Navigationsleiste mit Symbolen

Navigationsleisten, die aus mehreren Einträgen bestehen, rendert jQuery Mobile als mehrzeiligen, zweispaltigen Navigationsbereich (vgl. Abbildung 3.9)

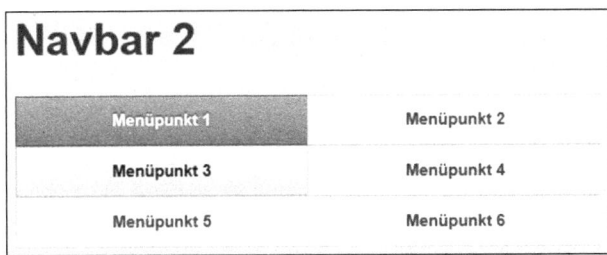

Abbildung 3.9 Mehrzeilige Navigationsleiste

Navigationsleisten können auch im Fußbereich einer logischen Seite untergebracht werden. Listing 3.50 und Abbildung 3.10 demonstrieren dies.

```
<div data-role="footer" data-position="fixed">
   <div data-role="navbar">
      <ul>
        <li><a href="#" data-icon="grid"
              class="ui-btn-active">Menüpunkt 1</a></li>
        <li><a href="#" data-icon="search">
              Menüpunkt 2</a></li>
        <li><a href="#" data-icon="plus">
              Menüpunkt 3</a></li>
      </ul>
   </div>
</div>
```

Listing 3.50 Fußzeile mit Navigationsleiste

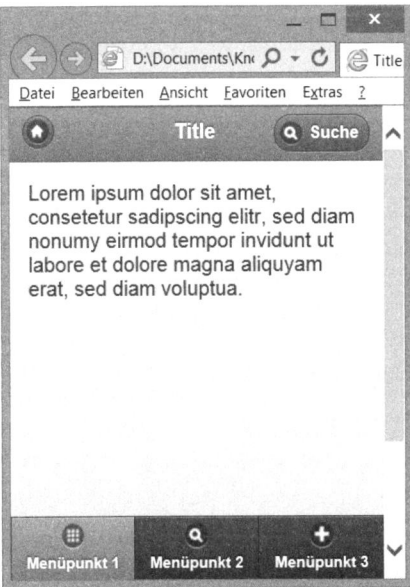

Abbildung 3.10 Navigationsleiste in Fußzeile

Formularfelder

Auch Formularfelder rendert jQuery Mobile auf eine Art und Weise, die zu einem mobilen Look-and-Feel passt (Listing 3.51, Abbildung 3.11). Gibt der Entwickler für Felder eine Beschriftung an, wird diese optisch passend in der Nähe des Felds dargestellt.

```html
<label for="vorname">Vorname:</label>
<input type="text" name="name" id="vorname" />
<label for="nachname">Nachname:</label>
<input type="text" name="name" id="nachname" />
```

Listing 3.51   Textbox mit Beschriftungsfeld

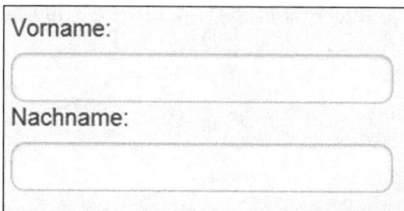

Abbildung 3.11   Textbox mit Beschriftungsfeld

Eingabeelemente, die der Entwickler mit dem Typ range versieht, rendert jQuery Mobile als Schiebregler (siehe Listing 3.52, Abbildung 3.12). Den minimalen und maximalen Wert legt er dabei mit den Attributen min und max fest. Eine Schrittweite könnte mit data-step angeführt werden.

```html
<label for="slider">Alter:</label>
<input type="range" name="slider" id="slider" value="25" min="0" max="100"  />
```

Listing 3.52   Schiebregler

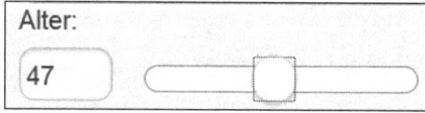

Abbildung 3.12   Schiebregler

Auch die Optionen von select-Elementen kann der Entwickler als Schiebregler darstellen. Dazu markiert er das select-Element mit data-role="slider" (siehe Listing 3.54, Abbildung 3.13).

```html
<label for="flip">Ich möchte Werbung:</label>
<select name="slider" id="flip" data-role="slider">
    <option value="ja">Ja</option>
    <option value="nein">Nein</option>
</select>
```

Listing 3.53   Flip-Steuerelement

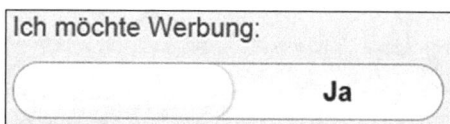

Abbildung 3.13   Flip-Steuerelement

Ordnet der Entwickler mehrere Optionsschaltflächen (engl. radio button) innerhalb eines `fieldset`-Elements an, das er mit `data-role="controlgroup"` markiert (vgl. Listing 3.54), rendert jQuery Mobile dieses wie in Abbildung 3.14 gezeigt.

```
<fieldset data-role="controlgroup">
<legend>Berufsgruppe:</legend>
    <input type="radio" name="beruf" id="manager" value="1" checked="checked" />
    <label for="manager">Manager</label>
    <input type="radio" name="beruf" id="entwickler" value="2" />
    <label for="entwickler">Entwickler</label>
    <input type="radio" name="beruf" id="admin" value="3" />
    <label for="admin">Administrator</label>
</fieldset>
```

Listing 3.54 Optionsschaltflächen

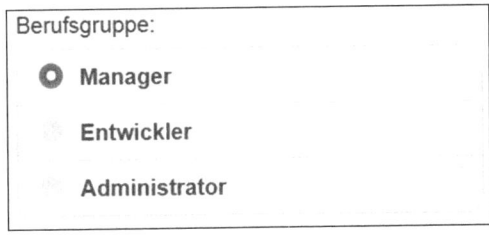

Abbildung 3.14 Optionsschaltflächen

Durch die Markierung mit `data-type="horizontal"` (vgl. Listing 3.55) werden die Optionsschaltflächen als Schaltleiste dargestellt (vgl. Abbildung 3.15).

```
<fieldset data-role="controlgroup" data-type="horizontal">
    <legend>Geo. Bereich</legend>
    <input type="radio" name="geo"
            id="europa" value="1" checked="checked" />
    <label for="europa">Europa</label>
    <input type="radio" name="geo" id="asien" value="2" />
    <label for="asien">Asien</label>
    <input type="radio" name="geo" id="afrika" value="3" />
    <label for="afrika">Afrika</label>
    <input type="radio" name="geo" id="amerika" value="4" />
    <label for="amerika">Amerika</label>
    <input type="radio" name="geo" id="ozanien" value="4" />
    <label for="ozanien">Ozanien</label>
</fieldset>
```

Listing 3.55 Horizontal angeordnete Optionsschaltflächen

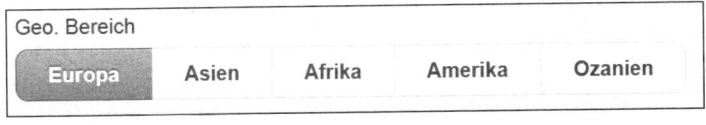

Abbildung 3.15 Horizontal angeordnete Optionsschaltflächen

Dropdown-Listenfelder (siehe Listing 3.56) werden wie in Abbildung 3.16 dargestellt. Mit dem Attribut data-native-menu kann der Entwickler steuern, ob die Auswahlliste wie bei »normalen« Dropdown-Listenfeldern durch den Browser oder in einer durch jQuery Mobile graphisch aufbereiteten Variante darzustellen sind.

```html
<label for="zahlungsart">Zahlung:</label>
<select name="zahlungsart" id="zahlungsart" data-native-menu="false">
    <option value="1">Kreditkarte</option>
    <option value="2">Bankeinzug</option>
    <option value="3">Bar</option>
</select>
```

Listing 3.56   Dropdown-Listenfeld

Abbildung 3.16   Dropdown-Listenfeld

Auch für select-Elemente mit Optionsgruppen und der Möglichkeit zur Mehrfachauswahl (siehe Listing 3.57) bietet jQuery Mobile eine graphisch ansprechende Darstellung (vgl. Abbildung 3.17).

```html
<label for="kontakt">Kontaktaufnahme:</label>
<select name="kontakt"  data-native-menu="false"  multiple>
    <optgroup label="Klassisch">
        <option value="1">Post</option>
        <option value="2">Brieftaube</option>
    </optgroup>
    <optgroup label="Modern">
        <option value="3">EMail</option>
        <option value="4">Telefon</option>
    </optgroup>
</select>
```

Listing 3.57   Dropdown-Listenfeld zur Mehrfachauswahl

Abbildung 3.17   Dropdown-Listenfeld zur Mehrfachauswahl

Listen

Um Listen in einer für mobile Anwendungen aufbereiteten Variante darzustellen, werden diese mit data-role="listview" markiert (Listing 3.58, Abbildung 3.18). Dabei werden sowohl nicht-nummerierte (<ul></ul>) als auch nummerierte (<ol></ol>) Listen unterstützt.

```
<h2>Einfache Liste mit Links</h2>
<ul data-role="listview">
<li><a href="#kapitel1">Kapitel 1</a></li>
<li><a href="#kapitel2">Kapitel 2</a></li>
<li><a href="#kapitel3">Kapitel 3</a></li>
<li><a href="#kapitel4">Kapitel 4</a></li>
</ul>
```

Listing 3.58   Einfache Liste

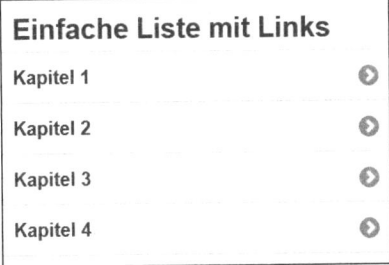

Abbildung 3.18   Einfache Liste

Trennzeilen markiert der Entwickler mit data-role="list-divider" (Listing 3.39, Abbildung 3.19).

```
<h2 class="margin">Einfache Liste mit Trennzeilen</h2>
<ul data-role="listview"  data-dividertheme="b">
<li data-role="list-divider">Einleitung</li>
<li><a href="#kapitel1">Kapitel 1</a></li>
<li data-role="list-divider">Hauptteil</li>
<li><a href="#kapitel2">Kapitel 2</a></li>
<li><a href="#kapitel3">Kapitel 3</a></li>
<li data-role="list-divider">Fazit</li>
<li><a href="#kapitel4">Kapitel 4</a></li>
</ul>
```

Listing 3.59   Liste mit Trennzeilen

Abbildung 3.19   Liste mit Trennzeilen

Auch längere textuelle Inhalte werden graphisch ansprechend von jQuery Mobile dargestellt. Überschriften können dabei mit h1 bis h7 markiert werden; der Fließtext wird innerhalb p-Tags gehalten (Listing 3.60, Abbildung 3.20).

```
<h2> class="margin">
Einfache Liste mit Trennzeilen und Text</h2>
<ul data-role="listview"  data-dividertheme="b">
<li data-role="list-divider">Einleitung</li>
<li><a href="#kapitel1"><h1>Kapitel 1</h1><p>Dies ist eine kurze Kapitelzusammenfassung ...</p></a></li>
<li data-role="list-divider">Hauptteil</li>
<li><a href="#kapitel2"><h1>Kapitel 2</h1><p>Dies ist eine kurze Kapitelzusammenfassung ...</p></a></li>
<li><a href="#kapitel3"><h1>Kapitel 3</h1><p>Dies ist eine kurze Kapitelzusammenfassung ...</p></a></li>
<li data-role="list-divider">Fazit</li>
<li><a href="#kapitel4"><h1>Kapitel 4</h1><p>Dies ist eine kurze Kapitelzusammenfassung ...</p></a></li>
</ul>
```

Listing 3.60   Liste mit Text

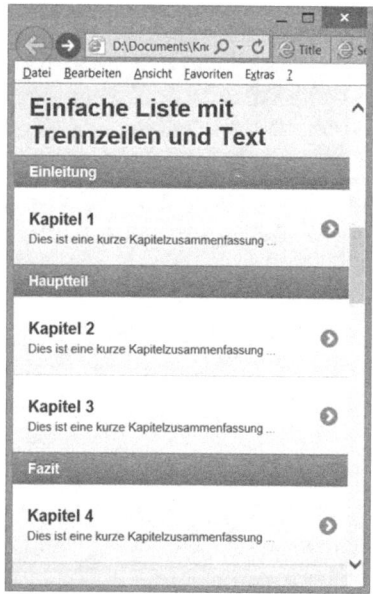

Abbildung 3.20   Liste mit Text

Auch verschachtelte Listen werden unterstützt. Informationen über die untergeordneten Elemente kann der Entwickler in Elementen platzieren, die mit den CSS-Klassen `ui-li-count` und `ui-li-aside` formatiert werden (Listing 3.61, Abbildung 3.21).

```
<h2 class="margin">Verschachtelte Liste</h2>
<ul data-role="listview">
<li><a href="#kapitel1">Kapitel 1</a></li>
<li>
<div>Kapitel 2</div>
<div class="ui-li-count">3</div>
<div class="ui-li-aside">Erstellt: 2011-11-11</div>
<ul>
<li>Kapitel 2.1</li>
<li>Kapitel 2.2</li>
<li>Kapitel 2.3</li>
</ul>
</li>
<li><a href="#kapitel3">Kapitel 3</a></li>
<li><a href="#kapitel4">Kapitel 4</a></li>
</ul>
```

Listing 3.61 Verschachtelte Liste

Abbildung 3.21 Verschachtelte Liste

Bilder rendert jQuery Mobile innerhalb von Listeneinträgen linksbündig. Jeder Listeneintrag kann auch einen zweiten Link erhalten. Mit diesem wird eine Schaltfläche auf der rechten Seite erzeugt. Das Symbol dieser Schaltfläche wird im übergeordneten `ul`-Tag mit `data-split-icon` angeführt.

```
<h2 class="margin">Bilder und Links</h2>
<ul data-role="listview" data-split-icon="gear"
    data-split-theme="a">
<li>
<a href="http://de.wikipedia.org/wiki/Katze">
    <img width="80" height="80" src="img/katze.jpg" />
    Katze
</a>
<a href="http://www.google.de?q=Katze" >Mit Google suchen</a>
</li>
[…]
</ul>
```

Listing 3.62 Liste mit Bildern

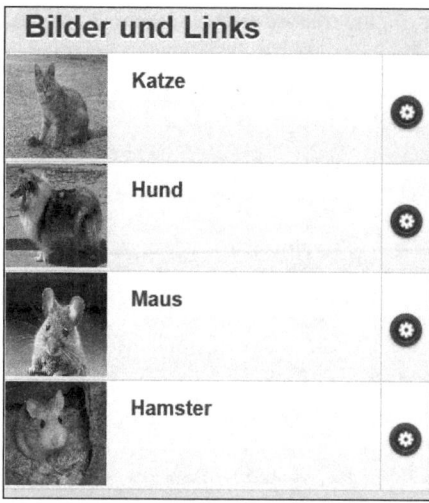

Abbildung 3.22   Liste mit Bildern

Offlinefähige Webanwendungen mit HTML5

HTML 5 sieht die Möglichkeit vor, Daten sowie auch Programmdateien im Browser speichern zu können. Dies erlaubt die Umsetzung offlinefähiger Webanwendungen. Gerade im Bereich mobiler Anwendungen stellt dies eine große Chance dar, da Web-Technologien, wie HTML 5 oder JavaScript, derzeit die einzige Technologie zur Bereitstellung von Apps darstellen, die auf allen mobilen Endgeräten betrieben werden können.

Daten im Browser speichern

Webanwendungen können Daten im lokalen Web Storage (localStorage) des Browsers zwischenspeichern. Dabei handelt es sich zwar nur um Schlüssel/Wert-Paare, dies hindert den Entwickler jedoch nicht daran, ein JavaScript-Objekt in Form eines JSON-Strings zu persistieren. Zum Speichern eines neuen Schlüssel/Wert-Paares bzw. zum Aktualisieren eines bestehenden Schlüssel/Wert-Paares mit dem Schlüssel bar und dem Wert foo kann auf die folgende JavaScript-Funktion zurückgegriffen werden:

```
localStorage.setItem("bar", "foo");
```

Zum Auslesen dieses Werts verwendet der Entwickler hingegen die nachfolgende Zeile:

```
var foo = localStorage.getItem("bar");
```

Ist der Wert einmal nicht mehr von Interesse, kann dieser mit der folgenden Anweisung entfernt werden:

```
localStorage.removeItem("bar");
```

> **HINWEIS** Einige Browser beschränken die Speicherkapazität. Beispielsweise erlaubt Mobile Safari lediglich 5 MB pro Website – und die werden auch noch UTF16 kodiert, was bedeutet, dass jedes Zeichen zwei Byte einnimmt. Als Alternative zum Web Storage bieten mittlerweile fast alle aktuellen Browser lokale Datenbanken an. Limitierungen in Hinblick auf die Größe weisen diese in der Regel nicht auf, allerdings muss der Benutzer beim Überschreiten definierter Grenzwerte seine Zustimmung zur lokalen Speicherung geben.

Die Herausforderung bei der Verwendung dieser Datenbanken liegt darin, dass derzeit zwei verschiedene Ansätze vorliegen. Der ältere Ansatz nennt sich Web SQL Database (oder kurz WebSQLDB); der jüngere IndexdDB. Web SQL Database, häufig auch WebDB genannt, wird bereits seit einiger Zeit von Web-Kit-basierten Browsern wie Mobile Safari oder Mobile Chrome unterstützt und erlaubt die Verwendung einer relationalen Datenbank über JavaScript. IndexdDB verfolgt hingegen einen leichtgewichtigeren Ansatz und ist als NoSQL-Lösung einzuordnen. Diese Lösung wird heutzutage zum Beispiel von Internet Explorer (ab Version 10) oder Firefox implementiert.

Ursprünglich sollte WebDB ein W3C-Standard werden. Allerdings hat man sich Ende 2010 beim W3C entschieden, die Bestrebungen in Sachen WebDB zugunsten von IndexdDB fallen zu lassen. Mangels Browserunterstützung ist der Entwickler angehalten, Code für beide Ansätze zu schreiben. Alternativ dazu kann man auf Abstraktions-Layer zurückgreifen, wie zum Beispiel lawnchair (*http://brian.io/lawnchair/*).

Anwendungsdateien im Browser speichern

Daten lokal zu speichern ist nur die halbe Miete, wenn es darum geht, Webanwendungen offlinefähig zu gestalten, zumal auch einzelne HTML-Seiten inklusive der darin eingebundenen Elemente, wie JavaScript- und CSS-Dateien oder Bilder, lokal abzulegen sind. Genau in diese Kerbe schlägt das Konzept des HTML5-Anwendungscaches, kurz AppCache. Es sieht vor, dass der Entwickler ein so genanntes Cache-Manifest bereitstellt. Dieses informiert den Browser darüber, welche Elemente lokal vorzuhalten sind, wobei er dafür per Definition max. 5 MB verwenden darf.

Aufbau eines Cache-Manifests

Ein Beispiel für solch ein Manifest bietet Listing 3.63. Es handelt sich dabei um eine Textdatei, welche mit den Worten CACHE MANIFEST eingeleitet wird. Kommentarzeilen beginnen mit einer Raute. Abgesehen davon besteht die Datei aus drei Sektionen. Die Sektion CACHE gibt an, welche Dateien der Browser lokal vorhalten soll. Die Einträge unter FALLBACK bilden hingegen Online-Ressourcen auf Offline-Ressourcen ab. Das betrachtete Beispiel definiert somit, dass im Offlinemodus die Datei offline.html als Ersatz für index.html heranzuziehen ist. Die Sektion NETWORK gibt Dateien an, die nicht zwischengespeichert werden dürfen.

```
CACHE MANIFEST

# Kommentar

CACHE:
/pegel
/scripts/jquery.mobile-1.1.0-rc.1.min.css
/scripts/jquery-1.7.1.min.js
/scripts/jquery.mobile-1.1.0-rc.1.min.js

FALLBACK:
/index.html /offline.html

NETWORK:
/api/hotels
```

Listing 3.63 Ein Cache-Manifest gibt an, welche Dateien lokal zu speichern sind

Zum Einbinden eines Cache-Manifests sieht HTML 5 das Attribut manifest für das html-Tag vor. Per Definition hat der Webserver die auf diesem Weg angegebene Datei unter Verwendung des Inhaltsyps text/cache-manifest auszuliefern. Um den jeweiligen Webserver dazu zu bringen, ist mitunter ein entsprechender Konfigurationseintrag von Nöten.

```
<!DOCTYPE HTML>
<html manifest="pegel.appcache">
 […]
</html>
```

Listing 3.64   Auf das Cache-Manifest wird über das mit HTML 5 für das html-Tag eingeführte Attribut manifest verwiesen

Möchte der Entwickler den Browser dazu bewegen, Ressourcen, die er im AppCache vorhält, erneut zu laden, muss er das Cache-Manifest aktualisieren, z.B. indem eine Versionsnummer in einem Kommentar hochgezählt wird. Darüber hinaus sollte der Entwickler sicherstellen, dass das Cache-Manifest unter Verwendung von HTTP-Headern ausgeliefert wird, die ein lokales Zwischenspeichern verhindern.

Cache-Manifest dynamisch erzeugen

Generell scheint es sinnvoll zu sein, das Cache-Manifest dynamisch zu erstellen, um zu verhindern, dass vergessen wird, bestimmte Resourcen einzubinden. Listing 3.65, Listing 3.66 und Listing 3.67 demonstrieren, wie der Entwickler dies mit ASP.NET MVC bewerkstelligen kann. Listing 3.65 beinhaltet das Model für das zu generierende Cache-Manifest. Es besteht aus einer Liste mit Dateien, die ins Cache-Manifest aufzunehmen sind (FilesToCache) sowie aus einem Zeitstempel, aus dem hervorgeht, wann die der Webanwendung zugrunde liegende Assembly zum letzten Mal verändert wurde (AssemblyTimestamp). Dieser Zeitstempel wird in weiterer Folge im Cache-Manifest als Kommentar platziert. Dieses Vorgehen bewirkt, dass sich das Cache-Manifest bei jedem Kompilierungsvorgang ändert und der Browser es somit erneut lädt.

```
public class CacheManifestModel
{
    public List<string> FilesToCache { get; set; }
    public string AssemblyTimestamp { get; set; }
}
```

Listing 3.65   Model für Cache-Manifest

Listing 3.66 zeigt eine Action-Methode CacheManifest, welche das Cache-Manifest bereitstellt. Sie stützt sich auf einige Hilfsmethoden ab, die ebenfalls im betrachteten Listing zu finden sind. Die Action-Methode CacheManifest prüft zunächst, ob die Verwendung des AppCaches aktiviert wurde. Dazu greift sie auf die Hilfsmethode IsAppCacheEnabled zurück, welche auf einem benutzerdefinierten Konfigurationseintrag basiert.

Die Möglichkeit, den AppCache zu deaktivieren, kann vor allem bei der Entwicklung einzelner Seitenbereiche hilfreich sein, zumal diese so zunächst ohne den AppCache getestet werden können. Hat der Entwickler die Verwendung des AppCaches deaktiviert, liefert die betrachtete Action-Methode den HTTP Statuscode 404 (Not Found) zurück. Dies veranlasst den Browser, ein eventuell bereits geladenes Cache-Manifest und den damit einhergehenden Cache zu verwerfen.

Die Methode `CacheManifest` ruft anschließend die Hilfsmethode `SetHeaders` auf, welche den richtigen Inhalts-typ (`Content-Type`) für das CacheManifest definiert und mit einigen HTTP-Kopfzeileneinträgen bewirkt, dass das Cache-Manifest nicht gecacht werden soll. Vorsicht ist bei der hier auskommentierten Methode `Response.Cache.SetNoStore` geboten. Der von ihr erzeugte Kopfzeileneintrag führt dazu, dass Firefox das Cache-Manifest nicht beachtet.

Um das Datum der letzten Änderung der zugrunde liegenden Assembly in Erfahrung zu bringen, bemüht die Methode `CacheManifest` die Hilfsmethode `GetTimestamp`. Eine Liste mit zu cachenden Dateien bringt sie unter Verwendung der Hilfsmethode `GetCacheList` in Erfahrung. `GetCacheList` erzeugt dazu eine Liste, welche aus den Namen sämtlicher Dateien im Ordner *Images* sowie aus den Namen sämtlicher Bundles besteht. Bundles fassen, wie im ersten Kapitel beschrieben, CSS- und JavaScript-Dateien zusammen.

Die auf diesem Weg ermittelten Daten verstaut die Methode `CacheManifest` in einem `CacheManifestModel`, welches an die View weitergeleitet wird. Hierzu greift sie auf die Methode `PartialView` zurück, da `View` die Layoutseite auf die generierte View anwenden würde.

```csharp
public ActionResult CacheManifest()
{
    bool enabled = IsAppCacheEnabled();

    if (!enabled)
    {
        Response.StatusCode = 404; //NotFound
        return new EmptyResult();
    }

    SetHeaders();

    var timeStamp = GetTimestamp();
    var cacheList = GetCacheList();

    var model = new CacheManifestModel();
    model.FilesToCache = cacheList;
    model.AssemblyTimestamp = timeStamp.ToString();

    return PartialView("CacheManifest", model);
}

private static bool IsAppCacheEnabled()
{
    bool enableAppCache;
    var setting = System.Configuration.ConfigurationManager.AppSettings["EnableAppCache"];
    if (!string.IsNullOrEmpty(setting) && setting.ToLower().Trim() == "true")
    {
        enableAppCache = true;
    }
    else
    {
        enableAppCache = false;
    }
    return enableAppCache;
}
```

```
private void SetHeaders()
{
    Response.ContentType = "text/cache-manifest";
    Response.Cache.SetExpires(DateTime.UtcNow.AddDays(-1));
    Response.Cache.SetSlidingExpiration(false);
    Response.Cache.SetValidUntilExpires(false);
    Response.Cache.SetRevalidation(HttpCacheRevalidation.AllCaches);
    Response.Cache.SetCacheability(HttpCacheability.NoCache);
    // SetNoStore verhindert Caching in Firefox !!!
    // Response.Cache.SetNoStore();
}

private string GetTimestamp()
{
    var path = this.GetType().Assembly.CodeBase;
    var file = new FileInfo(path.Replace("file:///", ""));
    var timeStamp = file.LastWriteTime.ToString();
    return timeStamp;
}

private List<string> GetCacheList()
{
    var imagesToCache = Directory
                            .GetFiles(Server.MapPath("~/Images"))
                            .Select(f => "~/Images/" + Path.GetFileName(f));

    var bundlesToCache = BundleTable
                            .Bundles
                            .Select(b => b.Path).ToList();

    var cacheList = new List<string>();
    cacheList.AddRange(imagesToCache);
    cacheList.AddRange(bundlesToCache);
    return cacheList;
}
```

Listing 3.66   Controller für das Cache-Manifest

Die View für das betrachtete Beispiel findet sich in Listing 3.67. Sie gibt den ermittelten Zeitstempel im Rahmen eines Kommentars aus und führt einige URLs direkt an. Dabei handelt es sich um die URLs jener Action-Methoden, deren Ergebnisse offline bereitzustellen sind. Da der Browser die einzelnen Views nicht direkt kennt, sondern diese lediglich von den aufgerufenen Action-Methoden zum Rendern von Seiten verwendet werden, müssen Views hier nicht angeführt werden.

Die View iteriert danach sämtliche Dateinamen, die im Model hinterlegt wurden, und gibt diese aus.

```
@model MvcApplication7.Models.CacheManifestModel
CACHE MANIFEST
#Timestamp: @Model.AssemblyTimestamp
CACHE:
@Url.Content("~/")
@Url.Content("~/Home")
@Url.Content("~/Home/Index")
@Url.Content("~/Home/About")
```

```
@foreach (var file in Model.FilesToCache)
{
<text>@Url.Content(file)</text>
}
```

Listing 3.67 View für das Cache-Manifest

Cache-Manifest über JavaScript aktualisieren

JavaScript bietet über das Objekt `window.applicationCache`, die Möglichkeit, eine Aktualisierung des App-Caches anzuregen. Im Zuge dessen prüft der Browser, ob das Manifest geändert wurde. Ist dem so, beginnt er mit dem Download der darin angeführten Dateien. Im Zuge dessen löst er einige Ereignisse aus, um die Anwendung über den aktuellen Fortschritt auf dem Laufenden zu halten. Außerdem informiert er über die Tatsache, dass nun sämtliche Dateien heruntergeladen wurden oder darüber, dass ein Fehler beim Download aufgetreten ist.

Wurden sämtliche Dateien heruntergeladen, muss der Cache damit aktualisiert und die aktuelle Seite im Browser neu geladen werden. Auch diese abschließenden Aufgaben können mit JavaScript bewerkstelligt werden.

Zur Demonstration dieser Möglichkeit findet sich in Listing 3.68 das Markup einer einfachen Seite, welche auf ein Cache-Manifest verweist und offline zur Verfügung gestellt wird. Sie weist einen Link mit der Beschriftung *Check for Update* sowie eine leere Aufzählungsliste (ungeordnete Liste) mit der ID `protocol` auf. Letztere wird im Zuge des Aktualisierens zum Hinterlegen von Fortschrittsanzeigen verwendet.

```
@{
    Layout = "";
}<!DOCTYPE html>
<html manifest="~/Home/CacheManifest">
    <head>
        <title>Cache-Demo</title>
    </head>

    <script src="~/bundles/jquery" type="text/javascript"></script>
        [...]
    <script>

    </script>

    <body>
        <p>Demo</p>
        <p>
            <!-- Link auf andere gecachte Datei -->
            <a href="~/Home/About">Link</a>
        </p>
        <p>
            <a id="lnkCheck" href="#">Check for Update</a>
        </p>
```

```
        <ul id="protocol">
        </ul>
    </body>
</html>
```

Listing 3.68 Markup zur Demonstration des Zugriffs auf den AppCache via JavaScript

Die JavaScript-Logik für die soeben betrachtete Seite findet sich in Listing 3.69. Diese weist zu Beginn das Objekt `window.applicationCache` der Variablen `appCache` zu und verwendet fortan zur Wahrung der Übersichtlichkeit diese Variable.

Die Funktion `handleCacheEvent` dient als Ereignisbehandlungsroutine für die Ereignisse, die der Browser im Zuge des Updates des AppCaches auslöst. Den Typ des jeweiligen Ereignisses schreibt sie in die Aufzählungsliste mit der ID `protocol`.

Handelt es sich bei dem aktuellen Ereignis um ein Ereignis des Typs `progress`, so zeigt der Browser an, dass er gerade eine bestimmte Datei heruntergeladen hat. Darüber hinaus wird dieses Ereignis auch aufgerufen, bevor der Download der ersten Datei beginnt. Dieses Ereignis kann zum Aktualisieren von Fortschrittsanzeigen verwendet werden. Um dies zu demonstrieren, greift die betrachtete Funktion auf die Eigenschaften `loaded` und `total` zu. Erstere zeigt an, wieviele Dateien bis dato heruntergeladen wurden; Letztere, wie viele Dateien insgesamt herunterzuladen sind. Dabei ist zu beachten, dass nicht jeder Browser diese Informationen liefert. Das bedeutet, dass bei den betroffenen Browsern nur eine Pseudofortschrittsanzeige, z.B. ein sich drehendes Rad, aktualisiert werden kann.

Entspricht der aktuelle Status des AppCaches dem Wert der Konstanten `UPDATEREADY`, hat der Browser den Download sämtlicher offline vorzuhaltender Dateien abgeschlossen. In diesem Fall ersetzt die betrachtete Routine den aktuellen AppCache durch diese Dateien, indem sie die Funktion `swapCache` anstößt. Da der somit aktualisierte AppCache auch Verwendung findet, lädt sie daraufhin die aktuelle Seite mit der Funktion `window.location.reload` neu.

Damit der Browser die soeben betrachtete Ereignisbehandlungsroutine auch aufruft, muss sie beim AppCache für die unterschiedlichen angebotenen Ereignisse registriert werden. Dies geschieht, nachdem die Seite fertig geladen wurde innerhalb jener Funktion, die an $ übergeben wird. Diese registriert die Ereignisbehandlungsroutine mit `appCache.addEventListener` beim AppCache. Der erste Parameter gibt den Namen des Ereignisses an; der zweite verweist auf die Routine. Eine Beschreibung der hier verwendeten Ereignisse kann direkt dem betrachteten Listing entnommen werden.

Zusätzlich registriert die betrachtete Funktion eine Ereignisbehandlungsroutine für das Click-Ereignis des Links mit der Beschriftung *Check for Update*. Diese stößt die Funktion `appCache.update` an und bewirkt somit, dass der Browser mit dem Prüfen des Cache-Manifests sowie mit einem Update des AppCaches beginnt. Letzteres ist nur der Fall, wenn sich das Cache-Manifest seit dem letzten Abruf geändert hat.

```
var appCache = window.applicationCache;

function handleCacheEvent(e) {
    $("#protocol").append("<li>" + e.type + "</li>");

    if (e.type == "progress") {
        var info = e.loaded + " von " + e.total + " geladen ...";
        $("#protocol").append("<li>" + info + "</li>");
    }
```

```
    if (appCache.status == appCache.UPDATEREADY) {
        appCache.swapCache();
        window.location.reload();
    }
}

$(function () {

    // Zeigt an, dass das Manifest nun gecacht wurde
    appCache.addEventListener('cached', handleCacheEvent);

    // Zeigt an, dass nun nach Updates gesucht wird
    appCache.addEventListener('checking', handleCacheEvent);

    // Zeigt an, dass der Browser mit dem Download von Dateien begonnen hat
    appCache.addEventListener('downloading', handleCacheEvent);

    // Manifest ist nicht vorhanden (404 Not Found oder 410 Gone)
    // oder fehlerhaft
    appCache.addEventListener('error', handleCacheEvent);

    // Zeigt an, dass kein Update notwendig ist, weil kein neues Cache-Manifest zur Verfügung steht
    appCache.addEventListener('noupdate', handleCacheEvent);

    // 404 oder 410; Browser löscht lokal gespeichertes Manifest und Cache
    appCache.addEventListener('obsolete', handleCacheEvent);

    // Zeigt an, dass bis dato 0 bis n Dateien heruntergeladen wurden
    appCache.addEventListener('progress', handleCacheEvent);

    // Zeigt an, dass nun sämtliche Dateien heruntergeladen wurden
    appCache.addEventListener('updateready', handleCacheEvent);

    $("#lnkCheck").click(function () {
        appCache.update();
    });

});
```

Listing 3.69 Zugriff auf den AppCache via JavaScript

modernizr

Das freie Framework modernizr bietet dem Entwickler auf einfache Weise die Möglichkeit zu prüfen, ob der aktuelle Browser bestimmte Optionen unterstützt. Dazu wird lediglich auf boolesche Eigenschaften zugegriffen, die vom Objekt `Modernizr` bereitgestellt werden. Beispielsweise kann mit `Modernizr.localstorage` geprüft werden, ob der Browser DOM Storage (auch als lokaler Speicher oder *Web Storage* bezeichnet) unterstützt. Mit `Modernizr.websqldatabase` kann hingegen geprüft werden, ob ein Zugriff auf die WebSQLDB (siehe vorherigen Abschnitt) möglich ist; mit `Modernizr.indexeddb`, ob die IndexDb (siehe ebenfalls vorherigen Abschnitt) zur Verfügung steht. Eine Liste aller Möglichkeiten, gegen die der Entwickler mit modernizr prüfen kann, findet sich unter *http://modernizr.com/docs/*.

In Fällen, in denen ein bestimmtes Merkmal nicht vom Browser angeboten wird, kann der Entwickler mit modernizr einen so genannten Polyfill laden. Dabei handelt es sich um eine JavaScript-Datei, welche das fehlende Merkmal nachbildet. Listing 3.70, welches aus der Dokumentation von modernizr übernommen wurde, demonstriert dies. Es prüft mit der Funktion `Modernizr.load`, ob der vorliegende Browser die mit HTML5 assoziierte geolocation-API unterstützt. Ist dem so, bindet sie die JavaScript-Datei `geo.js` dynamisch ein; ansonsten den Polyfill `geo-polyfill.js`.

```
Modernizr.load({
  test: Modernizr.geolocation,
  yep : 'geo.js',
  nope: 'geo-polyfill.js'
});
```

Listing 3.70 Dynamisches Laden von Script-Dateien mit modernizr

Modernizr bietet selbst keine Polyfills an. Allerdings verweist die Dokumentation auf eine Liste mit frei verfügbaren Polyfills (*https://github.com/Modernizr/Modernizr/wiki/HTML5-Cross-browser-Polyfills*).

knockout.js

Die freie Bibliothek knockout.js erleichtert den Einsatz des aus Technologien wie WPF und Silverlight bekannten Musters Model-View-ViewModel (MVVM). Dem Namen zur Folge wird hierbei die Anwendung (unter anderem) in drei Teile gegliedert: Das Model repräsentiert heutzutage die Fachobjekte der Anwendung. Ursprünglich fanden sich im Model auch die dazugehörigen Logiken wieder. Heutzutage werden diese in der Regel in eigene Klassen ausgelagert. Die View entspricht der GUI – im Fall von Webanwendungen handelt es sich dabei um HTML-basierte Dialogfelder.

Um eine Vermischung von GUI und Präsentationslogik zu vermeiden, wird die Präsentationslogik in die View-Models ausgelagert. Als Präsentationslogik wird hierbei zum Beispiel das Anstoßen von serverseitigen Routinen unter Verwendung der erfassten Daten sowie das Aktualisieren der GUI verstanden. View-Models haben jedoch auch die Aufgabe, Modelle für die Anzeige in bestimmten Views anzupassen. Beispielsweise könnten sie sich um die Bildung von Zwischensummen oder um das Verdichten von Modellen für eine kompaktere Darstellung kümmern.

Beim Einsatz von MVVM ist eine lose Kopplung zwischen View und View-Model wünschenswert, d.h. beide sollen einander möglichst wenig kennen, damit sie der Entwickler separat voneinander entwickeln und testen kann bzw. um sie wiederverwendbar und austauschbar zu gestalten. Aus diesem Grund wird MVVM in Kombination mit Datenbindung eingesetzt, sodass deklarativ festgelegt werden kann, welche Elemente des View-Models in welchen Teilen der GUI anzuzeigen sind. Dies bedingt jedoch in vielen Fällen auch, dass die View über Änderungen im View-Model informiert werden muss, da Werte, welche im View-Model geändert werden, auch in der View zu aktualisieren sind.

Genau in diese Kerbe schlägt knockout.js, indem es sowohl Möglichkeiten zur deklarativen Datenbindung als auch Möglichkeiten zur Implementierung von Benachrichtigungsszenarien für HTML- und Java-Script-basierte GUIs bietet.

View-Models mit knockout.js

Zur Veranschaulichung der Funktionsweise von knockout.js wird an dieser Stelle eine einfache Java-Script-basierte Anwendung zum Berechnen von Zinsen herangezogen (Abbildung 3.23). Diese bietet dem Benutzer die Möglichkeit, den zu verzinsenden Betrag, die Laufzeit in Tagen sowie den Zinssatz zu erfassen. Daneben kann der Benutzer auch festlegen, ob die Anwendung nach dem Berechnen der Zinsen die Kapitalertragssteuer von 25% abziehen soll.

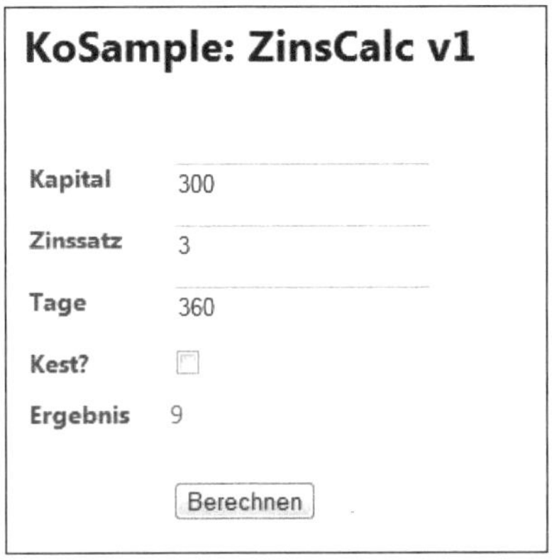

Abbildung 3.23 Einfache auf knockout.js basierende Anwendung

Listing 3.71 und Listing 3.72 zeigen die Umsetzung dieser Anwendung. Listing 3.71 beinhaltet Verweise auf knockout.js sowie auf jQuery. Das script-Tag beinhaltet die Konstruktorfunktion ZinsCalcVM, welche ein neues Objekt erzeugt, das fortan als View-Model für die Berechnung von Zinsen dient. Da sich der Wert von this dem jeweiligen Kontext anpasst, wird am Beginn this an $that zugewiesen und fortan $that zum Adressieren des zu erzeugenden Objekts herangezogen.

Die einzelnen Eigenschaften kapital, tage, zinsSatz, kest und ergebnis werden nicht als herkömmliche Eigenschaften, sondern als so genannte Observables unter Verwendung der von Knockout bereitgestellten Methode ko.observable angelegt. Hinter Observables verbergen sich Objekte, welche Interessenten immer dann benachrichtigen, wenn sich der von ihnen verwaltete Wert ändert. In erster Linie werden sie eingesetzt, um die View über Änderungen am View-Model in Kenntnis zu setzen, sodass sich diese entsprechend aktualisieren kann.

Bei Bedarf übergibt die Konstruktormethode an ko.observable einen Initialwert. Um in weiterer Folge den Wert eines Observables abzufragen, ist es als argumentlose Methode einzusetzen. Ein Aufruf von $that.kapital() fördert zum Beispiel den aktuellen Wert der Eigenschaft kapital zu Tage.

Um einen Wert zu ändern, ruft der Entwickler das Observable als Methode auf und übergibt dabei den neuen Wert als Argument. Beispielsweise wird durch den Aufruf von $that.kapital(100) der Wert von kapital auf 100 festgelegt. Zusätzlich zu den Eigenschaften definiert die Konstruktorfunktion auch eine Funktion calc. Diese errechnet aus den einzelnen Eigenschaften den Zinswert und weist diesen ergebnis zu.

Neben der Definition der Konstruktorfunktion ZinsCalcVM beinhaltet das betrachtete Listing auch einen Aufruf der jQuery-Funktion mit dem simplen Namen $. An diese Funktion wird eine weitere Funktion übergeben, welche jQuery nach dem Laden der Seite aufruft. Diese erzeugt eine neue Instanz des View-Models und übergibt sie an die knockout-Funktion applyBindings. Diese Funktion bindet das View-Model an die entsprechenden Elemente in der View. Dabei handelt es sich um eine Zwei-Wege-Bindung (engl. Two-Way-Binding), d.h. Änderungen an den Werten der Steuerelemente wirken sich auf das View-Model aus und vice versa.

```
<script src="~/Scripts/jquery-1.6.4.js" type="text/javascript"></script>
<script src="~/Scripts/knockout-2.0.0.js" type="text/javascript"></script>

<script language="javascript">

    function ZinsCalcVM() {

        var $that = this;

        $that.kapital = ko.observable();
        $that.tage = ko.observable(360);
        $that.zinsSatz = ko.observable(3);
        $that.kest = ko.observable(false);

        $that.ergebnis = ko.observable();

        $that.calc = function () {
            var zinsen;

            zinsen = $that.kapital() * $that.tage() * $that.zinsSatz() / 36000;

            if ($that.kest()) {
                zinsen = zinsen * 0.75;
            }

            $that.ergebnis(zinsen);
        }
    }

    // Wird nach dem Laden der Seite aufgerufen
    $(function () {
        var vm = new ZinsCalcVM();
        ko.applyBindings(vm);
    });
</script>
```

Listing 3.71 View-Model für Zinsberechnung

Views mit knockout.js

Listing 3.72 zeigt die zum betrachteten View-Model passende View. Auf den ersten Blick handelt es sich dabei um herkömmliches HTML. Eine Vermischung mit der Präsentations-Logik, welche ins View-Model ausgelagert wurde, ist dem Ziel von MVVM entsprechend nicht zu erkennen. Für den Brückenschlag zu diesem ist das von knockout.js vorgegebene Attribut data-bind verantwortlich.

Das data-bind-Attribut mit dem Wert value: kapital in der Textbox für das Kapital legt beispielsweise fest, dass knockout.js die View-Model-Eigenschaft kapital an die value-Eigenschaft dieser Textbox binden soll. Neben dieser so genannten value-Bindung stellt knockout.js noch zahlreiche weitere Bindungsarten zur Verfügung.

Die text-Bindung, die weiter unten für das Ergebnis zum Einsatz kommt, bindet eine View-Model-Eigenschaft an den Inhalt eines HTML-Tags. Der Wert der View-Model-Eigenschaft wird dabei kodiert, sodass es nicht möglich ist, über solch eine Bindung HTML-Fragmente oder gar Schadcode in die View einzuschleusen. Sollen hingegen HTML-formatierte Fragmente gebunden werden können, ist stattdessen die html-Bindung heranzuziehen.

Das `checked`-Binding, welches im Kontrollkästchen mit der Beschriftung `Kest?` Einsatz findet, bindet beispielsweise eine als Boolean interpretierte Eigenschaft des View-Models an die Eigenschaft `checked` des Kontrollkästchens. Diese legt fest, ob das Kontrollkästchen angehakt sein soll oder nicht.

Eine weitere Bindung, die im betrachteten Beispiel Verwendung findet, ist die `click`-Bindung. Sie bindet hier das `click`-Ereignis der Schaltfläche `Berechnen` an die Funktion `calc` im View-Model. Ein Klick auf diese Schaltfläche löst somit die Funktion `calc` aus (Listing 3.71). Wie im vorherigen Abschnitt angemerkt, errechnet diese Methode die Zinsen aus den anderen Eigenschaften des View-Models, welche ihre Werte durch die Bindung mit den Steuerelementen beziehen. Dieser errechnete Wert wird anschließend in die Eigenschaft `ergebnis` geschrieben. Da diese mit einer `text`-Bindung an den `span`-Tag neben der Beschriftung `Ergebnis` gebunden ist, wird sie unmittelbar nach dieser Zuweisung auch an dieser Stelle angezeigt.

```
<table>
    <tr>
        <th>Kapital</th>
        <td><input data-bind="value: kapital" /></td>
    </tr>
    <tr>
        <th>Zinssatz</th>
        <td><input data-bind="value: zinsSatz" /></td>
    </tr>
    <tr>
        <th>Tage</th>
        <td><input data-bind="value: tage" /></td>
    </tr>
    <tr>
        <th>Kest?</th>
        <td><input type="checkbox" data-bind="checked: kest" /></td>
    </tr>
    <tr>
        <th>Ergebnis</th>
        <td><span data-bind="text: ergebnis"></span></td>
    </tr>
    <tr>
        <th></th>
        <td><input type="button" data-bind="click: calc" value="Berechnen" style="margin-top:20px" /></td>
    </tr>
</table>
```

Listing 3.72 View für Zinsberechnung

Arrays binden

Neben skalaren Werten unterstützt knockout.js auch das Binden von Arrays. Der Umgang damit wird in weiterer Folge unter Verwendung einer erweiterten Version der zuvor betrachteten Zinsberechnungsapplikation erläutert. Diese bietet die verfügbaren Zinssätze über ein Dropdown-Listenfeld an (Abbildung 3.24). Darüber hinaus erlaubt sie das Warten dieser Zinssätze (Abbildung 3.25).

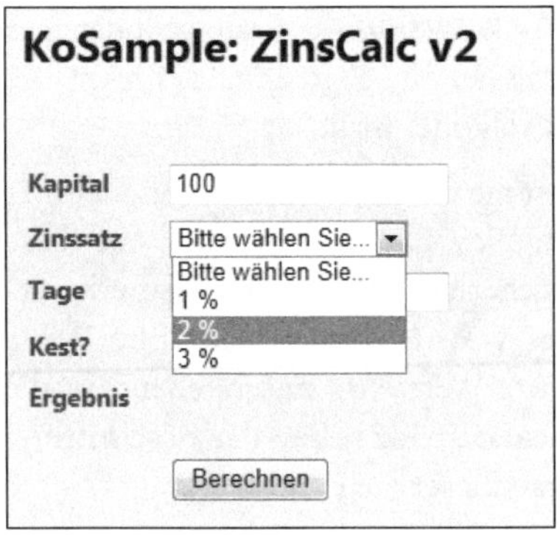

KoSample: ZinsCalc v2

Kapital	100
Zinssatz	Bitte wählen Sie... ▼
Tage	Bitte wählen Sie...
	1 %
Kest?	2 %
	3 %
Ergebnis	

[Berechnen]

Abbildung 3.24   Binden von Arrays mit knockout.js

Zinssätze

Neuer Zinssatz: _____

Anmerkung: _____

[Hinzufügen]

Zinssatz	Text	Anmerkung	Aktionen
1	1 %	Standard	Löschen nicht möglich!
2	2 %	Wenn man gut verhandelt ...	Löschen nicht möglich!
3	3 %	Wenn man das Sparbuch sperren lässt	Löschen nicht möglich!
6	6 %	Wenn man viel Phantasie hat	Löschen

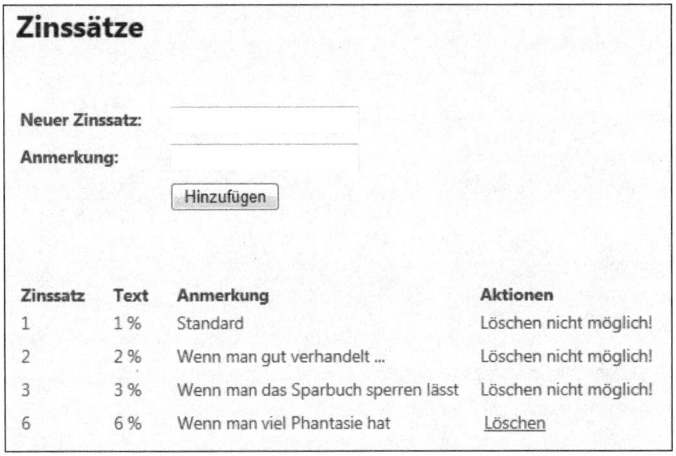

Abbildung 3.25   Verwalten von Arrays mit knockout.js

Listing 3.73 beinhaltet zu diesem Zweck die Konstruktorfunktion ZinsVM, welche ein View-Model zur Repräsentation von Zinssätzen erzeugt. Neben den Eigenschaften wert, test und anmerkung beinhaltet dieses View-Model die Funktion mayDelete, welche ermittelt, ob der jeweilige Zinssatz auch gelöscht werden darf. Zur Vereinfachung wird davon ausgegangen, dass alle Zinssätze bis 3% Standardzinssätze sind, die vom System vorgegeben und somit nicht gelöscht werden dürfen.

```
function ZinsVM(wert, text, anmerkung) {

    var $that = this;

    $that.wert = ko.observable(wert);
    $that.text = ko.observable(text);
    $that.anmerkung = ko.observable(anmerkung);

    $that.mayDelete = function () {
        if ($that.wert() > 3) return true;
        return false;
    }
}
```

Listing 3.73   View-Model zum Verwalten von Tabelleneinträgen

Eine erweiterte Variante der in den letzten Abschnitten verwendeten `ZinsCalcVM`-Konstruktorfunktion findet sich in Listing 3.74. Diese definiert eine zusätzliche Eigenschaft `zinsSatzAuswahl`, welche die zur Verfügung stehenden Zinssätze in Form von `ZinsVM`-Objekten beinhaltet. Da dies ein Array ist, das an die View gebunden werden soll, muss es sich um ein Array vom Typ `observableArray` handeln. Erzeugt wird es über die Funktion `ko.observableArray`.

Zusätzlich beinhaltet das neu erzeugte Objekt eine Funktion `addNewZinsSatz` zum Hinzufügen neuer Zinssätze und eine Funktion `deleteZinssatz`, um einen Zinssatz zu löschen. Die Funktion `addNewZinsSatz` schnappt sich die Werte der Observables `newZinsSatz` und `newZinsSatzAnmerkung`. Damit erzeugt sie ein neues `ZinsVM`-Objekt, welches mit der Funktion `push` am Ende des Arrays `zinsSatzAuswahl` angefügt wird.

Die Funktion `deleteZinssatz` nimmt ein zu löschendes `ZinsVM`-Objekt entgegen und entfernt dieses unter Verwendung von `remove` aus dem Array `zinsSatzAuswahl`.

```
function ZinsCalcVM() {

    var $that = this;

    var stdZinsSaetze = [
        new ZinsVM(1, "1 %", "Standard"),
        new ZinsVM(2, "2 %", "Wenn man gut verhandelt ..."),
        new ZinsVM(3, "3 %", "Wenn man das Sparbuch sperren lässt")];

    $that.zinsSatzAuswahl = ko.observableArray(stdZinsSaetze);

    $that.kapital = ko.observable();
    $that.tage = ko.observable(360);
    $that.zinsSatz = ko.observable();
    $that.kest = ko.observable(false);
    $that.ergebnis = ko.observable();

    $that.newZinsSatz = ko.observable();
    $that.newZinsSatzAnmerkung = ko.observable();

    $that.calc = function () {
        var zinsen;

        zinsen = $that.kapital() * $that.tage() * $that.zinsSatz() / 36000;

        if ($that.kest()) {
            zinsen = zinsen * 0.75;
        }

        $that.ergebnis(zinsen);
    }

    $that.addNewZinsSatz = function () {

        var wert = $that.newZinsSatz();
        var text = wert + " %";
        var anmerkung = $that.newZinsSatzAnmerkung();

        var newZinsVM = new ZinsVM(wert, text, anmerkung);
```

```
        if (!wert || isNaN(wert)) return;

        $that.zinsSatzAuswahl.push(newZinsVM);

        $that.newZinsSatz("");
        $that.newZinsSatzAnmerkung("");
    }

    $that.deleteZinssatz = function (delinquent) {
        $that.zinsSatzAuswahl.remove(delinquent);
    }

}

$(function () {
    var vm = new ZinsCalcVM();
    ko.applyBindings(vm);
});
```

Listing 3.74   Erweitertes View-Model zur Verwaltung von Einträgen

Die zum soeben beschriebenen View-Model gehörige View findet sich in Listing 3.75. Dabei fallen die Datenbindungsausdrücke im Dropdown-Listenfeld mit der Beschriftung Zinssatz ins Auge. Die Bindung options verweist auf jene Eigenschaft im View-Model, welche die zur Auswahl stehenden Optionen in Form eines observableArray beinhaltet.

Im betrachteten Fall handelt es sich dabei um ZinsVM-Objekte. Die stellvertretend für diese Objekte anzuzeigende Eigenschaft wird der Bindung optionsText entnommen; der intern für die Datenbindung heranzuziehende Wert aus optionsValue. Dieser Wert wird an jene Eigenschaft im View-Model gebunden, die unter value zu finden ist. Im betrachteten Fall findet diese Bindung zum Beispiel zwischen der Eigenschaft wert des ausgewählten Objekts und der Eigenschaft zinsSatz im ZinsCalcVM statt.

Sowohl die Angabe von optionsText als auch die Angabe von optionsValue ist optional. Werden diese Bindungen weggelassen, wird jeweils das gesamte Objekt herangezogen. Bei optionsText dürfte dies jedoch nur sinnvoll sein, wenn das Array aus Zahlen oder Strings besteht. Darüber hinaus kann eine Beschriftung, die in der ersten Zeile des Dropdown-Listenfelds anzuzeigen ist, mit optionsCaption definiert werden.

```
<h2>KoSample: ZinsCalc v2</h2>

<p> </p>

<table>
    <tr>
        <th>Kapital</th>
        <td><input data-bind="value: kapital" /></td>
    </tr>
    <tr>
        <th>Zinssatz</th>
        <td>
                <select
                data-bind="options: zinsSatzAuswahl,
                            optionsText: 'text',
                            optionsValue: 'wert',
```

```
                                value: zinsSatz,
                                optionsCaption: 'Bitte wählen Sie...'">
            </select>
        </td>
    </tr>
    <tr>
        <th>Tage</th>
        <td><input data-bind="value: tage" /></td>
    </tr>
    <tr>
        <th>Kest?</th>
        <td><input type="checkbox" data-bind="checked: kest" /></td>
    </tr>
    <tr>
        <th>Ergebnis</th>
        <td><span data-bind="text: ergebnis"></span></td>
    </tr>
    <tr>
        <th></th>
        <td><input type="button" data-bind="click: calc" value="Berechnen" style="margin-
top:20px" /></td>
    </tr>
</table>
```

Listing 3.75   Erweiterte View zur Anzeige von Einträgen

Jene View, welche das Warten von Zinssätzen erlaubt, findet sich in Listing 3.76. Auch diese View ist an ein ZinsCalcVM gebunden. Im oberen Bereich befindet sich eine Tabelle, welche das Hinzufügen von neuen Zinssätzen erlaubt. Die beiden Textfelder sind an die Observables newZinsSatz bzw. newZinsSatzAnmerkung gebunden; die Schaltfläche an die zuvor besprochene Funktion addNewZinsSatz.

In der zweiten Tabelle werden die einzelnen Zinssätze dargestellt. Dazu wird durch Einsatz einer foreach-Bindung der Inhalt des Tags tbody für jeden Zinssatz wiederholt. Mit der if-Bindung wird unter Verwendungn von mayDelete geprüft, ob der aktuelle Zinssatz gelöscht werden darf. Ist dem so, wird ein Link mit der Bezeichnung Löschen angezeigt. Dieser ist über eine click-Bindung an die Funktion deleteZinssatz gekoppelt. Dem Umstand, dass sich diese nicht im gerade dargestellten ZinsVM sondern im übergeordneten ZinsCalcVM befindet, wird durch Einsatz des Präfixes $parent Rechnung getragen. Informiert die Methode mayDelete darüber, dass der jeweilige Zinssatz nicht gelöscht werden darf, gibt der betrachtete Code eine entsprechende Meldung aus. Dazu wird zusätzlich zur if-Bindung eine ifnot-Bindung genutzt.

```
<h2>Zinssätze</h2>

<p> </p>

<table>
<tr>
    <th>Neuer Zinssatz: </th>
    <td><input data-bind="value: newZinsSatz" /></td>
</tr>
<tr>
    <th>Anmerkung: </th>
    <td><input data-bind="value: newZinsSatzAnmerkung" /></td>
</tr>
```

```
<tr>
    <td></td>
    <td>
            <input value="Hinzufügen"
                    data-bind="click: addNewZinsSatz"
                    type="button" />
        </td>
</tr>
</table>

<p> </p>

<table>
    <tr>
        <th>Zinssatz</th>
        <th>Text</th>
        <th>Anmerkung</th>
        <th>Aktionen</th>
    </tr>

    <tbody data-bind="foreach: zinsSatzAuswahl">
        <tr>
            <td data-bind="text: wert"></td>
            <td data-bind="text: text"></td>
            <td data-bind="text: anmerkung"></td>
            <td>
                    <span data-bind="if: mayDelete()">
                        <a href="#"
                            data-bind="click: $parent.deleteZinssatz">
                            Löschen
                        </a>
                    </span>
                    <span data-bind="ifnot: mayDelete()">
                        Löschen nicht möglich!
                    </span>
            </td>

        </tr>
    </tbody>
</table>
```

Listing 3.76   View zum Hinzufügen von Einträgen

TypeScript

Viele .NET-Entwickler stoßen sich an der semantischen Schwäche von JavaScript, zumal sie deswegen wohlbekannte Konzepte, wie Klassen oder Module, mit Mustern nachstellen müssen. Auch die Tatsache, dass es sich bei JavaScript um eine dynamische Sprache handelt, stößt in der .NET-Gemeinde nicht gerade auf Beliebtheit.

Die Sprache TypeScript, welche im Microsoft-nahen Umfeld entstanden ist, soll hier Abhilfe schaffen. Sie stellt eine Übermenge von JavaScript dar, die sowohl ein statisches Typsystem als auch Konstrukte wie Schnittstellen, Klassen, Module oder Lambda-Ausdrücke mit sich bringt. Kompiliert werden TypeScript-Skripts nach JavaScript, das in jedem Browser ausgeführt werden kann.

Die nötigen Werkzeuge zur Arbeit mit TypeScript, darunter Plugins für Visual Studio, finden sich unter *www.typescriptlang.org*.

Typen und Variablen

Das Typsystem von TypeScript unterscheidet zwischen primitiven und komplexen Typen. Zu den primitiven Typen zählen number, boolean, string, null sowie undefined. Diese entsprechen denselben Typen in Java-Script. Daneben existiert noch der Datentyp any, welcher jeden beliebigen Wert aufnehmen kann und somit das Standardverhalten von Variablen in JavaScript wiederspiegelt. Zu den komplexen Typen zählen Typen, die aus der Deklaration von Schnittstellen und Klassen hervorgehen.

Im Gegensatz zu JavaScript kann beim Deklarieren einer Variablen ein Datentyp angegeben werden. Dazu wird der Datentyp der Variablen nachgestellt. Im Zuge dessen kann der Entwickler auch bereits einen Initialwert angeben:

```
var name: string = "Max Muster";
var alter: number;
var einkommen: number;
```

Funktionen

Auch bei der Deklaration von Funktionen kann der Entwickler für die einzelnen Parameter einen Typ definieren. Dasselbe gilt auch für den Rückgabewert der Funktion, dessen Typ der Funktionssignatur nachgestellt wird. Listing 3.77 deklariert zum Beispiel eine Funktion, die einen Zeichenfolgenparameter entgegennimmt und nichts (void) zurückgibt. Für den Zeichenfolgenparameter wird hier auch ein Standardwert definiert.

```
function sayHello(name: string = "Welt"): void {
    alert("Hallo " + name);
}
sayHello("Max");

// Diese Zeile führt zu einem Kompilierungsfehler
sayHello(5);
```

Listing 3.77 Funktion mit typisiertem Parameter

Listing 3.78 zeigt, wie der Entwickler eine Variable deklarieren kann, die auf eine Funktion mit einer bestimmten Signatur verweisen kann. Es definiert, dass die Variable func auf Funktionen verweisen darf, die zwei Parameter vom Typ number entgegennehmen und ebenfalls eine number zurückgeben. Anschließend deklariert es eine solche Funktion und weist sie der Variablen zu. Danach wird die Funktion über die Variable zur Ausführung gebracht.

```
var func: (a: number, b: number) => number;
function add(x: number, y: number): number {
        return x + y;
}

func = add;
alert("Result: " + func(17, 2));
```

Listing 3.78   Variable func kann nur auf bestimmte Funktionen verweisen

Auf dieselbe Weise kann der Entwickler einen Übergabeparameter definieren, der auf eine Funktion mit einer bestimmten Signatur verweist. Ein Beispiel dafür bietet Listing 3.79. Es definiert eine Funktion filter, welche ein übergebenes Array unter Verwendung einer zu übergebenden Funktion filtert. Das Array ist im betrachteten Fall vom Typ number, was durch die Schreibweise number[] deutlich gemacht wird. Die Funktion, welche an den Parameter callback übergeben wird, nimmt jeweils eine number entgegen und bildet diese auf einen bool ab. Dieser sagt aus, ob das jeweilige Element Teil der Ergebnismenge sein soll.

Die Implementierung der betrachteten Funktion iteriert durch das übergebene Array und ruft für jeden Eintrag die Funktion callback auf. Liefert diese true, nimmt sie den Eintrag in die Ergebnismenge auf, die sie am Ende zurückgibt.

Das betrachtete Listing demonstriert auch den Aufruf dieser Funktion. Dabei wird das Array [1,2,3,4,5,6] sowie der Lambda-Ausdruck (item:number) => item % 2 == 0 übergeben, der dazu führt, dass alle geraden Werte in die Ergebnismenge aufgenommen werden. An der Stelle eines Lambda-Ausdrucks kann der Entwickler auch, wie unter JavaScript üblich, eine anonyme Funktion hinterlegen.

```
function filter(objs: number[], callback: (item: number) => bool ): number[] {
    var result: number[] = new number[];
    for(var i: number = 0; i<objs.length; i++) {

        if (callback(objs[i])) {
            result.push(objs[i]);
        }
    }
    return result;
}

var result = filter([1,2,3,4,5,6], (item: number) => item % 2 == 0 );
alert("Result length: " + result.length);
```

Listing 3.79   Lambda-Ausdrücke und Closures

Klassen

Wie Listing 3.80 demonstriert, werden Klassen, wie in C#, mit dem Schlüsselwort class eingeleitet. Im Gegensatz zu C# ist die standardmäßige Sichtbarkeit public. Daneben kann der Entwickler Member mit private als private Member deklarieren. Konstruktoren werden mit dem Schlüsselwort constructor eingeleitet.

```
class Person {

    public name: string;
    private alter: number;
```

```
    constructor(name: string, alter: number = -1) {
        this.name = name;
        this.alter = alter;
    }

     public getInfo(): string {
         return this.name + " " + this.alter;
     }
}
var p = new Person("Max", 40);
alert(p.getInfo());
```

Listing 3.80 Eine einfache Klasse

Um von einer bestehenden Klasse abzuleiten, verwendet der Entwickler, wie unter Java, das Schlüsselwort extends (siehe Listing 3.81). Hat die Basisklasse keinen parameterlosen Konstruktor, muss dieser durch Verwendung des Schlüsselworts super am Beginn des Konstruktors der erbenden Klassen aufgerufen werden. Das Schlüsselwort super wird darüber hinaus auch verwendet, um Member der Basisklasse zu referenzieren. Dies wird im betrachteten Fall innerhalb der Methode getInfo gemacht. Um zur Laufzeit zu prüfen, ob eine Variable ein Objekt eines bestimmten Typs enthält, kann der Entwickler den Operator instanceof heranziehen.

```
class Manager extends Person {
    public dienstWagenNummer: string;

    constructor(name: string, alter: number, dienstWagenNummer: string) {
        super(name, alter);
        this.dienstWagenNummer = dienstWagenNummer;
    }
    public getInfo(): string {
        return super.getInfo() + " " + this.dienstWagenNummer;
    }

}

var m: Person;
m = new Manager("Susi", 50, "Mercedes-1");
alert(m.getInfo());

var isManager: bool = m instanceof Manager;
alert("IsManager: " + isManager);
```

Listing 3.81 Vererbung

Schnittstellen

TypeScript erlaubt, ähnlich wie C# oder Java, den Einsatz von Schnittstellen (engl. interface, vgl. Listing 3.82). Um anzugeben, dass eine Klasse eine Schnittstelle implementiert, verwendet der Entwickler das Schlüsselwort implements. Um eine Schnittstelle von einer anderen erben zu lassen, setzt er jedoch, wie bei der Vererbung von Klassen, extends ein.

```
interface Entity {
    Id: number;
}

class Hotel implements Entity {
    Id: number;
    Bezeichnung: String;
}
```

Listing 3.82   Schnittstellenimplementierung

Listing 3.83 zeigt, wie der Entwickler definieren kann, dass eine Variable nur auf ein Objekt mit einer bestimmten Struktur verweisen darf, indem für die Variable f definiert wird, dass sie nur für Objekte mit einer Eigenschaft id heranzuziehen ist. Aus diesem Grund kann auch eine Instanz von Flug zugewiesen werden. Dass die Klasse Flug neben der Id noch weitere Eigenschaften hat, stellt hier kein Hindernis dar.

```
var f: {Id: number; };

class Flug {
    Id: number;
    Airline: string;
}

f = new Flug();
```

Listing 3.83   Variable f darf nur auf Objekte mit einem bestimmten Aufbau verweisen

Ambiente Deklarationen

Mit so genannten ambienten Deklarationen kann der Entwickler Typen für bestehende JavaScript-Konstrukte definieren. Dies macht es möglich, bestehende JavaScript-Frameworks, wie jQuery, gemeinsam mit dem Typsystem von TypeScript zu verwenden. Listing 3.84, welches aus der Dokumentation von Type-Script entnommen wurde, definiert zum Beispiel zwei Schnittstellen für eine kleine Untermenge der von jQuery gebotenen Objekte. Die Schnittstelle JQuery definiert ein sich auf die Funktion text beschränkendes Subset für jQuery-Wrapper; die Schnittstelle JQueryStatic definiert zwei Funktionssignaturen für das von jQuery bereitgestellte globale Objekt jQuery bzw. $.

Die erste Signatur definiert die Funktion get, welche AJAX-Anfragen via GET bereitstellt. Bei der zweiten Signatur handelt es sich um eine so genannte Bare-Funktionssignatur. Sie wird verwendet, wenn der Entwickler ein Objekt der Schnittstelle als Funktion nutzt. Wenn Sie sich an die Funktionsweise des Objekts $ erinnern, werden Sie feststellen, dass dieses Objekt sowohl für den Aufruf von Funktionen (z.B. $.ajax oder $.get) als auch direkt als Funktion (z.B. $("#element")) genutzt werden kann. Durch Einsatz der Bare-Funktionssignatur wird die hier betrachtete Schnittstelle dem letzten Fall gerecht.

Anschließend definiert das gezeigte Beispiel mit declare var, dass es sich bei dem Dollarzeichen ($) um eine an anderer Stelle definierte Variable handelt, die Methoden entsprechend der Schnittstelle JQueryStatic bereitstellt. Dadurch wird es möglich, die definierten Methoden über das Typsystem von TypeScript anzusprechen, was danach auch geschieht.

```
interface JQuery {
text(content: string);
}

interface JQueryStatic {
get(url: string, callback: (data: string) => any);
(query: string): JQuery;
}

declare var $: JQueryStatic;

$.get("http://mysite.org/divContent", function (data: string) {
        $("div").text(data);
} );
```

Listing 3.84 Ambiente Deklarationen für jQuery

Module

Auch die Möglichkeit zur Definition von Modulen mit eigenen Wertebereichen wird von TypeScript geboten. Innerhalb eines Moduls kann der Entwickler Variablen, Klassen und Funktionen definieren, die außerhalb des Moduls nur dann sichtbar sind, wenn er sie mit dem Schlüsselwort export deklariert. Ein Beispiel hierfür findet sich in Listing 3.85.

```
module SalutationModule {

    var salutation: string = "Hello";

    export function salute(name: string): void {
        alert(salutation + " " + name + "!");
    }

    export class Stuff {
        size: number;
    }

}

SalutationModule.salute("Welt");

var stuff: SalutationModule.Stuff = new SalutationModule.Stuff();
```

Listing 3.85 Deklaration eines Moduls

Die Modulnamen können hierarchisch aufgebaut werden, indem einzelne Teile durch einen Punkt getrennt werden (z.B. module A.B.C { … }). Darüber hinaus kann der Entwickler über das Schlüsselwort import ein Kürzel für eine Modulbezeichnung definieren:

```
import sal = SalutationModule; // Kürzel für das SalutationModule
sal.salute("Welt");
```

Verweise auf andere TypeScript-Dateien

Um auf eine andere TypeScript-Datei zu referenzieren, fügt der Entwickler einen Kommentar der Form `///` `<reference path="…"/>` ein. Bei den drei Schrägstrichen handelt es sich um keinen Schreibfehler, sondern um die Konvention, über die Visual Studio Kommentare erkennt, die Zusatzinformationen beinhalten. Mit dem Attribut `path` wird hierbei die zu referenzierende Datei adressiert.

Kapitel 4

ASP.NET SignalR

In diesem Kapitel:

Long-Polling	170
Web-Sockets	171
Überblick über ASP.NET SignalR	171
PersistentConnection	172
Hubs	176
Pipeline-Module für Querschnittsfunktionen	184
SignalR konfigurieren	186
SignalR skalieren	186

Während das Web auf einer Kommunikation nach dem Prinzip Anfrage/Antwort basiert, bietet es für Benachrichtigungsszenarien keine ideale Ausgangsbasis. Der Grund dafür liegt an der Funktionsweise von Firewalls: Sie blocken aus Sicherheitsgründen Anfragen, die von außen initiiert werden. Nachrichten, die von den dahinter liegenden Clients versendet werden sowie Antworten darauf werden hingegen zugelassen (siehe Abbildung 4.1). Um diese Einschränkung zu umschiffen, setzen Webentwickler seit Jahren auf ein nachfolgend beschriebenes Verfahren namens Long-Polling. Daneben ermöglicht der aufkommende Standard Web-Socket eine bidirektionale Kommunikation ohne Umwege, indem sich Client und Server darauf einigen, eine Verbindung, die vom Client unter Verwendung von HTTP und somit »Firewall-freundlich« initiiert wurde, fortan als TCP-Verbindung zu nutzen.

Bei ASP.NET SignalR handelt es sich um ein Framework, welches diese Möglichkeiten abstrahiert und darüber hinaus die Umsetzung von Benachrichtigungsszenarien erheblich vereinfacht. Nachdem dieses Kapitel ein paar Informationen zu den Ideen hinter Long-Polling und Web-Sockets geliefert hat, wendet es sich diesem jungen Framework zu.

Long-Polling

Long-Polling bedeutet, dass der Client eine Verbindung zum Server aufbaut und der Server mit einer Benachrichtigung antwortet. Da der Client nicht wissen kann, wann eine zu versendende Benachrichtigung vorliegt, hält er die Verbindung so lange offen, bis dies der Fall ist, oder bis sie aufgrund eines Timeouts terminiert wird. Da HTTP verbindungslos arbeitet, wird die Verbindung auch nach dem Erhalt einer Antwort vom Server, welche im diskutierten Fall die Benachrichtigung darstellt, geschlossen. Egal weswegen die Verbindung abgebaut wird, der Client initiiert immer wieder eine neue und legt somit die Basis für weitere Benachrichtigungen durch den Server. Der Nachteil dieser Vorgehensweise liegt im Kommunikationsoverhead, der durch das ständige Aufbauen einer neuen HTTP-Verbindung entsteht.

Zur Implementierung von Long-Polling existieren im Webumfeld mehrere Ansätze. Beispielsweise kann hierfür das XmlHttpRequest-Objekt unter JavaScript eingesetzt werden. Alternativ dazu kann der Browser auch einen versteckten Inner-Frame vorsehen, welcher auf eine Seite verweist, die ständig Informationen vom Server entgegennimmt, zum Beispiel in Form von JavaScript-Aufrufen. Hierbei ist auch von einem »Forever-Frame« die Rede. Unabhängig davon, wie die Implementierung erfolgt, spricht man hierbei auch von Reverse-AJAX oder COMET.

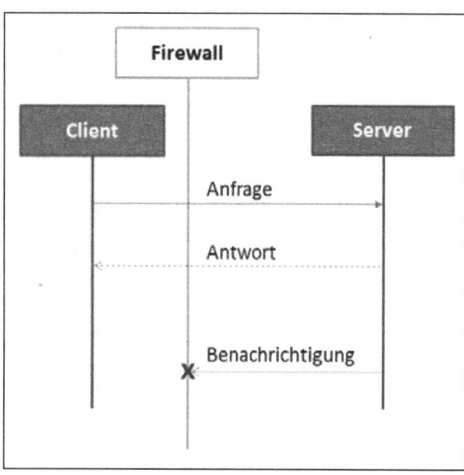

Abbildung 4.1   Während Firewalls Antwortnachrichten durchlassen, blocken sie Anfragen, die vom Server initiiert wurden

Web-Sockets

Wie eingangs erwähnt, sieht der aufkommende Standard Web-Socket vor, dass der Client zunächst eine Verbindung mittels HTTP initiiert. Im Zuge dessen gibt er an, dass er ab sofort die darunter liegende TCP-Verbindung direkt nutzen möchte. Ist der Server damit einverstanden, wird fortan über TCP kommuniziert (Abbildung 4.2).

Der Vorteil hiervon besteht darin, dass TCP im Gegensatz zu HTTP verbindungsorientiert ist und initiierte Verbindungen somit nicht nach dem Empfang einer Antwort geschlossen werden müssen. Darüber hinaus können beide Kommunikationspartner dem Gegenüber zu jeder Zeit Nachrichten über einen eingerichteten TCP-Kanal zukommen lassen.

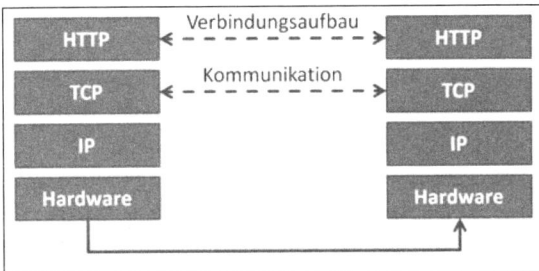

Abbildung 4.2 Nachdem sich Client und Server über den Einsatz von Web-Sockets geeinigt haben, wird die über HTTP initiierte Verbindung als bidirektionale TCP-Verbindung genutzt

Überblick über ASP.NET SignalR

Um in den Genuss von Web-Sockets zu kommen, müssen sowohl der Client als auch der Server dieses Protokoll unterstützen. Auf der Microsoft-Plattform ist dies zum Beispiel ab IE 10 und IIS 8 der Fall, wobei die Web-Sockets-Unterstützung für IIS 8 explizit über die Systemsteuerung installiert werden muss. Ist einer der Kommunikationspartner nicht in der Lage, Web-Sockets zu verwenden, müssen diese mit Long-Polling Vorlieb nehmen. Genau hier kommt ASP.NET SignalR ins Spiel, indem es zum einen sowohl Web-Sockets als auch verschiedene Long-Polling-Verfahren unterstützt und zum anderen anhand der Fähigkeiten von Client und Server selbstständig eine dieser Möglichkeiten wählt. Falls möglich, kommen Web-Sockets zum Einsatz; ansonsten eine Long-Polling-Implementierung.

SignalR-basierte Dienste können sowohl über ASP.NET-Projekte als auch mittels Self-Hosting über Windows-Anwendungen, wie zum Beispiel Windows-Dienste, angeboten sowie über JavaScript als auch über Windows-Clients konsumiert werden. Mit Drucklegung dieses Buchs gab es den Beschluss, die seit einiger Zeit zur Verfügung stehende Self-Hosting-Implementierung durch eine neue zu ersetzen. Aus diesem Grund verweisen wir für Informationen zu diesem Thema auf *https://github.com/SignalR/SignalR/wiki*.

Der Entwickler hat die Möglichkeit, Dienste in Form von so genannten persistenten Verbindungen oder in Form von Hubs bereitzustellen, wobei persistente Verbindungen lediglich in der Lage sind, Zeichenfolgen zu empfangen und zu versenden. Hubs, die auf persistenten Verbindungen basieren, bieten hingegen Operationen an, die der Client über Web-Sockets anstoßen kann. Zur Realisierung von Benachrichtigungen erhält auch der Hub die Möglichkeit, Operationen bei allen oder auch nur bei ausgewählten Clients zur Ausführung zu bringen. Das dem Konzept von Hubs zugrunde liegende Protokoll basiert auf JSON-Strings, die über Web-Sockets versendet werden, und passt somit perfekt in die Welt von HTTP und REST-basierten Services.

PersistentConnection

Dieser Abschnitt zeigt, wie der Entwickler persistente Verbindungen zur Kommunikation mit ASP.NET SignalR einsetzen kann.

Erste Schritte mit SignalR und PersistentConnection

Um innerhalb eines ASP.NET-Projekts einen auf persistenten Verbindungen basierenden Dienst bereitzu-stellen, bindet der Entwickler das NuGet-Package `microsoft.aspnet.signalr` ein. Anschließend implementiert er eine Klasse, die von `PersistentConnection` ableitet und die Methode `OnReceiveAsync` überschreibt (Listing 4.1). Alternativ dazu steht auch eine Elementvorlage (engl. item template) für persistente Verbindungen zur Verfügung, sofern *ASP.NET and Web Tools 2012.2* installiert ist. Die Installationsdateien dazu finden sich unter *www.asp.net*.

SignalR erzeugt pro Clientverbindung eine Instanz dieser Klasse und bringt `OnReceived` immer dann zur Ausführung, wenn der Client Daten liefert. Dabei übergibt SignalR drei Parameter: `IRequest` repräsentiert die HTTP-Anfrage, `connectionId` eine ID, die für die aktuelle Verbindung zwischen Client und Server steht, und `data` die gesendeten Daten in Form einer Zeichenfolge. Da die Verbindung zwischen Client und Server für die Dauer einer Benutzersitzung erhalten bleibt, kann jeder verbundene Benutzer über die `connectionId` identifiziert werden.

Im betrachteten Beispiel sendet `OnReceived` die erhaltene Zeichenfolge an alle verbundenen Clients weiter und implementiert somit einen einfachen Chat. Dazu gibt sie das Ergebnis von `Connection.Broadcast` zurück. Bei `Connection` handelt es sich hierbei um eine von `PersistentConnection` geerbte Eigenschaft des Typs `IConnection`. Wie die auskommentierte Zeile andeutet, könnte `OnReceived` stattdessen auch das Ergebnis von `Connection.Send` zurückgeben, um einem bestimmten Benutzer eine Information zukommen zu lassen. Diese Methode nimmt die `connectionId` des gewünschten verbundenen Benutzers sowie die zu versendenden Daten entgegen.

```
public class SimplePersistentConnection : PersistentConnection
{
    protected override Task OnReceivedAsync(
                    IRequest request, string connectionId, string data)
    {
        // return this.Connection.Send(connectionId, data);
        return this.Connection.Broadcast(data);
    }
}
```

Listing 4.1   Einfache Implementierung von `PersistentConnection`

Beachtenswert ist auch die von `PersistentConnection` geerbte Eigenschaft `Groups`. Sie ist vom Typ `IGroupManager` und gibt dem Entwickler die Möglichkeit, Verbindungen verschiedenen Gruppen zuzuordnen sowie allen Clients einer Gruppe eine Nachricht zukommen zu lassen. Das folgende Schnipsel weist die aktuelle Verbindung der Gruppe `VIP` zu und sendet anschließend allen Mitgliedern dieser Gruppe eine Nachricht:

```
this.Groups.Add(connectionId, "VIP");
this.Groups.Send("VIP", "Einladung zur VIP-Lounge ...");
```

Analog zur Verwendung von Add kann der Entwickler eine Gruppenzuweisung mittels Remove wieder aufheben.

Lifecycle-Methoden

Neben der im letzten Abschnitt betrachteten Methode OnReceived stellt die Basisklasse PersistentConnection noch einige weitere Methoden zur Verfügung, die der Entwickler überschreiben kann, um auf bestimmte Ereignisse zu reagieren: OnConnected wird zum Beispiel von SignalR aufgerufen, wenn mit einem Client eine Verbindung hergestellt wird; OnDisconnected, wenn eine Verbindung getrennt wird, und OnReconnected, wenn sich ein Client nach einem Verbindungsabbruch erneut verbindet.

Da bei einem Verbindungsabbruch sämtliche Informationen über die Gruppenzugehörigkeiten der jeweiligen Verbindung verloren gehen, ruft SignalR im Zuge des Wiederverbindens die Methode OnRejoiningGroups auf, um diese Informationen wieder in Erfahrung zu bringen. Durch das Überschreiben dieser Methode kann der Entwickler festlegen, wie diese Informationen zu ermitteln sind. Beispielsweise könnten sie zuvor in einer Datenbank gespeichert und nun aus dieser wieder geladen werden.

Vor einem Verbindungsaufbau ruft SignalR auch die Methode AuthorizeRequest. In dieser kann der Entwickler die gewünschten Authentifizierungslogiken platzieren. Alternativ dazu kann er für diese Aufgabe jedoch auch auf die im zehnten Kapitel beschriebenen Mechanismen zurückgreifen.

URL-Mapping für persistente Verbindungen

Damit Clients eine persistente Verbindung verwenden können, muss der Entwickler für sie serverseitig eine Route vergeben. Dies kann er beispielsweise in der Datei global.asax erledigen, wie im Folgenden gezeigt wird:

```
RouteTable
    .Routes
    .MapConnection<SimplePersistentConnection>
                ("simple", "/simple");
```

Bei der Methode MapConnection handelt es sich um eine Erweiterungsmethode aus dem Namensraum System.Net.Routing. Der Typparameter verweist auf die erstellte Subklasse von PersistentConnection. Der erste Parameter repräsentiert den Namen der Route; der zweite den URL, den ASP.NET mit der persistenten Verbindung assoziieren soll.

Einfacher Client für eine persistente Verbindung

ListingListing 4.2 zeigt einen einfachen Client, der auf die soeben betrachtete PersistentConnection zugreift. Dazu verwendet er das NuGet-Paket microsoft.aspnet.signalr.client.

Der Client baut unter Verwendung der Klasse Connection eine Verbindung zu PersistentConnection auf. An den Konstruktor übergibt er den zu adressierenden URL. Anschließend registriert der Client zwei Ereignisbehandlungsroutinen: Eine für das Ereignis Received und eine für Error. Erstere kommt zur Ausführung, wenn connection Daten vom Server empfängt; Letztere, wenn ein Fehler auftritt. Beide geben die empfangenen Informationen auf der Konsole aus.

Mit der connection-Methode Start initiiert der Client die Verbindung zum Server. Start wird im Hintergrund ausgeführt und liefert aus diesem Grund einen Task zurück. Um anzugeben, dass nach der Fertigstellung dieser im Hintergrund ausgeführten Routine eine weitere Aufgabe auszuführen ist, registriert der Client diese in Form eines Lambda-Ausdrucks unter Verwendung der Methode ContinueWith, die der Task anbietet. Dieser Lambda-Ausdruck prüft, ob der Task erfolgreich ausgeführt werden konnte, und gibt eine entsprechende Statusmeldung auf der Konsole aus.

Anschließend sendet der Client innerhalb einer Schleife Nachrichten in Form von Zeichenfolgen an den Server. Dazu zieht er die Methode Send heran. Da auch sie einen Task abspaltet, der im Hintergrund ausgeführt wird, registriert der Client ebenfalls bei diesem Task einen Lambda-Ausdruck, der zur Ausführung kommt, wenn der Sendevorgang abgeschlossen wurde. Dieser prüft abermals, ob die angestoßene Routine – das Senden von Daten – erfolgreich ausgeführt werden konnte, und zeigt dies durch eine Konsolenausgabe an.

```
var connection = new Connection("http://localhost:49222/simple");

connection.Received += data =>
{
    Console.WriteLine("Empfangen: " + data);
};

connection.Error += ex =>
{
    Console.WriteLine("Fehler: " + ex.Message);
};

connection.Start().ContinueWith(task =>
{
    if (task.IsFaulted)
    {
        Console.WriteLine("Fehler: " + task.Exception.Message);
    }
    else
    {
        Console.WriteLine("Verbindung aufgebaut!");
    }
});

string line;
while ((line = Console.ReadLine()) != "exit")
{
    connection.Send(line).ContinueWith(task =>
    {
        if (task.IsFaulted)
        {
            Console.WriteLine("Fehler: " + task.Exception.Message);
        }
        else
        {
            Console.WriteLine("Gesendet");
        }
    });
}
```

Listing 4.2   Einfacher .NET-basierter Chat-Client

Einfacher JavaScript-Client für eine persistente Verbindung

Listing 4.3 zeigt anhand einer einfachen HTML-Seite, wie der Entwickler via JavaScript eine persistente Verbindung verwenden kann. Dieses Beispiel geht davon aus, dass das populäre JavaScript-Framework jQuery (*jquery.org*) eingebunden ist.

Die View, die einen einfachen Chat darstellt, beinhaltet ein Eingabefeld zum Erfassen einer Nachricht, eine Schaltfläche zum Verwenden von Nachrichten sowie eine anfangs leere Liste zum Darstellen empfangener Nachrichten. Um SignalR nutzen zu können, referenziert sie die JavaScript-Datei *jquery.signalR-1.0.0.js*, die NuGet beim Einbinden des Pakets `microsoft.aspnet.signalr` in das Verzeichnis *scripts* kopiert. Dabei ist zu beachten, dass sich der konkrete Name dieser Datei von Version zu Version ändern kann.

Nach dem Laden der Seite erzeugt die View durch Aufruf von `$.connection` eine Verbindung zur serverseitig bereitgestellten persistenten Verbindung. Dazu übergibt sie deren URL als Parameter. Anschließend registriert sie für das Ereignis `received`, das immer dann ausgelöst wird, wenn Daten empfangen werden, eine Ereignisbehandlungsroutine. Im betrachteten Beispiel erzeugt die Ereignisbehandlungsroutine damit einen neuen Eintrag in der zuvor besprochenen Liste. Zusätzlich registriert die View auch eine Ereignisbehandlungsroutine für das Ereignis `error`. Wie der Name vermuten lässt, löst SignalR dieses Ereignis immer dann aus, wenn ein Fehler auftritt.

Der Aufruf von `connection.start` startet die persistente Verbindung. Im Zuge dessen übergibt die View an `done` eine Funktion, die SignalR ausführen soll, wenn die Verbindung erfolgreich aufgebaut wurde. Im Falle eines Fehlers ruft SignalR hingegen jene Funktion auf, die an `fail` übergeben wurde.

Anschließend registriert die View eine Ereignisbehandlungsroutine für das Klickereignis der Schaltfläche. Diese ermittelt die vom Benutzer erfasste Nachricht und sendet sie mittels `connection.send` an die persistente Verbindung. Danach leert sie das Textfeld.

```html
<h2>PersistentConnectionDemo</h2>

<input id="msg" /><input type="button" value="Senden" 1d="btnSend" />

<div>
    <ul id="messages">

    </ul>
    <p> </p>

</div>

    <!-- Dateiname kann von Version zu Version variieren -->
    <script src="/Scripts/jquery.js"></script>
    <script src="/Scripts/jquery.signalR-1.0.0.js"></script>
    <script>
        $(function () {

            var connection = $.connection('/simple');
            connection.received(function (data) {
                $("#messages").append("<li>" + data + "</li>");
            });
```

```
        connection.error(function(error) {
            alert("Fehler: " + error);
        });

        Connection
              .start()
              .done(function () {
                  alert("Verbindung aufgebaut!"); })
              .fail(function () { alert("Fehler!"); });

        $("#btnSend").click(function () {
            var val = $("#msg").val();
            connection.send(val);
            $("#msg").val("");
        });
    });

</script>
```

Listing 4.3   Einfacher JavaScript-basierter Chat-Client

Hubs

Im Gegensatz zu persistenten Verbindungen bieten Hubs die Möglichkeit, Operationen einzurichten, die über das Netzwerk angestoßen werden können. Dieser Abschnitt geht auf diese Möglichkeit ein.

Methoden und Callbacks mit SignalR und Hubs

Während sich der Entwickler beim Einsatz von persistenten Verbindungen mit dem Versand von Zeichenfolgen zwischen den Clients und dem Server zufrieden geben muss, bieten Hubs die Möglichkeit, Dienstoperationen zu definieren. Clients können Dienstoperationen bei einem Hub aufrufen und im Zuge dessen Parameter übergeben. Der Hub kann allerdings auch Dienstoperationen, die die Clients anbieten, zur Ausführung bringen, um ihnen eine Benachrichtigung zukommen zu lassen.

Um einen Hub bereitzustellen, bindet der Entwickler das NuGet-Package microsoft.aspnet.signalr ein, und erstellt eine Subklasse von Hub. Alternativ dazu steht auch ein Item-Template für Hubs zur Verfügung, sofern man *ASP.NET and Web Tools 2012.2* (*www.asp.net*) installiert hat.

Listing 4.4 beinhaltet einen einfachen Hub, der die Möglichkeit bietet, Flüge zu buchen. Immer dann, wenn ein Flug gebucht wurde, versendet er eine Benachrichtigung mit der betroffenen Flugnummer und der Anzahl der verbleibenden Sitzplätze an alle Clients. Zur Vereinfachung wird die Anzahl der freien Sitzplätze in einem statischen Dictionary mit dem Namen freePerFlight abgelegt, das FlugId-IDs auf die Anzahl der freien Sitzplätze abbildet. Die nächste zu vergebende TicketId wird ebenfalls in einem statischen Member vorgehalten. Ein statischer Konstruktor initialisiert das Dictionary freePerFlight, indem er für die Flüge 4711, 4712 und 4713 jeweils 100 freie Plätze vergibt.

Sämtliche Methoden eines Hubs werden den Clients als Dienstoperationen angeboten. Im betrachteten Fall beschränkt sich diese Menge auf die Methode BookFlight. Diese Methode prüft, ob der übergebene Flug existiert, und löst eine Ausnahme aus, falls dem nicht so ist. Sie ermittelt die Anzahl der freien Plätze für den gewünschten Flug und dekrementiert diesen Wert. Außerdem ermittelt sie für die aktuelle Buchung eine TicketId. Dazu zieht sie den aktuellen Wert des statischen Zählers nextTicketId heran und inkrementiert ihn anschließend.

Danach wird es spannend: Über this.Clients.Caller.BookFlightCompleted wird beim Aufrufer die Methode BookFlightCompleted zur Ausführung gebracht. Bei Clients handelt es sich dabei um eine von Hub geerbte Eigenschaft, die über deren Eigenschaft Caller den Aufrufer repräsentiert. Da es sich hierbei um eine dynamische Eigenschaft handelt, kann der Entwickler über dieses Objekt jede beliebige Methode aufrufen. Damit dies zur Laufzeit funktioniert, muss sie am Client natürlich existieren.

Anschließend ruft das betrachtete Beispiel die Methode this.Clients.All.FlightUpdated auf und bewirkt somit, dass bei sämtlichen verbundenen Clients die Methode FlightUpdated zur Ausführung kommt. Um zu demonstrieren, dass Dienstoperationen in Hubs auch Rückgabewerte liefern können, gibt BookFlight am Ende die aktuelle TicketId zurück.

```
public class FlugHub: Hub
{
    // FlugId --> Anzahl freier Plätze
    private static Dictionary<int, int> freePerFlight
                              = new Dictionary<int, int>();

    private static int nextTicket = 1;

    static FlugHub()
    {
        freePerFlight[4711] = 100;
        freePerFlight[4712] = 100;
        freePerFlight[4713] = 100;
    }

    public string BookFlight(int flugId, string vorname, string nachname)
    {
        int free;
        string ticketId;
        lock (freePerFlight)
        {
            if (!freePerFlight.ContainsKey(flugId))
                    throw new Exception("Flug " + flugId + " existiert nicht!");
            free = freePerFlight[flugId];
            free--;
            freePerFlight[flugId] = free;
            ticketId = "T" + nextTicket;
            nextTicket++;
        }

        this.Clients.Caller.BookFlightCompleted(flugId, ticketId, vorname, nachname);
        this.Clients.All.FlightUpdated(flugId, ticketId, free);
        return ticketId;
    }
}
```

Listing 4.4 Einfacher Hub

URL-Mapping für Hubs

Damit sämtliche implementierte Hubs auch über einen URL zur Verfügung gestellt werden, muss der Entwickler die Methode `RouteTable.Routes.MapHubs` zur Ausführung bringen. Dieser Aufruf hat im Zuge des Starts der Webanwendung zu erfolgen, weswegen sich die Methode `Application_Start` in der `global.asax` dafür anbietet.

Übergibt der Entwickler keine Parameter, werden die Hubs an den URL `/signalr/hubs` gebunden. Einen davon abweichenden URL, der stattdessen heranzuziehen ist, kann der Entwickler an eine Überladung von `MapHubs` übergeben. Im Zuge dessen kann er auch ein Konfigurationsobjekt an SignalR weiterreichen. Im folgenden Schnipsel gibt der Entwickler an, dass detaillierte Fehlermeldungen übers Netzwerk zum Client übertragen werden dürfen:

```
var config = new HubConfiguration();
config.EnableDetailedErrors = true;
RouteTable.Routes.MapHubs(config);
```

Lifecycle-Methoden

Wie auch die Basisklasse `PersistentConnection` bietet `Hub` einige Lifecycle-Methoden an, die der Entwickler überschreiben kann, um auf bestimmte Ereignisse zu reagieren. `OnConnected` wird aufgerufen, wenn eine Verbindung aufgebaut wird, `OnDisconnected`, wenn sie beendet wird, und `OnReconnected`, wenn eine abgebrochene Verbindung erneut aufgebaut wird.

Da beim Abbruch einer Verbindung die Information über die aktuellen Gruppenzugehörigkeiten verloren geht, ist es die Aufgabe des Entwicklers, diese innerhalb der Methode `OnReconnected` wiederherzustellen. Dazu kann er sich zum Beispiel auf eine Datenbank, in der er diese Informationen zuvor abgelegt hat, stützen.

Hubs konsumieren

Listing 4.5 zeigt, wie ein Client auf den soeben besprochenen Hub zugreifen kann. Dazu verwendet er das NuGet-Paket `microsoft.aspnet.signalr.client`. Dieses beinhaltet die Klasse `HubConnection`, die eine Verbindung mit einem `Hub` repräsentiert. An den Konstruktor dieser Klasse übergibt er die Basisadresse; an die Methode `CreateProxy` den Namen des Hubs. Mit diesen Informationen erzeugt `CreateProxy` eine Instanz von `IHubProxy`.

Bei diesem `Proxy` registriert der Client Lambda-Ausdrücke, die zur Ausführung kommen sollen, wenn der `Hub` clientseitige Operationen anstößt. Dazu kommt die Methode `On` zum Einsatz. Sie nimmt den Namen der clientseitigen Operation in Form einer Zeichenfolge sowie den auszuführenden Lambda-Ausdruck entgegen. Außerdem registriert der Client eine Ereignisbehandlungsroutine für das Ereignis `Error`, das von der `HubConnection` angeboten wird und immer dann zur Ausführung kommt, wenn ein Fehler auftritt.

Der darauffolgende auskommentierte Codeabschnitt demonstriert, wie bei der Verwendung des Hubs Anmeldeinformationen (engl. credentials) bzw. Cookies an den Server übermittelt werden können. Die auf diesem Weg angegebenen Anmeldeinformationen werden innerhalb der HTTP-Kopfzeilen unter Verwendung der Spielart `HTTP BASIC` übermittelt.

Mit der `HubConnection`-Methode `Start` initiiert der Client die Verbindung zum `Hub`. Diese Methode spaltet einen `Task` ab, der im Hintergrund ausgeführt wird. Mit der Methode `ContinueWith` registriert der Client einen Lambda-Ausdruck, der auszuführen ist, wenn der `Task` beendet wurde.

Anschließend ruft der Client innerhalb einer Schleife die Methode `Invoke` beim `Proxy` auf. Diese Methode bringt eine serverseitige Operation, die der `Hub` anbietet, zur Ausführung. Der Typ des Rückgabewerts – hier String – wird als Typparameter angegeben. Den Namen der gewünschten Operation übergibt der Client als Zeichenfolge. Danach führt er die zu übersendenden Parameter an.

Auch `Invoke` spaltet einen `Task` ab, der im Hintergrund ausgeführt wird. Bei diesem `Task` registriert der Client abermals einen Lambda-Ausdruck, der nach dessen Ausführung angestoßen wird. Dieser ermittelt über die Eigenschaft `Result` das Ergebnis der angestoßenen Operation. Über die Eigenschaft `Exception` könnte er hingegen prüfen, ob eine Ausnahme ausgelöst wurde.

```
var connection = new HubConnection("http://localhost:49222/");
IHubProxy proxy = connection.CreateProxy("FlugHub");

proxy.On("bookFlightCompleted",
    (int flugId, string ticketId, string vorname, string nachname) => {

        Console.WriteLine(
            "bookFlightCompleted: flugId={0}, ticketId={1}, vorname={2}, nachname={3}",
            flugId, ticketId, vorname, nachname);

});

proxy.On("flightUpdated", (int flugId, string ticketId, int free) => {

    Console.WriteLine(
        "flightUpdated: flugId={0}, ticketId={1}, free={2}",
        flugId, ticketId, free);
});

connection.Error += (Exception obj) =>{
    Console.WriteLine("Fehler: " + obj.Message);
}

// connection.Credentials = new NetworkCredential("max", "geheim");

//connection.CookieContainer = new CookieContainer();
//connection.CookieContainer.Add(new Cookie(
//    name: "userName",
//    value: "max",
//    path: "/",
//    domain: "localhost"));


connection.Start().ContinueWith(t =>
{
    if (t.Exception != null)
    {
        t.Exception.Handle(e =>
        {
            Console.WriteLine(e.Message);
```

```
                return true;
        });
    }
    else
    {
        Console.WriteLine("Verbindung aufgebaut!");
    }

});

string line;

while ((line = Console.ReadLine()) != "exit")
{
    if (string.IsNullOrWhiteSpace(line)) continue;

    var parts = line.Split(' ');
    var command = parts[0];

    int flugId = 0;
    flugId = Convert.ToInt32(parts[1]);
    var vorname = parts[2];
    var nachname = parts[3];

    proxy
        .Invoke<string>("BookFlight", flugId, vorname, nachname)
        .ContinueWith(t => {

            // t.Exception
            Console.WriteLine("TicketId: " + t.Result);

        });

}
connection.Stop();
```

Listing 4.5 Zugriff auf einen Hub

Hubs über JavaScript konsumieren

Abbildung 4.3 zeigt eine Webseite, die den zuvor diskutierten FlugHub konsumiert. Sie gibt dem Benutzer die Möglichkeit, einen Flug zu buchen. Dazu gibt der Benutzer Vorname, Nachname und eine Flugnummer ein und betätigt anschließend die Schaltfläche *Buchen*. Vom FlugHub erhaltene Rückgabewerte oder Benachrichtigungen, die direkt an den Aufrufer gerichtet waren, zeigt die Webseite unter Callbacks an. Benachrichtigungen, die der Hub an alle Clients gesendet hat, findet der Benutzer unter Broadcasts.

Flug buchen

Vorname/ Nachname

Max

Muster

FlugId

4711

Buchen

Callbacks

- Max Muster, Ihr Flug 4711 wurde gebucht. TicketId: T1
- Result: T1
- Max Muster, Ihr Flug 4711 wurde gebucht. TicketId: T1
- Result: T1
- Max Muster, Ihr Flug 4711 wurde gebucht. TicketId: T1
- Result: T1

Broadcasts

- Flug 4711 wurde gebucht. TicketId: T1, Anzahl freie Plätze: **99**
- Flug 4711 wurde gebucht. TicketId: T1, Anzahl freie Plätze: **98**
- Flug 4711 wurde gebucht. TicketId: T1, Anzahl freie Plätze: **97**

Abbildung 4.3 Diese Webseite gibt dem Benutzer die Möglichkeit, Flüge zu buchen, und zeigt darüber hinaus erhaltene Rückgabewerte und Benachrichtigungen an

Die Implementierung dieser Webseite findet sich in Listing 4.6. Es wird an dieser Stelle davon ausgegangen, dass die betrachtete Seite das populäre JavaScript-Framework jQuery (*jquery.org*) einbindet. Um die Möglichkeiten von SignalR nutzen zu können, referenziert die betrachtete View die Datei */Scripts/jquery.signalR-1.0.0.js*, die beim Einbinden des SignalR-Packages microsoft.aspnet.signalr via NuGet ins Projekt integriert wurde. Darüber hinaus referenziert die View die dynamisch von SignalR generierte JavaScript-Datei */signalr/hubs*, die Proxies zur Kommunikation mit sämtlichen serverseitig bereitgestellten Hubs beinhaltet.

Nach dem Laden der Seite holt sich die betrachtete View mittels $.connection.flugHub einen Verweis auf den serverseitigen FlugHub. Anschließend registriert die View jene Funktionen, die serverseitige Routinen am Client anstoßen können, bei der Eigenschaft client. Die Funktion bookFlightCompleted erzeugt einen Eintrag auf der Webseite unter *Callbacks*; die Funktion flightUpdated macht dasselbe im Bereich *Broadcasts*.

Für die Schaltfläche, die der Benutzer zum Buchen eines Flugs betätigt, richtet die View eine Ereignisbehandlungsroutine ein. Diese ermittelt die erfassten Daten und ruft damit über das aktuelle connection-Objekt die Methode bookFlight bei der Eigenschaft server des Hubs auf. Beim Ergebnis dieses Aufrufs registriert sie anschließend zwei Callbacks: An done übergibt sie eine Funktion, die SignalR nach einer erfolgreichen Ausführung der Dienstoperation anstoßen soll; an fail hingegen eine Funktion, die beim Auftreten eines Fehlers zum Zuge kommt. Während Erstere den Rückgabewert der Dienstoperation entgegennimmt, erwartet Letztere als Argument eine Fehlerbeschreibung. Beide Funktionen platzieren die erhaltenen Daten auf der Webseite. Um Fehler, die sich nicht auf einen bestimmten Aufruf beziehen, abzufangen, registriert die View zusätzlich eine Routine unter Verwendung der Funktion $.connection.hub.error.

Nachdem sämtliche Funktionen und Ereignisbehandlungsroutinen registriert wurden, startet die View durch Aufruf von $.connection.hub.start die Verbindung zum Hub. Auch beim hiermit erhaltenen Rückgabewert registriert sie mit done und fail zwei Funktionen, die auszuführen sind, wenn der Aufruf von start erfolgreich war bzw. fehlgeschlagen ist.

Wenig auffällig, aber umso interessanter ist die Tatsache, dass SignalR sowohl im betrachteten JavaScript-Code als auch im serverseitig implementierten C#-Code die Anwendung der jeweiligen Konventionen in Hinblick auf Groß-/Kleinschreibung erlaubt. Während serverseitig zum Beispiel eine Methode BookFlight definiert wird, erfolgt deren Aufruf in JavaScript via bookFlight. Dasselbe gilt unter anderem auch für die in JavaScript definierte Funktion flightUpdated und den dazu passenden serverseitigen Aufruf FlightUpdated.

```
<div class="box">
    <h2>Flug buchen</h2>

    <div class="label">
        Vorname/ Nachname
    </div>
    <div>
        <input id="txtVorname" /> <input id="txtNachname" />
    </div>
    <div class="label">
        FlugId
    </div>
    <div>
        <input id="flugId" />
    </div>
    <div class="button">
        <input type="button" value="Buchen" id="btnBuchen" />
    </div>
</div>


<div class="box">
    <h2>Callbacks</h2>

    <ul id="callbacks">
    </ul>
</div>

<div class="box">
    <h2>Broadcasts</h2>

    <ul id="broadcasts">
    </ul>
</div>

    <!-- Dateinamen können sich bei neueren Versionen ändern -->
    <script src="/Scripts/jquery.js "></script>
    <script src="/Scripts/jquery.signalR-1.0.0.js"></script>
    <script src="/signalr/hubs" type="text/javascript"></script>

    <script>
        $(function () {

            connection = $.connection.flugHub;

            connection.client.bookFlightCompleted = function (flugId, ticketId, vorname, nachname) {
                var info = vorname + " " + nachname + ", Ihr Flug " + flugId + " wurde gebucht.↵
 TicketId: " + ticketId;
```

```javascript
        $("#callbacks").append("<li>" + info + "</li>");
    }

    connection.client.flightUpdated = function (flugId, ticketId, free) {
        var info = "Flug " + flugId + " wurde gebucht. TicketId: " + ticketId + ",↵
Anzahl freie Plätze: <b>" + free + "</b>";
        $("#broadcasts").append("<li>" + info + "</li>");
    }

    $("#btnBuchen").click(function () {
        var vorname = $("#txtVorname").val();
        var nachname = $("#txtNachname").val();
        var flugId = $("#flugId").val();

        connection
            .server
            .bookFlight(flugId, vorname, nachname)
            .done(function (result) {
                $("#callbacks").append("<li>Result: " + result + "</li>");
            })
            .fail(function (error) {
                $("#callbacks").append("<li>Error: " + error + "</li>");
            });
    });

    $.connection.hub.error(function () {
        alert("An error occured");
    });
    $.connection.hub.start()
                    .done(function () {
                        alert("Verbindung aufgebaut!"); })
                    .fail(function () { alert("Fehler!"); });

    });

</script>
```

Listing 4.6 Zugriff auf einen Hub via JavaScript

Gruppen

Hubs geben dem Entwickler auch die Möglichkeit, Verbindungen in verschiedene Gruppen zu unterteilen und Nachrichten nur an die Clients bestimmter Gruppen zu senden. Um dies zu demonstrieren, beinhaltet Listing 4.7 eine modifizierte Variante des zuvor betrachteten Hubs. Sie bietet nun die beiden zusätzlichen Dienstoperationen RegisterForFlight und UnRegisterForFlight an und gibt den Clients somit die Möglichkeit, sich für ausgewählte Flüge zu registrieren.

RegisterForFlight registriert die aktuelle Verbindung für den übergebenen Flug unter Verwendung der Methode this.Groups.Add. Als ersten Parameter übergibt sie hierzu die ConnectionId der aktuellen Verbindung; als zweiten Parameter den Gruppennamen, der im betrachteten Fall eine Zeichenfolge im Format flug + FlugId ist (z.B. flug4711). Um den aktuellen Client aus einer Gruppe auszutragen, geht die Dienstoperation UnRegisterForFlight analog unter Verwendung von Groups.Remove vor.

Bucht ein Client einen Flug, so informiert die Methode BookFlight lediglich jene Clients, die sich für diesen Flug interessieren und sich deswegen in der Gruppe dieses Fluges eingetragen haben. Dazu ermittelt sie über this.Clients.Groups("flug" + flugId) ein dynamisches Objekt, das die betroffenen Clients repräsentiert, und ruft bei diesem Objekt die clientseitige Methode FlightUpdated auf. Dies führt dazu, dass diese Methode bei allen betroffenen Clients angestoßen wird.

```
public class MulticastFlugHub : Hub
{
    private static Dictionary<int, int> freePerFlight
                              = new Dictionary<int, int>();
    private static int nextTicket = 1;

    static MulticastFlugHub()
    {
        freePerFlight[4711] = 100;
        freePerFlight[4712] = 100;
        freePerFlight[4713] = 100;
    }

    public void RegisterForFlight(int flugId)
    {
        this.Groups.Add(this.Context.ConnectionId, "flug" + flugId);
    }

    public void UnRegisterForFlight(int flugId)
    {
        this.Groups.Remove(this.Context.ConnectionId, "flug" + flugId);
    }

    public string BookFlight(int flugId, string vorname, string nachname)
    {
        int free;
        string ticketId;
        lock (freePerFlight)
        {
            if (!freePerFlight.ContainsKey(flugId))
                throw new Exception("Flug " + flugId + " existiert nicht!");

            free = freePerFlight[flugId];
            free--;
            freePerFlight[flugId] = free;
            ticketId = "T" + nextTicket;
            nextTicket++;
        }

        this.Clients.Caller.BookFlightCompleted(flugId, ticketId, vorname, nachname);
        this.Clients.Group("flug" + flugId).FlightUpdated(flugId, ticketId, free);
        return ticketId;
    }
}
```

Listing 4.7 Einsatz von Gruppen

Pipeline-Module für Querschnittsfunktionen

Mithilfe von Pipeline-Modulen kann der Entwickler Querschnittsfunktionen festlegen, die SignalR zu bestimmten Zeitpunkten unabhängig vom jeweils konsumierten Hub zur Ausführung bringen soll. Um ein Pipeline-Modul zu implementieren, leitet der Entwickler von HubPipelineModule ab. Anschließend überschreibt er jene Methoden, welche SignalR beim Eintreteten bestimmter Ereignisse aufruft. Die folgende Auflistung beschreibt diese:

- **OnAfterConnect**   Wird aufgerufen, nachdem eine Verbindung mit einem Client aufgebaut wurde

- **OnAfterDisconnect**   Wird aufgerufen, nachdem eine Verbindung mit einem Client geschlossen wurde

- **OnAfterIncoming**   Wird aufgerufen, nachdem ein Hub Daten empfangen hat

- **OnAfterOutgoing**   Wird aufgerufen, nachdem ein Hub Daten gesendet hat

- **OnAfterReconnect**   Wird aufgerufen, wenn eine abgebrochene Verbindung erneut aufgebaut wird

- **OnBeforeAuthorizeConnect**   Wird aufgerufen, wenn eine Verbindung aufgebaut wird. Hier kann der Entwickler Autorisierungslogiken platzieren

- **OnBeforeConnect**   Wird aufgerufen, bevor eine Verbindung mit einem Client aufgebaut wird

- **OnBeforeDisconnect**   Wird aufgerufen, bevor eine Verbindung mit einem Client getrennt wird

- **OnBeforeIncoming**   Wird aufgerufen, bevor der Hub Daten empfängt

- **OnBeforeOutgoing**   Wird aufgerufen, bevor der Hub Daten sendet

- **OnBeforeReconnect**   Wird aufgerufen, bevor eine abgebrochene Verbindung wieder aufgebaut wird

- **OnIncomingError**   Wird aufgerufen, wenn ein Fehler auftritt

Das Beispiel in Listing 4.8 zeigt ein Pipeline-Modul, welches ausgewählte Ereignisse unter Verwendung von Debug.WriteLine protokolliert.

```
public class LoggingPipelineModule : HubPipelineModule
{
    protected override bool
        OnBeforeIncoming(IHubIncomingInvokerContext context)
    {
        Debug.WriteLine(
            "[{0}] OnBeforeIncoming: Method {1} on Hub {2}",
            DateTime.Now,
            context.MethodDescriptor.Name,
            context.MethodDescriptor.Hub.Name );

        return base.OnBeforeIncoming(context);
    }

    protected override bool OnBeforeOutgoing(
                    IHubOutgoingInvokerContext context)
    {
        Debug.WriteLine(
            "[{0}] OnBeforeOutgoing: Method {1} on Hub {2}",
            DateTime.Now,
            context.Invocation.Method,
            context.Invocation.Hub);

        return base.OnBeforeOutgoing(context);
    }
}
```

Listing 4.8   Einfaches Pipeline-Modul

Um ein Pipeline-Modul bei SignalR zu registrieren, ist es an die Methode AddModule der statischen Auflistung HubPipeline von GlobalHost zu übergeben:

```
GlobalHost.HubPipeline.AddModule(new LoggingPipelineModule());
```

Wie alle programmatischen Konfigurationen erfolgt dieser Aufruf vorzugsweise innerhalb der Methode Application_Start, die sich in der Datei global.asax befindet.

SignalR konfigurieren

SignalR bietet einige wenige Konfigurationseinstellungen. Hierbei handelt es sich um Eigenschaften jenes Objekts, das über die statische Eigenschaft GlobalHost.Configuration in Erfahrung gebracht werden kann. Da die Konfigurationseinstellungen im Zuge des Hochfahrens der Webanwendung gesetzt werden sollten, bietet sich hierfür die Methode Application_Start innerhalb der Datei global.asax an.

Die folgende Auflistung beschreibt die zur Verfügung stehenden Konfigurationseinstellungen:

- **ConnectionTimeout** Gibt an, nach welcher Zeitspanne, innerhalb der der Client keine Nachricht sendet, die Verbindung abzubauen ist

- **DisconnectTimeout** Gibt an, wie lange nach dem Abbruch einer Verbindung gewartet werden soll, bis hierfür das Ereignis Disconnect aufzurufen ist

- **KeepAlive** Gibt an, in welchem Intervall Clients Keep-Alive-Nachrichten an den Server senden sollen, um zu verhindern, dass die Verbindung nicht abgebaut wird

SignalR skalieren

Verteilt man eine Anwendung, die SignalR verwendet, auf mehrere Server, ergibt sich das Problem, dass Nachrichten von Clients auf dem einen Server nicht an die Clients des anderen Servers weitergeleitet werden. Der Grund dafür liegt in der Tatsache, dass zum einen beide Server nichts voneinander wissen sowie zum anderen, dass SignalR standardmäßig einen lokalen Message-Bus verwendet, um Nachrichten zu verteilen.

Die Lösung besteht nun darin, die Implementierung des Message-Busses durch eine zu ersetzen, die alle empfangenen Nachrichten an eine übergeordnete Entität übergibt. Bei dieser übergeordneten Entität kann es sich beispielsweise um ein Topic (Nachrichtenwarteschlange für Point-to-Multipoint-Kommunikation) oder um eine Datenbank handeln. Die Aufgabe dieser Entität besteht darin, alle empfangenen Nachrichten an die einzelnen lokalen Message-Bus-Instanzen weiterzureichen (siehe Abbildung 4.4).

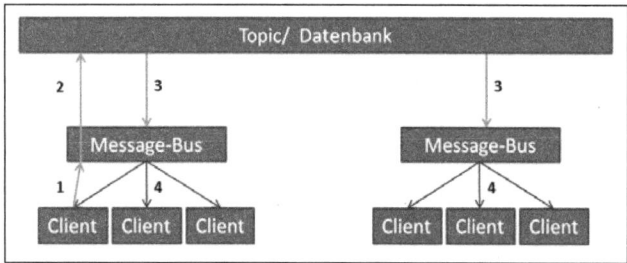

Abbildung 4.4   SignalR kann durch Hinzuziehen eines Topics, Netzwerkcaches oder einer Datenbank skaliert werden

Derzeit existieren Message-Bus-Implementierungen für Windows Azure Service Bus bzw. Windows Server Service Bus, den freien Key/Value-Store Redis und SQL Server. Informationen dazu finden sich unter *https://github.com/SignalR/SignalR/wiki*.

Kapitel 5

Datenzugriff mit dem Entity Framework

In diesem Kapitel:

Überblick	188
Mit dem Entity Data Model arbeiten	189
Daten abfragen	196
Entitäten verwalten	205
Erweiterte Mapping-Szenarien	212
Mit Gespeicherten Prozeduren arbeiten	225
Mit nativem SQL arbeiten	229
Codegenerierung anpassen	230
Code First	231
Datenbasierte Dienste mit dem Entity Framework, ASP.NET Web API und OData	242

Um die Handhabung von relationalen Datenbanken in objektorientierten Systemen natürlicher zu gestalten, setzt die Software-Industrie seit Jahren auf O/R-Mapper. O steht dabei für objektorientiert und R für relational. Diese Werkzeuge bilden demnach Konzepte aus der objektorientierten Welt, wie Klassen, Attribute oder Beziehungen zwischen Klassen auf entsprechende Konstrukte der relationalen Welt, wie zum Beispiel Tabellen, Spalten und Fremdschlüssel, ab. Der Entwickler kann somit in der objektorientierten Welt verbleiben und den O/R-Mapper anweisen, bestimmte Objekte, welche in Form von Datensätzen in den Tabellen der relationalen Datenbank vorliegen, zu laden bzw. zu speichern. Wenig interessante und fehleranfällige Aufgaben, wie das manuelle Erstellen von INSERT-, UPDATE- oder DELETE-Anweisungen übernimmt hierbei auch der O/R-Mapper, was zu einer weiteren Entlastung des Entwicklers führt.

Beim Entity Framework, welches seit .NET 4.5 in der Version 5 vorliegt, handelt es sich um einen solchen O/R-Mapper, der mittlerweile ein fixer Bestandteil von .NET ist. Dieses Kapitel zeigt, wie damit Datenbanken angesprochen werden können.

Überblick

Als O/R-Mapper erleichtert das Entity Framework nicht nur den Zugriff auf relationale Datenbanken, sondern bietet darüber hinaus auch Datenbankunabhängigkeit. Dies wird unter anderem durch eine eigene Abfragesprache, die sich Entity SQL nennt und stark an SQL angelehnt ist, erreicht. Allerdings verwenden Entitäten SQL in der Regel nicht direkt, sondern nehmen mit der in C# und VB.NET integrierten Abfragesprache LINQ vorlieb. Die Ausprägung von LINQ, die bei der Arbeit mit dem Entity Framework zum Einsatz kommt, nennt sich LINQ to Entities und wird ohne Zutun des Entwicklers nach Entity SQL kompiliert. Dieses wird wiederum unter Verwendung des jeweiligen Datenbanktreibers – genau genommen handelt es sich hierbei um einen so genannten ADO.NET Datenanbieter – in das native SQL der jeweils verwendeten Datenbank umgewandelt.

Im Lieferumfang von .NET befindet sich lediglich der Datenanbieter für SQL Server in seinen verschiedenen Ausprägungen. Allerdings stellen mittlerweile Datenbankanbieter wie ORACLE auch Datenanbieter zur Verfügung, die mit dem Entity Framework umgehen können. Daneben gibt es auch Unternehmen wie DevArt (*devart.com*), die sich auf die Entwicklung von Datenbankwerkzeugen spezialisiert haben und Entity Framework-fähige Datenanbieter für verschiedenste Datenbanken anbieten. Gerade im Umfeld von ORACLE haben die Autoren mit den kostenpflichtigen Datenanbietern von DevArt sehr gute Erfahrungen gemacht, wohingegen jener von ORACLE selbst immer wieder zu Problemen geführt hat.

Um Elemente aus der objektorientierten Welt auf Konzepte der relationalen Welt abzubilden, bedient sich Entity Framework eines so genannten Entity Data Models. Dabei handelt es sich um ein Modell, welches in Form einer XML-Datei vorliegt und aus drei Submodellen besteht. Diese Submodelle nennen sich:

- Konzeptmodell
- Speichermodell
- Map

Das Konzeptmodell beschreibt das zu verwendende Objektmodell, bestehend aus Klassen, so genannten Entitäten oder Entitätsklassen, die miteinander in Beziehung stehen (können). Das Speichermodell beschreibt hingegen das einzusetzende Datenbankschema. Für den Brückenschlag zwischen der objektorientierten und der relationalen Welt ist die Map verantwortlich: Sie bildet Elemente aus dem Conceptional Model auf Elemente des Speichermodells ab. Beispielsweise beschreibt sie, dass eine Klasse Person auf eine Tabelle Personen abgebildet wird, dass ein Attribut Id einer Spalte PersonId entspricht oder dass ein bestimmter Fremdschlüssel zum Auflösen einer Objektbeziehung heranzuziehen ist.

Aus dem Entity Data Model generiert Visual Studio Quellcode. Pro Entität erhält der Entwickler auf diesem Weg eine generierte Klasse. Diese Klassen sind mit `partial` gekennzeichnet und können somit über weitere partielle Klassen, die in anderen Dateien definiert werden, erweitert werden. Somit kann der Entwickler sicherstellen, dass seine Erweiterungen bei einer erneuten Generierung der Entitätsklassen nicht verloren gehen. Für das Modell generiert Visual Studio darüber hinaus einen so genannten Datenbankkontext. Dabei handelt es sich um eine Klasse, welche bei Verwendung von Visual Studio 2012 von `DbContext` erbt, und den Dreh- und Angelpunkt bei der Arbeit mit der Datenbank darstellt. Beim Datenbankkontext kann der Entwickler das Laden von Objekten anstoßen und an den Datenbankkontext übergibt er auch die zu speichernden Objekte.

Mit dem Entity Data Model arbeiten

Die folgenden Abschnitte gehen auf den Umgang mit dem Entity Data Model in Visual Studio 2012 ein. Sie erfahren, wie Sie ein solches Datenmodell anlegen, von einer bestehenden Datenbank ableiten, aktualisieren und wie Daten abgefragt werden.

Entity Data Model anlegen

Zum Anlegen eines Entity Data Models verwenden Sie innerhalb eines ASP.NET MVC 4-Webanwendungs-projekts die Vorlage *ADO.NET Entity Data Model* (Rechtsklick auf Verzeichnis im Projektmappen-Explorer. Klicken Sie dann auf *Add*, *Item*, *Data* und *ADO.NET Entity Data Model*, vgl. Abbildung 5.1).

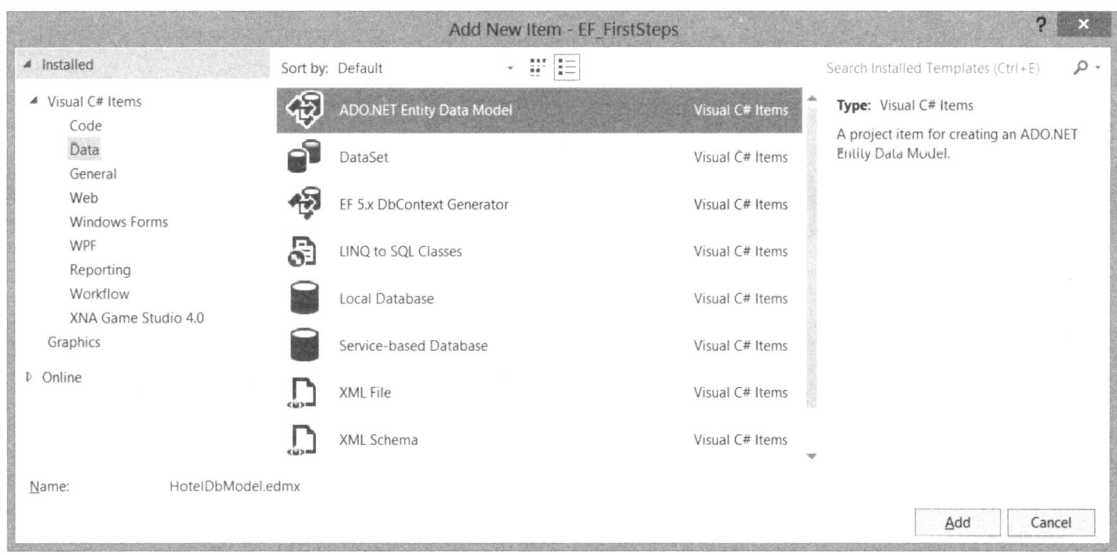

Abbildung 5.1   Vorlage für Entity Data Model

Dies veranlasst Visual Studio, einen Assistenten zu starten (vgl. Abbildung 5.2). Diesem teilt der Entwickler mit, ob er ein Entity Data Model aus einer bestehenden Datenbank generieren lassen möchte oder ob er hingegen mit einem leeren Modell starten will. Die erste Option wird auch als Reverse Engineering oder Database First bezeichnet und bietet sich an, wenn bereits eine Datenbank besteht oder wenn sich die Entwickler entscheiden, die Datenbank auf traditionellem Weg zu erzeugen. Die zweite Option, welche als Model First bezeichnet wird, gibt dem Entwickler die Möglichkeit, ein Objektmodell zu entwerfen. Aus diesem kann Visual Studio anschließend ein Datenbankschema generieren. Über die Frage, welche Option hier die bessere ist, kann vortrefflich gestritten werden und die Entscheidung hängt in vielen Fällen von den Vorlieben des Entwicklungsteams ab.

Allerdings gestaltet sich der Einsatz von Model First nicht immer einfach, vor allem dann, wenn bestehende Datenbanken anhand eines Modells aktualisiert werden sollen. Darüber hinaus ist der Designer im Fall von Model First nicht immer einfach zu verwenden. Eine Alternative zu Model First, welche diese Herausforderung nicht in diesem Ausmaß mit sich bringt, stellt das neuere Programmiermodell Code First dar (siehe Abschnitt »Code First«).

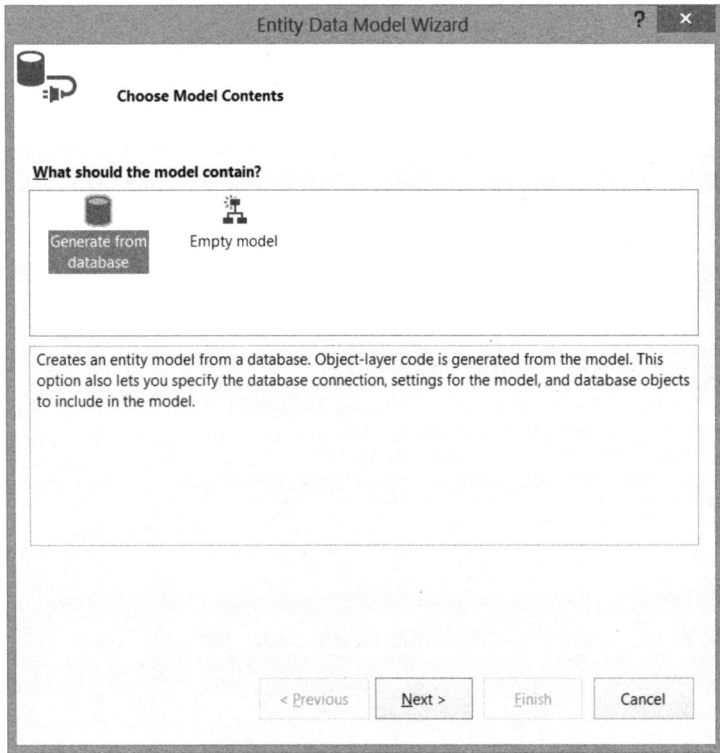

Abbildung 5.2 *Entity Data Model Wizzard*

Entity Data Model aus bestehender Datenbank ableiten

Entscheidet sich der Entwickler für die Option *Generate from Database* und somit für Database First, wird er aufgefordert, Eckdaten der gewünschten Datenbank anzugeben. Anschließend wählt er jene Tabellen, Views und Stored Procedures aus, die er ins Model übernehmen möchte (vgl. Abbildung 5.3).

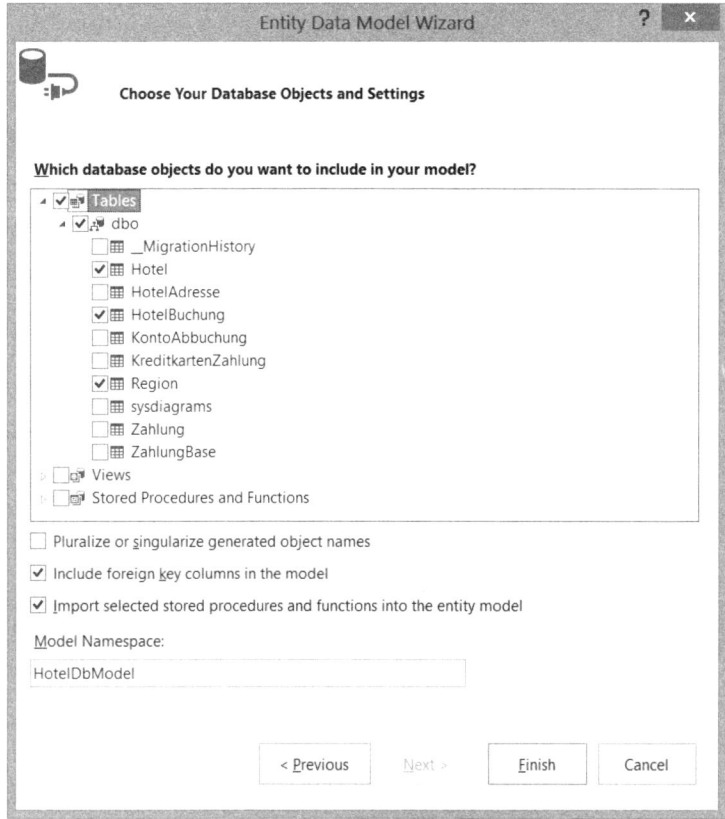

Abbildung 5.3 Auswahl der gewünschten Objekte bei Database First

Im Zuge dessen kann er auch drei Optionen wählen:

- *Pluralize or singularize generated object names*
- *Include foreign key columns in the model*
- *Import selected stored procedures and functions into the model*

Die Option *Pluralize or singularize generated object names* legt fest, dass aus dem Namen von Tabellen der Plural bzw. der Singular automatisch abgeleitet werden soll. Somit kann das Entity Framework zum Beispiel bei einem Verweis auf ein einziges Hotel die Bezeichnung Hotel sowie bei einem Verweis auf mehrere Hotels die Bezeichnung Hotels verwenden.

Mit *Include foreign key columns in the model* kann der Entwickler festlegen, ob Visual Studio Fremdschlüssel ins Objektmodell übernehmen soll. Aus rein objektorientierter Sicht ist dies nicht gewünscht, da Fremdschlüssel ein Konstrukt relationaler Datenbanken sind und keine direkte Entsprechung in der objektorientierten Welt haben. Trotzdem können Fremdschlüssel im Objektmodell sehr nützlich sein.

Möchte der Entwickler zum Beispiel einem Hotel die Region mit der Id 3 zuweisen, so muss er – sofern Fremdschlüssel im Objektmodell vorkommen – lediglich dem jeweiligen Fremdschlüssel den Wert 3 zuweisen. Existieren keine Fremdschlüssel im Objektmodell, müsste er hingegen die Region 3 laden und diese anschließend dem Hotel als Objekt zuweisen. Darüber hinaus habe ich beobachtet, dass sich das Entity Framework in manchen Situationen fehlerhaft verhält, wenn die Fremdschlüssel im Objektmodell fehlen, weswegen ich generell die Option *Include foreign key columns in the model* aktiviere.

Die dritte Option, *Import selected stored procedures and functions into the model*, legt fest, ob für alle ausgewählten Stored Procedures und Stored Functions Methoden zu erzeugen sind.

Entity Data Model einsehen und bearbeiten

Nachdem der Entwickler das Entity Data Model erzeugt hat, wird es von Visual Studio geöffnet, was dazu führt, dass das Objektmodell (das Konzeptmodell) zur Anzeige gebracht wird (Abbildung 5.4). Der Entwickler hat nun die Möglichkeit, die einzelnen Tabellen und Attribute unter Verwendung des Eigenschaftenfensters zu bearbeiten.

Bei Betrachtung des Objektmodells fällt auf, dass das Entity Framework zwischen zwei Arten von Eigenschaften unterscheidet: »Normale« Eigenschaften (*Properties*) und Navigationseigenschaften (*Navigation Properties*). Erstere repräsentieren Spalten aus der jeweiligen Tabelle. Letztere werden verwendet, um im Objektmodell zu navigieren. In Abbildung 5.4 weist die Tabelle *Region* zum Beispiel eine Navigationseigenschaft *Hotel* auf. Hierbei handelt es sich um eine Auflistung mit jenen Hotels, die zu der jeweiligen Region gehören. Das Hotel hat hingegen auch eine Navigationseigenschaft *Region*. Diese verweist auf die (eine einzige) Region des Hotels.

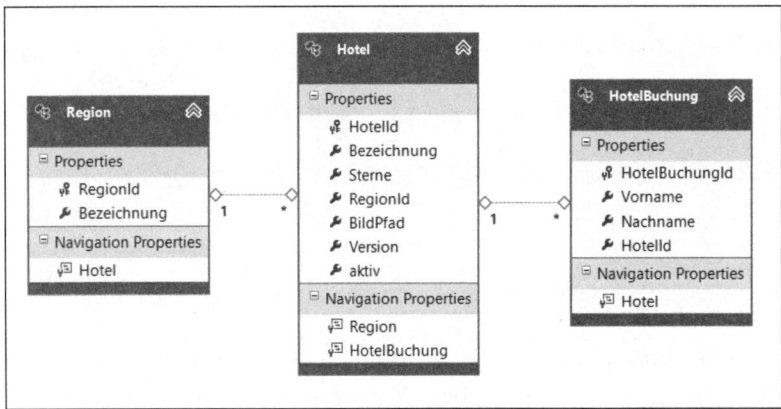

Abbildung 5.4 Ansicht des Objektmodells (Konzeptmodell) in Visual Studio

Wählt der Entwickler eine Entität im Entity Data Model aus, zeigt Visual Studio im Fenster *Mapping Details* Informationen darüber an, wie diese Entität auf die ihr zugrunde liegende Tabelle abgebildet wird. Falls dieses Fenster nicht angezeigt wird, kann der Entwickler es über den Menübefehl *View/Other Windows/Entity Data Model Mapping Window* einblenden.

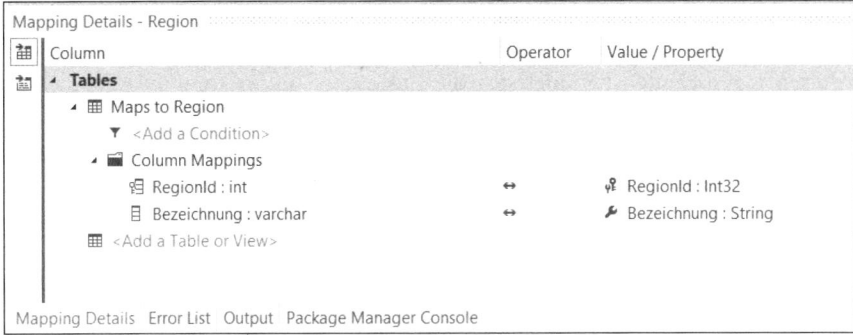

Abbildung 5.5 Ansicht der Map in *Mapping Details*

HINWEIS M:N-Beziehungen werden im Konzeptmodell ohne Zwischentabelle dargestellt. Stattdessen erhält jede Entität eine Navigationseigenschaft, die eine Liste mit den Entitäten der anderen Seite der Beziehung beinhaltet. Erkennt das Entity Framework M:N-Beziehungen beim Einsatz von Database First, werden sie auch auf diese Art dargestellt. Dazu muss es sich allerdings um eine »echte« M:N-Beziehung handeln, deren Zwischentabelle NUR aus Fremdschlüsseln besteht, welche auf die Primärschlüssel der beiden verbundenen Tabellen verweisen. Befinden sich in der Zwischentabelle hingegen noch weitere Eigenschaften, wird die M:N-Beziehung als Kombination zweier 1:N-Beziehungen dargestellt.

Darüber hinaus kann der Entwickler das Objektmodell (Konzeptmodell) zusammen mit dem Speichermodell im *Model Browser* einsehen, welchen er über *View/Other Windows/Entity Data Model Browser* einblenden kann (Abbildung 5.6).

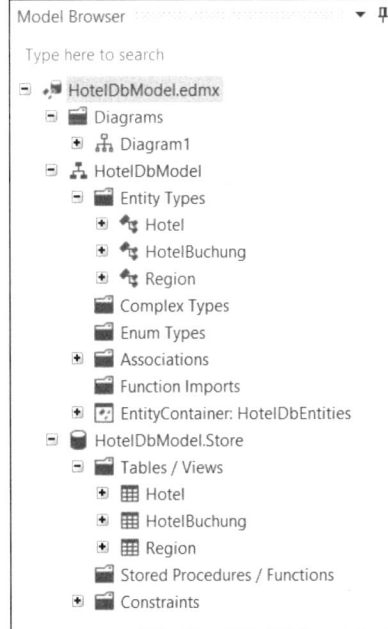

Abbildung 5.6 Ansicht des Objektmodells (Konzeptmodell) sowie des Speichermodells im *Model Browser*

Auch das Entity Data Model selbst beinhaltet Eigenschaften, die über das Eigenschaftenfenster konfiguriert werden können. Damit Visual Studio diese dort anzeigt, klickt der Entwickler auf den leeren Hintergrund des Objektmodells. Unter diesen Eigenschaften befindet sich die Eigenschaft *Entity Container Name*. Mit dieser legt der Entwickler unter anderem den Namen der zu generierenden Datenbankkontextklasse fest. In Abbildung 5.7 wird zum Beispiel festgelegt, dass der Datenbankkontext auf den Namen `HotelDbContext` hören soll.

Abbildung 5.7 Eigenschaften des Entity Data Model

Geht der Entwickler nach dem Prinzip Model First vor, kann er mit den Werkzeugen aus der Toolbox neue Entitäten, Assoziationen und Vererbungsbeziehungen (siehe Abschnitt »Vererbung«) erstellen (Abbildung 5.8). Dabei ist darauf zu achten, dass die Eigenschaften für Assoziationen korrekt vergeben werden.

Im Zuge dessen ist der Entwickler angehalten, für Multiplizitäten (Kardinalitäten) eine obere sowie eine untere Grenze festzulegen (0, 1 viele). Diese Angabe muss natürlich mit den Eigenschaften eines eventuell modellierten Fremdschlüssels korrelieren. Handelt es sich um eine 0..1:n-Beziehung, so muss der Fremdschlüssel `null`-Werte akzeptieren; wohingegen der Fremdschlüssel bei einer 1:n-Beziehung den Wert `null` nicht zulassen darf.

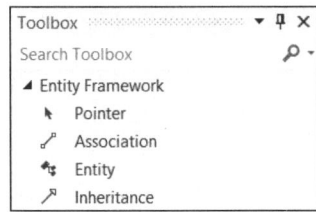

Abbildung 5.8 Die *Toolbox*

Modelliert der Entwickler M:N-Beziehungen, ist er darüber hinaus angehalten, unter *Mapping Details* für die Beziehung an sich Informationen über die zu verwendende Zwischentabelle anzugeben.

Entity Data Model nach Datenbankänderungen aktualisieren

Möchte der Entwickler beim Einsatz von Database First das Model aktualisieren, weil er zum Beispiel Änderungen am Schema durchgeführt hat oder weitere Datenbankobjekte im Modell benötigt, wählt er den Befehl *Update Model from Database* aus dem Kontextmenü des geöffneten Entity Data Model (Abbildung 5.9). Anschließend zeigt Visual Studio ein Dialogfeld an, über das der Entwickler festlegen kann, welche Datenbankobjekte hinzuzufügen sind bzw. geändert wurden.

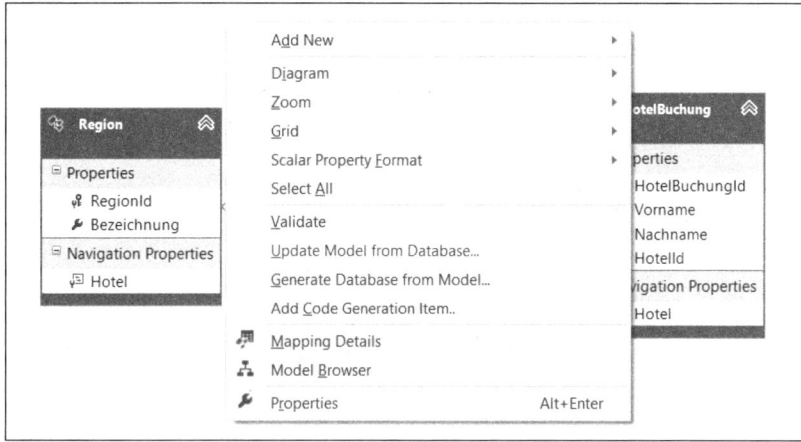

Abbildung 5.9   Entity Data Model aktualisieren

Datenbank für Database First generieren

Um beim Einsatz von Database First aus dem erstellten Entity Data Model ein Datenbankschema zu erzeugen, wählt der Entwickler den Befehl *Generate Database from Model* aus dem Kontextmenü des geöffneten Entity Data Model (Abbildung 5.10). Standardmäßig erzeugt Visual Studio daraufhin SQL-Befehle zum Erzeugen der benötigten Datenbankobjekte in einer leeren Datenbank.

Hat der Entwickler jedoch die Erweiterung *Entity Designer Database Generation Power Pack* in Visual Studio 2010 installiert, wird über diesen Befehl ein Dialogfeld geöffnet, das auch das Aktualisieren bestehender Datenbanken erlaubt. Zur Drucklegung dieses Buchs existierte diese Möglichkeit noch nicht für Visual Studio 2012. Sie können sich aber behelfen, indem Sie eine zweite Datenbank für die neue Version vom Entity Framework-Designer erstellen lassen und dann mithilfe der Datenbankwerkzeuge in Visual Studio 2012 (Menü *Data/Schema Compare*) einen Schemavergleich starten, der ein Änderungsskript erstellt.

HINWEIS   Die Funktion *Schema Compare* ist nur in Visual Studio 2012 Premium und Visual Studio 2012 Ultimate verfügbar, nicht aber in der Express- oder Professional-Version.

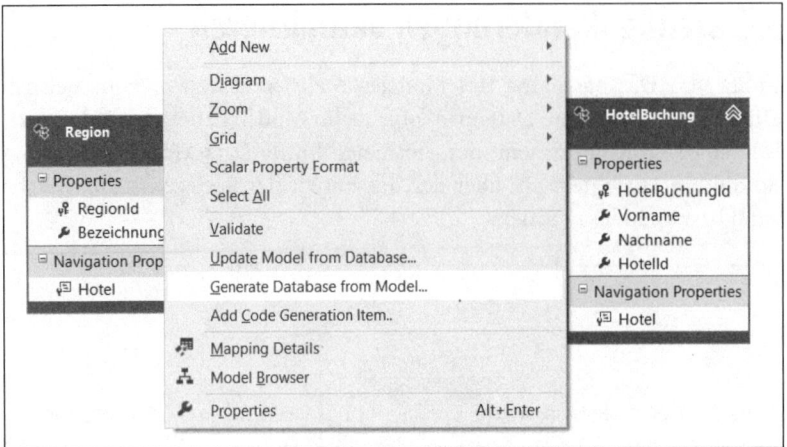

Abbildung 5.10   Datenbank generieren

HINWEIS   Da beim Einsatz von Database First vor dem Generieren der Datenbank keine Mapping-Informationen angegeben werden können, zeigt Visual Studio diesbezüglich zum Zeitpunkt der Datenbankgenerierung Fehlermeldungen an. Diese
Fehlermeldungen können, im Gegensatz zu jenen, die sich auf die Konsistenz des Modells beziehen, ignoriert werden.

Daten abfragen

Steht das Entity Data Model erst zur Verfügung, kann der Entwickler unter Verwendung der daraus generierten Entitätsklassen und der generierten Datenbankkontextimplementierung in objektorientierter Manier auf die darunter liegende Datenbank zugreifen. Der Datenbankkontext repräsentiert dabei die
Datenquelle und öffnet jeweils für die Dauer einer Abfrage eine Datenbankverbindung.

Für den Datenbankzugriff verwendet der Entwickler bevorzugterweise die in C# und VB.NET integrierte
Abfragesprache LINQ, wobei im Umfeld des Entity Framework von LINQ-to-Entities die Rede ist.

Auf Entitäten zugreifen

Der generierte Datenbankkontext besitzt pro Entität eine Auflistung, die die Entitätsobjekte repräsentiert.
Zur Demonstration beinhaltet Listing 5.1 eine Klasse `RegionRepository` für den Zugriff auf persistierte
Regionsobjekte. Ihre Methode `FindAllRegions` lädt sämtliche gespeicherte Regionen, indem es auf die Eigenschaft `Region` zugreift. Diese Eigenschaft repräsentiert eine SQL-Abfrage des Formats `SELECT * FROM Region`
und ist, wie alle Abfragen dieser Art, vom Typ `IQueryable<T>`, wobei `T` im betrachteten Fall für Region steht.

Ein `IQueryable<T>` hat zwei beachtenswerte Eigenschaften: Zum einen repräsentiert es die Ergebnismenge
einer Abfrage, welche erst zur Ausführung gebracht wird, wenn der Entwickler darauf zugreift und zum
anderen handelt es sich hierbei um einen Subtyp von `IEnumerable<T>` und kann somit mit einer `foreach`-
Schleife durchlaufen werden. Auf diesem Weg können die einzelnen Objekte der Ergebnismenge in Erfahrung gebracht werden.

Im betrachteten Fall (Listing 5.1) wird bewusst die Methode `ToList` aufgerufen. Diese führt zu einem Zugriff auf die Ergebnismenge und erzwingt somit an Ort und Stelle die Ausführung der dahinter liegenden Abfrage. Würde die Methode `FindAllRegions` hingegen das `IQuerable<Region>` (gecastet nach `IEnumerable<T>`) zurückliefern, käme diese Abfrage erst später außerhalb der Methode zur Ausführung, wenn dort zum ersten Mal darauf zugegriffen würde. So wie der Code jedoch im betrachteten Beispiel gestaltet ist, ist dies zum Scheitern verurteilt, da außerhalb der Methode der Datenbankkontext, welcher die Verbindung zur Datenbank verwaltet, nicht mehr existiert, zumal dieser mit einer `using`-Anweisung innerhalb der Methode geschlossen wird.

HINWEIS   **Performance verbessern**

Standardmäßig verwahrt das Entity Framework eine Referenz auf sämtliche geladenen (und auch hinzugefügten) Entitäten, um später im Zuge des Speicherns in Erfahrung bringen zu können, welche Entitäten sich geändert haben. Dies kostet, wie unschwer zu erahnen ist, Performance. In Fällen, in denen die Entitäten gar nicht über denselben Datenbankkontext gespeichert werden sollen, sollte deswegen dieses Verhalten deaktiviert werden. Dazu bindet der Entwickler die Methode `AsNoTracking` in die jeweilige Abfrage ein:

```
var hotels = ctx.Hotel.Where(h => h.RegionId == 3).AsNoTracking().ToList();
```

```
class RegionRepository
{
    public IEnumerable<Region> FindAllRegions()
    {
        using (var ctx = new HotelDbContext())
        {
            var q = ctx.Region;
            return q.ToList();
        }
    }
}
```

Listing 5.1   Alle Entitäten eines Typs laden

Um dieses Problem zu umgehen, könnte sich der Entwickler für die Implementierung in Listing 5.2 entscheiden. Diese sieht vor, dass der Datenbankkontext bereits beim Erzeugen des Objekts geöffnet wird und anschließend offen bleibt. Zerstört wird der Datenbankkontext erst, wenn der Entwickler durch Aufruf der von der Schnittstelle `IDisposable` vorgegebenen Methode `Dispose` angibt, dass er das Repository nicht mehr benötigt.

Da bei dieser Implementierung die Methode `FindAllRegions` den Datenbankkontext nicht zerstört, kann die Abfrage auch später zur Ausführung gebracht werden, beim ersten Zugriff auf das zurückgegebene `IQueryable<Region>`-Objekt. Der Nachteil dieser Vorgehensweise ist, dass sich der Entwickler selbst um das Freigeben der Repositories bzw. der Datenbankkontextinstanz kümmern muss. Da das betrachtete Repository die Schnittstelle `IDisposable` implementiert, kann der Entwickler es innerhalb einer `using`-Anweisung verwenden, um es freizugeben.

```
class OtherRegionRepository: IDisposable
{
    private HotelDbContext ctx = new HotelDbContext();

    public IEnumerable<Region> FindAllRegions()
    {
            return ctx.Region;
    }

    public void Dispose()
    {
        ctx.Dispose();
    }
}
```

Listing 5.2   Datenbankkontext auf Klassenebene

HINWEIS   Nimmt der Entwickler mit dem Ansatz aus Listing 5.2 vorlieb, muss er beachten, dass es nicht möglich ist, das Repository und somit auch den Datenbankkontext am Ende der Action-Methode zu schließen, sofern die abgefragten Entitäten an die View weitergereicht werden.

Allerdings kann hierfür die Dispose-Methode des Controllers überschrieben werden, zumal diese erst aufgerufen wird, nachdem die View gerendert wurde. Diese Methode folgt dem seit der ersten Stunde von .NET empfohlenen Disposable-Muster, welches unter anderem vorsieht, dass eine Methode Dispose eingerichtet wird, die einen booleschen Wert entgegennimmt.

Diese Methode wird sowohl von der parameterlosen Dispose-Methode, welche von der Schnittstelle IDisposable vorgegeben wird, als auch vom Finalizer aufgerufen. Erstere übergibt true; Letzterer false. Da .NET nicht garantiert, dass benachbarte verwaltete Objekte beim Aufruf des Finalizers noch existieren, sollte das Repository nur geschlossen werden, wenn der Aufrufer true übergibt. Das nachfolgende Listing demonstriert, wie diese Überlegungen in die Praxis umgesetzt werden können.

```
public class RegionController : Controller
{
    OtherRegionRepository rep = new OtherRegionRepository();

    public ActionResult Index()
    {

        var regions = rep.FindAllRegions();
        return View(regions);
    }

    protected override void Dispose(bool disposing)
    {
        // An Basisklasse weiterdelegieren …
        base.Dispose(disposing);

        if (disposing)
        {
            rep.Dispose();
        }

    }

}
```

Ergebnismenge einschränken und sortieren

Über bekannte LINQ-Operationen, wie `Where` oder `OrderBy`, lässt sich die Ergebnismenge von Abfragen einschränken (Listing 5.3). Dabei ist zu beachten, dass das Entity Framework diese Operationen gar nicht ausführt. Es nutzt vielmehr die ab .NET 3 vorgesehene Möglichkeit, Lambda-Ausdrücke, die nur aus einer Anweisung bestehen, als Grammatikbaum darzustellen. Diesen Grammatikbaum wandelt es in natives SQL für die jeweilige Zieldatenbank um. Somit ruft das Entity Framework wirklich nur jene Zeilen ab, welche vom Entwickler angefordert wurden.

```
public List<Hotel> FindByMinSterne(int minSterne)
{
    using (var ctx = new HotelDbContext())
    {
        return ctx
                .Hotel
                .Where(h => h.Sterne >= minSterne)
                .OrderBy(h => h.Sterne)
                .ToList();
    }
}
```

Listing 5.3   Datenmenge mit LINQ einschränken

Wie generell bei der Verwendung von LINQ, kann der Entwickler auch beim Einsatz des Entity Framework die alternative Schreibweise einsetzen, die stärker an jene von SQL erinnert (Listing 5.4).

```
public List<Hotel> FindByMinSterne(int minSterne)
{
    using (var ctx = new HotelDbContext())
    {
        var q = from h in ctx.Hotel
                where h.Sterne > minSterne
                orderby h.Sterne
                select h;

        return q.ToList();
    }
}
```

Listing 5.4   Datenmenge mit SQL-ähnlicher Syntax einschränken

---

HINWEIS   **IQueryable vs. IEnumerable**

Nur in Fällen, in denen tatsächlich ein `IQueryable` verwendet wird, führt das Entity Framework die Abfrage auch wirklich in der Datenbank aus. Kommt eine andere Implementierung von `IEnumerable` zum Einsatz, wird die Abfrage im Hauptspeicher ausgewertet.

Um eine einzelne Entität abzurufen, kann der Entwickler auf `FirstOrDefault` zurückgreifen (Listing 5.5). Diese Methode liefert `null`, wenn das Entity Framework keine Daten gefunden hat bzw. den ersten Eintrag, wenn eine Ergebnismenge vorliegt. Alternativ dazu steht seit .NET 4.5 auch die Methode `Find` zur Verfügung. Diese nimmt beliebig viele Parameter entgegen, die zusammen einen Primärschlüssel repräsentieren, und liefert jene Entität, welche diesen Primärschlüssel aufweist, zurück (Listing 5.6).

```
public Hotel FindById(int hotelId) {
    using (var ctx = new HotelDbContext())
    {
        return ctx
                    .Hotel
                    .FirstOrDefault(h => h.HotelId == hotelId);

    }
}
```

Listing 5.5 Einzelne Entität mit `FirstOrDefault` abrufen

```
public Hotel FindById2(int hotelId)
{
    using (var ctx = new HotelDbContext())
    {
        return ctx.Hotel.Find(hotelId);
    }
}
```

Listing 5.6 Einzelne Entität mit `Find` abrufen

Ladestrategien

Bei der Arbeit mit O/R-Mappern muss sich der Entwickler darüber Gedanken machen, wann benachbarte Entitäten zu laden sind. Im Falle eines Hotels muss er zum Beispiel entscheiden, wann die Region und die Buchungen, die mit dem geladenen Hotel in Beziehung stehen, geladen werden sollen.

Dazu gibt es prinzipiell drei Möglichkeiten:

- Die benachbarten Objekte werden sofort mitgeladen; man spricht hierbei von vorzeitigem Laden (engl. Eager Loading)

- Die benachbarten Objekte werden erst geladen, wenn der Entwickler darauf zugreift; man spricht hierbei von Lazy Loading

- Die benachbarten Objekte werden gar nicht geladen

Vorzeitiges Laden ist das Mittel der Wahl, wenn der Entwickler genau weiß, dass er die benachbarten Objekte benötigt. Ein Beispiel hierfür ist ein Rechnungskopf, welcher mit mehreren Rechnungspositionen in Verbindung steht. Immer dann, wenn der Rechnungskopf geladen wird, könnten mittels Eager Loading die Rechnungspositionen mitgeladen werden.

Lazy Loading kommt hingegen zum Einsatz, wenn der Entwickler nicht genau weiß, welche benachbarten Datensätze der Benutzer einsehen möchte. In diesem Fall wäre es eine Verschwendung von Ressourcen, im Vorhinein sämtliche benachbarten Objekte zu laden.

Die letzte Möglichkeit, für die sich keine Bezeichnung eingebürgert hat, bietet sich an, wenn der Entwickler wirklich nur ein einziges Objekt ohne benachbarte Objekte benötigt.

Vorzeitiges Laden – Eager Loading

Um anzugeben, dass Entity Framework benachbarte Objekte auch laden soll, gibt der Entwickler die Namen jener Navigationseigenschaften, die zu diesen Objekten führen, im Zuge eines Aufrufs der Methode Include an. Listing 5.7 demonstriert dies, indem es gemeinsam mit dem Hotel auch die Region und die Hotelbuchungen lädt.

```
public Hotel FindByIdWithNeighbors(int hotelId)
{
    using (var ctx = new HotelDbContext())
    {
        return ctx
                    .Hotel
                    .Include("Region")
                    .Include("HotelBuchung")
                    .FirstOrDefault(h => h.HotelId == hotelId);

    }
}
```

Listing 5.7   Vorzeitiges Laden durch Angabe der Namen von Navigationseigenschaften

Seit Entity Framework 5 kann der Entwickler an Include auch einen Lambda-Ausdruck, welcher die aktuelle Entität auf die jeweiligen Navigationseigenschaften abbildet, angeben. Bei dieser Variante von Include handelt es sich um eine Erweiterungsmethode, die nur zur Verfügung steht, wenn der Entwickler den Namensraum System.Data.Entity einbindet.

```
public Hotel FindByIdWithNeighbors2(int hotelId)
{
    using (var ctx = new HotelDbContext())
    {
        return ctx
                    .Hotel
                    .Include(h => h.HotelBuchung)
                    .Include(h => h.Region)
                    .FirstOrDefault(h => h.HotelId == hotelId);

    }
}
```

Listing 5.8   Eager Loading mit Lambda-Ausdrücken

Um das Entity Framework zu veranlassen, auch Nachbarn von Nachbarn zu laden, gibt der Entwickler eine Kette von Navigationseigenschaften im Format Nachbar.NachbarDesNachbarn an. Listing 5.9 veranschaulicht dies, indem es sämtliche Regionen mit allen Hotels inklusive deren Buchungen lädt.

```
public IEnumerable<Region> FindAllRegionsWithNeighbors()
{
    using (var ctx = new HotelDbContext())
    {
        var q = ctx
                    .Region
```

```
                    .Include("Hotel.HotelBuchung");

        return q.ToList();
    }
}
```

Listing 5.9 Vorzeitiges Laden von direkten und indirekten Nachbarn durch Angabe von Navigationseigenschaften als Strings

Auf den ersten Blick könnte man davon ausgehen, dass die äquivalente Lambda-basierte Schreibweise wie folgt lautet:

```
Include(r => r.Hotel.HotelBuchung)
```

Ganz so einfach ist es jedoch nicht, zumal r.Hotel eine Liste mit Hotels liefert und Listen keine Eigenschaft HotelBuchung aufweisen. Hier muss also ein syntaktischer Trick her. Dieser besteht darin, jedes Element der Liste r.Hotel mit der LINQ-Methode Select auf das entsprechende HotelBuchung-Objekt abzubilden. Listing 5.10 demonstriert dies.

```
public IEnumerable<Region> FindAllRegionsWithNeighbors2()
{
    using (var ctx = new HotelDbContext())
    {
        var q = ctx
                    .Region
                    .Include(r => r.Hotel.Select(h => h.HotelBuchung));

        return q.ToList();
    }
}
```

Listing 5.10 Vorzeitiges Laden von direkten und indirekten Nachbarn bei Verwendung eines Lambda-Ausdrucks und Vorliegen von 1:N-bzw. M:N-Beziehungen

Möchte der Entwickler hingegen gemeinsam mit der HotelBuchung auch das Hotel und dessen Region laden, kommt er ohne den soeben besprochenen Aufruf von Select aus, zumal eine HotelBuchung genau ein Hotel referenziert und ein Hotel genau einer Region zugeteilt ist (vgl. Listing 5.11).

```
class BuchungRepository
{
    public List<HotelBuchung> FindAll()
    {
        using (var ctx = new HotelDbContext())
        {
            return ctx
                    .HotelBuchung
                    .Include(hb => hb.Hotel.Region)
                    .ToList();
        }
    }
}
```

Listing 5.11 Vorzeitiges Laden von direkten und indirekten Nachbarn bei Verwendung eines Lambda-Ausdrucks und Vorliegen einer 1:1-Beziehung

Lazy Loading

Greift der Entwickler auf benachbarte Objekte zu, die das Entity Framework noch nicht geladen hat, versucht das Entity Framework diese nachzuladen. Dies setzt jedoch voraus, dass der ursprünglich verwendete Datenbankkontext nach wie vor existiert. Zur Veranschaulichung soll Listing 5.12 dienen.

Geht man davon aus, dass FindById nur das Hotel und keine Hotelbuchungen lädt, versucht Entity Framework beim Zugriff auf dessen Eigenschaft HotelBuchung, diese Hotelbuchungen nachzuladen. Wurde der Datenbankkontext nach seiner Verwendung innerhalb von FindById geschlossen, scheitert dieses Vorhaben.

```
var rep = new HotelRepository();
var hotel = rep.FindById(10);

foreach (var b in hotel.HotelBuchung)
{
    DoSomethingWithBuchung(b);
}
```

Listing 5.12 Lazy Loading zum Abrufen von Hotelbuchungen

Betrachtet man die Implementierung von Entitäten, welche aus dem Entity Data Model generiert wurden, fällt auf, dass diese keinerlei Logik für das Lazy Loading beinhalten. Dies liegt daran, dass das Entity Framework die dafür notwendigen Routinen zur Laufzeit zu den Entitäten hinzufügt. Dazu leitet es dynamisch von den Entitäten ab und überschreibt sämtliche Navigationseigenschaften.

Dieser Umstand fällt zum Beispiel auf, wenn man über die Reflektion den Namen des Typs einer geladenen Entität ermittelt, zumal dieser von dem während der Entwicklung verwendeten Klassennamen abweicht. Damit dies möglich ist, markiert das Entity Framework die generierten Navigationseigenschaften mit dem Schlüsselwort virtual.

Seit Version 5 besteht auch die Möglichkeit, nur ausgewählte benachbarte Objekte eines Typs nachzuladen. Listing 5.13 demonstriert dies anhand des Regionobjekts myRegion, für welche sämtliche Hotels mit 3 oder mehr Sternen nachgeladen werden.

```
context.Entry(myRegion)
        .Collection(r => r.Hotel)
        .Query()
        .Where(h => h.Sterne >= 3)
        .Load();
```

Listing 5.13 Ausgewählte Entitäten via Lazy Laoding abrufen

Benachbarte Objekte nicht laden

Um zu verhindern, dass benachbarte Objekte via Lazy Loading nachgeladen werden, setzt der Entwickler die Eigenschaft Configuration.LazyLoadingEnabled des Datenbankkontextes auf false (Listing 5.14). Neben dieser Steuerung auf Datenbankkontextebene kann der Entwickler Lazy Loading auch global für ein gesamtes Modell deaktivieren. Dazu öffnet er das Entity Data Model und klickt einmal auf den leeren Hintergrund. Daraufhin blendet Visual Studio im Eigenschaftenfenster die Eigenschaften des Modells ein. Unter diesen findet sich eine Eigenschaft *Lazy Loading Enabled*, welche zum globalen Deaktivieren auf false zu setzen ist.

```
public Hotel FindById(int hotelId) {
    using (var ctx = new HotelDbContext())
    {
        ctx.Configuration.LazyLoadingEnabled = false;

        return ctx
                .Hotel
                .FirstOrDefault(h => h.HotelId == hotelId);
    }
}
```

Listing 5.14   Deaktivierung von Lazy Loading

Mit Entity SQL auf Datenbanken zugreifen

Auch wenn der Zugriff auf gespeicherte Entitäten aus Sicht des Autors dieses Kapitels idealerweise unter Verwendung von LINQ vonstatten geht, sind dennoch (mit viel Phantasie) Situationen denkbar, in denen Entity SQL von Vorteil ist. Dies gilt vor allem für Situationen, in denen Abfragen äußerst dynamisch zu erstellen sind, zumal hier die Tatsache, dass Entity SQL-Abfragen im Code in Form von Zeichenfolgen vorliegen, von Vorteil ist.

Ein Beispiel dafür findet man in Listing 5.15. Die Abfrage innerhalb der Zeichenfolgenvariablen esql erinnert stark an klassisches SQL. Zusätzlich fällt auf, dass sie einen Parameter @RegionId enthält. Die Methode CreateQuery der verwendeten Datenbankkontextinstanz erzeugt ein Objekt der Klasse ObjektQuery, welches diese Abfrage repräsentiert.

Als Typparameter gibt das Beispiel den jeweiligen Typ der Entität in der erwarteten Ergebnismenge an. Anschließend fügt es eine Instanz vom Typ ObjectParameter zur Auflistung Parameters der ObjectQuery hinzu und legt somit einen Wert für den oben erwähnten Parameter im Abfragetext fest. Wie bei LINQ-basierten Abfragen, die gemeinsam mit dem Entity Framework verwendet werden, wird auch hier die Abfrage erst ausgeführt, wenn auf ihre Ergebnismenge zugegriffen wird. Dies erfolgt mit der am Ende des Listings gezeigten Schleife.

```
ObjectQuery<Hotel> q;
string esql;

esql = "SELECT VALUE h FROM Hotel AS h where h.RegionId = @RegionId";

q = ctx.CreateQuery<Hotel>(esql);
q.Parameters.Add(new ObjectParameter("RegionId", 3));

foreach (var hotel in q)
{
    Console.WriteLine(hotel.Bezeichnung);
}
```

Listing 5.15   Entitäten unter Verwendung von Entity SQL abrufen

Entitäten verwalten

Nachdem die vorangegangenen Abschnitte gezeigt haben, wie der Entwickler Entitäten mit dem Entity Framework laden kann, berichtet dieser Abschnitt darüber, welche Möglichkeiten das Entity Framework zum Verwalten von Entitäten bietet. Dazu wird auf das Einfügen, Aktualisieren und Löschen von Entitäten eingegangen. Auch Problemstellungen, die beim Aktualisieren ganzer Objektgraphen auftreten, werden im Zuge dessen diskutiert.

Entitäten einfügen

Um eine Entität in die Datenbank einzufügen, muss der Entwickler diese lediglich zu jener Auflistung hinzufügen, durch die der Datenbankkontext die Entität repräsentiert. Dies bewirkt, dass die übergebene Entität sowie alle Objekte, die direkt oder indirekt mit dieser Entität verbunden sind, zum Einfügen markiert werden. Durch einen Aufruf von SaveChanges wird der Datenbankkontext angehalten, die anstehenden Datenbankoperationen auszuführen. Im Zuge dessen erzeugt er die notwendigen INSERT-Anweisungen und sendet diese zur Datenbank.

Die Methode Insert in Listing 5.16 demonstriert dies, indem sie das übergebene Hotel sowie eventuell davon referenzierte Hotelbuchungen in die Datenbank einfügt.

```
public void Insert(Hotel h)
{
    using (var ctx = new HotelDbContext())
    {
        ctx.Hotel.Add(h);
        ctx.SaveChanges();
    }
}
```

Listing 5.16   Entität einfügen

Entitäten aktualisieren

Der Datenbankkontext speichert eine Referenz auf sämtliche Entitäten, die ihm bekannt sind. Dabei handelt es sich um jene Entitäten, die er geladen hat sowie um jene Entitäten, die ihm zum Speichern übergeben wurden. Beim Aufruf von SaveChanges prüft er, welche Entitäten sich geändert haben und aktualisiert diese in der Datenbank.

Listing 5.17 demonstriert dies, indem es zunächst ein neues Hotel anlegt, dem Datenbankkontext übergibt und diesen durch Aufruf von SaveChanges dazu bewegt, das Objekt in der Datenbank anzulegen. Anschließend aktualisiert es das eingefügte Objekt und ruft erneut SaveChanges auf. SaveChanges entdeckt nun, dass sich das Hotel geändert hat und aktualisiert es in der Datenbank.

```
Hotel h = new Hotel();
h.Bezeichnung = "Hotel Mama";
h.RegionId = 3;
h.Sterne = 4;
```

```
ctx.Hotel.Add(h);
ctx.SaveChanges();

h.Sterne++;
ctx.SaveChanges();
```

Listing 5.17 Änderungsnachverfolgung mit dem Datenbankkontext

Leider gestaltet sich das Aktualisieren von Entitäten, die vom Benutzer bearbeitet wurden, bei Webanwendungen nicht ganz so einfach. Das liegt daran, dass der Benutzer zunächst ein Formular mit der jeweiligen Entität anfordert. Der Datenbankkontext, der hierzu Verwendung findet, wird spätestens nach der Abarbeitung dieser Anforderung geschlossen. Ändert der Benutzer nun die präsentierten Werte und sendet er daraufhin die Daten zurück zum Webserver, ist dieser gezwungen, zum Speichern einen neuen Datenbankkontext zu erzeugen.

Dieser neue Datenbankkontext kennt das verändert zurückgegebene Objekt natürlich nicht, weil er es weder geladen noch gespeichert hat. Man spricht hierbei auch von abgehängten oder getrennten Entitäten. Aus diesem Grunde ist der Entwickler nun angehalten, dem neuen Datenbankkontext dieses Objekt bekannt zu machen und ihm zu sagen, ob es am Client aktualisiert, erzeugt oder gelöscht wurde.

Die Methode Update in Listing 5.18 demonstriert dies. Durch Aufruf der Operation Attach macht sie dem Datenbankkontext das zu speichernde Hotel bekannt. Anschließend ermittelt sie über Entry ein generisches Objekt, welches dieses Hotel-Objekt innerhalb des Datenbankkontextes repräsentiert. Die Methode setzt die Datenbankkontexteigenschaft State auf den Wert Modified der Enumeration EntityState. Damit zeigt sie an, dass sich das Hotel geändert hat. Mit SaveChanges werden diese Änderungen anschließend in die Datenbank übertragen.

Neben Modified bietet die Enumeration EntityState unter anderem die folgenden Werte, deren Bedeutung selbsterklärend sein sollte: Added, Deleted, Unmodified.

```
public void Update(Hotel h)
{
    using (var ctx = new HotelDbContext())
    {
        ctx.Hotel.Attach(h);
        ctx.Entry(h).State = System.Data.EntityState.Modified;
        ctx.SaveChanges();
    }
}
```

Listing 5.18 Anhängen und Speichern einer Entität

Eine Alternative zum zuvor betrachteten Szenario besteht darin, das zu aktualisierende Objekt nochmals aus der Datenbank zu laden und dessen Eigenschaften mit den Werten der entsprechenden Eigenschaften des modifizierten Objekts zu überschreiben. Wird anschließend SaveChanges aufgerufen, schreibt der Datenbankkontext diese Änderungen in die Datenbank. Dieses Vorgehen gibt dem Entwickler auch die Möglichkeit, lediglich ausgewählte Eigenschaften in die Datenbank zurückzuschreiben (vgl. Listing 5.19).

```
public void Update2(Hotel h)
{
    using (var ctx = new HotelDbContext())
    {
        var hotelInDb = ctx.Hotel.Find(h.HotelId);

        hotelInDb.Bezeichnung = h.Bezeichnung;
        hotelInDb.Sterne = h.Sterne;

        ctx.SaveChanges();
    }
}
```

Listing 5.19 Modifizieren einer gerade geladenen Entität anhand der Daten einer übergebenen Entität

Getrennte Objektgraphen aktualisieren

Das Aktualisieren eines gesamten Objektgraphen, der aus getrennten Entitäten besteht, stellt eine besondere Herausforderung dar. Zur Demonstration der damit einhergehenden Komplexität zeigt Listing 5.20 einen naiven Ansatz, der nicht ohne guten Grund in der Praxis verwendet werden sollte.

Die hier gezeigte Methode geht davon aus, dass sich das übergebene Hotel sowie alle davon referenzierten Buchungen geändert haben – sämtliche Objekte erhalten deswegen den neuen Zustand Modified. Dieser Ansatz ist deswegen naiv, weil es sein könnte, dass sich nur einige Hotelbuchungen geändert haben. Andere könnten hingegen neu dazugekommen sein oder einfach keine Veränderung erfahren haben.

```
public void UpdateWithChildrenNegativ(Hotel h)
{
    using (var ctx = new HotelDbContext())
    {
        ctx.Hotel.Attach(h);
        ctx.Entry(h).State = System.Data.EntityState.Modified;
        foreach (var b in h.HotelBuchung)
        {
            ctx.Entry(b).State = System.Data.EntityState.Modified;
        }
        ctx.SaveChanges();
    }
}
```

Listing 5.20 Naive Lösung zur Aktualisierung eines Objektgraphen

Zur Lösung dieses Problems existieren nun verschiedene Ansätze:

- Änderungen an einem Objekt des Objektgraphen müssen vom Benutzer explizit gespeichert werden. Somit muss immer nur ein Objekt, dessen Zustand bekannt ist, gespeichert werden.

- Jede Änderung an einem Objekt des Objektgraphen wird unmittelbar nach deren Eintreten gespeichert (z. B. über AJAX)

- Man lädt den geänderten Objektgraphen nochmals aus der Datenbank und übernimmt, ähnlich wie in Listing 5.19, sämtliche Änderungen

- Man ermittelt, welches Objekt geändert, hinzugefügt und gelöscht wurde, sowie, welches Objekt nicht verändert wurde. Dies kann zum Beispiel anhand von Informationen, die über JavaScript in einem versteckten Feld protokolliert wurden, erfolgen. Diese Informationen zieht man im Zuge des Speicherns heran.

Ein Beispiel für den letzten Ansatz findet man in Listing 5.21. Die darin gezeigt Methode Update nimmt neben dem Hotel auch ein Dictionary entgegen, das Objekte auf ihre Entitätszustände (EntityState) abbildet. Die Entitätszustände aus diesem Dictionary werden an den Datenbankkontext übergeben, damit dieser weiß, welches Objekt angelegt, aktualisiert bzw. gelöscht werden muss.

```
public void Update(Hotel h, IDictionary<object, EntityState> states)
{
    using (var ctx = new HotelDbContext())
    {
        ctx.Hotel.Attach(h);
        ctx.Entry(h).State = System.Data.EntityState.Modified;
        foreach (var b in h.HotelBuchung)
        {
            if (states.ContainsKey(b))
            {
                ctx.Entry(b).State = states[b];
            }
        }
        ctx.SaveChanges();
    }
}
```

Listing 5.21   Allgemeine Lösung zum Speichern von Objektgraphen

---

HINWEIS   Um Probleme beim Speichern von Entitäten, die mit anderen Entitäten in Beziehung stehen, zu vermeiden, sollte der Entwickler die jeweils benachbarten Objekte einander gegenseitig zuweisen und eventuelle Fremdschlüssel setzen, sofern deren künftige Werte bekannt sind.

Im Falle eines bereits bestehenden Hotels und einer neuen Buchung sollte somit die Buchung dem Hotel sowie das Hotel der Buchung zugewiesen werden. Verwendet der Entwickler Fremdschlüsselmappings, sollte er darüber hinaus auch die ID des Hotels dem jeweiligen Fremdschlüssel der Buchung zuweisen.

Entitäten löschen

Für das Löschen von Entitäten stellt der Datenbankkontext die Methode Remove zur Verfügung. Alternativ dazu kann der Entwickler auch den Zustand der Entität auf Deleted setzen (vgl. »Getrennte Objektgraphen aktualisieren«). Damit die Entität wirklich aus der Datenbank gelöscht wird, muss der Entwickler zusätzlich, wie gewohnt, SaveChanges aufrufen (siehe Listing 5.22).

```
public void Delete(Hotel h)
{
    using (var ctx = new HotelDbContext())
```

```
    {
        ctx.Hotel.Attach(h);
        ctx.Hotel.Remove(h);
        ctx.SaveChanges();
    }
}
```

Listing 5.22 Löschen einer Entität

Konflikte erkennen und auflösen

Von Konflikten spricht man, wenn mehrere Benutzer dieselbe Entität zur selben Zeit verändern. Hierbei kann es vorkommen, dass ein Benutzer die Änderungen eines anderen Benutzers überschreibt, ohne diese gesehen zu haben. Das nachfolgende Szenario veranschaulicht dies:

- Benutzer A lädt Entität 1

- Benutzer B lädt Entität 1

- Benutzer A schreibt eine geänderte Version von Datensatz 1 in die Datenbank zurück

- Benutzer B schreibt eine geänderte Version von Datensatz 1 in die Datenbank zurück und überschreibt somit die Änderungen von Benutzer A, ohne diese jemals gesehen zu haben

Optimistische Konflikterkennung

Beim im letzten Abschnitt betrachteten Szenario gewinnt der letzte Benutzer, sprich Benutzer B. Dies entspricht auch dem Standardverhalten des Entity Framework. Möchte der Entwickler solche Fälle vermeiden, kann er das Entity Framework dazu bewegen, eine oder mehrere Eigenschaften des zu speichernden Objekts mit den aktuellen Werten in der Datenbank zu vergleichen. Sind deren Werte gleich geblieben, geht das Entity Framework davon aus, dass zwischenzeitlich keine Änderung durch einen anderen Benutzer erfolgt ist und stimmt somit einer Speicherung zu. Andernfalls hat ein anderer Benutzer den Eintrag in der Zwischenzeit geändert und das Entity Framework löst eine OptimisticConcurrencyException aus.

Bei den Spalten, die das Entity Framework zum Erkennen von Konflikten vergleicht, muss es sich um Spalten handeln, die bei jedem Speichervorgang verändert werden. Unter SQL Server bietet sich hierzu der Datentyp Timestamp an, dessen Wert von SQL Server bei jeder Änderung des Datensatzes hochgezählt wird. Alternativ dazu könnte auch eine Versionsnummer verwendet werden. Diese könnte entweder im Code oder über einen Trigger hochgezählt werden.

Das folgende Szenario veranschaulicht diese Konflikterkennungsstrategie:

- Benutzer A lädt Entität 1 in Version 1

- Benutzer B lädt Entität 1 in Version 1

- Benutzer A schreibt eine geänderte Version von Datensatz 1 in die Datenbank zurück. Der geänderte Datensatz erhält die Versionsnummer 2.

- Benutzer B versucht, eine geänderte Version von Datensatz 1 in die Datenbank zurück zu schreiben

- Das Entity Framework vergleicht die Versionsnummer, die Benutzer B ursprünglich abgerufen hat (Version 1) mit jener in der Datenbank (Version 2). Da diese Versionsnummern nicht identisch sind, liegt ein Konflikt vor und das Entity Framework löst eine Ausnahme aus.

Wie das letzte Szenario verdeutlicht, wird diese einfache Art der Konflikterkennung erst beim Speichern aktiv. Das bedeutet, dass der Benutzer im schlimmsten Fall bei einem Konflikt seine Änderungen verwerfen muss. Man ist jedoch optimistisch in der Hinsicht, dass solche Fälle selten auftreten. Dies ist auch der Grund, warum hierbei von einer optimistischen Sperrung (engl. Optimistic Locking) gesprochen wird (was auch erklärt, warum das Entity Framework im Konfliktfall eine `OptimisticConcurrencyException` auslöst).

Der Vorteil dieser Strategie ist, dass sie zum einen einfach zu implementieren ist und zum anderen ohne Sperrungen in der Datenbank auskommt. Dabei muss man sich vor Augen halten, dass Datenbanksperren in den letzten Jahren aus der Mode gekommen sind, zumal sie zum einen die Möglichkeit zum parallelen Verarbeiten von Daten einschränken (was ja auch deren Sinn ist) und zum anderen gerade in Webanwendungen häufig nicht genutzt werden können.

Letzteres liegt darin, dass Datenbanksperren beim Schließen der Datenbankverbindung aufgehoben werden, was nach jeder Anfrage der Fall ist. Allerdings ergeben sich beim Bearbeiten von Daten in einem Websystem mindestens zwei Anfragen – mit der ersten wird der Eintrag abgerufen; mit der zweiten werden die geänderten Daten zur Speicherung zurückgesendet.

Um festzulegen, dass das Entity Framework eine oder mehrere Spalten für optimistische Konfliktprüfungen (engl. Optimistic Concurrency Checks) verwenden soll, legt der Entwickler im Entity Data Model die Eigenschaft *Concurrency Mode* bei den jeweiligen Eigenschaften auf *Fixed* fest (siehe Abbildung 5.11).

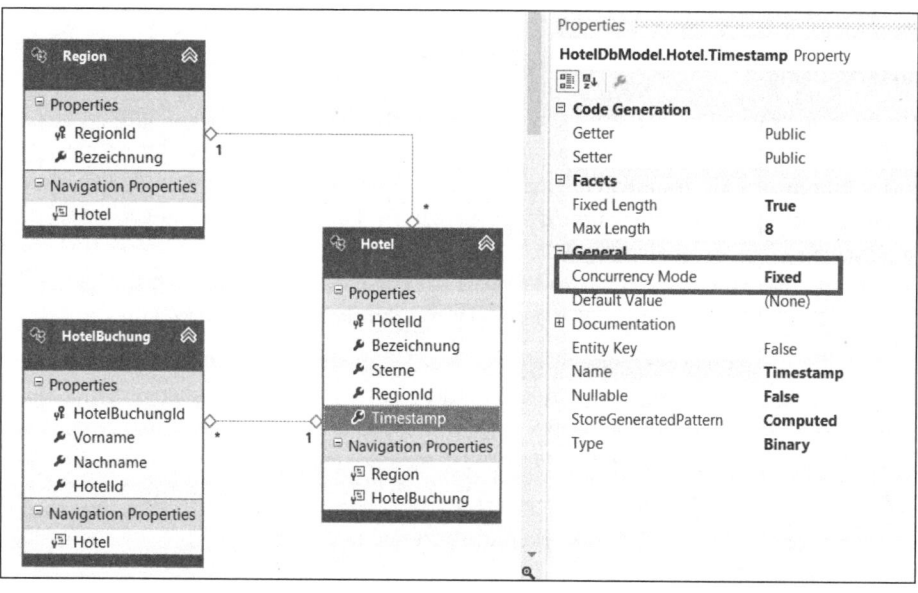

Abbildung 5.11   Spalte für optimistische Sperrungen auswählen

Konflikte bei optimistischer Konflikterkennung auflösen

Tritt eine `OptimisticConcurrencyException` ein, bietet der Datenbankkontext mit der Methode `Refresh` zwei Möglichkeiten zum Auflösen des vorliegenden Konflikts, auf die der Entwickler, zum Beispiel in einem catch-Block, zurückgreifen kann:

- `context.Refresh(RefreshMode.StoreWins, obj)` aktualisiert ein Objekt im RAM mit den aktuellen Werten aus der Datenbank. In weiterer Folge könnte die Anwendung den Benutzer auffordern, die gewünschten Änderungen nochmals auf der Basis der hiermit erhaltenen Version aus der Datenbank durchzuführen.

- `context.Refresh(RefreshMode.ClientWins, f)` markiert ein Objekt im RAM so, dass beim nächsten Speicherversuch ein Änderungskonflikt ignoriert wird und die Version des Clients gespeichert wird

Pessimistische Konflikterkennung

Während es viele Fälle gibt, in denen keine Konflikterkennungsstrategie oder lediglich eine optimistische Strategie zur Konflikterkennung nötig ist, kommt es auch immer wieder vor, dass Konflikte von vornherein verhindert werden müssen. Dies bedeutet, dass der Entwickler einen Mechanismus benötigt, um zu verhindern, dass gleichzeitig auf denselben Datensatz zugegriffen wird. Dazu existieren mehrere Möglichkeiten:

- Der Entwickler sendet native SQL-Anweisungen zur Datenbank, die bewirken, dass Datensätze in der Datenbank gesperrt werden (siehe »Mit nativem SQL arbeiten«).

- Der Entwickler startet eine Transaktion mit einer entsprechenden Transaktionsisolationsstufe. Informationen über die Arbeit mit Transaktionen finden Sie im Abschnitt »Mit Transaktionen arbeiten«.

- Der Entwickler zeichnet in einer eigenen Tabelle auf, welcher Benutzer welchen Datensatz bis zu welchem Zeitpunkt exklusiv nutzen darf. Dies bedeutet jedoch auch, dass er vor jedem Zugriff auf diese Tabelle (mit einer entsprechenden Transaktionsisolationsstufe) zugreifen muss.

- Hierbei ist zu beachten, dass die ersten beiden Lösungsvorschläge nur innerhalb einer HTTP-Anfrage funktionieren, da sie auf Datenbanksperren basieren und diese beim Schließen der Datenbankverbindung wieder aufgehoben werden. Der dritte Lösungsvorschlag, der im Übrigen auch von Größen wie SAP herangezogen wird, ist somit der einzige, der über mehrere HTTP-Anfragen hinweg funktioniert.

Mit Transaktionen arbeiten

Die Speicherung der Änderungen bei `SaveChanges` erfolgt als eine Datenbanktransaktion, d.h. es werden alle oder keine der Änderungen in der Datenbank persistiert. Sie können auch Datenbanktransaktionen über mehrere Ausführungen von `SaveChanges` hinweg und sogar über mehrere verschiedene Kontextinstanzen hinweg ausführen, indem Sie selbst einen Transaktionsbereich definieren. Dazu lassen Sie die gewünschten Aktionen innerhalb eines `TransactionScope`-Bereichs ausführen (Listing 5.11).

Um in den Genuss der Klasse `TransactionScope` zu kommen, bindet der Entwickler die Assembly `System.Transactions` ein. Idealerweise wird diese Klasse, wie in Listing 5.11, innerhalb einer `using`-Anweisung verwendet. Somit sind der Beginn und das Ende der dadurch repräsentierten Transaktion klar umrissen. Der Zugriff auf transaktionale Ressourcen innerhalb eines `TransactionScope`-Bereichs erfolgt im Rahmen einer Transaktion. Um die Transaktion zu bestätigen (engl. commit), ruft der Entwickler am Ende des Scopes die Methode `Complete` auf. Um die Transaktion zurückzurollen, unterlässt er dies.

```
var hotelRepository = new HotelRepository();
var flugRepository = new FlugRepository();

using (var ts = new TransactionScope())
```

```
{
    hotelRepository.Book(...);
    flugRepository.Book(...);
    ts.Complete();
}
```

Listing 5.23 Transaktion mit `TransactionScope`

Greift der Entwickler innerhalb eines `TransactionScope`-Bereichs auf mehr als eine transaktionelle Ressource zu, zum Beispiel auf zwei verschiedene Datenbanken, versucht `TransactionScope`, eine verteilte Transaktion zu starten. Neben der Tatsache, dass dies mit einem nicht zu unterschätzenden Overhead einhergeht, müssen alle beteiligten Ressourcen verteilte Transaktionen unterstützen. Zusätzlich muss bei den betroffenen Rechnern ein Transaktionsmanager, zum Beispiel der Distributed Transaction Manager, der mit Windows in Form eines Diensts ausgeliefert wird, gestartet sein.

Greift der Entwickler hingegen über zwei verschiedene Verbindungen auf ein und dieselbe transaktionale Ressource zu (z.B. über zwei Datenbankverbindungen auf dieselbe Datenbank), hängt das Transaktionsverhalten vom verwendeten (Datenbank-)Treiber ab.

Ein Beispiel für solch ein Szenario stellt Listing 5.12 dar, wenn man davon ausgeht, dass beide Repositories eine Instanz desselben Datenbankkontextes für den Zugriff auf dieselbe Datenbank via Entity Framework nutzen. Unterstützt der (Datenbank-)Treiber in solch einem Fall den Lightweight Transaction Manager, wird eine lokale Transaktion verwendet. Ist dem jedoch nicht so, initiiert .NET eine verteilte Transaktion.

Während der mit .NET ausgelieferte Treiber (genauer: Datenanbieter) für SQL Server den Lightweight Transaction Manager unterstützt, ist der Entwickler gut beraten, dies beim Einsatz von anderen Treibern zu prüfen, um nicht ungewollt verteilte Transaktionen anzustoßen.

```
var hotelRepository = new HotelRepository();
var flugRepository = new FlugRepository();

var to = new TransactionOptions();
to.IsolationLevel = System.Transactions.IsolationLevel.Serializable;
to.Timeout = TimeSpan.FromMinutes(1);

using (var ts = new TransactionScope(TransactionScopeOption.Required, to))
{
    // hotelRepository.Book(...);
    // flugRepository.Book(...);
    ts.Complete();
}
```

Listing 5.24 Parametrisierter `TransactionScope`

Erweiterte Mapping-Szenarien

In den vergangen Abschnitten wurde das verwendete Datenbankschema 1:1 auf das Objektmodell abgebildet. Dieser Abschnitt zeigt nun, wie der Entwickler ein vom Datenbankschema abweichendes Objektmodell kreieren kann.

Komplexe Typen

Um ein eigenes Datenbankschema aufzubauen, werden oft eigene, komplexe Typen benötigt. Bei komplexen Typen handelt es sich um Klassen, welche bestimmte Eigenschaften zusammenfassen. Beispielsweise könnten die Eigenschaften Vorname und Nachname, wie in Abbildung 5.12 gezeigt, zu einem komplexen Typen Name zusammengefasst werden. Komplexe Typen können im Model Browser (vgl. Abbildung 5.12) angelegt werden. Anschließend hat der Entwickler die Möglichkeit, Eigenschaften mit diesen Typen anzulegen.

Geht man nach dem Prinzip Database First vor, so müssen die vom Assistenten in den Klassen eingerichteten Attribute, welche Teil des komplexen Typs sind, gelöscht werden, da sie nun ja durch eine Eigenschaft vom komplexen Typ repräsentiert werden. Außerdem sind die einzelnen Eigenschaften des komplexen Typs innerhalb der Mapping Details auf die entsprechenden Spalten abzubilden Abbildung 5.13).

Listing 5.25 demonstriert den Einsatz komplexer Typen. Es legt eine neue Buchung an und ruft anschließend sämtliche Buchungen ab. Wie daraus ersichtlich ist, kann nach den beschriebenen Modifikationen der Entwickler auf den Vornamen und Nachnamen über eine Eigenschaft Name zugreifen.

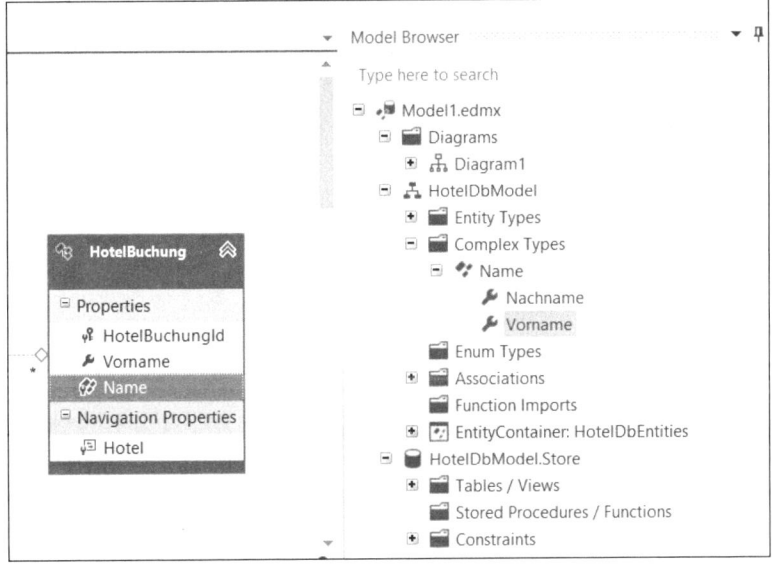

Abbildung 5.12 Definition und Anwendung eines komplexen Typs

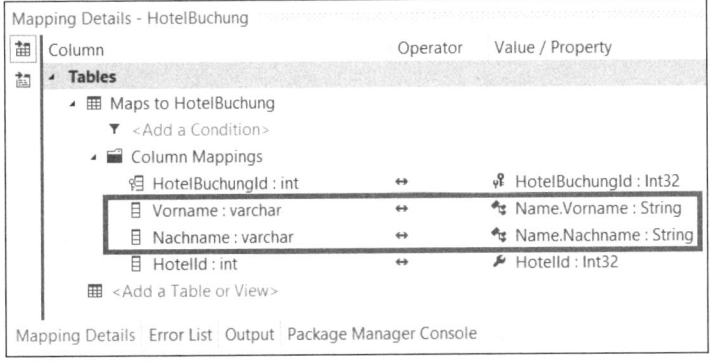

Abbildung 5.13 Komplexe Typen auf Spalten abbilden

```
using (var ctx = new HotelDbContext())
{
    var hotel = ctx.Hotel.FirstOrDefault();

    // -- Buchung erzeugen -------

    var buchung = new HotelBuchung();
    buchung.Name = new Name();
    buchung.Name.Vorname = "Susi";
    buchung.Name.Nachname = "Sorglos";
    buchung.Hotel = hotel;

    ctx.HotelBuchung.Add(buchung);
    ctx.SaveChanges();

    // -- Buchungen abrufen -------

    var buchungen = ctx.HotelBuchung.ToList();
    foreach (var b in buchungen)
    {
        var fullName = b.Name.Vorname + " " + b.Name.Nachname;
        DoSomething(fullName);
    }
}
```

Listing 5.25   Arbeiten mit komplexen Typen

Enumerationen

Seit dem Entity Framework 5 verfügt der Entwickler über die Möglichkeit, numerische Spalten auf die Indexwerte von Enumerationen abzubilden. Enumerationen werden, so wie komplexe Typen auch, im Model Browser angelegt und können danach als Typen für Eigenschaften im Objektmodell herangezogen werden. In Abbildung 5.14 sehen Sie im Model Browser die Enumeration Sterne, die als Typ für die gleichnamige Eigenschaft in der Klasse Hotel Verwendung findet.

Listing 5.26 demonstriert anhand dieses Beispiels den Einsatz von Enumerationen im Quellcode. Zunächst legt es ein Hotel mit fünf Sternen (Sterne.DeLux) an. Anschließend ruft es sämtliche Hotels mit fünf und vier Sternen (Sterne.DeLuxe und Sterne.FirstClass) ab und verwendet die Enumeration Sterne für eine Fallunterscheidung.

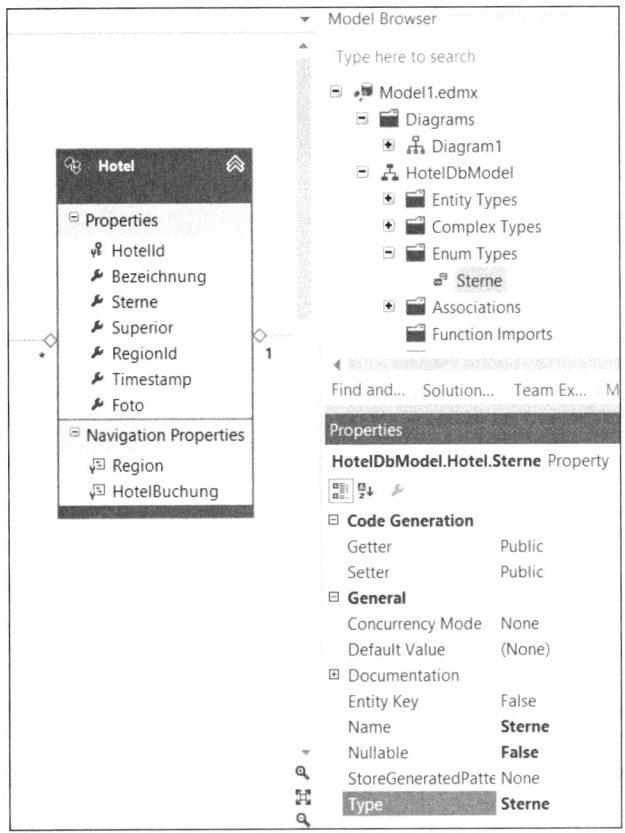

▼   Model Browser

Type here to search

☐ •🗊 Model1.edmx
   ☐ 🖿 Diagrams
      ⊞ 🔓 Diagram1
   ☐ 🔓 HotelDbModel
      ⊞ 🖿 Entity Types
      ⊞ 🖿 Complex Types
      ☐ 🖿 Enum Types
            🗗 Sterne
      ⊞ 🖿 Associations
         🖿 Function Imports

◀
Find and...   Solution...   Team Ex...   M

Properties

HotelDbModel.Hotel.Sterne Property

☐ **Code Generation**
   Getter   Public
   Setter   Public
☐ **General**
   Concurrency Mode   None
   Default Value   (None)
⊞ Documentation
   Entity Key   False
   Name   **Sterne**
   Nullable   **False**
   StoreGeneratedPatte None
   Type   **Sterne**

Abbildung 5.14   Enumerationen zuweisen

```
using (var ctx = new HotelDbContext())
{
    // -- Hotel erzeugen -------

    var hotel = new Hotel();
    hotel.Bezeichnung = "Hotel Schwichtenberg";
    hotel.Sterne = Sterne.DeLuxe;
    hotel.RegionId = 3;

    ctx.Hotel.Add(hotel);
    ctx.SaveChanges();

    // -- Hotels laden -------

    var hotels = ctx.Hotel.Where(
                    h => h.Sterne == Sterne.DeLuxe
                        || h.Sterne == Sterne.FirstClass)
                .ToList();
```

```
foreach (var h in hotels)
{
    switch (h.Sterne)
    {
        case Sterne.DeLuxe:
            ProcessDelux(h);
            break;
        case Sterne.FirstClass:
            ProcessFirstClass(h);
            break;
    }
}
```

Listing 5.26 Arbeiten mit Enumerationen

Vererbung

Während objektorientierte Sprachen, wie C# oder VB.NET, das Konzept der Vererbung kennen, sucht man danach innerhalb klassischer relationaler Datenbanken, wie SQL Server, vergeblich. Allerdings existieren Strategien, um Vererbungsbeziehungen in der Datenbank nachzubilden und O/R-Mapper wie das Entity Framework sind in der Lage, Daten, die entsprechend dieser Strategien organisiert werden, als Vererbungsbeziehungen zu behandeln. Nachdem dieser Abschnitt die Vorteile der Verwendung von Vererbungsbeziehungen aufgezeigt hat, widmet er sich diesen Strategien und zeigt, wie sie mit Entity Framework umgesetzt werden können.

Polymorphe Abfragen

Das Abbilden von Vererbungsbeziehungen ist insofern von Bedeutung, als dass Vererbungsbeziehungen so genannte is-a-Beziehungen darstellen. Erbt der Entwickler beispielsweise die Klassen KreditkartenZahlung und KontoAbbuchung von der Basisklasse Zahlung (vgl. Abbildung 5.15), so zeigt er damit an, dass es sich bei einer KreditkartenZahlung sowie bei einer KontoAbbuchung um eine Zahlung handelt, sowie, dass Objekte dieser Klassen stellvertretend für Objekte des Typs Zahlung verwendet werden können. Darüber hinaus kann er sämtliche Zahlungen, unabhängig von der Tatsache, ob es sich dabei um KreditkartenZahlungen oder KontoAbbuchungen handelt, abrufen und diese unabhängig von ihren konkreten Typen als Zahlungen verwenden. Hierbei ist von polymorphen Abfragen die Rede.

Natürlich steht es dem Entwickler frei, nur Objekte eines bestimmten Subtyps abzurufen, um zum Beispiel lediglich KreditkartenZahlungen zu erhalten. Darüber hinaus kann er Objekte jederzeit in den zugrunde liegenden konkreten Typ umwandeln (engl. Downcasting), um auf die zusätzlichen Eigenschaften des jeweiligen Subtyps zuzugreifen.

Abbildung 5.15 Vererbung
im Entity Data Model-Designer

Table per Hierarchy (TPH)

Bei der Strategie Table per Hierarchy (TPH) werden die Objekte sämtlicher Klassen einer Vererbungshierarchie in ein und derselben Tabelle abgelegt. Darüber hinaus führt der Entwickler eine Spalte, welche auf den jeweils verwendeten konkreten Typ schließen lässt, ein. Solche Spalten werden als Diskriminatoren bezeichnet.

Ein Beispiel dafür findet sich in Abbildung 5.16. Die gezeigte Tabelle repräsentiert Zahlungen, bei denen es sich entweder um KreditkartenZahlungen oder KontoAbbuchungen handelt. Die ZahlungsArt dient als Diskriminator zur Unterscheidung dieser Subtypen. Abhängig vom jeweils verwendeten Typ sind nur jene Spalten belegt, die im repräsentierten Typ vorkommen. Handelt es sich zum Beispiel um eine KontoAbbuchung, so findet man in der Spalte KreditkartenNr einen Null-Wert vor, zumal eine KontoAbbuchung im Gegensatz zu KreditkartenZahlungen keine Kreditkartennummer aufweist. Im Falle von KreditkartenZahlungen finden sich hingegen keine Werte in den Spalten Kontonummer und Blz.

	ZahlungId	Betrag	Datum	Kontonumm...	Blz	KreditkartenNr	ZahlungsArt
1	1	100.00	2012-11-27 08:13:46.097	0000 0000	4711	NULL	Konto
2	2	100.00	2012-11-27 08:13:46.097	0000 0001	0815	NULL	Konto
3	3	100.00	2012-11-27 08:13:46.097	NULL	NULL	9999 9999	Kreditkarte
4	4	150.00	2012-11-27 08:13:46.097	NULL	NULL	9999 9998	Kreditkarte

Abbildung 5.16 Tabelle mit zwei Typen entsprechend der Strategie TPH

Der Vorteil dieser Strategie ist, dass polymorphe Abfragen sehr performant durchgeführt werden können, zumal hierzu lediglich eine einzige Tabelle abzufragen ist. Der Nachteil liegt darin, dass die dritte Normalform verletzt wird und man auf den ersten Blick die vorherrschende Vererbungsbeziehung nicht im Datenbankmodell erkennt. Darüber hinaus ergeben sich bei vielen Subtypen auch zwangsweise sehr viele Spalten, welche Null-Werte aufweisen, da immer nur jene Spalten, die zum jeweiligen Typ gehören, bestückt werden.

Geht der Entwickler nach dem Prinzip Database First vor, muss er die gewünschten Subklassen sowie die Vererbungsbeziehungen manuell anlegen. Einzelne Eigenschaften, welche nur im Zusammenhang mit einem bestimmten Subtyp auftauchen, muss er darüber hinaus in die jeweiligen Klassen verschieben (ausschneiden und einfügen). Dabei ist zu beachten, dass der Primärschlüssel, welcher von der Basisklasse geerbt wird, nicht zu wiederholen ist. Auch zu beachten ist, dass der Diskriminator nicht in Form einer Eigenschaft im Objektmodell vorkommen darf. Dieser wird lediglich intern vom Entity Framework genutzt.

Pro Subklasse erstellt der Entwickler ein Mapping in den *Mapping Details* (Abbildung 5.17). Dabei gibt er an, dass die Subklasse auf dieselbe Tabelle wie die Basisklasse abzubilden ist. Im Zuge dessen ordnet er auch jene Eigenschaften Spalten zu, die einen Subtyp zusätzlich zu den geerbten Typen definieren. Darüber hinaus legt er einen Wert für den Diskriminator fest. Im betrachteten Beispiel wird zum Beispiel für den Diskriminator ZahlungsArt der Wert Konto hinterlegt. Dieser Schritt entfällt, wenn die jeweilige Klasse als abstrakte Klasse gekennzeichnet wurde, da es in diesen Fällen keine Instanzen des damit einhergehenden Typs gibt.

Ein Vorgehen nach dem Prinzip Model First erweist sich für die Implementierung der TPH-Strategie als schwierig, da mit dem Diskriminator eine Spalte, die im Objektmodell keine Entsprechung hat, im Zuge des Mappings auszuwählen ist. Um dieses Problem zu umschiffen könnte der Entwickler für den Diskriminator zunächst eine herkömmliche Eigenschaft anlegen, aus dem Modell eine Datenbank generieren lassen, den Diskriminator aus dem Objektmodell löschen und im Zuge des Mappings einen Wert für die Diskriminatorspalte vergeben.

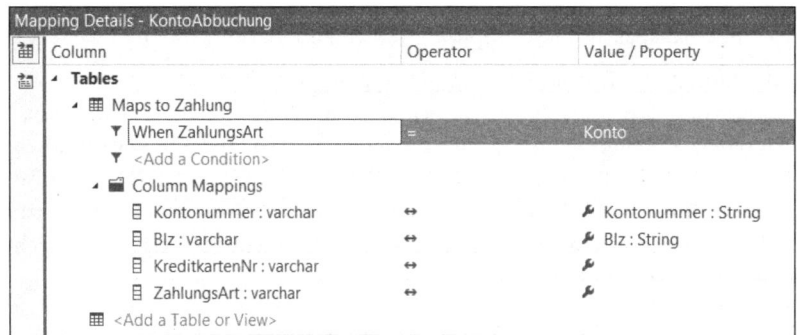

Abbildung 5.17 Klasse, die gemäß TPH auf einen Typ einer Vererbungsbeziehung abgebildet wurde

Beispiele für die Verwendung einer Vererbung im Quellcode finden sich in Listing 5.27, Listing 5.28 und Listing 5.29. In Listing 5.27 wird sowohl eine KontoAbbuchung als auch eine KreditkartenZahlung erzeugt. Dabei fällt auf, dass beide an die Eigenschaft Zahlung des Datenbankkontextes übergeben werden. Dies liegt daran, dass der Datenbankkontext lediglich für die Basisklasse eine Eigenschaft spendiert bekommt.

```
using (var ctx = new HotelDbContext())
{
    var kontoabb = new KontoAbbuchung();
    kontoabb.Betrag = 100;
    kontoabb.Datum = DateTime.Now;
    kontoabb.Blz = "00000";
    kontoabb.Kontonummer = "111111";

    var kredz = new KreditkartenZahlung();
    kredz.Datum = DateTime.Now;
    kredz.Betrag = 200;
    kredz.KreditkartenNr = "1234-5678-9123-4566";
```

```
    ctx.Zahlungen.Add(kredz);
    ctx.Zahlungen.Add(kontoabb);
    ctx.SaveChanges();
}
```

Listing 5.27   Anlegen von Objekten einer Vererbungshierarchie

Listing 5.28 zeigt eine polymorphe Abfrage, welche sämtliche Zahlungen, unabhängig von ihrem konkreten Typ, abruft. Dieses Beispiel zeigt jedoch auch, dass jede abgerufene Entität in ihren konkreten Typ umgewandelt werden kann. Dies ermöglicht es dem Entwickler, auf die zusätzlichen Eigenschaften der Subklassen zuzugreifen.

```
using (var ctx = new HotelDbContext())
{
    var zahlungen = ctx.Zahlungen.ToList();

    foreach (var z in zahlungen)
    {
        DoStuff(z.Betrag + " " + z.Datum + " " + z.ZahlungId);

        var kkz = z as KreditkartenZahlung;
        if (kkz != null)
        {
            DoStuff(kkz.KreditkartenNr);
        }

        var ka = z as KontoAbbuchung;
        if (ka != null)
        {
            DoStuff(ka.Kontonummer + " " + ka.Blz);
        }
    }
}
```

Listing 5.28   Polymorphe Abfrage

Listing 5.29 zeigt, dass der Entwickler unter Verwendung der Methode `OfType<T>` angeben kann, dass lediglich Objekte eines bestimmten Subtyps abzurufen sind.

```
using (var ctx = new HotelDbContext())
{
    var kkzs = ctx.Zahlungen.OfType<KreditkartenZahlung>();
    foreach (var kredzah in kkzs)
    {
        DoStuff(kredzah.KreditkartenNr);
    }
}
```

Listing 5.29   Abzurufende Objekte auf einen bestimmten Subtyp einschränken

Table per Type (TPT)

Bei der Strategie Table per Type (TPT) spendiert der Entwickler jeder Klasse der Vererbungshierarchie eine eigene Tabelle. Diese werden zueinander in eine 1:0..1-Beziehung gesetzt. Abbildung 5.18 demonstriert dies. Eine `ZahlungBase` »hat« hier 0 oder 1 Kreditkartenzahlungen bzw. 0 oder 1 Kontoabbuchungen. Da ein Objekt jedoch immer nur einen einzigen Typ haben kann, ist es nicht möglich, einer `ZahlungBase` sowohl eine `KreditkartenZahlung` sowie eine `KontoAbbuchung` zuzuweisen. In diesem Fall würde sich das Entity Framework zur Laufzeit mit einer Ausnahme beschweren, zumal eine Zahlung nicht eine `KreditkartenZahlung` und eine `KontoAbbuchung` gleichzeitig sein kann.

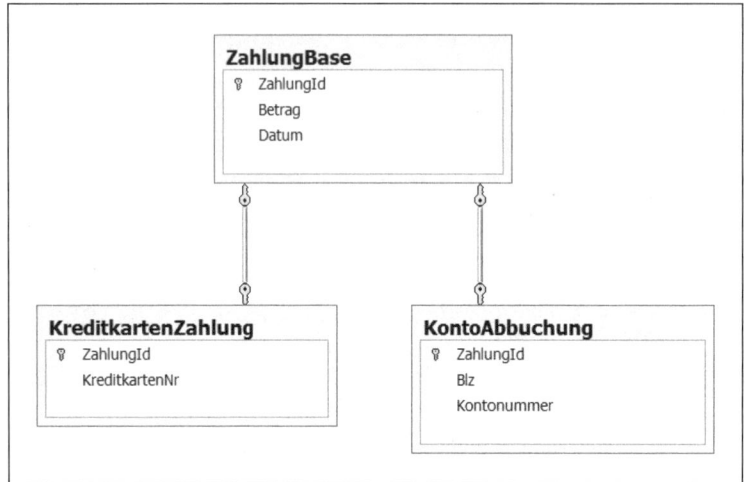

Abbildung 5.18   TPT in der Datenbank

Der Vorteil dieser Strategie liegt darin, dass die dritte Normalform nicht verletzt wird und somit die Vererbungsbeziehung besser als beim Einsatz der Strategie TPH im Datenbankmodell ersichtlich ist. Der Nachteil dieser Strategie liegt in der mit ihr einhergehenden schlechteren Performance, welche sich durch die notwendigen Joins auf Datenbankebene ergibt.

Geht der Entwickler nach dem Prinzip Database First vor, muss er die 1:0..1-Beziehungen, die vom Assistenten aus den Beziehungen in der Datenbank abgeleitet werden, manuell durch Vererbungsbeziehungen ersetzen, indem er Erstere löscht und Letztere hinzufügt. Darüber hinaus muss er beachten, dass der Primärschlüssel nicht in den Subklassen wiederholt werden darf, da dieser von der Basisklasse geerbt wird. Dieser ist somit in den Subklassen zu löschen (Abbildung 5.19). Im Rahmen der Mapping Details (siehe Abbildung 5.20) legt er fest, dass die Subklassen auf die jeweiligen Tabellen abzubilden sind. Darüber hinaus gibt er hier ein Mapping für die zusätzlichen Eigenschaften der Subklassen sowie für den geerbten Primärschlüssel an.

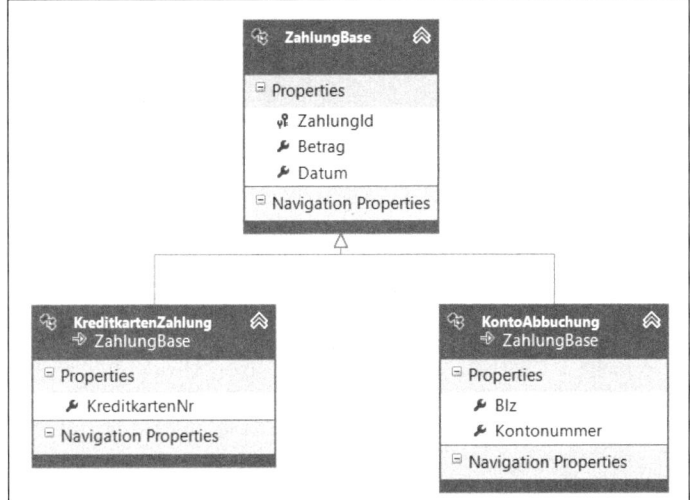

Abbildung 5.19 TPT-Beziehung im Entity Data Model-Designer

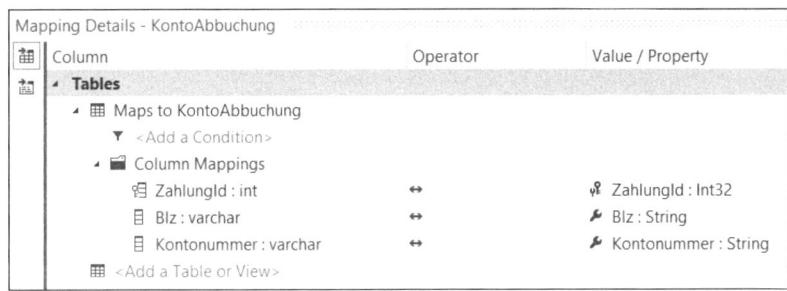

Abbildung 5.20 Abbilden einer Klasse auf einen Typ einer TPT-Beziehung

Type per concrete Type (TPC)

Die Strategie Table per concrete Type (TPC) sieht vor, dass für jeden konkreten Typ eine eigene Tabelle mit sämtlichen geerbten und eigenen Eigenschaften des jeweiligen Typs eingerichtet wird. Für das in den letzten Abschnitten betrachtete Beispiel würde man somit eine Tabelle für Kreditkartenzahlungen (KreditkartenZahlung) mit den Spalten ZahlungId, Betrag, Datum und Kreditkartennummer sowie eine weitere Tabelle KontoAbbuchung mit den Spalten ZahlungId, Betrag, Datum, BLZ und Kontonummer einführen. Diese beiden Tabellen stünden zueinander nicht in Beziehung und polymorphe Abfragen bedürften einer Union auf Datenbankebene.

Der Vorteil dieser Strategie ist die schnelle Zugriffszeit in Fällen, in denen lediglich Objekte eines Subtyps abgefragt werden, da hierzu nur auf eine einzige Tabelle zugegriffen werden muss. Der Nachteil liegt in der Tatsache, dass die zugrunde liegende Vererbungsbeziehung nicht ohne Weiteres aus dem Datenbankschema ersichtlich ist, dass geerbte Spalten und Beziehungen in sämtlichen Tabellen zu wiederholen sind, sowie, dass der O/R-Mapper für polymorphe Abfragen mehrere Tabellen abfragen muss.

Während das Entity Framework diese Strategie seit den ersten Tagen unterstützt, liegt hierfür mit Version 5 noch immer keine Unterstützung seitens Visual Studio vor, sodass der Entwickler zur Umsetzung von TPC das Entity Data Model manuell anpassen müsste. Dieser Vorgang ist jedoch umständlich und kann zu Problemen mit der Werkzeugunterstützung in Visual Studio führen. Da darüber hinaus die Strategie TPC einige Nachteile mit sich bringt und somit in der Praxis nur bedingt sinnvoll erscheint, wird an dieser Stelle von einer Beschreibung dieses Unterfangens abgesehen.

Tabellen zu einer Klasse zusammenfassen

Tabellen, die in einer 1:1-Beziehung zueinander stehen, können via Entity Framework zu einer Klasse zusammengefasst werden. Um dies zu demonstrieren, zeigt Abbildung 5.21 eine Tabelle Hotel, welche mit einer Tabelle HotelAdresse eine solche Beziehung eingeht. Letztere weist stellvertretend für viele Spalten, die eine Adresse beschreiben könnten, eine Spalte Strasse auf. Das Klassenmodell in Abbildung 5.22 beinhaltet keine Klasse für diese Adresse, allerdings weist die Klasse Hotel eine zusätzliche Eigenschaft Strasse auf. Bei Betrachtung der *Mapping Details* (Abbildung 5.23) fällt jedoch auf, dass sowohl die Tabelle Hotel als auch die Tabelle HotelAdresse auf die Klasse Hotel abgebildet wurde.

Geht der Entwickler nach dem Ansatz Database First vor, würde er sämtliche Eigenschaften aus der Klasse HotelAdresse in die Klasse Hotel verschieben (Ausschneiden und Einfügen) und anschließend die Klasse HotelAdresse löschen. Anschließend würde er das Mapping für die Klasse Hotel, wie in Abbildung 5.23 gezeigt, aktualisieren.

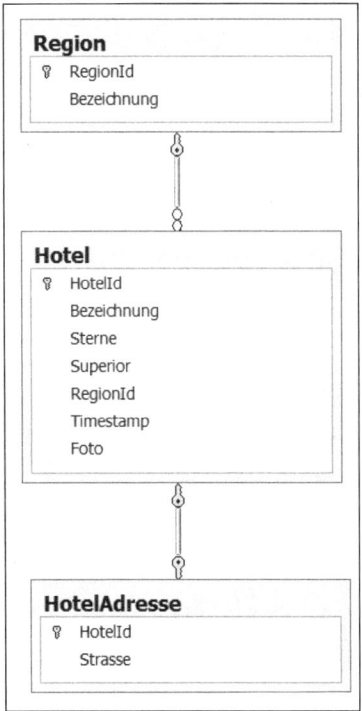

Abbildung 5.21   1:1-Beziehung zwischen Hotel und HotelAdresse

Abbildung 5.22 Hotel-Klasse mit Eigenschaft Strasse aus HotelAdresse

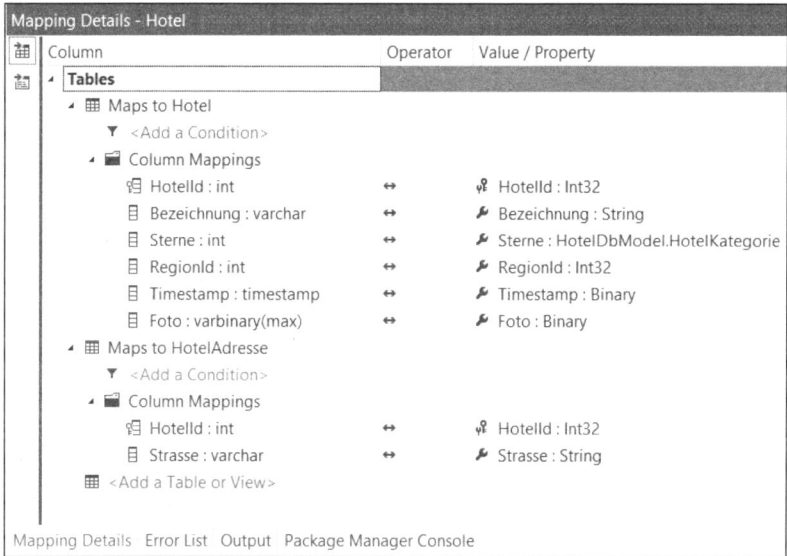

Abbildung 5.23 Klasse, welche auf mehrere Tabellen abgebildet wurde

Klasse auf ausgewählte Datensätze einer Tabelle abbilden

Der Entwickler hat auch die Möglichkeit, eine Klasse lediglich auf bestimmte Datensätze einer Tabelle abzubilden. Hierbei ist auch von horizontaler Partitionierung die Rede. Dazu muss der Entwickler lediglich im Rahmen der *Mapping Details* einen Filter angeben. In Abbildung 5.24 definiert dieser Filter zum Beispiel, dass die Spalte aktiv den Wert Y aufweisen muss. Spalten, die als Filter verwendet werden, dürfen nicht auf Eigenschaften der jeweiligen Klasse abgebildet werden. Darüber hinaus muss als Vergleichsoperator entweder =, is null oder is not null verwendet werden.

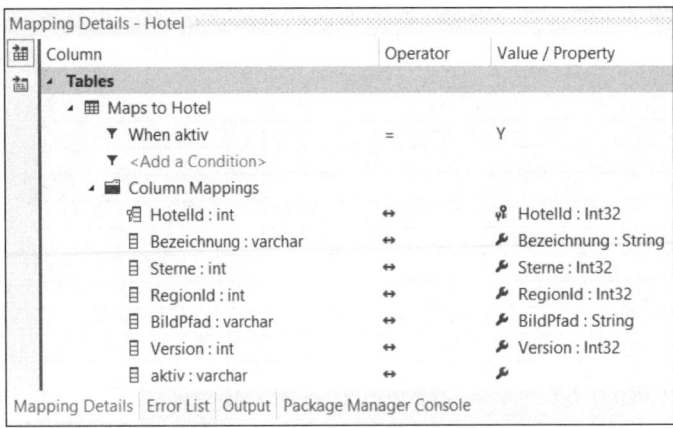

Abbildung 5.24 Klasse, welche auf bestimmte Einträge einer Tabelle abgebildet wurde

Tabelle auf mehrere Klassen verteilen

Die verschiedenen Spalten einer Tabelle können auch auf mehrere Klassen, welche zueinander eine 1:1-Beziehung eingehen, abgebildet werden. Dies ist vor allem dann nützlich, wenn standardmäßig nur bestimmte Spalten geladen werden sollen und alle anderen lediglich bei Bedarf zu laden sind.

Ein Beispiel dafür findet sich in Abbildung 5.25. Hier wurde die Eigenschaft Foto aus der Klasse Hotel in eine eigene Klasse HotelFoto ausgelagert. Tatsächlich befindet sich die Spalte, welche sich hinter dieser Eigenschaft verbirgt, ebenfalls in der Tabelle Hotel.

Um dies zu erreichen, muss der Entwickler lediglich die gewünschten zusätzlichen Klassen einrichten und die jeweiligen Eigenschaften in diese verschieben. Daneben muss er den Primärschlüssel in jede Klasse kopieren und eine 1:1-Beziehung herstellen. Zusätzlich ist für jede so neu entstandene Klasse ein Mapping anzugeben, welches sich auf den Primärschlüssel und auf die sich in dieser Klasse befindlichen Eigenschaften bezieht (vgl. Abbildung 5.26).

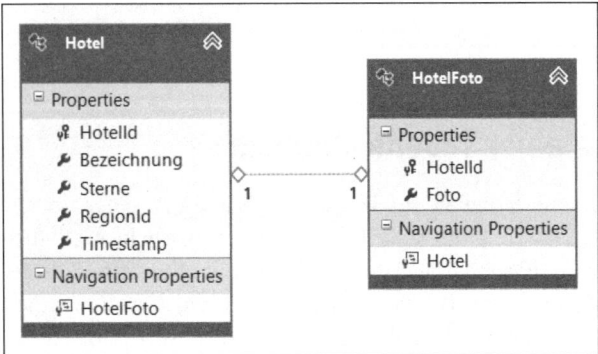

Abbildung 5.25 Die Eigenschaft Foto wurde in eine eigene Klasse ausgelagert

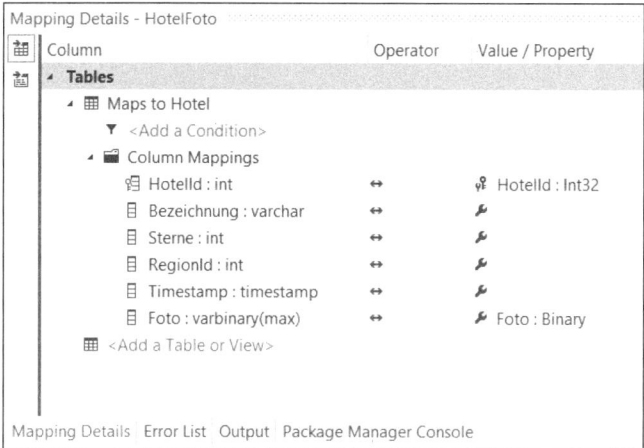

Abbildung 5.26 Klasse, welche auf bestimmte Eigenschaften einer Tabelle abgebildet wurde

Mit Gespeicherten Prozeduren arbeiten

Neben dem direkten Zugriff auf Tabellen unterstützt das Entity Framework auch den Zugriff über Gespeicherte Prozeduren. So können zum Beispiel Gespeicherte Prozeduren zum Erzeugen, Aktualisieren und Löschen von Entitäten festgelegt werden. Darüber hinaus kann der Entwickler Gespeicherte Prozeduren, die Daten abrufen, auf Methoden abbilden lassen, die das Entity Framework in der Datenbankkontextklasse einrichtet.

Dieser Abschnitt zeigt diese Möglichkeiten unter Verwendung von Gespeicherten Prozeduren, welche für SQL Server entwickelt wurden. Details zum Einsatz von Gespeicherten Prozeduren bei Verwendung anderer Datenbanksysteme finden sich in der Dokumentation der jeweiligen Datenbanktreiber.

Gespeicherte Prozeduren zum Erzeugen, Aktualisieren und Löschen verwenden

Um Gespeicherte Prozeduren zum Erzeugen, Aktualisieren und Löschen von Entitäten zu verwenden, wechselt der Entwickler in die *Mapping Details* und aktiviert das unscheinbare zweite Symbol auf der linken Seite (vgl. Abbildung 5.27). Hier kann er für die Insert-, Update- und Delete-Operation eine Gespeicherte Prozedur festlegen, welche im Zuge des Reverse-Engineerings ausgewählt wurde. Anschließend weist er die Eigenschaften der jeweiligen Entität den Parametern der Gespeicherten Prozedur zu.

Spalten, wie zum Beispiel fortlaufende IDs oder Zeitstempel, die im Zuge einer Insert- bzw. Update-Operation von der Datenbank gesetzt und in die Entität übernommen werden sollen, sind von der ausgewählten Gespeicherten Prozedur im Zuge einer SELECT-Anweisung zurückzuliefern (vgl. Listing 5.30).

Die so abgefragten Spalten sind in den *Mapping Details* auf die jeweiligen Eigenschaften der Klasse abzubilden. Da die abgefragten Spalten, anders als die Parameter, nicht aus der Signatur der Gespeicherten Prozedur abgeleitet werden können, muss der Entwickler die Namen der abgefragten Spalten manuell eintragen.

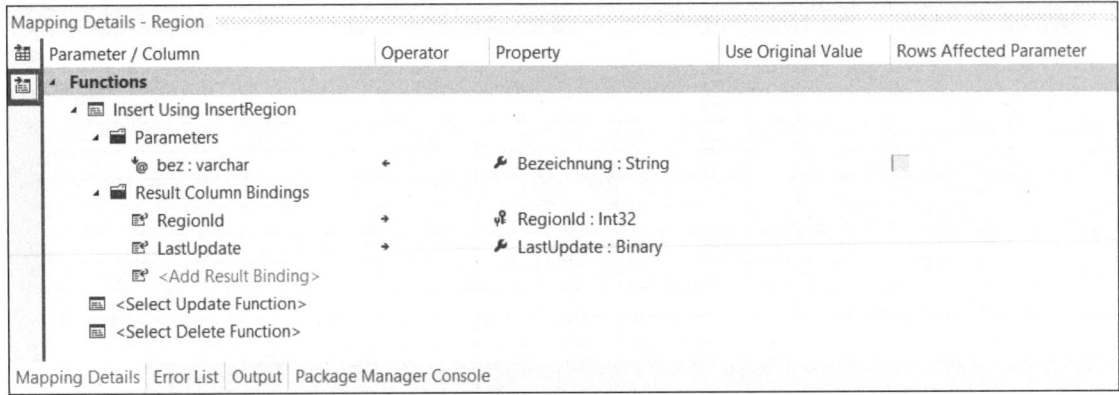

Abbildung 5.27   Zuweisung von Gespeicherten Prozeduren zu einer Klasse

```
ALTER PROCEDURE [dbo].[InsertRegion](@bez varchar(50))
AS
BEGIN
    SET NOCOUNT ON;

    -- Das ! wird angehängt, um in diesem Bsp.
    -- zu beweisen, dass die Gespeicherte Prozedur verwendet wurde
    insert into Region(Bezeichnung) values(@bez + '!');

    select Bezeichnung, LastUpdate
    from Region
    where RegionId = @@IDENTITY;
END
```

Listing 5.30   Gespeicherte Prozedur zum Anlegen einer Region

---

HINWEIS   Beim Einsatz von M:N-Beziehungen sind analoge Einstellungen im Rahmen der *Mapping Details* für die Beziehung selbst vorzunehmen. Im Zuge dessen können Gespeicherte Prozeduren angegeben werden, die die Primärschlüssel beider Seiten einer Beziehung entgegennehmen und die damit beschriebene Beziehung erzeugen bzw. löschen.

Vollständige Parallelität mit Gespeicherten Prozeduren

Um Gespeicherten Prozeduren die Möglichkeit zu geben, mittels der vollständigen Parallelität (engl. Optimistic Concurrency) Konflikte zu erkennen, kann der Entwickler bei einer Update-Operation angeben, dass neben den aktuellen Werten auch die ursprünglich abgerufenen Werte an bestimmte Paramter zu übergeben sind. Dazu aktiviert er die Option *Use Original Value* (vgl. Abbildung 5.28).

Diese Werte kann die Gespeicherte Prozedur in die WHERE-Klausel der durchzuführenden SQL-Operation einfließen lassen. Über einen OUT-Parameter können diese Gespeicherten Prozeduren darüber hinaus anführen, wie viele Datensätze von der Operation betroffen waren. Für diesen OUT-Parameter ist die Option *Rows Affected Parameter* (vgl. Abbildung 5.28) zu aktivieren. Liefert die Gespeicherte Prozedur über diesen Parameter den Wert 0, geht das Entity Framework davon aus, dass keine Datensätze aktualisiert wurden und deswegen ein Konflikt vorliegt. Der Wert 1 lässt darauf schließen, dass die Operation erfolgreich war; andere Werte sind nicht erlaubt.

Ein Beispiel für solch eine Gespeicherte Prozedur findet sich in Listing 5.31. Sie nimmt eine neue Bezeichnung für eine Region, deren ID sowie den ursprünglichen Wert der Zeitstempelspalte LastUpdate entgegen. Die ID sowie der Zeitstempel fließen in die WHERE-Klausel der durchgeführten Update-Anweisung ein. Hat sich der Zeitstempel in der Zwischenzeit geändert, wird kein Datensatz verändert und @@ROWCOUNT beinhaltet den Wert 0, welcher dem OUT-Parameter zugewiesen wird. Aufgrund dieses Werts erkennt das Entity Framework, dass ein Konflikt vorliegt.

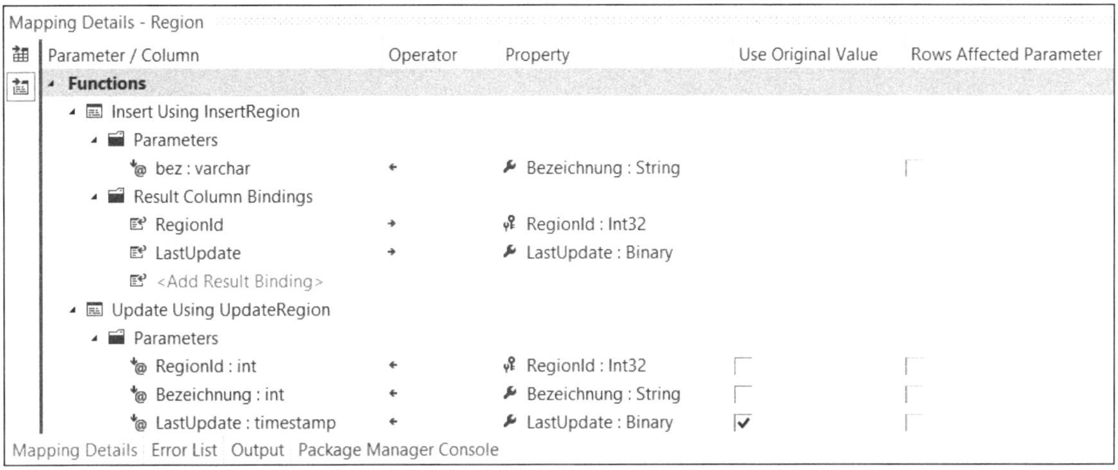

Mapping Details - Region					
Parameter / Column		Operator	Property	Use Original Value	Rows Affected Parameter
▲ **Functions**					
▲ 📄 Insert Using InsertRegion					
▲ 📁 Parameters					
🔹@ bez : varchar		←	🔧 Bezeichnung : String		
▲ 📁 Result Column Bindings					
🔹 RegionId		→	🔑 RegionId : Int32		
🔹 LastUpdate		→	🔧 LastUpdate : Binary		
🔹 <Add Result Binding>					
▲ 📄 Update Using UpdateRegion					
▲ 📁 Parameters					
🔹@ RegionId : int		←	🔑 RegionId : Int32	☐	
🔹@ Bezeichnung : int		←	🔧 Bezeichnung : String	☐	
🔹@ LastUpdate : timestamp		←	🔧 LastUpdate : Binary	☑	
Mapping Details Error List Output Package Manager Console					

Abbildung 5.28 Zuweisung einer Gespeicherten Prozedur zum Aktualisieren von Datensätzen

```
ALTER PROCEDURE [dbo].[UpdateRegion]
    @RegionId int,
    @Bezeichnung int,
    @LastUpdate timestamp,
    @RowsAffected int out
AS
BEGIN
    SET NOCOUNT ON;

    -- Das ! wird angehängt, um in diesem Bsp.
    -- zu beweisen, dass die Gespeicherte Prozedur verwendet wurde

    update Region
    set Bezeichnung = @Bezeichnung + '!'
    where RegionId = @RegionId
    and LastUpdate = @LastUpdate;

    set @RowsAffected = @@ROWCOUNT;

    select Bezeichnung, LastUpdate
    from Region
    where RegionId = @RegionId;

END
```

Listing 5.31 Gespeicherte Prozedur zum Aktualisieren einer Region

Mit Gespeicherten Prozeduren Daten abrufen

Gespeicherte Prozeduren, die wie in Listing 5.32 zum Abfragen von Daten eingesetzt werden, können auf Methoden abgebildet werden, die das Entity Framework in der Datenbankkontextklasse einrichtet. Seit Version 5 werden analog dazu auch gespeicherte Funktionen unterstützt. Zur Vereinfachung ist in weiterer Folge jedoch nur von Gespeicherten Prozeduren die Rede.

Um eine solche Abbildung zu bewerkstelligen, sind die Gespeicherten Prozeduren im Zuge des Reverse Engineerings auszuwählen. Anschließend wählt der Entwickler sie im *Model Browser* aus und übernimmt sie mit dem Kontextmenübefehl *Add Function Import* ins Klassenmodell (Abbildung 5.29).

Dabei kann er festlegen, ob das Ergebnis der Gespeicherten Prozedur auf eine Entität, eine herkömmliche Klasse oder auf einen skalaren Wert, wie int oder double, abzubilden ist. Da dieser Vorgang beim Vorhandensein vieler Gespeicherten Prozeduren sehr aufwändig ausfallen kann, bietet das Entity Framework ab Version 5 die Möglichkeit, diese Aufgabe im Zuge des Reverse Engineerings für sämtliche ausgewählten Gespeicherten Prozeduren und Funktionen zu übernehmen. Dazu wählt der Entwickler die Option *Import selected stored procedures and function into the entity model* aus (vgl. Abbildung 5.3).

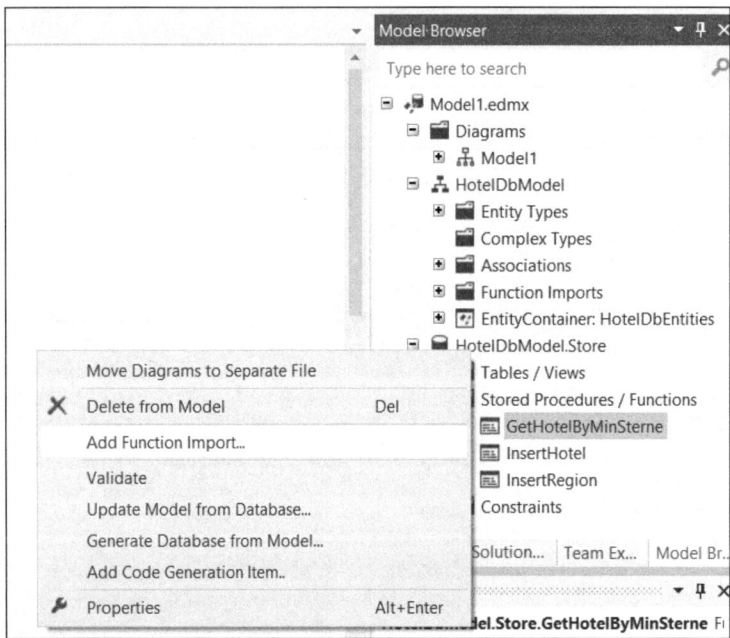

Abbildung 5.29 Definition eines Funktionsimports

```
ALTER PROCEDURE [dbo].[GetHotelByMinSterne]
(
    @minSterne int
)
AS
BEGIN
        select * from Hotel where Sterne >= @minSterne;
END
```

Listing 5.32 Gespeicherte Prozedur zum Abfragen von Hotels

Anschließend kann der Entwickler die Gespeicherte Prozedur über eine Methode aufrufen, die das Entity Framework in der Datenbankkontextklasse eingerichtet hat (Listing 5.33).

```
var hotels = ctx.GetHotelByMinSterne(3);
foreach (var h in hotels)
{
    Console.WriteLine(h.Bezeichnung + " " + h.Sterne);
}
```

Listing 5.33 Aufruf einer Gespeicherten Prozedur

Filtert der Entwickler das Ergebnis einer Gespeicherten Prozedur, wie in Listing 5.34 gezeigt, so wird diese Filterung im Hauptspeicher durchgeführt, nachdem sämtliche Zeilen der Ergebnismenge abgerufen wurden. Verbirgt sich hinter dem Methodenaufruf jedoch eine gespeicherte Funktion, findet die Filterung in der Datenbank statt.

```
var regionalHotel = ctx.GetHotelByMinSterne(3).Where(h => h.RegionId == 3);
foreach (var h in regionalHotel)
{
    Console.WriteLine(h.Bezeichnung + " " + h.Sterne);
}
```

Listing 5.34 Aufruf einer Gespeicherten Prozedur inklusive Einschränkungen, die im Hauptspeicher bearbeitet werden

Mit nativem SQL arbeiten

Während O/R-Mapper, wie das Entity Framework, das Erstellen von Datenzugriffscode erheblich vereinfachen, gibt es nach wie vor Anforderungen, die effizienter mit nativem SQL implementiert werden können. Dazu zählt das Verarbeiten von Massendaten ebenso wie Aufgaben, bei denen direkt die Möglichkeiten der eingesetzten Datenbank genutzt werden müssen, wie zum Beispiel die Volltextsuche.

Für diese Anforderungen bietet der Datenbankkontext über seine Eigenschaft Database eine Methode ExecuteSqlCommand, welche eine native SQL-Abfrage entgegennimmt und ausführt. Der Entwickler kann diese Abfrage auch mit Parametern versehen und deren Werte in Form zusätzlicher Parameter übergeben.

Ein Beispiel für den Einsatz von ExecuteSqlCommand findet sich in Listing 5.35. Der erste Aufruf erfolgt ohne Parameter, beim zweiten und dritten Aufruf kommen Parameter zum Einsatz. Hierbei werden auch die beiden Möglichkeiten skizziert, um Parameter anzugeben. Verwendet der Entwickler die Schreibweise {0}, {1} etc., so kann er die Werte der Parameter direkt übergeben. Verwendet er hingegen benannte Parameter und somit die Schreibweise @parameterName, ist er angehalten, Implementierungen der abstrakten Basisklasse DbParameter zu verwenden. Im betrachteten Fall wird SQL Server eingesetzt und somit ist an dieser Stelle SqlParameter als Subklasse von DbParameter heranzuziehen.

```
var ctx = new HotelDbContext();

ctx.Database.ExecuteSqlCommand(
        "update hotel set sterne = 1 where sterne is null");

ctx.Database.ExecuteSqlCommand(
        "update HotelBuchung set HotelId = {0} where HotelId = {1}", 1, 2);

ctx.Database.ExecuteSqlCommand(
    "update HotelBuchung set HotelId = @newId where HotelId = @oldId",
    new SqlParameter("newId", 1),
    new SqlParameter("oldId", 2));
```

Listing 5.35   Direkter Einsatz von SQL-Anweisungen

Um über native SQL-Anweisungen Daten abzurufen, kann der Entwickler auf die Methode SqlQuery, welche ebenfalls über die Eigenschaft Database des Datenbankkontextes bereitgestellt wird, zurückgreifen. Ein Beispiel dafür findet sich in Listing 5.36. Als Typparameter wird jener Typ angegeben, auf welchen die Zeilen der Ergebnismenge abzubilden sind. Im betrachteten Fall kommt an dieser Stelle die Klasse Hotel zum Einsatz, was bedeutet, dass das Entity Framework die abgerufenen Spalten auf gleichnamige Eigenschaften von Hotel-Instanzen abbildet. Der erste Parameter enthält die auszuführende Abfrage; danach können Parameterwerte aufgelistet werden. Für die Angabe von Parametern stehen dieselben Möglichkeiten wie bei der Methode ExecuteSqlCommand (siehe oben) zur Verfügung.

```
IEnumerable<Hotel> hotels = ctx.Database.SqlQuery<Hotel>("select * from Hotel where RegionId = {0}", 3);
foreach (var h in hotels)
{
    Console.WriteLine(h.Bezeichnung + " " + h.Sterne);
}
```

Listing 5.36   Abfragen von Daten mit nativem SQL

Codegenerierung anpassen

Die Art und Weise, wie das Entity Framework aus dem Entity Data Model die Entitäten sowie den Datenbankkontext generiert, kann über T4-Templates angepasst werden. Bei T4 handelt es sich um eine Technologie zum Generieren von Quellcode.

Eine Behandlung dieser Technologie würde den Rahmen dieses Kapitels sprengen, weswegen an dieser Stelle lediglich besprochen wird, wie der Entwickler das heranzuziehende T4-Template austauschen kann. Dazu wählt der Entwickler im Kontextmenü des Entity Data Models (Rechtsklick auf leeren Hintergrund) die Option *Add Code Generation Item*. Das daraufhin geöffnete Dialogfeld erlaubt es, im Web nach T4-Templates für das Entity Framework zu suchen und diese einzubinden. Im Zuge dessen wird eine oder mehrere Dateien mit der Endung *.tt* dem Projekt hinzugefügt. Diese sind die Basis für die Codegenerierung.

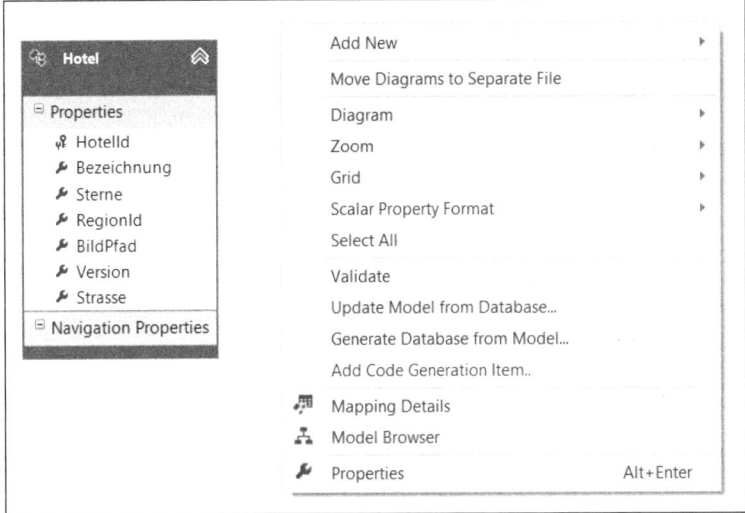

Abbildung 5.30 Hinzufügen eines
`Code Generation Item`

Code First

Das Programmiermodell Code First, welches erst mit Version 4.1 eingeführt wurde, vereinfacht die Verwendung von selbsterstellten Entitätsklassen und kommt ohne explizites Entity Data Model aus. Stattdessen wird dieses aufgrund von Konventionen hergeleitet. In Fällen, in denen diese Konventionen nicht adäquat sind, können sie übersteuert werden.

Erste Schritte mit Code Only

Um in den Genuss von Code First zu kommen, muss man die neueste Version des Entity Framework via NuGet beziehen. Um damit ein codebasiertes Klassenmodell, wie jenes in Listing 5.37, persistent zu gestalten, wird lediglich eine Implementierung von `DbContext` benötigt (Listing 5.38). Es handelt sich dabei um ein leichtgewichtiges Gegenstück zum Objektkontext, welches Methoden zum Arbeiten mit persistenten Objekten anbietet.

Pro persistente Klasse ist eine Eigenschaft vom Typ `DbSet<T>` einzurichten. Steht eine persistente Klasse mit einer anderen in Verbindung, so muss dieser jedoch nicht zwangsläufig eine solche Eigenschaft spendiert werden.

Die zu verwendende Datenbank wird beim Aufruf des Konstruktors der Basisklasse angegeben. Dabei wird zunächst versucht, in der Applikationskonfigurationsdatei eine Verbindungszeichenfolge zu finden, deren Name der hier angegebenen Zeichenkette entspricht. Kann eine solche nicht gefunden werden, wird davon ausgegangen, dass sie den Namen der zu verwendenden Datenbank in einer lokalen SQL Server Express Edition-Datenbank (Instanzname: *localhost\SQLEXPRESS*) wiederspiegelt. Kann auch keine Installation von SQL Server Express gefunden werden, versucht Code First SQL Server Express LocalDB heranzuziehen. Dieses Verhalten kann allerdings durch das Bereitstellen einer benutzerdefinierten Verbindungsfactory angepasst werden. Dabei ist lediglich die Schnittstelle `IDbConnectionFactory` zu implementieren und eine Instanz dieser Implementierung an die statische Eigenschaft `DbDatabase.DefaultConnectionFactory` zuzuweisen.

Wurde der DbContext erstellt, kann, wie in Listing 5.39 gezeigt, in gewohnter Manier mit den persistenten Objekten gearbeitet werden. Mit der Methode `DbDatabase.SetInitializer` kann darüber hinaus eine Strategie zur Erzeugung der benötigten Datenbank angegeben werden. Die verfügbaren Strategieimplementierungen, welche sprechende Namen tragen, nennen sich: `DropCreateDatabaseAlways`, `DropCreateDatabaseIfModelChanges` und `CreateDatabaseIfNotExists`. Wird diese Methode nicht aufgerufen und somit auf die Angabe einer Strategie verzichtet, geht das Entity Framework davon aus, dass die festgelegte Datenbank die erwartete Struktur aufweist.

```csharp
public class Region
{
    public virtual int RegionId { get; set; }
    public virtual string Bezeichnung { get; set; }
    public virtual ICollection<Hotel> Hotels { get; set; }
}

public class Kategorie
{
    public virtual int KategorieId { get; set; }
    public virtual string Bezeichnung { get; set; }
    public virtual ICollection<Hotel> Hotels { get; set; }

    // public ICollection<Hotel> Top10InKategorie { get; set; }
}

public class Adresse
{
    public virtual string Strasse { get; set; }
    public virtual string Plz { get; set; }
    public virtual string Ort { get; set; }
}

public class Hotel
{
    public virtual int HotelId { get; set; }
    public virtual Adresse Adresse { get; set; }
    public virtual string Bezeichnung { get; set; }
    public virtual int Sterne { get; set; }
    public virtual int RegionId { get; set; }

    public virtual double Preis { get; set; }

    public virtual Kategorie Kategorie { get; set; } // Kein Fremdschlüsselmapping
    public virtual Region Region { get; set; } // Fremdschlüsselmapping: RegionId
    public virtual ICollection<Merkmal> Merkmale { get; set; }
}

public class WellnessHotel: Hotel
{
    public virtual int ThermalBeckenAnzahl { get; set; }
    public virtual int SaunaAnzahl { get; set; }
}
```

```
public class Merkmal
{
    public virtual int MerkmalId { get; set; }
    public virtual int Bezeichnung { get; set; }

    public virtual ICollection<Hotel> Hotels { get; set; }
}
```

Listing 5.37   Code Only-Entitäten

```
public class HotelContext : DbContext
{
    public HotelContext(): base("HotelDb-CodeFirst") { }

    public DbSet<Hotel> Hotels { get; set; }
    public DbSet<Region> Regionen { get; set; }
}
```

Listing 5.38   Datenbankkontext für Code Only

```
DbDatabase.SetInitializer(new DropCreateDatabaseAlways<HotelContext>());

using (var ctx = new HotelContext())
{

    Kategorie k1 = new Kategorie() { KategorieId = 1, Bezeichnung = "Luxus" };

    Region region = new Region();
    region.Bezeichnung = "Mallorca";

    Hotel h1 = new Hotel();
    h1.Bezeichnung = "Playa Moreia";
    h1.Kategorie = k1;
    h1.Adresse = new Adresse();
    h1.Adresse.Ort = "Irgendwo";
    h1.Adresse.Plz = "1024";
    h1.Adresse.Strasse = "Hauptstrasse 14";

    WellnessHotel h2 = new WellnessHotel();
    h2.Bezeichnung = "Wellnesshotel Costalot";
    h2.SaunaAnzahl = 2;
    h2.Adresse = new Adresse();
    h2.Adresse.Ort = "Irgendwo";
    h2.Adresse.Plz = "1024";
    h2.Adresse.Strasse = "Hauptstrasse 16";
    h2.Kategorie = k1;

    region.Hotels = new List<Hotel> { h1, h2 };

    ctx.Regionen.Add(region);
    ctx.SaveChanges();

}
```

Listing 5.39   Arbeiten mit Code Only-Entitäten

Standardkonventionen

Das Mapping zwischen Klassenmodell und Datenbankmodell wird bei Verwendung von Code Only automatisch anhand von Konventionen erzeugt. Diese Konventionen können übersteuert werden. Darüber hinaus soll es in künftigen Versionen auch möglich sein, eigene Konventionen zu implementieren.

Laut den vorherrschenden Konventionen werden Eigenschaften als Primärschlüssel erkannt, wenn Sie den Namen Id oder den Klassennamen in Verbindung mit der Zeichenfolge Id (z.B. RegionId in Klasse Region) tragen. Auf Groß-/Kleinschreibung wird dabei keine Rücksicht genommen. Ist die auf diesem Weg erkannte Eigenschaft vom Typ long, int oder short, wird automatisch von Autoinkrement-Werten Gebrauch gemacht.

Handelt es sich bei zwei Navigationseigenschaften in verschiedenen Klassen um jeweils ein Ende derselben Assoziation, wird dies in einfachen Fällen von Code Only erkannt. Dies ist dann möglich, wenn jeweils nur eine einzige Eigenschaft auf die jeweils andere Klasse verweist, was zum Beispiel in Listing 5.37 bei Hotel und Region sowie bei Hotel und Kategorie der Fall ist. Würden jedoch die Kommentare in der Klasse Kategorie entfernt werden, wäre es nicht mehr möglich, automatisch zu erkennen, welche beiden der Navigationseigenschaften in Kategorie und Hotel zusammen eine bidirektionale Assoziation bilden. In diesem Fall würden drei unidirektionale Assoziationen eingerichtet werden, was sich in der Datenbank durch drei Fremdschlüssel in der Tabelle Hotel manifestierte.

Fremdschlüsselmappings werden anhand der folgenden Namenskonventionen erkannt:

- Name der Navigationseigenschaft + Name des Primärschlüssels der referenzierten Entität

- Name der referenzierten Entität + Name ihres Primärschlüssels oder

- Name des Primärschlüssels der referenzierten Entität. Daneben muss der Datentyp des Primärschlüsselmappings jenem des Primärschlüssels entsprechen.

Bei der Wahl der Tabellennamen wird versucht, aus den Klassennamen den Plural zu bilden, was bei nicht englischsprachigen Bezeichnungen meist nicht sonderlich glücklich aussieht. Für Many-to-Many-Assoziationen (vgl. Hotel und Merkmal in Listing 5.37) wird von Code Only eine Zwischentabelle angenommen, deren Name sich aus jenen der beiden verbundenen Tabellen zusammensetzt. Diese besteht lediglich aus Fremdschlüsseln, die auf die beiden Entitäten verweisen. In Kombination ergeben diese den Primärschlüssel.

Komplexe Typen, wie die von Hotel referenzierte Klasse Adresse in Listing 5.37, welche als Teil einer Entität und nicht als eigene Entität verwendet werden sollen, werden als solche erkannt, wenn a) für sie kein Primärschlüssel erkannt werden kann, b) sie auf keine weiteren Entitäten verweisen und c) sie nicht von einer Auflistung einer Entität referenziert werden.

Beinhaltet das Klassenmodell Vererbungsbeziehungen (vgl. Hotel und WellnessHotel in Listing 5.39), wird standardmäßig von der Strategie Table per Hierarchy (TPH) Gebrauch gemacht. Diese sieht vor, dass sämtliche Typen einer Vererbungshierarchie in einer einzigen Tabelle untergebracht werden. In einer speziellen Spalte, welche als Diskriminator bezeichnet wird, wird ein Wert hinterlegt, welcher auf den eigentlichen Typ schließen lässt. Spalten, die vom jeweiligen Typ nicht benötigt werden, bleiben leer (null). Bei Verwendung von Code Only wird die Diskriminatorspalte standardmäßig Discriminator genannt und mit dem Namen des jeweiligen Typs bestückt.

Konventionen mit Fluent API überschreiben

Code Only stellt eine Fluent-API zur Verfügung, die das Übersteuern der im letzten Abschnitt beschriebenen Konventionen erlaubt. Angewandt wird diese API innerhalb der von DbContext geerbten Methode OnModelCreating, welche zu diesem Zwecke zu überschreiben ist. Listing 5.40 zeigt anhand des besprochenen Beispiels aus Listing 5.37 die Möglichkeiten dieser API auf. Details zu den eigentlich sprechenden Methodenaufrufen können den Kommentaren im Quellcode entnommen werden.

Zur Wahrung der Übersichtlichkeit können die API-Aufrufe für einen bestimmten Typ in einer eigenen Klasse gesammelt werden (Listing 5.41), wobei Instanzen dieser Klassen innerhalb von OnModelCreating in der Auflistung modelBuilder.Configurations zu registrieren sind (siehe letzte Zeile in Listing 5.40).

```
public class HotelContext : DbContext
{
    public HotelContext() : base("HotelDb-CodeFirst-2") { }

    public DbSet<Hotel> Hotels { get; set; }
    public DbSet<Region> Regionen { get; set; }

    protected override void OnModelCreating(ModelBuilder modelBuilder)
    {
        // Die Standard-Konvention, die besagt, dass für Tabellennamen der Plural
        // des jeweiligen Klassennamens herangezogen werden soll, entfernen.
        modelBuilder.Conventions.Remove<PluralizingTableNameConvention>();

        // Die Klasse Region auf die Tabelle Regionen mappen.
        modelBuilder
            .Entity<Region>().ToTable("Regionen");

        // Spalte Version für optimistische Konfliktprüfungen
        // heranziehen
        modelBuilder
            .Entity<Region>()
            .Property(r => r.Version).IsConcurrencyToken();

        // Eigenschaft TouristenPreis aus Mapping ausschließen
        modelBuilder
            .Entity<Hotel>().Ignore(h => h.TouristenPreis);

        // RegionCode als PK für Region festlegen
        modelBuilder
            .Entity<Region>()
            .HasKey(r => r.RegionCode);

        // Autoinkrementwerte für RegionCode deaktivieren
        modelBuilder
            .Entity<Region>()
            .Property(r => r.RegionCode)
            .HasDatabaseGenerationOption(DatabaseGenerationOption.None);


        // Beziehung zwischen Hotel und Region festlegen und
        // im Zuge dessen das dazugehörige Fremdschlüsselmapping
        // angeben sowie Löschweitergabe deaktivieren.
```

```
modelBuilder
    .Entity<Region>()
    .HasMany(r => r.Hotels) // Region hat viele Hotels
    .WithRequired(h => h.Region) // Hotel hat genau eine Region
    .HasForeignKey(p => p.RegionCode)
    .WillCascadeOnDelete(false);

// Beziehung zwischen Hotel und Kategorie mappen und
// dabei den Namen des Fremdschlüssels, der für diese
// Beziehung _nicht_ gemappt wurde, festlegen.
modelBuilder
    .Entity<Hotel>()
    .HasOptional<Kategorie>(h => h.Kategorie) // Hotel hat 0..1 Kategorien
    .WithMany(k => k.Hotels) // Kategorie hat viele Hotels
    .IsIndependent()
        .Map(m => m.MapKey(k => k.KategorieId, "KategorieId"));

// Details für Adresse.Strasse mappen
modelBuilder
    .Entity<Hotel>()
    .Property(p => p.Adresse.Strasse)
    .HasColumnName("Adresse_Strasse")
    .HasColumnType("varchar")
    .IsRequired();

// Details für Adresse.Plz mappen
modelBuilder
    .Entity<Hotel>()
    .Property(p => p.Adresse.Plz)
    .HasColumnName("Adresse_Plz")
    .HasColumnOrder(1)
    .HasMaxLength(5)
    .IsRequired();

// Details für Adresse.Ort mappen
modelBuilder
    .Entity<Hotel>()
    .Property(p => p.Adresse.Ort)
    .HasColumnName("Adresse_Ort")
    .HasColumnOrder(1)
    .HasMaxLength(30)
    .IsRequired();

// Letzte Modifikation als von der Datenbank vergebenen timestamp
// definieren sowie festlegen, dass diese Eigenschaft für
// optimistische Konfliktprüfungen herangezogen werden soll.
modelBuilder
    .Entity<Hotel>()
    .Property(h => h.LetzteModifikation)
    .HasColumnType("timestamp")
    .IsConcurrencyToken()
    .HasDatabaseGenerationOption(DatabaseGenerationOption.Computed);

// Mapping für M:N-Beziehung inkl. Name und Aufbau der Zwischentabelle
// festlegen
```

```
modelBuilder
    .Entity<Hotel>()
    .HasMany<Merkmal>(h => h.Merkmale)
    .WithMany(m => m.Hotels)
    .Map(
        m => {
            m.MapLeftKey( h=>h.HotelId, "HotelId");
            m.MapRightKey(mm => mm.MerkmalId, "MerkmalId");
            m.ToTable("Hotel_Merkmal_Links");
        });


    // Adresse als komplexen Typ registrieren
    modelBuilder.ComplexType<Adresse>();


    // Table per Hierarchy-Vererbungsmapping:
    //    Als Diskriminator wird die (nicht gemappte) Spalte Type herangezogen


    // modelBuilder.Entity<Hotel>()
    //    .Map<Hotel>(h => h.Requires("Type").HasValue("Standard-Hotel"))
    //    .Map<WellnessHotel>(
    //         w => w.Requires("Type").HasValue("Wellness-Hotel"));


    // Table per Type-Vererbungsmapping
    modelBuilder.Entity<Hotel>().ToTable("Hotel");
    modelBuilder.Entity<WellnessHotel>().ToTable("WellnessHotel");


    // Externe Konfiguration hinzufügen
    modelBuilder.Configurations.Add(new KategorieEntityTypeConfiguration());


    }
}
```

Listing 5.40   Konventionen mit Fluent-API übersteuern

```
public class KategorieEntityTypeConfiguration : EntityTypeConfiguration<Kategorie>
{
    public KategorieEntityTypeConfiguration()
    {
        this.ToTable("KategorieTable");
    }
}
```

Listing 5.41   Konfigurationsklasse für Fluent-API

Konventionen mit Attributen übersteuern

Alternativ oder ergänzend zur Fluent-API stehen auch Attribute (engl. data annotations) zur Verfügung, welche direkt auf die Entitäten und deren Eigenschaften angewandt werden können. Diese Attribute sind zwar weniger mächtig als die zuvor vorgestellte Fluent-API, dafür jedoch auch einfacher zu verwenden.

Listing 5.42 demonstriert deren Anwendung anhand ausgewählter und teilweise erweiterter Klassen aus dem hier betrachteten Beispiel. In Tabelle 5.1 findet sich eine Beschreibung dieser Attribute.

```csharp
[Table("RegionenTab")]
public class Region
{
    [Key]
    [Column(Name="Region_Code", Order=1)]
    [DatabaseGenerated(DatabaseGenerationOption.None)]
    public virtual int RegionCode { get; set; }

    [MaxLength(27)]
    [Required]
    [Column(Name = "Bez", Order = 3)]
    public virtual string Bezeichnung { get; set; }
    public virtual ICollection<Hotel> Hotels { get; set; }

    public virtual ICollection<Hotel> TopRanked { get; set; }

    [ConcurrencyCheck]
    [Column(Name = "Version", Order = 2, TypeName="bigint")]
    public virtual int Version { get; set; }
}


[ComplexType]
public class Adresse
{
    public virtual string Strasse { get; set; }
    public virtual string Plz { get; set; }
    public virtual string Ort { get; set; }
}

public class Hotel
{
    public virtual int HotelId { get; set; }
    public virtual Adresse Adresse { get; set; }
    public virtual string Bezeichnung { get; set; }
    public virtual int Sterne { get; set; }

    [InverseProperty("TopRanked")]
    public virtual Region TopRankedInRegion { get; set; }

    public virtual int RegionCode { get; set; }

    [TimestampAttribute]
    public virtual byte[] LetzteModifikation { get; set; }

    public virtual double Preis { get; set; }

    [NotMapped]
    public virtual double TouristenPreis { get { return Preis * 2; } }

    public virtual Kategorie Kategorie { get; set; }
```

```
    [ForeignKey("RegionCode")]
    [InverseProperty("Hotels")]
    public virtual Region Region { get; set; }
    public virtual ICollection<Merkmal> Merkmale { get; set; }
}
```

Listing 5.42 Konventionen mit Attributen übersteuern

Attribut	Beschreibung
Column	Legt Details zur Spalte fest, wie Name, Typ oder Reihenfolge
ComplexType	Legt fest, dass es sich beim annotierten Typ nicht um eine Entität, sondern um einen komplexen Typ handelt
ConcurrencyCheck	Definiert, dass die Eigenschaft für optimistische Konfliktüberprüfungen heranzuziehen ist
ForeignKey	Legt den Namen des zu einer Navigationseigenschaft gehörigen Fremdschlüsselmappings fest
InverseProperty	Legt bei bidirektionalen Assoziationen den Namen der Eigenschaft auf der anderen Seite fest
Key	Definiert die Eigenschaft als Primärschlüssel
MaxLength	Legt die maximale Länge fest
NotMapped	Legt fest, dass das annotierte Feld nicht gemappt werden soll
Required	Definiert die Eigenschaft als not null
Table	Legt den Namen der Tabelle sowie optional den Namen des zu verwendenden Schemas fest
TimestampAttribute	Definiert ein Feld als Zeitstempel, der für optimistische Konfliktüberprüfungen heranzuziehen ist

Tabelle 5.1 Attribute zum Übersteuern von Konventionen

Automatisches Migrieren von Datenbanken

Durch die Code Only-Erweiterung Migrations kann der Entwickler Datenbankschemata nach Änderungen und Erweiterungen an den Code-Only-Entitäten aktualisieren lassen. Um Migrations für ein Code Only-basiertes Projekt zu aktivieren, setzt der Entwickler in der *Package Manager Console*, welche über *View/Other Windows/Package Manager Console* erreichbar ist, die folgende Anweisung ab:

```
Enable-Migrations
```

Die *Package Manager Console* hat zwar nichts mit dem Entity Framework zu tun, allerdings bietet sie die Möglichkeit, Powershell-Skripts direkt über Visual Studio auszuführen und genau davon macht Migrations Gebrauch.

Nach der Aktivierung steht im Ordner *Migrations* eine Klasse Configuration zur Verfügung. Diese erbt von DbMigrationsConfiguration<T>, wobei der Typparameter T auf den heranzuziehenden DbContext zu fixieren ist. Die Methode Seed wird im Zuge jeder Migration aufgerufen und kann zum Anlegen von vorgegebenen Datensätzen herangezogen werden.

```
namespace HotelSample.Migrations
{
    using System;
    using System.Data.Entity;
    using System.Data.Entity.Migrations;
    using System.Linq;

    internal sealed class Configuration :
                     DbMigrationsConfiguration< HotelContext >
    {
        public Configuration()
        {
            AutomaticMigrationsEnabled = true;
        }

        protected override void Seed(HotelContext context)
        {
            base.Seed(context);
        }
    }
}
```

Listing 5.43 Migrations-Konfiguration

Innerhalb des Konstruktors wird mit der Eigenschaft `AutomaticMigrationsEnabled` festgelegt, ob das Datenbankschema automatisch anhand eines Vergleichs mit den Entitätsklassen aktualisiert werden darf. Wurde diese Option aktiviert, kann das Datenbankschema jederzeit aktualisiert werden, indem die Anweisung `Update-Database` in der Package Manager Console aufgerufen wird (siehe Abbildung 5.31).

Dabei wird aus den erkannten Modifikationen eine so genannte Migration erzeugt und die Datenbank damit aktualisiert. Der Name dieser Migration wird auf der Konsole ausgegeben; Informationen zur Migration selbst werden in der automatisch eingerichteten Systemtabelle `_MigrationHistory` gespeichert. Wie weiter unten beschrieben, kann zu einem späteren Zeitpunkt eine Schemaversion, die mit einer bestimmten Migration in Verbindung gebracht wird, wiederhergestellt werden, indem der Name dieser Migration beim Aufruf von `Update-Database` angegeben wird.

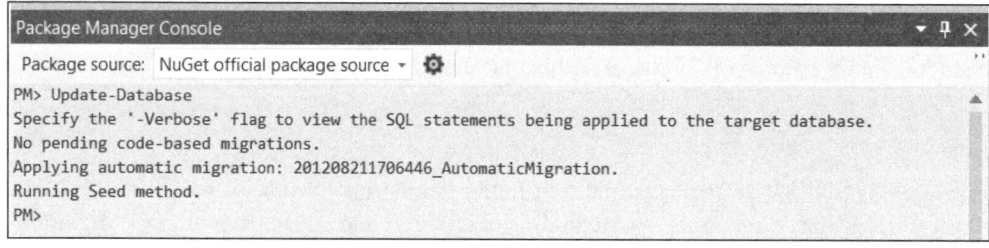

Abbildung 5.31 Aktualisieren einer Datenbank mit Migrations

In Fällen, in denen die Aktualisierung des Schemas zum Verlust von Daten führen würde, ist dieser Befehl mit dem Parameter `-force` aufzurufen. Der Parameter `-verbose` führt hingegen dazu, dass die im Zuge der Schemamigration übersendeten SQL-Anweisungen auch ausgegeben werden.

Wurde `AutomaticMigrationsEnabled` nicht aktiviert, müssen die erkannten Modifikationen zunächst in Form einer Klasse, welche die durchzuführende Migration repräsentiert, dokumentiert werden. Dazu wird der Befehl `Add-Migration` `Migration-Name` ausgeführt, wobei `Migration-Name` für den benutzerdefinierten Namen der Migration steht. Das Ergebnis dieser Operation ist eine Klasse, welche die von Migrations erkannten Aktualisierungen wiederspiegelt (siehe Listing 5.44). Diese Klasse erbt von `DbMigration` und weist zwei überschriebene Methoden auf: `Up` und `Down`.

Die Methode `Up` wird ausgeführt, um die Migration durchzuführen; `Down`, um sie wieder rückgängig zu machen. Der Entwickler kann diese Klasse um zusätzliche Aspekte der Migration erweitern. In Listing 5.44 wurde zum Beispiel definiert, dass die hinzugefügte Spalte `Land` eine maximale Länge von 5 sowie den Standardwert `DE` haben soll. Dazu wurden der Methode `String`, welche eine auf Strings basierende Spalte einrichtet, entsprechende Parameter verpasst. Möchte der Entwickler bestimmte SQL-Anweisungen im Zuge der Migration ausführen, kann er dies durch Aufruf der Methode `Sql` veranlassen.

Um alle anstehenden Migrationen durchzuführen, ist `Update-Database` auszuführen. Soll jedoch lediglich auf eine bestimmte Version der Datenbank migriert werden, ist der Name der gewünschten Migration im Zuge des Aufrufs von `Update-Database` anzugeben. Ein Aufruf von

```
Update-Database -TargetMigration:"MyMigration"
```

führt zum Beispiel dazu, dass jene Version, die mit der Migration `MyMigration` assoziiert ist, eingespielt wird. Somit besteht auch die Möglichkeit, auf eine frühere Version der Datenbank zu migrieren.

Um eine leere Datenbank zu erhalten, kann als Migrationsname "0" verwendet werden. Möchte man hingegen eine andere Datenbank auf den Stand einer bestimmten Version bringen, wird der Name der Verbindungszeichenkette, welche in der Applikationskonfigurationsdatei zu hinterlegen ist, zusammen mit dem Parameter `-TargetDatabase` angegeben. Dies funktioniert auch bei automatischen Migrationen. In diesem Fall ist der Name der automatisch erzeugten Migration anzugeben, der beim Ausführen von `Update-Database` bekannt gegeben wird. Ist lediglich ein SQL-Skript mit den durchzuführenden Anweisungen gewünscht, kann dies mit dem Parameter `-Script` angezeigt werden.

```
namespace HotelSample.Migrations
{
    using System.Data.Entity.Migrations;

    public partial class Version2 : DbMigration
    {
        public override void Up()
        {
            AddColumn("Hotels", "Telefonnummer", c => c.String());
            // AddColumn("Regionen", "Land", c => c.String());
            AddColumn("Regionen", "Land", c =>
                            c.String(maxLength: 5, defaultValue:"DE"));
        }

        public override void Down()
        {
            DropColumn("Regionen", "Land");
            DropColumn("Hotels", "Telefonnummer");
        }
    }
}
```

Listing 5.44 Migrations-Klasse

Datenbasierte Dienste mit dem Entity Framework, ASP.NET Web API und OData

Mit dem Open Data Protocol (OData, *www.odata.org*) steht seit einigen Jahren ein akzeptiertes und auf HTTP basierendes Protokoll zum plattformunabhängigen Zugriff auf Daten zur Verfügung. Dies ist nicht nur für die Open Data-Bewegung von Interesse, die für eine allgemeine Verfügbarkeit öffentlicher Daten eintritt und durch das Vernetzen der einzelnen Datenbanken einen Mehrwert schaffen will. Vielmehr stellt es für jeden, der die Aufgabe hat, Dienste zur Bereitstellung und Verwaltung von Daten zu schaffen, ein vielversprechendes Konzept dar: Zum einen fügt sich dieses auf HTTP basierende Protokoll nahtlos in die REST-Welt ein und zum anderen bringt es eine Steigerung an Flexibilität mit sich, zumal der Aufrufer die Möglichkeit erhält, eigene Abfragen zu definieren. Daneben bietet OData durch das Bereitstellen von Konventionen und Metadatendokumenten die Möglichkeit, Proxies am Client zu generieren, was den Zugriff auf Daten via REST erheblich vereinfacht.

Daten mit OData flexibel abfragen

Die Methode `Get` in Listing 5.45 sieht auf den ersten Blick nicht sonderlich aufregend aus. Bei genauerer Betrachtung fällt jedoch auf, dass sie ein `IQueryable` zurückliefert. Diese Subschnittstelle von `IEnumerable` repräsentiert Abfragen, zum Beispiel solche, die sich auf O/R-Mapper, wie das Entity Framework, stützen. Abfragen dieser Art können auch um weitere Einschränkungen oder Sortierungen erweitert werden. Genau dies macht sich die Web-API zunutze, um dem Aufrufer eines REST-Diensts die Möglichkeit zu bieten, zur Verfügung stehende Daten durch eigene Abfragen zu filtern bzw. zu sortieren. Zur Definition dieser Abfragen kommt der Standard OData zum Einsatz, der unter anderem URL-Parameter zur Definition von Abfragen definiert.

Die nötigen Klassen für die OData-Unterstützung in ASP.NET Web API bezieht der Entwickler über das NuGet-Paket `microsoft.aspnet.webapi.odata`. Unter Verwendung von *ASP.NET and Web Tools 2012.2* wird dieses Paket automatisch bei Nutzung der ASP.NET MVC 4-Vorlage eingebunden, sofern man nach der Auswahl dieser Vorlage angibt, ein ASP.NET Web API-Projekt anlegen zu wollen.

Damit die Web-API die Ergebnismenge des zurückgelieferten `IQueryable`-Objekts unter Verwendung der übersendeten OData-konformen Parameter einschränkt (bzw. sortiert), ist der Entwickler angehalten, die Methode mit dem Attribut `Queryable` zu annotieren. Im Zuge dessen kann er über die Eigenschaft `PageSize` festlegen, auf wie viele Einträge die Ergebnismenge zu beschränken ist. Im betrachteten Beispiel wurde dieser Wert auf 2 festgelegt. Dies bedeutet, dass die Web-API lediglich die ersten beiden ermittelten Einträge zurückliefert.

```
public class HotelController : ApiController
{
    static List<Hotel> hotels = new List<Hotel>();

    static HotelController()
    {
        hotels.Add(
          new Hotel { Id = 1, Bezeichnung = "Hotel zur Post", Sterne = 2 });
        hotels.Add(
          new Hotel { Id = 2, Bezeichnung = "Hotel Mama", Sterne = 5 });
```

```
        hotels.Add(
          new Hotel { Id = 3, Bezeichnung = "BizHotel", Sterne = 4 });
        hotels.Add(
          new Hotel { Id = 4, Bezeichnung = "Wellness-Hotel", Sterne = 4 });
    }

    // GET api/values
    [Queryable(PageSize=2)]
    public IQueryable<Hotel> Get()
    {
        return hotels.AsQueryable();
    }
}
```

Listing 5.45 ListingOData-Unterstützung in ASP.NET Web API

Zur Demonstration beinhaltet Listing 5.46 einen URL, der zum einen diese Methode adressiert und zum anderen URL-Parameter gemäß OData zur Einschränkung und Sortierung der zur Verfügung stehenden Daten beinhaltet. Hierbei wird nach Hotels mit vier Sternen gefiltert und nach der Bezeichnung absteigend sortiert.

```
http://localhost:3239/tickets?$filter=Sterne eq 4&$orderby=Bezeichnung desc
```

Listing 5.46 URL mit OData-Parametern zum Einschränken der Ergebnismenge

Ein Entwickler, der dem Aufrufer über einen Dienst Zugriff auf Datenbankinhalte gewähren möchte, muss somit nicht mehr für jede benötigte Abfrage eine Dienstoperation bereitstellen. Stattdessen implementiert er wenige OData-basierte Operationen, die sämtliche Daten zurückliefern, die der Aufrufer einsehen darf. Durch OData-konforme Parameter wird der Aufrufer in die Lage versetzt, die Ergebnismenge nach Belieben zu filtern.

Da diese Parameter vor der Ausführung der Abfrage zur Erweiterung des zurückgelieferten IQueryable eingesetzt werden, ergibt sich eine Datenbankabfrage, die lediglich die benötigten Einträge zutage fördert – die Datenbank wird somit nicht unnötig belastet.

Listing 5.47 zeigt einen solchen Dienst, der sich auf das Entity Framework stützt. Beim Member ctx handelt es sich um einen DbContext, der Zugriff auf die Einträge einer Datenbank gewährt. Die Methode Get erzeugt eine Abfrage, die sämtliche Einträge der Hoteltabelle in Form eines IQueryable<Hotel> zurückliefert.

Da die Web-API die Abfrage jedoch noch um die Einschränkungen des Aufrufers erweitert, wird diese nicht, zum Beispiel unter Verwendung der Methode ToList, zur Ausführung gebracht. Aus demselben Grund darf auch der Datenbankkontext nicht am Ende der Methode geschlossen werden. Der guten Ordnung halber schließt das betrachtete Beispiel den Datenbankkontext jedoch innerhalb der überschriebenen Methode Dispose. Diese Methode bringt ASP.NET Web API zur Ausführung, wenn eine Anfrage komplett abgearbeitet wurde. Dem in .NET üblichen Disposable-Muster zufolge zeigt der Parameter disposing an, ob verwaltete Ressourcen, wie der Datenbankkontext, zu schließen sind.

```
public class HotelDbController : ApiController
{
    private HotelDbContext ctx = new HotelDbContext();

    [Queryable(PageSize=10)]
    public IQueryable<Hotel> Get()
    {
        return ctx.Hotel;
    }

    protected override void Dispose(bool disposing)
    {
        if (disposing) ctx.Dispose();
        base.Dispose(disposing);
    }
}
```

Listing 5.47   OData-basierter Dienst, der mit dem Entity Framework auf eine Datenbank zugreift

Mögliche OData-Abfragen einschränken

Das Attribut `Queryable` bietet einige Eigenschaften, mit denen die möglichen Abfragen eingeschränkt werden können. Beispielsweise kann der Entwickler mit der Eigenschaft `AllowedArithmeticOperators` die Menge der erlaubten arithmetischen Operatoren wie Addition, Subtraktion, Multiplikation oder Division einschränken. Mit `AllowedFunctions` kann die Menge der erlaubten, durch OData spezifizierten Funktionen, darunter Datums- und Zeichenfolgenfunktionen, angegeben werden.

Die erlaubten Vergleichsoperationen schränkt der Entwickler mit `AllowedLogicalOperators` ein, und die Spalten, nach denen sortiert werden darf, gibt er mit `AllowedOrderByProperties` an. `AllowedQueryOptions` gibt darüber hinaus an, welche von OData spezifizierten Abfrageoptionen erlaubt sind. Dahinter verbergen sich Operationen, wie `filter`, `skip`, `top`, `orderby` oder `expand`.

Abgesehen von der Eigenschaft `AllowedOrderByProperties`, welche eine kommagetrennte Zeichenfolge mit den Spaltennamen enthält, nach denen sortiert werden darf, erwarten diese Eigenschaften einen Enumerationswert Enums. Die einzelnen Werte dieser Enumerationen können über Bit-Operationen kombiniert werden. Um beispielsweise nur die Abfrageoptionen `filter` und `orderby` zu erlauben, können diese mit einem bitweisen *Oder* verknüpft werden:

```
[Queryable(
    PageSize = 2,
    AllowedQueryOptions=
        AllowedQueryOptions.Filter | AllowedQueryOptions.OrderBy)]
```

Darüber hinaus kann der Entwickler auch einen eigenen `FilterQueryValidator` durch Ableiten von der gleichnamigen Klasse implementieren. Durch das Überschreiben der zur Verfügung gestellten Methoden lassen sich verschiedene Optionen der vom Aufrufer übersendeten Abfrage einschränken.

Die Implementierung in Listing 5.48 überschreibt zur Demonstration die Methode `ValidateBinaryOperatorNode`, um die Menge der möglichen Vergleichsoperatoren einzuschränken und prüft, ob der Aufrufer einen Vergleich mit < oder <= durchführen möchte. Ist dem so, löst sie eine `ODataException` aus, was die Ausführung der Abfrage verhindert. Ansonsten wird an die Basisimplementierung, welche die Validierung anhand der im `Queryable`-Attribut hinterlegten Einschränkungen validiert, weiterdelegiert.

```
public override void ValidateBinaryOperatorNode(Microsoft.Data.OData.Query.SemanticAst.↵
BinaryOperatorNode binaryOperatorNode, ODataValidationSettings settings)
{
    if (binaryOperatorNode.OperatorKind
            == BinaryOperatorKind.LessThan
    || binaryOperatorNode.OperatorKind
            == BinaryOperatorKind.LessThanOrEqual)
    {

        throw new ODataException("< oder <= ist nicht erlaubt!");
    }

    base.ValidateBinaryOperatorNode(binaryOperatorNode, settings);
}
```

Listing 5.48   Benutzerdefinierter `FilterQueryValidator`

Um einen solchen `Validator` verwenden zu können, leitet der Entwickler von `QueryableAttribute` ab (Listing 5.49). Innerhalb der zu überschreibenden Methode `ValidateQuery` setzt er den gewünschten `Validator`, bevor er an die Basisimplementierung weiterdelegiert. Dieses Attribut wird in weiterer Folge anstatt `Queryable` zum Annotieren der gewünschten Methoden herangezogen.

```
class CustomQueryableAttribute : QueryableAttribute
{
    public override void ValidateQuery(
            HttpRequestMessage request,
            ODataQueryOptions queryOptions)
    {
        if (queryOptions.Filter != null)
        {
            queryOptions.Filter.Validator = new CustomValidator();
        }
        base.ValidateQuery(request, queryOptions);

    }
}
```

Listing 5.49   Benutzerdefiniertes `QueryableAttribut` zum Aktivieren eines `FilterQueryValidator`

Neben dem `FilterQueryValidator`, kann der Entwickler noch weitere Arten von Abfragevalidatoren bereitstellen, indem er von einer der folgenden Klassen ableitet und die jeweils bereitgestellten Validierungsmethoden überschreibt: `OrderByQueryValidator`, `SkipQueryValidator` und `TopQueryValidator`. Um diese Implementierungen zu aktivieren, werden sie analog zum zuvor betrachteten Beispiel innerhalb der Methode `ValidateQuery`, einer Subklasse von `QueryableAttribute`, den Eigenschaften `queryOptions.OrderBy.Validate`, `queryOptions.Skip.Validate` bzw. `queryOptions.Top.Validate` zugewiesen.

OData-Abfragen global aktivieren

Um OData-Abfragen für sämtliche Methoden, welche ein `IQueryable` zurückliefern, zu erlauben, muss der Entwickler lediglich in der Methode `Register` der Klasse `WebApiConfig` die Erweiterungsmethode `EnableQuerySupport` aufrufen:

```
config.EnableQuerySupport();
```

Diese Datei befindet sich bei Verwendung der Web-API-Vorlage für ASP.NET MVC 4-Projekte im Ordner *App_Start*. Um die Menge der erlaubten Optionen für die somit ermöglichten Abfragen zu begrenzen, kann der Entwickler dieser Methode eine Instanz von `QueryableAttribute` übergeben. Bei dieser Instanz kann der Entwickler, wie in Abschnitt »Mögliche OData-Abfragen einschränken« gezeigt, die gewünschten Einschränkungen hinterlegen.

OData-Abfragen manuell auswerten

Der Entwickler hat auch die Möglichkeit, OData-Abfragen manuell auszuwerten. Dazu kann er die übergebenen Abfragen in Form von Syntaxbäumen abrufen. Um in den Genuss dieser Möglichkeit zu kommen, muss er lediglich eine Methode bereitstellen, die zum einen ein `IQueryable` zurückliefert und zum anderen einen Parameter vom Typ `ODataQueryOptions` entgegennimmt. Anschließend kann der Entwickler über die von `ODataQueryOptions` bereitgestellten Eigenschaften auf Syntaxbäume zugreifen, welche verschiedene Teile der übermittelten Abfrage repräsentieren.

Die beispielhafte Methode in Listing 5.50 setzt zuvor einen zu verwendenden Validator und definiert unter Verwendung einer Instanz von `ODataValidationSettings` weitere Einschränkungen. Anschließend bringt sie die Validierung der Abfrage zur Ausführung und gibt eine Zeichenfolge aus, die den übermittelten Filter repräsentiert. Dazu greift sie auf die Eigenschaft `RawValue` zurück. Alternativ dazu könnte sie auch über andere Eigenschaften auf die einzelnen Teile des Syntaxbaums zugreifen.

Beachtenswert ist auch die Methode `ApplyTo`, mit welcher die betrachtete Methode ein bestehendes `IQueryable` um die Einschränkungen ergänzt, welche sich in der übermittelten OData-Abfrage befinden.

```
public IQueryable<Hotel> Get(ODataQueryOptions opts)
{
    if (opts.Filter != null)
    {
        opts.Filter.Validator = new CustomValidator();
    }

    var settings = new ODataValidationSettings()
    {
        AllowedFunctions = AllowedFunctions.AllDateTimeFunctions
    };

    opts.Validate(settings);
    if (opts.Filter != null) Debug.WriteLine(opts.Filter.RawValue);

    IQueryable results = opts.ApplyTo(ctx.Hotels.AsQueryable());
    return results as IQueryable<Hotel>;
}
```

Listing 5.50   OData-Abfrage manuell auswerten

Daten mit OData verwalten

Bisher wurde lediglich das Abfragen von Daten mit OData beleuchtet. Darüber hinaus bietet ASP.NET Web API jedoch auch die Möglichkeit, Entitäten OData-konform zu bearbeiten. Dies hat den Vorteil, dass der Client Web-API-basierte Dienste über Proxies konsumieren kann, welche mit den Möglichkeiten von WCF Data Services generiert wurden.

Der dafür zu investierende Aufwand ist nur gerechtfertigt, wenn der Benutzer die Daten tatsächlich auch OData-konform, zum Beispiel über Frameworks wie datajs (*http://datajs.codeplex.com/*) bearbeiten möchte. In Fällen, in denen das Bearbeiten der Daten direkt über REST-Dienste und AJAX erfolgen soll, bietet die hier beschriebene Vorgehensweise keine Vorteile.

Um einen REST-Dienst zur OData-konformen Bearbeitung von Entitäten bereitzustellen, erzeugt der Entwickler einen Controller, der nicht wie gewohnt von ApiController sondern von EntitySetController erbt. Hierbei handelt es sich um einen Generic, welcher mit dem Typ der zu verwaltenden Entität sowie mit dem Typ des Primärschlüssels dieser Entität zu parametrisieren ist.

Zur Bereitstellung von Verwaltungs- und Zugriffsmethoden überschreibt der Entwickler die von EntitySetController vordefinierten Verwaltungsmethoden, wie CreateEntity, UpdateEntity, PatchEntity, DeleteEntity, Get, GetEntityByKey oder GetKey. Ein Beispiel für diese durchwegs selbsterklärenden Methoden findet sich in Listing 5.51. Beachtenswert ist hier die Methode PatchEntity, welche im Gegensatz zu UpdateEntity nur die tatsächlich geänderten Spaltenwerte aktualisiert. Damit sie weiß, welche Spalten sich geändert haben, bekommt sie eine Instanz von Delta<T> übergeben, welche im betrachteten Fall mit dem Typ Hotel parametrisiert wurde. Zusätzlich ist zu beachten, dass nicht sämtliche Methoden überschrieben werden müssen. Der Entwickler kann sich auf jene Methoden beschränken, die er benötigt.

Um die Navigation zwischen Entitäten zu erlauben, ist der Entwickler angehalten, pro Navigationseigenschaft, welche auf mehrere benachbarte Entitäten verweist, eine öffentliche Methode einzuführen, die einen Primärschlüssel der verwalteten Entität auf ein IQueryable der benachbarten Entitäten abbildet. Im betrachteten Beispiel handelt es sich bei GetHotelBuchungen um solch eine Methode: Sie nimmt eine HotelId entgegen und liefert ein IQueryable mit den Buchungen des damit referenzierten Hotels zurück. Da die ID durch Parsen aus dem übergebenen OData-konformen URL zu ermitteln ist, wird der Parameter mit FromODataUri annotiert.

Zum Verwalten von Beziehungen sind darüber hinaus die Methoden CreateLink und DeleteLink zu implementieren. Diese erhalten im betrachteten Fall jeweils den Primärschlüssel eines Hotels, den Namen der Navigationseigenschaft, für die eine Beziehung in Form eines Strings zu erstellen bzw. zu löschen ist, sowie einen URL, der auf das andere Ende der Beziehung verweist. Um aus diesem URL die ID der jeweils benachbarten Entität zu ermitteln, stützen sich diese Methoden auf die Hilfsmethode Parse, welche sich ebenfalls in der betrachteten Klasse befindet und auf reguläre Ausdrücke zurückgreift.

Beachtenswert ist auch der Umstand, dass es zwei Überladungen von DeleteLink gibt: Erstere wird zum Löschen von 1:N-Beziehungen verwendet; Letztere zum Löschen von M:N-Beziehungen.

```
public class HotelsController : EntitySetController<Hotel, int>
{
    private HotelDbContext ctx;

    public HotelsController()
```

```
{
    ctx = new HotelDbContext();
}

protected override Hotel CreateEntity(Hotel entity)
{
    ctx.Hotels.Add(entity);
    ctx.SaveChanges();


    return entity;
}

protected override Hotel PatchEntity(int key, Delta<Hotel> patch)
{
    var hotelInDb = ctx.Hotels.Find(key);
    patch.Patch(hotelInDb);
    ctx.SaveChanges();
    return hotelInDb;

}

protected override Hotel UpdateEntity(int key, Hotel update)
{
    update.HotelId = key;
    ctx.Hotels.Attach(update);
    ctx.Entry(update).State = System.Data.EntityState.Modified;
    ctx.SaveChanges();
    return update;
}

public override void Delete(int key)
{
    var hotel = ctx.Hotels.Find(key);
    ctx.Entry(hotel).State = System.Data.EntityState.Deleted;
    ctx.SaveChanges();
}

public override IQueryable<Hotel> Get()
{
    var r = new List<Hotel>();
    return r.AsQueryable();
}

protected override Hotel GetEntityByKey(int key)
{
    return ctx.Hotels.Find(key);
}

protected override int GetKey(Hotel entity)
{
    return entity.HotelId;
}
```

```csharp
    public IQueryable<HotelBuchung> GetHotelBuchungen([FromODataUri] int key)
    {
        return ctx.Hotels.Where(h => h.HotelId == key).SelectMany(h => h.HotelBuchungen);
    }
}


    public override void CreateLink(int key, string navigationProperty, [FromBody] Uri link)
    {
        var hotel = ctx.Hotels.Find(key);

        switch (navigationProperty)
        {
            case "HotelBuchungen":

                var hotelBuchungId = Parse(link.ToString(), @"HotelBuchungen\((\d+)\)");
                var buchung = ctx.HotelBuchungen.Find(hotelBuchungId);
                hotel.HotelBuchungen.Add(buchung);
                ctx.SaveChanges();
                break;
            case "Region":

                var regionId = Parse(link.ToString(), @"Regionen\((\d+)\)");

                var region = ctx.Regionen.Find(regionId);
                hotel.Region = region;
                ctx.SaveChanges();
                break;
            default:
                throw new ODataException(
                        string.Format("Die Navigations-Eigenschaft Hotel.{0} wird nicht unterstützt.",
                        navigationProperty));
        }

    }



    public override void DeleteLink(int key, string navigationProperty, [FromBody] Uri link)
    {
        var data = Request.Content.ReadAsStringAsync().Result;

        switch (navigationProperty)
        {
            case "Region":
                var hotel = ctx.Hotels.Find(key);
                hotel.Region = null;
                ctx.SaveChanges();
                break;

            default:
                throw new ODataException(
                        string.Format("Die Navigations-Eigenschaft Hotel.{0} wird nicht unterstützt.",
                        navigationProperty));
```

```
        }

    }

    public override void DeleteLink(int key, string relatedKey, string navigationProperty)
    {
        switch (navigationProperty)
        {
            case "HotelBuchungen":
                var id = Convert.ToInt32(relatedKey);
                var hotel = ctx.Hotels.Find(key);
                var hb = ctx.HotelBuchungen.Find(id);

                hotel.HotelBuchungen.Remove(hb);
                ctx.SaveChanges();

                break;

            default:
                throw new ODataException(
                        string.Format("Die Navigations-Eigenschaft Hotel.{0} wird nicht unterstützt.",
                        navigationProperty));

        }

    }

    // Extrahiert zum Beispiel aus HotelBuchung(5) den Wert 5
    public int Parse(string str, string regExp)
    {
        var matches = Regex.Matches(str, regExp);
        if (matches.Count == 0 || matches[0].Groups.Count < 2) throw new ODataException("Kann Zuweisung⤦
nicht erstellen!");

        return Convert.ToInt32(matches[0].Groups[1].Value);

    }
}
```

Listing 5.51   Controller zum Verwalten von Entitäten mit OData

Damit solch ein Controller verwendet werden kann, muss der Entwickler Metadaten über das Objektmodell bereitstellen, das die zu verwaltenden Entitäten beinhaltet. Bei Verwendung des Entity Framework können diese Metadaten aus den Entitätsklassen abgeleitet werden. Dazu kommt eine Instanz der Klasse `ODataConventionModelBuilder` zum Einsatz. Wie Listing 5.52 demonstriert, muss der Entwickler dieser Instanz lediglich durch einen Aufruf der Methode `EntitySet` über die Typen der einzelnen Entitäten informieren. Im Zuge dessen gibt er auch die Namen jener Controller an, welche diese Entitäten verwalten. Die Endung `Controller` wird dabei weggelassen, weswegen zum Beispiel mit der Zeichenfolge `Hotel` auf den `HotelController` verwiesen wird. Anschließend erstellt der Entwickler mit der Methode `GetEdmModel` das Modell mit den benötigten Metadaten.

Kommt das Entity Framework nicht zum Einsatz, verwendet der Entwickler anstatt der Klasse `ODataConventionModelBuilder` deren Basisklasse `ODataModelBuilder`. In diesem Fall muss er durch Aufruf der von dieser Klasse bereitgestellten Methoden die einzelnen Aspekte der gewünschten Entitäten beschreiben, was sehr aufwendig sein kann.

```
private static Microsoft.Data.Edm.IEdmModel CreateModel()
{
    ODataModelBuilder modelBuilder =
            new ODataConventionModelBuilder();
    modelBuilder.EntitySet<Hotel>("Hotels");
    modelBuilder.EntitySet<HotelBuchung>("HotelBuchungen");
    modelBuilder.EntitySet<Region>("Regionen");
    var model = modelBuilder.GetEdmModel();
    return model;
}
```

Listing 5.52 Metadaten für Objektmodell bereitstellen

Um unter Verwendung dieser Metadaten ein OData-konformes Verwalten von Entitäten zu ermöglichen, muss der Entwickler noch das erzeugte Modell innerhalb der Methode `Register` der Klasse `WebApiConfig` an `Routes.MapODataRoute` übergeben:

```
var model = CreateModel();
config.Routes.MapODataRoute("ODataRoute", "odata", model);
```

Diese Methode erzeugt eine Route, aus der ein URL für die einzelnen OData-Operationen hervorgeht. Der Name dieser Route wird als erster Parameter an `MapODataRoute` übergeben; der zu verwendende relative URL an den zweiten. Der zuletzt betrachtete Aufruf führt somit dazu, dass die beschriebenen Entitäten über den URL */odata* verwaltet werden können. Metadaten über diese Entitäten können über */odata/$metadata* bezogen werden.

Unter Angabe des Metadaten-URLs kann der Entwickler auch in einem .NET-Client mit den Mitteln von WCF Data Services einen Proxy (Container) für den Zugriff auf diese Entitäten generieren lassen. Damit dies möglich ist, muss der Entwickler jedoch die WCF Data Services RTM Tools in der Version 5.2 oder höher installiert haben. Diese finden sich unter *http://www.microsoft.com/en-us/download/details.aspx?id=35840*.

Um den Proxy zu generieren, fügt der Entwickler dem Clientprojekt einen Dienstverweis hinzu (Rechtsklick auf *References* im Projektmappen-Explorer, dann Auswahl von *Add Service Reference*). Im Zuge dessen generiert Visual Studio Klassen für die vom Dienst verwalteten Entitäten, sowie eine Klasse `Container`, welche einem Entity Framework-Kontext ähnlich ist und als Proxy für den Zugriff auf den Dienst fungiert.

Ein Beispiel für die Verwendung der Klasse `Container` findet sich in Listing 5.53. Es zeigt unter anderem, wie Entitäten erzeugt werden können, und dass modifizierte Entitäten als solche durch den Aufruf von `UpdateObject` zu kennzeichnen sind. Eingegangene Objektbeziehungen müssen dem Container explizit durch Aufruf von `AddLink` mitgeteilt werden.

Wie beim Einsatz des Entity Frameworks werden durchgeführte Modifikationen erst beim Aufruf von `SaveChanges` übertragen. Dabei kann der Entwickler angeben, ob für das Aktualisieren von Datensätzen die serverseitig eingerichtete Methode `PatchEntity` oder `UpdateEntity` zu verwenden ist. Für erstere übergibt er an `SaveChanges` die Option `PatchOnUpdate`; für letztere `ReplaceOnUpdate`.

Wie am Ende des Beispiels zu sehen ist, kann der Entwickler auch auf LINQ zurückgreifen, um über den Container Entitäten abzurufen. Der Container übersetzt diese LINQ-Abfragen in OData-konforme URL-Parameter.

```csharp
var uri = new Uri("http://localhost:1701/odata");
var ctx = new Container(uri);

// -- Anlegen --------------------
var hotel = new Hotel();
hotel.Bezeichnung = "Hotel Test";
hotel.Sterne = 5;
ctx.AddToHotels(hotel);

var hb1 = new HotelBuchung();
hb1.Nachname = "Mustermann";
hotel.HotelBuchungen.Add(hb1);
ctx.AddToHotelBuchungen(hb1);
ctx.AddLink(hotel, "HotelBuchungen", hb1);
ctx.SaveChanges();

// -- Ändern --------------------
hb1.Nachname = "Muster";
ctx.UpdateObject(hb1);
hotel.Sterne--;
ctx.UpdateObject(hotel);
ctx.SaveChanges(SaveChangesOptions.PatchOnUpdate);

// -- Abfragen --------------------
var hotels = ctx.Hotels.Where(htl => htl.Sterne > 3).ToList();
foreach (var h in hotels) {
    Console.WriteLine(h.Bezeichnung + " " + h.Sterne);
    foreach (var hb in h.HotelBuchungen) {
        Console.WriteLine("\t" + hb.Vorname + " " + hb.Nachname);
    }
}
```

Listing 5.53　Metadaten für das Objektmodell bereitstellen

Alternativ zur Möglichkeit, OData-Dienste über.NET zu konsumieren, stehen auch JavaScript-basierte Bibliotheken hierfür zur Verfügung. Ein Beispiel dafür ist datajs, das samt Dokumentation und Beispielen über Codeplex zum Download angeboten wird (*http://datajs.codeplex.com/*).

Kapitel 6

Direkt mit HTTP interagieren

In diesem Kapitel:

HttpContext	254
Objektmodell	254
Server (HttpServerUtility)	255
Request (HttpRequest)	256
Response (HttpResponse)	258

Die ASP.NET-Laufzeit, auf der ASP.NET MVC basiert, stellt Basisfunktionalität zur Kommunikation mit dem Webserver und somit auch zur direkten Kommunikation über HTTP zur Verfügung. Auch wenn Letzteres beim Einsatz von ASP.NET MVC, welches diese Aspekte abstrahiert, in den meisten Fällen nicht notwendig und auch nicht gewünscht ist, ist eine Kenntnis dieser Mechanismen für professionelle ASP.NET MVC-Entwickler essenziell. Nur damit lassen sich Fälle, die von ASP.NET MVC nicht abdeckt werden, realisieren. Auch bei der Implementierung benutzerdefinierter Varianten der von ASP.NET MVC verwendeten Komponenten (vgl. Kapitel 11) kommt man ständig damit in Kontakt.

HttpContext

HttpContext stellt über seine Eigenschaften Instanzen mehrerer Klassen zur Verfügung, die Zugriff auf die aktuelle HTTP-Anfrage sowie auf die entsprechende HTTP-Antwort bieten. Innerhalb von Controllern, die von der Basisklasse Controller ableiten, erhält der Entwickler Zugriff auf den HTTP-Kontext über die geerbte Eigenschaft HttpContext. Genaugenommen liefert diese Eigenschaft eine Instanz von HttpContextWrapper, gecastet nach HttpContextBase. HttpContextBase ist eine Abstraktion der konkreten Klasse HttpContext.

HttpContextWrapper delegiert an die aktuelle HttpContext-Instanz. Somit bietet diese Eigenschaft indirekt Zugriff auf den eigentlichen HttpContext. Dieser Abstraktionsmechanismus wird auch für weitere nachfolgend beschriebene Klasse verwendet. Dem Entwickler fällt dieses Detail in den meisten Fällen jedoch nicht auf, zumal die Abstraktionsmechanismen die meisten Eigenschaften der konkreten Implementierungen besitzen und ASP.NET-Wrapper verwenden, welche auch an diese weiterdelegieren.

Alternativ dazu erhält der Entwickler in jeder Klasse, die innerhalb einer ASP.NET-Anwendung verwendet wird, Zugriff auf den aktuellen HTTP-Kontext über die statische Eigenschaft System.Web.HttpContext.Current.

Objektmodell

Tabelle 6.1 zeigt ausgewählte Eigenschaften von HttpContext bzw. HttpContextBase.

Attribut	Erläuterung
Application	Schlüssel/Wert-Menge des Typs HttpApplicationState bzw. HttpApplicationStateBase, die jedem Benutzer der Webanwendung zur Verfügung steht
Cache	Programmgesteuerter Zugriff auf den ASP.NET-Cache (siehe Kapitel 8)
Items	Schlüssel/Wert-Menge (IDictionary), die sämtlichen Klassen zur Verfügung steht, die an der Abarbeitung einer HTTP-Anfrage beteiligt sind
Request	Objekt vom Typ HttpRequest bzw. HttpRequestBase. Enthält Informationen über die HTTP-Anfrage, inklusive Browser, Cookie sowie Form- oder GET-Parameter
Response	Objekt vom Typ HttpResponse bzw. HttpResponseBase. Ermöglicht die Beeinflussung des Inhalts, der zurück an den Browser geschickt wird
Server	Hilfsobjekt vom Typ HttpServerUtility bzw. HttpServerUtilityBase, welches nützliche Methoden für die Verarbeitung bereitstellt, z.B. Execute, MapPath und HtmlEncode
Session	Objekt, vom Typ HttpSessionState bzw. HttpSessionStateBase, welches Schlüssel/Wert-Paare für jeden Benutzer speichert
User	Sicherheitskontext des Benutzers, falls dieser authentifiziert ist. Es handelt sich dabei um eine Instanz von IPrincipal, welche auch über Thread.CurrentPrincipal zur Verfügung steht

Tabelle 6.1   Zusätzliche Attribute in HttpContext gegenüber der Klasse Page

Bei genauerer Betrachtung dieser Eigenschaften fällt auf, dass diese in zwei Gruppen geteilt werden können: Application, Cache, Session und Items verweisen auf Objekte, welche Schlüssel/Wert-Paare für einen bestimmten Gültigkeitsbereich verwalten. Die restlichen hier erwähnten Eigenschaften bieten hingegen Zugriff auf die aktuelle Anfrage (HttpRequest), auf die aktuelle Antwort (HttpResponse) oder auf von der ASP.NET-Laufzeit bereitgestellte Hilfsmethoden (HttpServerUtility). Diese werden nachfolgend beschrieben.

Application und Cache bieten Schlüssel/Wert-Paare, die allen Benutzern der Webanwendung zur Verfügung stehen. Der Unterschied dieser beiden Objekte besteht darin, dass sich hinter Cache ein Caching-Mechanismus verbirgt, der die Objekte beim Erreichen von Speicherlimits oder beim Eintreten anderer Ereignisse aus dem Hauptspeicher entfernt. Das vorliegende Werk widmet diesem für performante Websites essenziellen Mechanismus ein eigenes Kapitel (siehe Kapitel 8).

Das Objekt hinter der Eigenschaft Session bietet Schlüssel/Wert-Paare, die lediglich für die aktuelle Benutzersitzung Gültigkeit haben. Details dazu finden Sie in Kapitel 7. Items bietet hingen die Möglichkeit, für eine einzige HTTP-Anfrage Daten zu verstauen. Damit können zum Beispiel Objekte realisiert werden, die es pro Anfrage nur einmal geben darf.

Server (HttpServerUtility)

Die Klasse HttpServerUtility bzw. ihre Abstraktion HttpServerUtilityBase kapselt Methoden und Eigenschaften, die Zugriff auf Hilfsmethoden bietet, welche von der ASP.NET-Laufzeit bereitgestellt werden. Der Entwickler erhält darauf Zugriff über die Eigenschaft Server des aktuellen HttpContext-Objekts. Alternativ dazu kann innerhalb von Controllerklassen, die von Controller ableiten, über die geerbte Eigenschaft Server darauf zugegriffen werden.

Tabelle 6.2 gibt eine Übersicht über ausgewählte Eigenschaften und Methoden der Klasse System.Web.HttpServerUtility(Base).

Methode/Eigenschaft	Beschreibung
MachineName	Eigenschaft, die den Computernamen des Servers zurückgibt
ScriptTimeout	Legt das aktuelle Skript-Timeout in Sekunden fest. Wird dieser Wert bei der Abarbeitung einer HTTP-Anfrage überschritten, bricht ASP.NET sie ab.
ClearError()	Methode zum Löschen des letzten Fehlers/der letzten Ausnahme
CreateObject(String ProgID) CreateObject(Type ObjektTyp)	Erzeugt eine Instanz eines COM-Objekts anhand der als Zeichenkette übergebenen ProgID (Abkürzung für Programmatic Identifier) oder aus dem übergebenen Reflection-Objekt.
CreateObjectFromClsid(String KlassenID)	Erzeugt eine Instanz eines COM-Objekts anhand der eindeutigen Klassen-ID (CLSID), die als Zeichenkette übergeben wird
Execute(String NeueSeite) Execute(String NeueSeite, TextWriter Ausgabe)	Führt eine Anfrage einer anderen Seite durch. Die überladene Version speichert das Ergebnis der Anfrage in dem entsprechenden TextWriter-Objekt. Der Unterschied zwischen Transfer und Execute ist, dass im letzteren Fall die Kontrolle nur temporär an die aufgerufene Seite weitergegeben und nach dem Ende der Abarbeitung die aufrufende Seite weiter abgearbeitet wird. ▶

Methode/Eigenschaft	Beschreibung
GetLastError()	Liefert den letzten Fehler/die letzte Ausnahme zurück
HtmlDecode(String KodierterText) HtmlDecode(String KodierterText, TextWriter Ausgabe)	Dekodiert eine Zeichenfolge, die zuvor kodiert wurde, um ungültige HTML-Zeichen zu entfernen. In der überladenen Version wird das Ergebnis in das TextWriter-Objekt ausgegeben.
HtmlEncode(String TextZumKodieren) HtmlEncode(String TextZumKodieren, TextWriter Ausgabe)	Kodiert eine Zeichenfolge, damit sie im Browser angezeigt werden kann. Die überladene Version der Funktion speichert das Ergebnis im TextWriter-Objekt.
MapPath(string Pfad)	Liefert den physischen Pfad zurück, der dem virtuellen Pfad auf dem Server entspricht
Transfer(String neueSeite) Transfer(String neueSeite, bool WerteBeibehalten)	Beendet die Ausführung auf der gegenwärtigen Seite und setzt diese auf einer anderen Seite fort. Kann genutzt werden, um einen Seitenübergang zu realisieren. In der überladenen Version kann angegeben werden, ob die QueryString- und Form-Werte beibehalten werden sollen oder nicht.
UrlDecode(String KodierteURL) UrlDecode(String KodierteURL, TextWriter Ausgabe)	Umkehrfunktion zu UrlEncode, die eine Zeichenkette, die zuvor für die Übermittlung mit HTTP kodiert wurde, dekodiert. Eine Ausgabe in ein TextWriter-Objekt ist mit der überladenen Funktion möglich.
UrlEncode(String NichtKodierteUrl) UrlEncode(String NichtKodierteUrl, TextWriter Ausgabe)	Kodiert eine Zeichenkette für die Übermittlung mit HTTP. Die überladene Version der Funktion speichert das Ergebnis im TextWriter-Objekt.
UrlPathEncode(String Zeichenkette)	Kodiert den Teil der Zeichenkette, der Pfadangaben enthält, und gibt die kodierte Zeichenfolge zurück

Tabelle 6.2   Attribute und Methoden der Klasse HttpServerUtility

Request (HttpRequest)

Die Klasse System.Web.HttpRequest bzw. ihre Abstraktion HttpRequestBase erlaubt den Zugriff auf sämtliche Details der HTTP-Anfrage, die vom Client des Benutzers an den Server geschickt wurde. Um an ein HttpRequest-Objekt, welches die aktuelle Anfrage repräsentiert, zu gelangen, greift der Entwickler auf die Eigenschaft Request des aktuellen HttpContext zu. Alternativ dazu erhält er innerhalb von Controllern über die von der Basisklasse Controller geerbte Eigenschaft Request Zugriff. Tabelle 6.3 zeigt die wichtigsten Attribute und Methoden der Klasse System.Web.HttpRequest(Base).

Methode/Eigenschaft	Beschreibung
AcceptTypes	Array von Zeichenketten, welche die MIME-Typen enthält, die der Client unterstützt. Unterstützt der Aufrufer zum Beispiel neben HTML auch PDF-Dokumente, findet sich in diesem Array neben dem Eintrag text/html auch ein Eintrag mit dem Wert application/pdf.
ApplicationPath	Virtueller Anwendungspfad
BinaryRead(Zaehler as Integer) as Byte	Die Methode liefert ein Byte-Array, welches die zu übersendenden Nutzdaten repräsentiert
ClientCertificate	Liefert das Sicherheitszertifikat des Clients zurück ▶

Methode/Eigenschaft	Beschreibung
ContentEncoding	Zeichensatz des Inhalts der HTML-Seite
ContentLength	Länge der Anfrage in Byte, früher CONTENT_LENGTH
ContentType	MIME-Typ der Anfrage, früher CONTENT_TYPE
Cookies	Gibt eine Objektmenge zurück, in der alle Cookies enthalten sind, die der Client gesendet hat
FilePath	Virtueller Pfad der Anfrage, früher SCRIPT_NAME
Files	Objektmenge mit allen vom Client hochgeladenen Dateien
Form	Objektmenge aller POST-Variablen
Headers	Objektmenge, in der alle Headerinformationen enthalten sind
HttpMethod	Die HTTP-Methode (GET, POST etc.), die verwendet wurde
InputStream	Enthält den Inhalt der HTTP-Anfrage
IsAuthenticated	Gibt an, ob der Benutzer authentifiziert ist oder nicht
IsSecureConnection	Zeigt an, ob eine sichere Verbindung über SSL (HTTPS) besteht
MapImageCoordinates(String BildFeldName)	Weist den Bildparametern eines ImageMap-Elements x- und y-Koordinaten zu
MapPath(String VirtuellerPfad) MapPath(String VirtuellerPfad, String RelativerBasisPfad, bool AnwendungsUebergreifend)	Ordnet den virtuellen Pfad einem physischen Pfad zu
Params	Umfassende Objektmenge, über welche die Auflistungen QueryString, Form, ServerVariables und Cookies abgerufen werden können (NameValueCollection)
Path	Virtuelle Pfadangabe über die Anfrage, früher PATH_INFO (String)
PathInfo	Zusätzliche Pfadinformationen (String)
PhysicalApplicationPath	Physischer Pfad des Stammverzeichnisses, früher APP_PHYSICAL_PATH (String)
PhysicalPath	Physischer Pfad der Anfrage, früher PATH_TRANSLATED (String)
QueryString	Objektmenge, welche die Schlüssel/Wert-Paare aus der URL-Parameterliste enthält (NameValueCollection)
RawUrl	Kompletter URL der Anfrage (String)
RequestType	HTTP-Methode, die für die Anfrage verwendet wurde (String)
ServerVariables	Diese Objektmenge bietet Informationen über den Webserver und die aktuelle Anfrage
SaveAs(String Dateiname, bool MitHeaderInfos)	Methode zum Speichern der HTTP-Anfrage
TotalBytes	Anzahl der Bytes im Eingabestream (Integer)
Url	Objekt, das Details über die Anfrage kapselt, z.B. DNS- und Port-informationen (Uri) ▶

Methode/Eigenschaft	Beschreibung
UrlReferrer	Objekt mit Informationen über den Referrer, also von welcher Quelle der Client auf die aktuell angefragte Seite gekommen ist (Uri)
UserAgent	User-Agent-Zeichenkette des Browsers (String)
UserHostAddress	IP-Adresse des Benutzers (String)
UserHostName	DNS-Name des Benutzers (String)
UserLanguages	Tabelle mit den bevorzugten Sprachen des Benutzers (String)

Tabelle 6.3   Wichtige Attribute und Methoden der Klasse System.Web.HttpRequest

Response (HttpResponse)

Mit der Klasse System.Web.HttpResponse bzw. ihrer Abstraktion HttpResponseBase kann die HTTP-Antwort des Webservers an den Client gestaltet und beeinflusst werden. In ASP.NET MVC-Projekten wird diese Klasse selten direkt genutzt, sondern durch ActionResult-Instanzen gekapselt.

Auf eine Instanz dieser Klasse, welche die Antwort auf die aktuelle Anfrage repräsentiert, erhält der Entwickler über die Eigenschaft Response des aktuellen HttpContext-Objekts Zugriff. Alternativ dazu kann er innerhalb von Controllern über die von der Klasse Controller geerbte Eigenschaft Response darauf zugreifen.

Tabelle 6.4 stellt ausgewählte Eigenschaften und Methoden der Klasse System.Web.HttpResponse(Base) vor.

Methode/Eigenschaft	Beschreibung
AddHeader(HeaderName as String, HeaderWert as String)	Wird nur noch aus Kompatibilitätsgründen unterstützt. Besser: Append-Header
AppendHeader(String HeaderName, String HeaderWert)	Fügt der Ausgabe, die an den Client gesendet werden soll, einen HTTP-Header hinzu
BinaryWrite(Speicher() as Byte)	Gibt Binärdaten auf dem Ausgabestream aus
BufferOutput	Gibt an, ob die Antwort an den Browser zwischengespeichert wird oder nicht (Boolean)
Cache	Objekt mit Details über die Zwischenspeichereinstellungen, z.B. Ablaufzeit (engl. Expiration) und Datenschutzeinstellungen (engl. Privacy)
CacheControl	Wird nur noch aus Kompatibilitätsgründen unterstützt. Besser: System.Web.HttpCachePolicy (String)
ClearContent()	Löscht den Inhalt aus dem Buffer (Stream)
ClearHeaders()	Löscht die HTTP-Header aus der Ausgabe
Close()	Schließt die Socketverbindung zum Client
ContentEncoding	Beschreibt den Zeichensatz für die Ausgabe und kann einen Wert aus der Aufzählung System.Text.Encoding annehmen (Encoding)
ContentType	Legt den MIME-Typ des Inhalts der HTTP-Antwort fest (String) ▶

Methode/Eigenschaft	Beschreibung
Cookies	Objektmenge mit serverseitig generierten Cookies, die mittels des Set-Cookie-Headers an den Client übertragen werden (HttpCookie)
Expires	Gibt an, wie viele Minuten die aktuelle Seite vom Browser oder von Proxy-Servern zwischengespeichert werden dürfen
ExpiresAbsolute	Gibt an, bis zu welchem Zeitpunkt die aktuelle Seite vom Browser oder von Proxy-Servern zwischengespeichert werden dürfen
End()	Ende der Verarbeitung einer Seite. Alle nachfolgenden Befehle und HTML-Tags werden ignoriert.
Output	Ermöglicht Textausgaben auf dem Ausgabestrom an den Client (TextWriter)
OutputStream	Ermöglicht binäre Ausgaben im HTTP-Körper (body) auf dem Ausgabestrom an den Client (Stream)
Redirect(String ZielUrl) Redirect(String ZielUrl, Boolean BearbeitungAbbrechen)	Überladene Methode zum Weiterleiten einer Anfrage an eine andere Seite
Status	Ermöglicht das Setzen des HTTP-Statuscodes, der an den Client zurückgesendet wird (String)
StatusCode	Wert zur Abfrage und zum Setzen des HTTP-Status-Codes (Integer)
StatusDescription	Dient zur Abfrage und zum Setzen des Statuscodes einer Ausgabe an den Client (String)
SuppressContent	Zeigt an, ob eine Ausgabe an den Client erfolgt oder nicht (Boolean)
Write(String str)	Schreibt Daten direkt in die Ausgabe
WriteFile(Zeichenkette as String)	Schreibt den Inhalt einer Datei direkt in die Ausgabe

Tabelle 6.4 Attribute und Methoden der Klasse System.Web.HttpResponse

Kapitel 7

Zustandsverwaltung

In diesem Kapitel:

Überblick über die Zustandsverwaltung in ASP.NET MVC	262
Zustandsverwaltung auf Sitzungsebene	263
Zustandsverwaltung auf Anwendungsebene	268
Benutzerzustand mit individuellen Cookies	269
Grundprinzip der Cookies	269
Vergleich der Zustandsverwaltungsmöglichkeiten	271

HTTP ist ein zustandsloses Protokoll; das Protokoll merkt sich also nicht, was für Daten auf einer Seite vorhanden waren, um diese beim nächsten Aufruf der gleichen Seite wieder bereitzustellen. Man muss sich eine Webseite wie eine Unterroutine mit lokalen Variablen vorstellen: Man kann der Unterroutine Informationen übergeben und auch einen Rückgabewert erhalten. Aber die während der Abarbeitung der Routine angefallenen Daten werden sofort nach Verlassen der Routine verworfen. Globale Variablen gibt es auf dem Server nicht. Es ist die Aufgabe des Aufrufers (also des Browsers), die relevanten Daten von einem zum nächsten Aufruf zwischenzuspeichern und weiterzureichen.

Die Zustandslosigkeit des HTTP-Protokolls ist lange Zeit eine Einschränkung bei der Entwicklung von Webanwendungen gewesen. ASP.NET MVC überwindet die inhärente Zustandslosigkeit des HTTP-Protokolls und Unverbundenheit von Webseiten durch fünf verschiedene Techniken, die in diesem Kapitel näher erläutert werden.

Überblick über die Zustandsverwaltung in ASP.NET MVC

Tabelle 7.1 liefert einen Überblick über die Möglichkeiten der Zustandsverwaltung (engl. State Management) in ASP.NET MVC. Von den fünf Möglichkeiten waren drei bereits im klassischen ASP vorhanden: Sitzungsstatus, Benutzerstatus und unbedingter Anwendungsstatus. Der Mechanismus zum Sitzungsstatus wurde in ASP.NET jedoch um neue Optionen erweitert. ASP.NET bietet, wie andere Webserverprogrammierumgebungen auch, eine Zustandsverwaltung auf Sitzungsebene (HttpSessionState bzw. HttpSessionStateBase), Benutzerebene (Cookies) und Anwendungsebene (HttpApplicationState) an.

Mechanismus	Zielsetzung	Lebensdauer	Speicherung von Werten	Auslesen von Werten
Sitzungszustand (Session State)	Erhalt von Werten zwischen Seitenübergängen eines einzelnen Benutzers	Bis zum Ablauf einer bestimmten Zeit nach Abruf der letzten Seite durch den Benutzer	`Controller.Session`	`Controller.Session`
Benutzerzustand	Erhalt von Werten zwischen Seitenübergängen und verschiedenen Sitzungen eines einzelnen Benutzers	Bis zum Schließen des Browsers oder bis zu einem definierbaren Ablaufdatum	`Controller.Response.Cookies`	`Controller.Request.Cookies`
Unbedingter Anwendungszustand (Anwendungszustand)	Erhalt von Werten über alle Seitenaufrufe von allen Benutzern hinweg	Bis zum Herunterfahren des Webservers oder zum Austausch der Datei *global.asax*	`Controller.Application`	`Controller.Application`

Tabelle 7.1   Zustandsverwaltung in ASP.NET

HINWEIS   Neben den hier besprochenen Möglichkeiten kann der Entwickler in der Eigenschaft Items des aktuellen Request-Objekts Schlüssel/Wert-Paare für die aktuelle Anfrage speichern.

Zustandsverwaltung auf Sitzungsebene

Die Zustandsverwaltung auf Benutzersitzungsebene (alias Sitzungszustand) ermöglicht die Weitergabe von Daten zwischen verschiedenen Webseiten für eine Benutzersitzung. Die Datenspeicherung ist also benutzerspezifisch. Dreh und Angelpunkt ist die Klasse `HttpSessionState` bzw. deren Abstraktion `HttpSessionStateBase`, welche Schlüssel/Wert-Paare für die aktuelle Benutzersitzung speichert. Der Entwickler erhält darauf über die Eigenschaft `State` des aktuellen `HttpContext`-Objekts Zugriff. Alternativ dazu, kann er innerhalb von Controllern darauf auch über die von der Basisklasse `Controller` geerbte Eigenschaft `Session` zugreifen.

Listing 7.1 demonstriert die Verwendung von Sitzungsvariablen innerhalb von Controllerklassen, wobei das Auslesen der gezeigten Eigenschaft auch in einem anderen Controller derselben Benutzersitzung erfolgen kann.

```
Session["benutzername"] = "Max Muster";
[…]
var name = Session["benuterzname"] as String;
```

Listing 7.1 Speichern und Laden von Sitzungsinformationen

Eine Benutzersitzung beginnt mit dem ersten Seitenabruf durch einen Benutzer und endet eine definierte Zeit nach dem letzten Seitenabruf. Zur Erinnerung: Aufgrund der Verbindungslosigkeit des HTTP-Protokolls muss sich ein Webclient bei einem Webserver nicht abmelden. Wenn also ein Benutzer die Site verlässt, erfährt der Server dies nicht. Er kann nur annehmen, dass dann, wenn innerhalb einer bestimmten Zeitspanne kein weiterer Seitenabruf stattgefunden hat, der Benutzer die Site verlassen hat.

Überblick

Die ASP.NET-Sitzungsverwaltung macht es überflüssig, jede Variable zum Client zu übertragen. Sofern die Sitzungsverwaltung nicht deaktiviert ist, weist ASP.NET jedem neuen Besucher eine so genannte Sitzungsnummer (engl. Session ID) zu, die per Zufallsprinzip erzeugt wird und eindeutig ist. Die 120 Bit lange Sitzungsnummer wird per Cookie oder im URL zum Client übertragen.

Intern verwaltet ASP.NET dann eine Datentabelle, in der festgelegt ist, welche Variablen und Werte einer bestimmten Sitzungsnummer zugeordnet sind. Beim nächsten Seitenaufruf erkennt die ASP.NET-Sitzungsverwaltung den Benutzer anhand der Sitzungsnummer und stellt dem Skript die zugehörigen Variablen(-werte) bereit.

Sitzungs-ID	Sitzungsvariable	Wert
447208138	User	"HS"
447208138	Anmeldezeit	#12:50:10#
447208138	Warenkorb	Array { "ISBN 3-8273-1905-6", "ISBN 3-8273-2010-0", "ISBN 3-86063-667-7" }
447208139	User	"CB"
447208139	Anmeldezeit	#13:10:11#

Tabelle 7.2 Speicherung der Sitzungsvariablen auf dem Server

An den Client wird nur die Sitzungs-ID übermittelt:

```
Set-Cookie: ASPSESSIONIDGQGQGOUY=447208138; path=/
```

Da dem Sitzungscookie keine Gültigkeitsdauer mitgegeben wird, wird es beim Schließen des Browsers sofort verworfen. Der Client übermittelt dieses Sitzungscookie bei der nächsten Anfrage zurück an den Server:

```
Cookie: ASPSESSIONIDGQGQGOUY=447208138
```

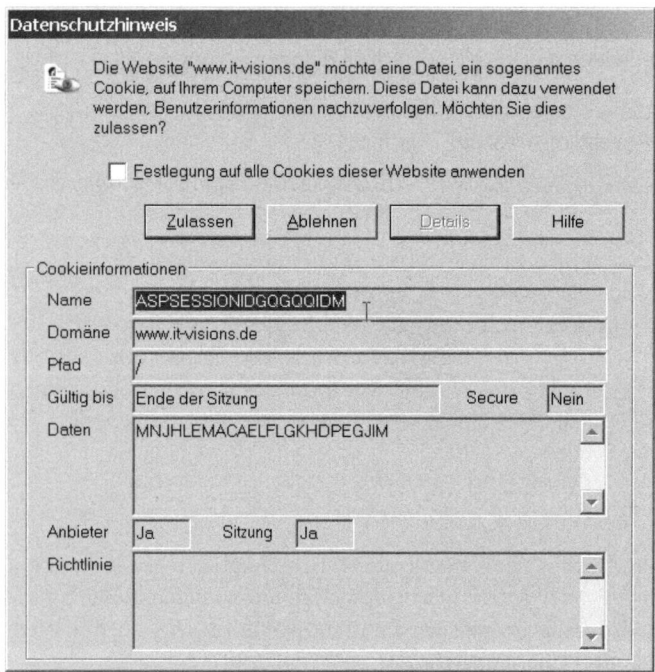

Abbildung 7.1   Anzeige des Sitzungscookies in Internet Explorer

ASP.NET baut dann anhand der im Sitzungscookie übermittelten Sitzungs-ID vor dem Aufruf des Programmcodes die Session-Objektmenge anhand der in der internen Tabelle gespeicherten Werte wieder auf.

HINWEIS   Die ASP.NET-Sitzungsverwaltung ist nichts, was man nicht auch selbst programmieren könnte. Der Vorteil von ASP.NET ist jedoch, dass diese Funktion schon eingebaut ist.

Weitere Optionen

Während der Sitzungszustand im klassischem ASP immer auf einem Sitzungscookie (Speicherung einer eindeutigen Sitzungsnummer in einem Cookie auf dem Client) beruht, bietet ASP.NET alternativ die Speicherung und Weiterreichung der Sitzungsnummer im URL (cookielose Sitzungen) an.

Außerdem bietet ASP.NET die Möglichkeit, die Sitzungstabelle (die Tabelle mit der Zuordnung zwischen Sitzungsnummer und den dort angelegten Attribut/Wert-Paaren) auf einem dedizierten Server (engl. State Server) oder in einer Microsoft SQL Server-Datenbank zu speichern, sodass die Tabelle von allen Servern einer Webfarm genutzt werden kann.

Eine ASP.NET-Sitzungsnummer verliert nach einem bestimmten Zeitraum ihre Gültigkeit. Diese Timeout-zeit kann in der Konfiguration der Website oder durch das Attribut Timeout im Session-Objekt (nicht zu verwechseln mit Server.Timeout) gesetzt werden. Timeout wird stets in Minuten angegeben. Erfolgt über die eingestellte Anzahl von Minuten hinweg keine Anfrage von einem Client, so verliert die Sitzungsnummer ihre Gültigkeit und alle Werte werden gelöscht. Sofern der Benutzer die Site dann doch wieder besucht, beginnt eine neue Benutzersitzung und er erhält eine neue Sitzungsnummer. Die ASP.NET-Sitzungs-verwaltung ist also kein Instrument, um Benutzer über einen längeren Zeitraum hinweg wieder zu erken-nen. Dazu müssen Sie selbst eine eindeutige Benutzernummer erzeugen und diese als Cookie an den Client senden.

HINWEIS   Leider gibt es unter den Anwendern viele Ängste vor Cookies. Sobald man ASP.NET-Seiten verwendet, ist auch die Sitzungsverwaltung automatisch aktiv. Der Benutzer erhält also ein Sitzungscookie auch dann, wenn die Webanwendung gar keine Sitzungsverwaltung benötigt. So könnten überängstliche Webnutzer verschreckt werden.

Sie haben in ASP.NET die Möglichkeit, die Sitzungsverwaltung zu deaktivieren (wie bisher im klassischen ASP auch) oder aber URL-Rewriting statt Cookies zu verwenden. Dies wird in diesem Kapitel auch erläutert.

Programmieren mit dem Sitzungszustand

Wie im klassischen ASP kann der ASP.NET-Entwickler beliebige Werte in der Session-Auflistung ablegen – der ASP.NET-Arbeitsprozess kümmert sich um die Zuordnung zwischen Sitzungsnummer und den dazu abgelegten Werten. Der Inhalt der Objektmenge Controller.Session ist an eine Benutzersitzung innerhalb einer Site gebunden. Die Objektmenge besitzt die Besonderheit, dass neue Einträge nicht manuell mit Add() angelegt werden müssen. Ein Zugriff auf Session["Name"] legt automatisch ein Objekt dieses Namens an, wenn es noch nicht existiert.

Wert in Sitzungszustand ablegen	Wert aus Sitzungszustand auslesen
Session["Name"] = WERT	VAR = Session["Name"]

Tabelle 7.3   Werte im Sitzungszustand ablegen und daraus auslesen

HINWEIS   Das Application-Objekt verwaltet Variablenwerte sitzungsübergreifend. Es lebt so lange, wie der Webserver läuft. Ein Anwendungsgebiet sind z.B. Zähler, die ja nicht pro Sitzung, sondern global wirken sollen. Das Application-Objekt funktioniert auch, wenn die Sitzungsverwaltung von ASP.NET deaktiviert ist.

URL-basierte Sitzungsverwaltung ohne Cookies

ASP.NET bietet als Alternative zu Cookies auch die Sitzungsverwaltung durch URL-Rewriting (alias cookie-lose Sitzungen; engl. Cookieless Sessions) an. Diese Technik basiert auf URL-Rewriting, weil jeder Seiten-übergang auf einem dynamisch generierten URL beruht. ASP.NET kümmert sich um den Einbau der Sitzungsnummer in den URL, sodass für den Entwickler kein Zusatzaufwand entsteht. Der Einbau der Sitzungsnummer in den URL erfolgt zwischen dem Verzeichnispfad des Webs und dem relativen Pfad, z.B.:

*HTTP://localhost/Website/**(S(paeyld555f53h1frbqb50h55))**/StateManagement/ueberpruefung.aspx*

Die Sitzungsnummern für das URL-Rewriting werden auf andere Weise als in ASP.NET 1.x im URL gespeichert. Sie besitzen in ASP.NET (ab Version 2.0) neben der geklammerten Sitzungsnummer noch ein »S« als Präfix: (S(paeyld555f53h1frbqb50h55)). Das Präfix ist notwendig, da nun auch URL-Rewriting innerhalb der formularbasierten Authentifizierung verwendet werden kann. Zur Unterscheidung kommt dort das Präfix »F« zum Einsatz.

Diese Funktion muss in der Datei *web.config* aktiviert werden:

```
<sessionState … cookieless="true" />
```

Der interne Ablauf ist einfach und wirkungsvoll: Wenn ASP.NET beim ersten Aufruf einer Seite aus dem Web feststellt, dass der URL keine Sitzungsnummer enthält, so erzeugt ASP.NET eine Sitzungsnummer und sendet dem Browser einen Redirect zum neuen URL mit eingebauter Sitzungsnummer. Solange alle Sprünge relativ sind, wird diese Sitzungsnummer immer mitgenommen, denn für den Browser ist die Sitzungsnummer ein Teil des Stammverzeichnisses des Web. Die Sitzung wird aber in dem Moment unterbrochen, wenn es einen absoluten Link gibt, auch dann, wenn er in das gleiche Web verweist.

> **TIPP**   Die URL-basierte Sitzungsverwaltung ohne Cookies funktioniert auch, wenn sich klassische ASP-Seiten oder HTML-Seiten in der Seitenkette befinden. Allerdings kann eine klassische ASP-Seite nicht auf die in einer ASPX-Seite gesetzten Session- und Application-Variablen zugreifen. Diese gehen aber auch dadurch nicht verloren; in der nächsten ASPX-Seite sind sie unverändert vorhanden.

> **ACHTUNG**   Die URL-basierte Sitzungsverwaltung führt zu einer Herausforderung, wenn auf einer Seite JavaScript-Umlenkungen verwendet werden, also z.B. wenn ein Skript dafür sorgt, dass eine Inhaltsseite eines Framesets nicht einzeln, sondern nur im Frameset angezeigt wird. Wenn in diesem Fall in den URL des Framesets die Sitzungs-ID nicht per JavaScript-Code eingebaut wird, geht die Sitzungsinformation verloren.

Konfiguration des Sitzungszustands

Zur Konfiguration des Sitzungszustands wird das Element <sessionState> in der *web.config*-Datei verwendet:

```
<sessionState mode="Off|InProc|StateServer|SQLServer"
              cookieless="UseCookies|UseUri|AutoDetect|UseDeviceProfile"
              timeout="number of minutes"
              stateConnectionString="tcpip=server:port"
              sqlConnectionString="sql ConnectionString"
              stateNetworkTimeout="number of seconds"/>
```

Eine typische Konfiguration ist die Speicherung der Sitzungstabelle im Arbeitsspeicher jedes einzelnen Webservers (InProc) und die Nutzung von cookielosen Sitzungen (cookieless):

```
<sessionState mode="InProc" cookieless="UseUri"/>
```

Cookieless = "false" bedeutet, dass die Sitzungs-ID wie im klassischen ASP in einem Cookie gespeichert wird. True bedeutet URL-basierte Sitzungsverwaltung.

Speicherort der Sitzungstabelle wählen

Über `Mode` bietet ASP.NET drei Möglichkeiten zur Speicherung von Sitzungszustandsdaten:

- **InProc** Die Daten werden im Speicher des ASP.NET-Arbeitsprozesses abgelegt. Dies ist die schnellste Methode, da keine Prozessgrenzen überwunden werden müssen. Wenn allerdings der IIS-Arbeitsprozess oder die ASP.NET-Webanwendung neu gestartet wird, gehen die Daten verloren. Die ASP.NET-Webanwendung wird jedes Mal, wenn die *web.config*-Datei oder die *global.asax*-Datei verändert wird, neu gestartet.
- **StateServer** Hierbei werden die Sitzungsdaten im Speicher des zugehörigen Windows-Diensts *ASP.NET State Service* gespeichert. Dieser Dienst kann auf einem beliebigen Computer (State Server) laufen und kann in der Datei *web.config* mit dem Attribut `stateConnectionString` per IP-Adresse identifiziert werden. Die Kommunikation zwischen Webserver und State Server erfolgt mit dem ASP.NET State Server Protocol, das TCP-Port 42424 nutzt. Die damit gewährleistete Unabhängigkeit von einem oder mehreren Webservern wirkt sich allerdings auch negativ auf die Performanz aus, da bei der Datenübermittlung Prozessgrenzen überwunden werden müssen.
- **SqlServer** Sollen die Daten dauerhaft gespeichert werden, so kann Microsoft SQL Server zum Speichern von Sitzungszustandsinformationen verwendet werden. Dazu befindet sich im Verzeichnis *%WINDIR%\Microsoft.NET\v4.0.40319* ein SQL-Skript namens *InstallSqlState.sql*, welches die entsprechende Datenbank (Tabellen und Gespeicherte Prozeduren) erstellt. Danach muss noch eine Verbindungszeichenfolge in der Datei *web.config* eingetragen werden (Eigenschaft `sqlConnectionString`), damit der Arbeitsprozess eine Verbindung zur Datenbank herstellen kann.

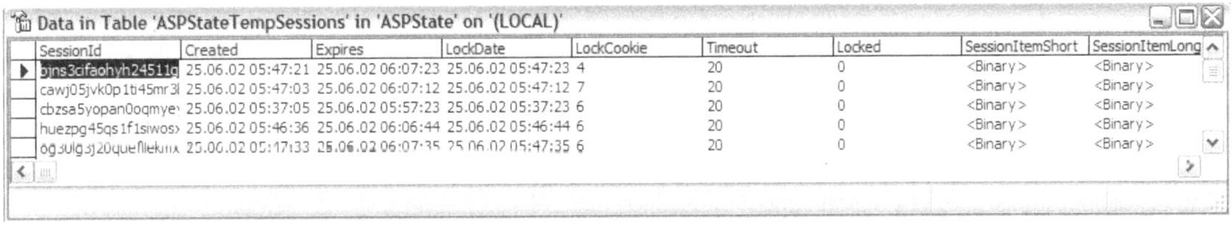
Data in Table 'ASPStateTempSessions' in 'ASPState' on '(LOCAL)'

SessionId	Created	Expires	LockDate	LockCookie	Timeout	Locked	SessionItemShort	SessionItemLong
bjns3cifaohyh24511q	25.06.02 05:47:21	25.06.02 06:07:23	25.06.02 05:47:23	4	20	0	<Binary>	<Binary>
cawj05jvk0p1ti45mr3l	25.06.02 05:47:03	25.06.02 06:07:12	25.06.02 05:47:12	7	20	0	<Binary>	<Binary>
cbzsa5yopan0oqmye	25.06.02 05:37:05	25.06.02 05:57:23	25.06.02 05:37:23	6	20	0	<Binary>	<Binary>
huezpg45qs1f1siwos	25.06.02 05:46:36	25.06.02 06:06:44	25.06.02 05:46:44	6	20	0	<Binary>	<Binary>
og3ulg3j20queflekmx	25.06.02 05:17:33	25.06.02 06:07:35	25.06.02 05:47:35	6	20	0	<Binary>	<Binary>

Abbildung 7.2 SQL Server-Tabelle mit Sitzungswerten

Komprimierung des Sitzungszustands

Relativ neu in ASP.NET ist die Möglichkeit, in den Modi *State Server* und *SQL Server* die Sitzungsvariablen mit GZip zu komprimieren. Wenn man in der *web.config*-Datei im Element `<sessionState>` den Eintrag `compressionEnabled="true"` vornimmt, verwendet .NET automatisch `System.IO.Compression.GZipStream`.

```
<sessionState mode="SQLServer"
              sqlConnectionString="Data Source=F123;Initial Catalog=ASPNETState"
              allowCustomSqlDatabase="true"
              compressionEnabled="true">
```

Listing 7.2 Aktivierung der Komprimierung des Sitzungszustands (Ausschnitt aus einer *web.config*-Datei)

Deaktivieren des Sitzungszustands

Der Sitzungszustand kann sowohl für die gesamte Anwendung als auch für einzelne Controller ausgeschaltet werden. Im ersten Fall muss der Wert für das Attribut mode in der Datei *web.config* auf off gesetzt werden.

Das Ausschalten des Sitzungszustands für einen Controller wird das Attribut SessionState erledigen.

```
[SessionState(SessionStateBehavior.Disabled)]
public class NewsController : Controller
{
    [...]
}
```

> **TIPP**   Das Abschalten der Seitenzustandsverwaltung erhöht die Ausführungsgeschwindigkeit von ASPX-Seiten.

Zustandsverwaltung auf Anwendungsebene

Auch für eine komplette Webanwendung können Zustandswerte sinnvoll sein. Daten, die für alle Benutzer der Anwendung gelten, können hier gespeichert und abgerufen werden. Hierzu zählt z.B. die aktuelle Anzahl angemeldeter Benutzer, eine Datenbankverbindung usw.

Für die Verwaltung von globalen (also seiten- und sitzungsübergreifenden) Zuständen (alias Anwendungszuständen) bietet ASP.NET die Objektmengen Application und Cache an. Anders als bei der Application-Auflistung kann in der Cache-Auflistung ein Objekt mit einem Verfallskriterium ausgestattet werden. Ein Verfallskriterium ist nicht nur ein Zeitraum, sondern auch das Ändern einer Datei oder eines anderen Objekts im Zwischenspeicher. Somit kann die Cache-Auflistung zur Zwischenspeicherung häufig genutzter Objekte dienen, auch wenn diese sich (gelegentlich) ändern.

> **WARNUNG**   Die Zustandsverwaltung auf Anwendungsebene funktioniert nicht in Webfarmen. Im Gegensatz zu den Sitzungsvariablen ist eine zentrale Speicherung nicht möglich.

Unbedingter Anwendungszustand

Mit jeder Webanwendung wird eine Instanz der Klasse System.Web.HttpApplicationState erzeugt. Diese steht allen Web Forms der Anwendung über Roundtrips zur Verfügung. Der programmgesteuerte Zugriff geschieht meist über die Application-Eigenschaft des HttpContext-Objekts. Prinzipiell können beliebige Informationen und Objekte im Anwendungszustand abgelegt werden. Es empfiehlt sich jedoch, nur diejenigen Informationen hier abzulegen, die über alle Sitzungen hinweg verfügbar sein müssen und sich nur wenig ändern.

Wert in Anwendungszustand ablegen	Wert aus Anwendungszustand auslesen
HttpContext.Application["Name"] = WERT	VAR = HttpContext.Application["Name"]

Tabelle 7.4   Werte im Anwendungszustand ablegen und daraus auslesen

Benutzerzustand mit individuellen Cookies

Die Speicherung von Werten mit den ASP.NET-Sitzungsvariablen erfolgt serverseitig und nur für eine begrenzte Zeit. Langlebige Zustandsinformationen sollte man – ganz konventionell – dem Client als eigenständiges Cookie senden.

Grundprinzip der Cookies

Cookies sind Zeichenketten, die der Browser in seinem internen Zwischenspeicher oder in einem speziellen Dateisystemverzeichnis ablegt und bei jedem Aufruf der gleichen Webanwendung immer wieder automatisch bei einer HTTP-Anfrage übermittelt. Diese Technik hat die serverseitige Programmierung erheblich vereinfacht. Ein Cookie wird zwischen Client und Server im HTTP-Header ausgetauscht.

Cookies werden auf dem Client serverbezogen gespeichert, das heißt ein Webserver erhält von dem Webbrowser nur die Cookies, die er selbst dem Browser einst gesendet hat. In einem Cookie kann eine Pfadangabe übertragen werden, um die Gültigkeit des Cookies auf bestimmte Bereiche eines Webservers einzuschränken. Der Benutzer hat durch die Browsereinstellungen die Möglichkeit, die Annahme bzw. die Rückübermittlung von Cookies zu unterbinden. Cookies dürfen maximal 4.096 Bytes groß sein.

```
HTTP/1.1 200 OK
Server: Microsoft-IIS/5.1
Date: Sun, 09 Jun 2002 13:43:00 GMT
Content-Length: 297
Content-Type: text/html
Set-Cookie: Abrufe%5FSeite=239; expires=Wed, 19-Jun-2002 13:52:20 GMT; path=/Kapitel01
Set-Cookie: User=HS; expires=Wed, 19-Jun-2002 13:52:20 GMT; path=/Kapitel01
Cache-control: private
```

Listing 7.3   Beispiel für den Header einer HTTP-Antwort, mit welcher zwei Cookies gesetzt werden

```
GET /Kapitel01/Counter/Session.asp HTTP/1.1
Accept: image/gif, image/x-xbitmap, image/jpeg, image/pjpeg, application/vnd.ms-excel,
application/vnd.ms-powerpoint, application/msword, */*
Accept-Language: de,en-us;q=0.8,fr-be;q=0.6,ar-bh;q=0.4,zh-hk;q=0.2
Accept-Encoding: gzip, deflate
User-Agent: Mozilla/4.0 (compatible; MSIE 6.0; Windows NT 5.1; Q312461; .NET CLR 1.0.3705)
Host: www.IT-Visions.de
Connection: Keep-Alive
Cookie: Abrufe%5FSeite=146; USER=HS
```

Listing 7.4   Beispiel für den Header einer HTTP-Anfrage, mit welcher zwei Cookies übermittelt werden

ASP.NET erlaubt individuelle Cookies über die eingebauten Objekte `Request.Cookies` und `Response.Cookies`. Die Klassen `System.Web.HttpRequest` und `System.Web.HttpResponse` stellen jeweils ein Attribut `Cookies` zur Verfügung, das eine `HttpCookieCollection` mit `HttpCookie`-Objekten repräsentiert.

Es gibt aus der Sicht von ASP.NET einwertige und mehrwertige Cookies. Einwertige Cookies speichern nur eine Information pro Cookie ab. Mehrwertige Cookies speichern entsprechend mehrere Daten ab.

Einwertige Cookies

Die folgende Zugriffsweise funktioniert für einwertige Cookies. Im Gegensatz zum klassischen ASP ist die Verwendung des Attributs Value beim Zugriff jetzt Pflicht. Neben diesen einwertigen Cookies gibt es mehrwertige Cookies.

Wert im Cookie ablegen	Wert aus Cookie auslesen
Response.Cookies["Name"].Value = WERT	VAR = Request.Cookies["Name"].Value

Tabelle 7.5   Einwertige Cookies setzen und auslesen

Über die Eigenschaft Expires setzt man den Gültigkeitszeitraum; dabei bedeutet der Wert DateTime.MinValue, dass das Cookie nicht auf der Festplatte des Clients persistent gemacht werden soll, also nur so lange lebt, wie das Browserfenster geöffnet ist. Über die Attribute Domain und Path setzt man den Gültigkeitsbereich. Standardwerte sind die aktuelle Domain und der Pfad »/«, das heißt, alle Webanwendungen auf einem virtuellen Webserver teilen sich die Cookies.

Mehrwertige Cookies

Bei einem mehrwertigen Cookie muss man zunächst eine Instanz der Klasse HttpCookie erzeugen und diese dann der Cookies-Menge hinzufügen.

Das folgende Listing zeigt das Schreiben eines mehrwertigen Cookies. Dabei wird die Gültigkeitsdauer so gesetzt, dass das ganze Cookie genau 500 Tage, 500 Stunden, 50 Minuten und 5 Sekunden nach dem aktuellen Zeitpunkt verfällt:

```
HttpCookie c;
c = new HttpCookie("Warenkorb");
c.Expires = DateTime.Now.Add(new TimeSpan(500, 500, 50, 5));
c["ISBN 3-8273-1905-6"] = "Programmierung mit der .NET-Klassenbibliothek";
c.Values.Add("ISBN 3-8273-1843-2", "Windows Scripting");
c.Values.Add("ISBN 3-8273-1936-6", "COM-Komponenten-Handbuch");
Response.Cookies.Add(c);
// oder: Response.AppendCookie(c);
```

Listing 7.5   Schreiben von Cookies

Zum gezielten Lesen des mehrwertigen Cookies greift man auf die Cookies-Menge des Request-Objekts unter Verwendung des Namens des Cookies und des Cookie-Elements zu.

Beim Lesen der mehrwertigen Cookies macht sich unangenehm bemerkbar, dass die HttpCookieCollection etwas inkonsistent ist. Ein Zugriff auf …["Name"] liefert ein HttpCookie-Objekt, eine Iteration über die Objektmenge mit foreach, aber String-Werte mit den Namen der verfügbaren Cookies.

Diese Inkonsistenz macht sich in dem folgenden Programmcodefragment bemerkbar, das dazu dient, alle Cookies mit allen Unterwerten auszulesen:

```
Response.Write("Anzahl Cookies: " + Controller.Request.Cookies.Count + "<br>");
foreach (string ckey in Controller.Request.Cookies)
{
  HttpCookie c = Request.Cookies[ckey];
  Response.Write("<hr> Cookie: " + c.Name + "<hr>");
  Response.Write("Gesamtwert: " + c.Value + "<br>");
  Response.Write("Anzahl Teilwerte: " + c.Values.Count + " Werte <br>");
  foreach (string wkey in c.Values.Keys)
  {
        Response.Write(" - " + wkey + " = " + c.Values[wkey] + "<br>");
  }
}
```

Listing 7.6   Lesen von Cookies

Vergleich der Zustandsverwaltungsmöglichkeiten

Tabelle 7.6 zeigt einen abschließenden Vergleich der Möglichkeiten der Zustandsverwaltung in ASP.NET.

	Seitenzustand (View State)	Sitzungszustand	Benutzerzustand	Anwendungszustand
Belastung des Servers	Nein	Ja	Nein	Ja
Belastung des Clients	Ja	Nein	Ja	Nein
Zeitlimit	Nein	Ja, konfigurierbar	Ja, konfigurierbar	Ja/Nein (konfigurationsabhängig)
Überlebt Neustart des Servers	Ja	Ja/Nein (konfigurationsabhängig)	Ja	Nein
Überlebt Neustart des Browsers	Nein	Ja/Nein (konfigurationsabhängig)	Ja/Nein (konfigurationsabhängig)	Ja
Speicherung von .NET-Typen	Nur einige Typen, z.B. String, Boolean, Zahlen, Arrays, ArrayList, Hashtable	Alle .NET-Typen	Nur Zeichenketten	Alle .NET-Typen
API	ViewState	Session	Request.Cookie Response.Cookie	Application Cache

Tabelle 7.6   Vergleich der Zustandsverwaltungsmechanismen in ASP.NET

Kapitel 8

Caching

In diesem Kapitel:

Überblick   274

Pro und Contra Zwischenspeicherung   274

Zwischenspeicherung ganzer Seiten (Output-Caching)   275

Zwischenspeicherungsprofile (Caching Profiles)   277

Caching von Seitenteilen (Fragmentzwischenspeicherung)   277

Programmatisches Caching   278

Cacheinvalidierung   279

Es gibt unterschiedliche Szenarien, in denen es nicht immer notwendig ist, eine Webseite bei jedem Aufruf neu zu generieren. Bei häufig abgefragten Webseiten, deren Inhalt sich nicht, nur teilweise oder nur selten ändert, kann es durchaus sinnvoll sein, diese Seiten im Speicher vorrätig zu halten und nicht bei jedem Aufruf neu zu erzeugen. Dies gilt z.B. für eine nur wöchentlich aktualisierte Preisliste eines Internetshops oder für eine Internetzeitung, die täglich einmal aktualisiert wird.

Unter *Caching* versteht man die Vorhaltung von Daten an einem anderen Ort als dem Ursprungsort, um zu vermeiden, dass diese erneut aus der ursprünglichen Quelle beschafft oder erneut berechnet werden müssen.

HINWEIS   In der englischsprachigen Literatur wird als Gegensatz zu *Caching* (Zwischenspeichern) der Begriff *Fetching* (Abholen) verwendet.

TIPP   Seit ASP.NET 4.0 erlaubt die neue abstrakte Basisklasse `OutputCacheProvider` den Austausch des Seitenzwischenspeichermechanismus in ASP.NET.

Überblick

ASP.NET MVC bietet folgende Zwischenspeicherungsmöglichkeiten:

- Ausgabezwischenspeicherung ganzer Seiten (engl. Output Caching)
- Fragmentzwischenspeicherung (engl. Fragment Caching) auf Steuerelementebene
- Datenmengenzwischenspeicherung
- Zwischenspeicherung einzelner Werte (dies wurde im Zusammenhang mit der Zustandsverwaltung bereits im siebten Kapitel besprochen)

Das Zwischenspeichern kann von Veränderungen in einer SQL Server-Datenbanktabelle abhängig gemacht werden, das heißt, die Webseite wird vor Ablauf der Zwischenspeicherdauer beendet, wenn sich Daten geändert haben. Diese Funktion nennt Microsoft *Cacheinvalidierung* (engl. Cache Invalidation).

In der Datei *web.config* kann der Entwickler Zwischenspeicherungsprofile (Caching-Profile) definieren, die über ihre Namen auf mehrere Webseiten angewandt werden können.

Pro und Contra Zwischenspeicherung

Zwischenspeicherung hat sowohl Vor- als auch Nachteile, die im Einzelfall abzuwägen sind. Pauschale Aussagen zum Caching sind unseriös, es ist immer der Einzelfall zu prüfen. Die folgenden Punkte geben Entscheidungshilfen.

Pro	Contra
Beschleunigung des Seitenabrufs.	Verringerung der Aktualität von angezeigten Daten.
Verringerung der Prozessorlast auf dem Web-, Anwendungs- und Datenbankserver.	Erhöhung des Speicherplatzverbrauchs auf dem Webserver.
Verringerung der Netzwerklast zwischen Webserver, Anwendungsserver und Datenbank.	

Tabelle 8.1 Vor- und Nachteile des Cachings

Grundsätzlich ist zu prüfen, ob die Benutzer des Systems immer den letzten Stand der Daten sehen müssen oder ob ein Stand, der wenige Sekunden bzw. Minuten oder Stunden zurückliegt, nicht ausreichend ist. Oftmals fordern Benutzer den »top-aktuellen« Stand. Tatsächlich kann in vielen Fällen darauf aber verzichtet werden. Dies kann am Beispiel der Website einer Fluggesellschaft veranschaulicht werden:

- **Liste der Flugziele** Diese Daten ändern sich sehr, sehr selten. Ein Caching von mehreren Stunden ist möglich.

- **Anzeige der Flüge mit freien Plätzen** Auf den ersten Blick würde man hier ganz aktuelle Daten fordern. Tatsächlich ist aber ein Caching von mehreren Sekunden möglich, denn zwischen dem Zeitpunkt der Anzeige der Verfügbarkeitsliste und dem tatsächlichen Buchen liegen ohnehin einige Sekunden oder Minuten, in denen ein anderer Benutzer der Website die Plätze bereits gebucht haben könnte. Daher kann es ohnehin zu Konflikten kommen, auch wenn kein Caching aktiviert würde.

- **Statusanzeige der Beleuchtung der Landebahn** Dies ist ein Fall, wo Sekunden tatsächlich entscheiden können und daher kein Caching eingesetzt werden sollte. Eine Webanwendung ist in diesem Fall aber ohnehin nicht der geeignete Anwendungstyp, da der Webserver den Client nicht über Statusänderungen aktiv informieren kann, sondern der Client immer neue Daten explizit abrufen muss.

TIPP Gute Kandidaten für das Caching sind alle Daten bzw. Seiten, die häufig verwendet werden und die einen erheblichen Rechenaufwand verursachen.

Zwischenspeicherung ganzer Seiten (Output-Caching)

Bei der Seitenzwischenspeicherung handelt es sich um einen Mechanismus zur Optimierung der Leistung durch das Vorhalten von Webseiten, die bereits zu einem früheren Zeitpunkt angefordert wurden. ASP.NET ermöglicht die Zwischenspeicherung der von einer Assembly für den Webserver erzeugten (gerenderten) Ausgabe. Bei der Seitenzwischenspeicherung werden ganze Seiten auf dem Webserver vorrätig gehalten, ohne sie bei jedem Aufruf dynamisch zu erzeugen. Normalerweise verwirft der Webserver die Ausgabe sofort nach der Weiterleitung an den Webclient.

Mit dem Attribut OutputCache, welches auf Action-Methoden anzuwenden ist, kann definiert werden, dass die Ausgabe eine definierbare Zeit lang im Speicher zur Beantwortung gleichartiger Anfragen vorgehalten wird. Inwiefern zwei Anfragen als »gleich« betrachtet werden, kann dabei definiert werden. So lässt sich beispielsweise festlegen, dass die übergebenen Parameter berücksichtigt werden (die Seiten also für jede Parameterkombination einzeln zwischengespeichert werden) oder dass zwei unterschiedliche Browser bzw. Browserversionen nicht den gleichen HTML-Code erhalten (die Seiten also für jeden Browser einzeln zwischengespeichert werden).

Das Verhalten und die Regeln für das Unterdrücken der Neuerzeugung einer Webseite können über das OutputCache-Attribut flexibel konfiguriert werden. So ist es z.B. über die Eigenschaften VaryByParam oder VaryByCustom möglich, abhängig von übertragenen Parametern oder Browsern unterschiedliche Versionen ein und derselben Webseite vorrätig zu halten.

Parameter	Anwendung auf Seiten	Anwendung auf Benutzersteuerelemente	Beschreibung
`Duration`	X	X	Zeitraum in Sekunden, in dem das entsprechende Objekt im Zwischenspeicher vorgehalten wird

`Location`	X	X	Ein Wert aus der `OutputCacheLocation`-Aufzählung:
			`Any`
			Der Inhalt kann an beliebiger Stelle zwischengespeichert werden (Clientbrowser, Proxy oder auf dem Server).
			`Client`
			Der Zwischenspeicher befindet sich auf dem Client, der die Anfrage gestellt hat.
			`Downstream`
			Der Zwischenspeicher kann an jedem beliebigen HTTP 1.1-cachefähigen Gerät zwischengespeichert werden.
			`None`
			Der Zwischenspeicher ist für die aktuelle Seite nicht aktiviert.
			`Server`
			Der Zwischenspeicher befindet sich auf dem Webserver, der die Anfrage bearbeitet hat.
			Dieses Attribut kann nicht für einzelne Steuerelemente verwendet werden (siehe nächsten Abschnitt).

`VaryByHeader`	X		Durch Semikola getrennte Liste von HTTP-Headern, bei denen der Zwischenspeicher variieren kann. Dieses Attribut kann nicht für einzelne Steuerelemente verwendet werden.
`VaryByParam`	X	X	Variiert den Zwischenspeicher für unterschiedliche übergebene Parameter. Es werden URL- und Formularparameter berücksichtigt. Gültige Werte sind auch * (alle) und none (keine).
`VaryByCustom=` `"browser"`	X	X	Variiert den Zwischenspeicher für unterschiedliche Webbrowser
`VaryByCustom`	X	X	Es können auch eigene Variationskriterien definiert werden. Dies erfordert allerdings die Anpassung der Datei *global.asax*. Dort muss die `HttpApplication.GetVaryByCustomString()`-Methode überschrieben werden.

Tabelle 8.2 Parameter der `@OutputCache`-Direktive

HINWEIS Ab Windows Server 2003 liegt der Zwischenspeicher der IIS seit Version 6.0 im HTTP-Stack (*http.sys*) im Kernelmodus. Damit kann noch eine wesentlich höhere Performance erreicht werden, als dies beim Caching im Rahmen des ASP.NET-Arbeitsprozesses in den IIS ab Version 5 möglich ist.

Beispiel	Erläuterung
`[OutputCache(Duration="30",` `  VaryByParam="C_Abflugort;C_Zielort")]`	Zwischenspeicherung für 30 Sekunden. Eigene Zwischenspeicher werden in Abhängigkeit von C_Abflugort und C_Zielort gebildet.
`[OutputCache(Duration="60", VaryBy-` `Param="*",VaryByCustom="browser"])`	Zwischenspeicherung für 60 Sekunden, die übergebenen Parameter haben Einfluss auf den Seiteninhalt und es gibt auch für jeden Browsertyp eine eigene zwischengespeicherte Seite.

Tabelle 8.3 `OutputCache`-Beispiele

Zwischenspeicherungsprofile (Caching Profiles)

Mit ASP.NET 2.0 wurde die Möglichkeit eingeführt, dass der Entwickler in der *web.config*-Datei Zwischenspeicherungsprofile für die Seitenzwischenspeicherung definieren kann, die über ihre Namen auf Seiten angewendet werden:

```
<caching>
  <outputCacheSettings>
    <outputCacheProfiles>
      <add name="Browser" duration="60" varyByCustom="browser" location="Server" />
    </outputCacheProfiles>
  </outputCacheSettings>
</caching>
```

Listing 8.1   Definition eines Zwischenspeicherungsprofils für browserabhängige Zwischenspeicherung für 60 Sekunden mit dem Namen *Browser*

```
[OutputCache(CacheProfile="Browser")]
```

Listing 8.2   Verwendung des Zwischenspeicherungsprofils mit dem Namen *Browser*

Caching von Seitenteilen (Fragmentzwischenspeicherung)

Es gibt Fälle, in denen zwar eine Leistungssteigerung gewünscht ist, aber nicht alle Inhalte einer Webseite statisch sind und diese Teile daher bei jedem Aufruf neu erzeugt werden müssen.

Dazu ist, wie Listing 8.3 demonstriert, für den jeweiligen Seitenausschnitt eine eigene Action-Methode bereitzustellen, welche mit OutputCache annotiert wird. Mit Duration wird die Lebensdauer des Cacheeintrags in Sekunden angegeben; mit VaryByParam jene Parameter (durch Semikolons getrennt), für deren einzelne Wertbelegungen ein eigener Cacheeintrag erzeugt werden soll. Im betrachteten Beispiel würde beispielsweise für […]/NotThatImportantNews?param=1 ein anderer Cacheeintrag als etwa für […]/NotThatImportantNews?param=2 erzeugt und in weiterer Folge herangezogen werden. Neben diesen Parametern stehen noch weitere zum Variieren des Cacheverhaltens zur Verfügung. Details dazu finden sich in Tabelle 8.2.

```
[OutputCache(Duration=15, VaryByParam="param")]
public ActionResult NotThatImportantNews(string param)
{
    List<News> news = new List<News>()
    {
        new News { Title = "…" },
        new News { Title = "…" },
        new News { Title = "…" },
        new News { Title = "…"}
    };
    return PartialView(news);
}
```

Listing 8.3   Partielles Caching

Um das Ergebnis der soeben betrachteten Action-Methode, welches wie besprochen gecacht wird, als Teil einer View zu verwenden, kann die Action-Methode in weiterer Folge innerhalb einer beliebigen View mittels Html.Action aufgerufen werden. Listing 8.4 demonstriert dies.

```
@model List<MVC3RC_Samples.Models.News>

<ul>
@foreach (var news in Model)
{
    <li>@news.Title</li>
}
</ul>

<h3>Nicht ganz so wichtige News: </h3>
@Html.Action("NotThatImportantNews", new { parm = ViewBag.Param })
```

Listing 8.4   Teilweise gecachter Seitenteil einbinden

Programmatisches Caching

Unter Verwendung von HttpContext.Cache kann ein Wert programmatisch in den Cache eingefügt werden.

Wert in Zwischenspeicher ablegen	Wert aus Zwischenspeicher auslesen
HttpContext.Cache["Name"] = WERT	VAR = HttpContext.Cache["Name"]

Daneben steht auch die weitaus mächtigere Add-Methode zur Verfügung. Diese Methode erlaubt es, Objekte im Zwischenspeicher an bestimmte Bedingungen zu binden. Die nachfolgende Tabelle informiert über deren Parameter.

Parameter	Beschreibung
Key	Der Bezeichner für das Objekt im Zwischenspeicher.
Value	Das Objekt, das dem Zwischenspeicher hinzugefügt wird.
Dependencies	Abhängigkeiten zu einer oder zu mehreren Dateien, Datenbankinhalten oder sonstigen Ressourcen. Bei der Änderung einer der angegebenen Ressourcen wird das Zwischenspeicherobjekt ungültig und entfernt (siehe Cache, unten).
absoluteExpiration	Absoluter Zeitpunkt, zu dem das Objekt aus dem Zwischenspeicher entfernt wird, z.B. 20 Uhr. Muss den Wert Cache.NoAbsoluteExpiration haben, wenn eine slidingExpiration festgelegt wird.
slidingExpiration	Vergangene Dauer seit dem letzten Aufruf eines Zwischenspeicherobjekts, bis dieses verfällt. Muss den Wert Cache.NoSlidingExpiration haben, wenn eine absoluteExpiration festgelegt wird.
Priority	Priorität für den relativen Speicherplatzbedarf eines Objekts. Objekte mit niedriger Priorität werden bei Bedarf vor Objekten mit einer höheren Priorität entfernt. Mögliche Werte: AboveNormal, BelowNormal, Default, Normal, High, Low, NotRemovable.
onRemoveCallback	Angabe eines Delegaten, der aktiviert wird, wenn ein Objekt aus dem Zwischenspeicher entfernt wird. Dadurch ist es möglich, die Anwendung über das Entfernen zu informieren.

Tabelle 8.4   Aufrufparameter der Methode Cache.Add()

Cacheinvalidierung

Das Zwischenspeichern kann von Veränderungen in einer SQL Server-Datenbanktabelle abhängig gemacht werden, das heißt die Webseite wird vor Ablauf der Zwischenspeicherdauer beendet, wenn sich Daten geändert haben. Diese Funktion nennt man *Cacheinvalidierung*. Das Verfahren erfordert, dass auf Ebene einer Seite oder auf der Ebene eines programmatisch erstellten Cacheeintrags eine so genannte Zwischenspeicherabhängigkeit (engl. Cache Dependency) definiert wurde.

Das Beispiel in Listing 8.5 legt zur Veranschaulichung eine Cacheabhängigkeit fest, welche das Entfernen des Eintrags veranlasst, nachdem sich die Datei *test.txt* geändert hat. Darüber hinaus registriert es ein Ereignis, das in diesem Fall auch zur Ausführung gebracht wird. Um eine Cacheabhängigkeit für eine ganze Seite festzulegen, ist die Methode `Request.AddCacheDependency` zu bemühen. Alternativ dazu kann auch die Methode `Request.AddFileDependency` verwendet werden. Diese nimmt einen Dateinamen entgegen, erstellt damit eine Cacheabhängigkeit und registriert diese.

```
string time = (string)Cache.Get("time");
if (time == null)
{
    time = DateTime.Now.ToString("T");
    CacheDependency fileDepend
            = new CacheDependency(MapPath("~/test.txt"));
    Cache.Add(
        "time", time,
        fileDepend,
        Cache.NoAbsoluteExpiration,
        TimeSpan.FromSeconds(5),
        CacheItemPriority.High, Callback);
}
Response.Write(time);
[…]
public void Callback(
        string key, Object value, CacheItemRemovedReason reason) {
    string msg = key + " removed; value: " + value;
    System.Diagnostics.Debug.WriteLine(msg);
}
```

Listing 8.5   Beispiel für das programmatische Erstellen eines Cache-Eintrags

Eine eigene `CacheDependency` kann durch Ableiten von `NotifyDependencyChanged` implementiert werden. Der Konstruktor sollte die Möglichkeit schaffen, die gewünschte Ressource zu überwachen. Dies kann zum Beispiel durch Abspalten eines Threads, welcher die Ressource pollt oder durch Registrieren eines Callbacks erfolgen. Erkennt die benutzerdefinierte `CacheDependency` eine Modifikation an der überwachten Ressource, ist sie angehalten, die geerbte Methode `NotifyDependencyChanged` aufzurufen.

Cacheinvalidierung durch die Datenbank

Zwischenspeicherabhängigkeiten sind nur für folgende Datenbankserver verfügbar:

- Microsoft SQL Server 7.0
- Microsoft SQL Server 2000

- Microsoft SQL Server 2005

- Microsoft SQL Server 2008

Während die Cacheinvalidierung bei Microsoft SQL Server 2005/2008 durch Datenänderungsbenachrichtigungen im Pushverfahren realisiert wird, kommt in den älteren Datenbankservern ein komplexer Mechanismus auf Basis von Polling einer Gespeicherten Prozedur und nachträglich hinzugefügten Triggern zum Einsatz.

Cache Invalidation bei Microsoft SQL Server 7.0 und 2000

Cache Invalidation in Microsoft SQL Server 7.0/2000 funktioniert nur auf Tabellenebene, das heißt es findet auch dann eine Benachrichtigung statt, wenn die tatsächlich angezeigten Daten nicht betroffen sind. Dies stört die Anwendung nicht, verursacht aber unter Umständen unnötige Auflösungen des Zwischenspeichers. Microsoft nennt das Verfahren *tabellenbasiertes Abrufen* (engl. *Table-based Polling*).

Für die Nutzung der Cacheinvalidierung bei Microsoft SQL Server 7.0/2000 sind folgende drei Voraussetzungen notwendig:

- Erstellung von Triggern, Gespeicherten Prozeduren und einer Verwaltungstabelle unter SQL Server zur Übermittlung von Benachrichtigungen bei Datenänderungen:

```
aspnet_regsql -E -S marl\sqlexpress -d worldwidewings -ed -t fl_fluege –et
```

- Konfiguration des Pollingintervalls in der *web.config*-Datei:

```
<caching>
  <sqlCacheDependency enabled="true" pollTime="5000">
  <databases>
   <add name="WorldWideWings"
      ConnectionStringName="WorldWideWingsConnectionString"/>
  </databases>
  </sqlCacheDependency>
</caching>
```

- Aktivierung der Zwischenspeicherung mit dem OutputCache-Attribut. Die hinter SqlDependency genannte Datenbank muss in der *web.config*-Datei deklariert sein.

Beispiel auf Ebene von Action-Methoden:

```
[OutputCache(Duration="5", VaryByParam="none", SqlDependency="WorldWideWings:Fl_Fluege")]
```

Beispiel für die programmatische Anwendung:

```
string time = (string)Cache.Get("time");
if (time == null)
{
    time = DateTime.Now.ToString("T");

    SqlCacheDependency sqlDep =
        new SqlCacheDependency("PubsDB", "Titles");
```

```
Cache.Insert(
    "time", time,
    sqlDep,
    System.Web.Caching.Cache.NoAbsoluteExpiration,
    TimeSpan.FromSeconds(100),
    CacheItemPriority.Low, Callback);
}
```

Cacheinvalidierung bei Microsoft SQL Server ab Version 2005

Für die Nutzung der Cacheinvalidierung bei Microsoft SQL Server ab Version 2005 ist der Vorgang durch den Einsatz von Abfragebenachrichtigungen (engl. Query Notifications) flexibler: Die Cacheinvalidierung arbeitet hier auf Ebene der tatsächlich angeforderten Daten.

Voraussetzungen dafür sind:

- Für die SQL Server-Datenbank muss der SQL Server Service Broker aktiviert sein (T-SQL-Befehl: ALTER DATABASE *dbname* SET ENABLE_BROKER)

- Die Cacheabhängigkeit muss durch eine Codezeile für jede einzelne Verbindung durch Aufruf von System.Data.SqlClient.SqlDependency.Start aktiviert werden. Da dieser Vorgang nur einmal erfolgen muss, platziert man ihn am besten in der *global.asax*-Seite im Application_Start-Ereignis:

```
System.Data.SqlClient.SqlDependency.Start(
    System.Configuration.ConfigurationManager.ConnectionStrings
    ["CS_MBW"].ConnectionString);
```

Listing 8.6   Start des Listeners für Abfragebenachrichtigungen in der Datei *global.asax*

Wurden diese Vorbereitungen getroffen, kann programmatisch eine SqlCacheDependency auf der Basis des ADO.NET-Objekts Command erstellt werden. Dabei ist darauf zu achten, dass im Rahmen der darunterliegenden SQL-Abfrage die Schemanamen der Tabellen sowie die Namen der Spalten explizit angegeben werden. Darüber ist der Einsatz von Aggregatsfunktionen für zu überwachende Ergebnismengen nicht erlaubt.

Beispiel:

```
string time = (string)Cache.Get("time");
if (time == null)
{
    time = DateTime.Now.ToString("T");

    SqlCacheDependency sqlDep = new SqlCacheDependency(cmd);

    Cache.Insert(
        "time", time,
        sqlDep,
        System.Web.Caching.Cache.NoAbsoluteExpiration,
        TimeSpan.FromSeconds(100),
        CacheItemPriority.Low, Callback);
}
```

ACHTUNG   Sehr wichtig ist, dass die SELECT-Befehle den Regeln für Datenänderungsbenachrichtigungen entsprechen. Beispielsweise müssen der Schemaname sowie sämtliche Spalten explizit angeführt werden und Aggregatsfunktionen sind nicht erlaubt.

- Falsch:

```
SELECT [FL_FlugNr], [FL_Abflugort], [FL_Zielort], [FL_Datum], [FL_NichtraucherFlug], [FL_Plaetze],
[FL_FreiePlaetze] FROM [Fl_Fluege] where [FL_Zielort] = 'Berlin'
```

- Richtig:

```
SELECT [FL_FlugNr], [FL_Abflugort], [FL_Zielort], [FL_Datum], [FL_NichtraucherFlug], [FL_Plaetze],
[FL_FreiePlaetze] FROM dbo.[Fl_Fluege] where [FL_Zielort] = 'Berlin'
```

Kapitel 9

Internet Information Services (IIS)

In diesem Kapitel:

Installation der IIS	284
IIS-Administration	285
IIS-Websites (Virtuelle Webserver)	288
Virtuelle Verzeichnisse	292
IIS-Anwendungen	294
IIS-Anwendungspools	295
IIS-Autostart	301
Konfiguration des Webservers in der Entwicklungsumgebung	304

Ein ASP.NET-fähiger Webserver ist sowohl für den Test als auch den Betrieb einer ASP.NET MVC-Applikation notwendig. Während sich Visual Studio 2012 für das Testen im Zuge der Entwicklung standardmäßig auf die Internet Information Services Express (IIS Express) abstützt, kommen im Produktiveinsatz in der Regel die mit Windows ausgelieferten Internet Information Services (IIS) zum Einsatz. Dazu kommt, dass man auch im Zuge der Entwicklung auf eine lokale Installation von IIS zurückgreifen kann. Dies ist zum Beispiel beim Testen von erweiterten Sicherheitsszenarien nützlich, da sich diese in IIS, aufgrund der dafür zur Verfügung stehenden graphischen Oberfläche, sehr einfach konfigurieren lassen.

Installation der IIS

Obwohl die IIS standardmäßig mit Windows ausgeliefert werden, müssen sie explizit über die Systemsteuerung installiert werden. Dieser Abschnitt beschreibt, wie dies zu bewerkstelligen ist.

Nötige Schritte für die Installation

Unter Windows XP und Windows Server 2003 erfolgt die Installation der IIS 6.0 in der *Systemsteuerung* über das Symbol *Software*. Über die *Windows-Komponenten* aktivieren Sie den Eintrag *Internet Informationsdienste (IIS)*. Unter den Details wählen Sie dann die zu installierenden Dienste sowie die Zusatzwerkzeuge mit aus.

In Windows Vista (IIS 7.0), Windows 7 (IIS 7.5) und Windows 8 (IIS 8.0) geschieht die Installation weiterhin in der *Systemsteuerung*. Dort wählen Sie aber jetzt *Programme und Funktionen* und dann *Windows-Funktionen aktivieren oder deaktivieren*. In Windows Server 2008 (IIS 7.0) und Windows Server 2008 R2 (IIS 7.5) sowie Windows Server 2012 (IIS 8.0) erfolgt die Installation aus dem Server-Manager heraus durch Installation der Serverrolle *Webserver (IIS)* und des Rollendiensts *ASP.NET*. Bei der Installation fordert Windows Server als Grundlage die Installation von WAS (*Windows Activation Service*). WAS ist in der neuen Windows-Generation der Systembaustein, der für IIS die Anwendungspools und Prozesse verwaltet.

In dem Installationsfenster ab IIS 7.x kann der Administrator sehr viel genauer als in der Vergangenheit die einzurichtenden Funktionen auswählen. Neben Programmierframeworks wie ASP, ASP.NET, CGI und ISAPI lassen sich in den Bereichen *Gemeinsam genutzte HTTP-Features* (*Common HTTP Features*), *Systemzustand und Diagnose* (*Health and Diagnostics*), *Sicherheit* (*Security*) und *Webverwaltungstools* (*Management Tools*) die gewünschten Module selektieren. Im Bereich Sicherheit sind verschiedene Authentifizierungsverfahren wie z. B. Basic, Windows, Digest oder Zertifikate wählbar. Bei den Management-Diensten steht unter anderem zur Wahl, ob sich IIS auch mit den Verfahren von IIS, also mit Konsole, Skript oder per WMI, verwalten lassen soll und ob eine Fernverwaltung von IIS über einen Management-Dienst erlaubt sein soll.

Die komponentenorientierte Architektur erlaubt auf jeder Ebene (Webserver, Website, Anwendung oder Verzeichnis), Modulsätze zu erstellen. So ist es beispielsweise möglich, einen Webserver zu betreiben, der ausschließlich die Windows-NTLM-Authentifizierung, statische Webseiten, Kompression und die Protokollierung beherrscht.

ACHTUNG   Bei der Installation müssen Sie *ASP.NET* in der Kategorie *Anwendungsentwicklungsfeatures* (*Application Development*) auswählen, wenn Sie mit ASP.NET, unabhängig von der Version, arbeiten wollen!

Integration zwischen ASP.NET und IIS

Die Integration zwischen ASP.NET und IIS erfolgt automatisch, wenn IIS bei der Installation von .NET Framework Redistributable bereits vorhanden ist. Sofern IIS erst später (nach der Installation von .NET Framework Redistributable) installiert wird, muss die Integration durch Ausführung der Kommandozeilenanwendung *aspnet_regiis.exe* mit dem Parameter *–i* manuell angestoßen werden.

Test der Installation

Um zu testen, ob IIS erfolgreich installiert wurde, geben Sie im Browser *http://localhost* ein. Danach sollten Sie eine statische Seite mit dem Text »*IIS 8 microsoft.com/web*« sehen (sofern die IIS 8 installiert wurden).

HINWEIS   Die Willkommensseite befindet sich physisch im Verzeichnis *c:\inetpub\wwwroot*, das bei der Installation angelegt wurde. Grundsätzlich ist dies auch der Speicherort für Ihre eigenen Webanwendungen. Es ist aber auch möglich, andere Standorte auf der Festplatte zu nutzen.

IIS-Administration

Der IIS-Konfigurationsspeicher besteht aus XML-Dateien (siehe *C:\Windows\System32\inetsrv\config*). Deren direkte Bearbeitung ist zwar möglich, aber nicht komfortabel.

IIS-Manager

Das primäre Administrationsinstrument ist der *Internetinformationsdienste (IIS)-Manager* (*Internet Information Services (IIS) Manager*). Der neue IIS-Manager umfasst die Funktionen des bisherigen IIS-Managers, der bisherigen IIS-Manager-Erweiterungen für ASP.NET, die mit .NET Framework installiert wurden, sowie die Funktionen der webbasierten ASP.NET-Verwaltungsoberfläche.

Die Einstellungen sind in Bereiche (*Areas*) und die einzelnen Bereiche wiederum in Kategorien gegliedert (Abbildung 9.1). Dazu erscheinen die Aufgaben, die der aktuellen Auswahl von Bereich und Kategorie entsprechen. Nach Wahl der Aufgabe präsentiert sich entweder eine eigene Oberfläche zur Verwaltung der zugehörigen Einstellungen oder das aus Visual Studio bekannte Eigenschaftsgitter (Abbildung 9.2).

Abbildung 9.1   Die neue IIS-Verwaltungskonsole ist aufgabenbasiert und fasst die Administration von IIS und von ASP.NET zusammen

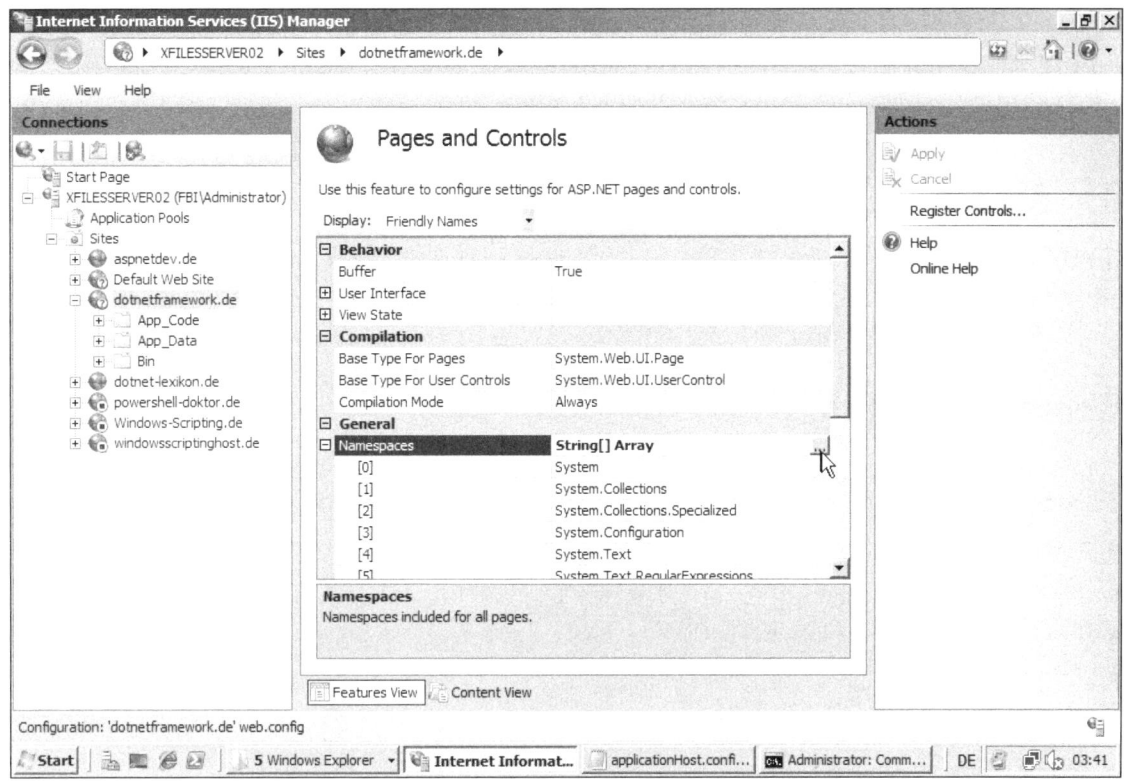

Abbildung 9.2   Einige Einstellungen präsentieren sich im weniger komfortablen Eigenschaftsgitter

Automatisierte Administration und APIs

Zur automatisierten Administration bietet IIS ab Version 7.x das Kommandozeilenwerkzeug *appcmd.exe* und einen neuen Provider für Windows Management Instrumentation (WMI). Microsoft verwendet für den neuen WMI-Provider den Namespace root/AppServer und unterstreicht mit dem Namen AppServer die neue Bedeutung von IIS.

> **HINWEIS**   Der alte WMI-Provider im Namespace root/MicrosoftIISv2 kann weiterhin optional installiert und verwendet werden.

Für die Laufzeitüberwachung steht auch eine COM-basierte Schnittstelle mit dem Namen *Runtime Status and Control API* (RSCA) zur Verfügung. Mit dieser Komponente lassen sich Anwendungspools, Arbeitsprozesse, Websites und Anwendungsdomänen in IIS überwachen. RSCA ist auch über WMI auslesbar und liefert Daten an den IIS-Manager (*Systemzustand und Diagnose/Arbeitsprozesse* (*Health and Diagnostics/Worker Processes*) sowie *Systemzustand und Diagnose/Ablaufverfolgungsregeln für Anforderungsfehler* (*Health and Diagnostics/ Failed Request Tracing*)). Der IIS-Manager zeigt daher nun eine Liste der aktuellen Anfragen.

Über eine .NET-basierte Schnittstelle, das Web Management Framework API mit den Namespaces *Microsoft.Web.Management.Server*, *Microsoft.Web.Management.Host* und *Microsoft.Web.Management.Client* in *Microsoft.Web.Management.dll*, lässt er sich außerdem erweitern.

IIS-Websites (Virtuelle Webserver)

Die IIS (der physische Webserver) bestehen aus einem oder mehreren so genannten virtuellen Webservern. Ein virtueller Webserver ist die Zuordnung einer Kombination aus IP-Adresse und Portnummer zu einem physischen Verzeichnis auf einem Speichermedium.

Webserver erstellen

Zum Anlegen einer Website wählt man *Website hinzufügen* (*Add Web Site*) im Zweig *Sites*. Hier erfolgt die Zuordnung *IP-Adresse* und *TCP-Portnummer* zum *Dateisystemverzeichnis*. Anzugeben sind:

- Name der Website
- Pfad im Dateisystem (Standort der Webanwendungsdateien)
- Protokollart (HTTP, HTTPS, FTP etc.)
- IP-Adresse
- Portnummer

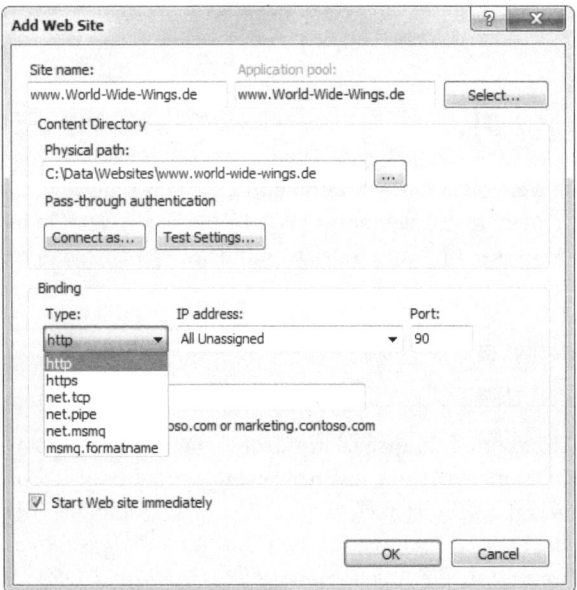

Abbildung 9.3   Anlegen einer Website

WICHTIG   Die Einstellung *Keine zugewiesen* (*All Unassigned*) für die IP-Adresse bedeutet, dass der WWW-Dienst auf alle dem Computer in der Netzwerkkonfiguration zugeordneten IP-Adressen reagiert.

Danach erscheint die neue Website in der Liste der Websites. Für die Website kann man die Inhalte ansehen (*Ansicht Inhalt* bzw. *Content View*) und die Einstellungen ändern (*Ansicht Features* bzw. *Features View*).

Die Liste der virtuellen Webserver lässt sich durch Gruppierung und Filter übersichtlicher gestalten; so wird es leichter, eine große Anzahl von virtuellen Webservern zu verwalten. Neu ist auch, dass jeder virtuelle Webserver eine eigene Liste von Administratoren besitzt, was die Delegation von administrativen Aufgaben vereinfacht. Neben Windows-Benutzerkonten kennt IIS auch eigene Benutzerkonten, damit in Hostingszenarien eine Delegation ohne Vergabe eines Windows-Benutzerkontos möglich ist. Eine Fernadministration von IIS ab Version 7.x ist via HTTP möglich; der DCOM-Zugriff zum Webserver ist also nicht mehr notwendig.

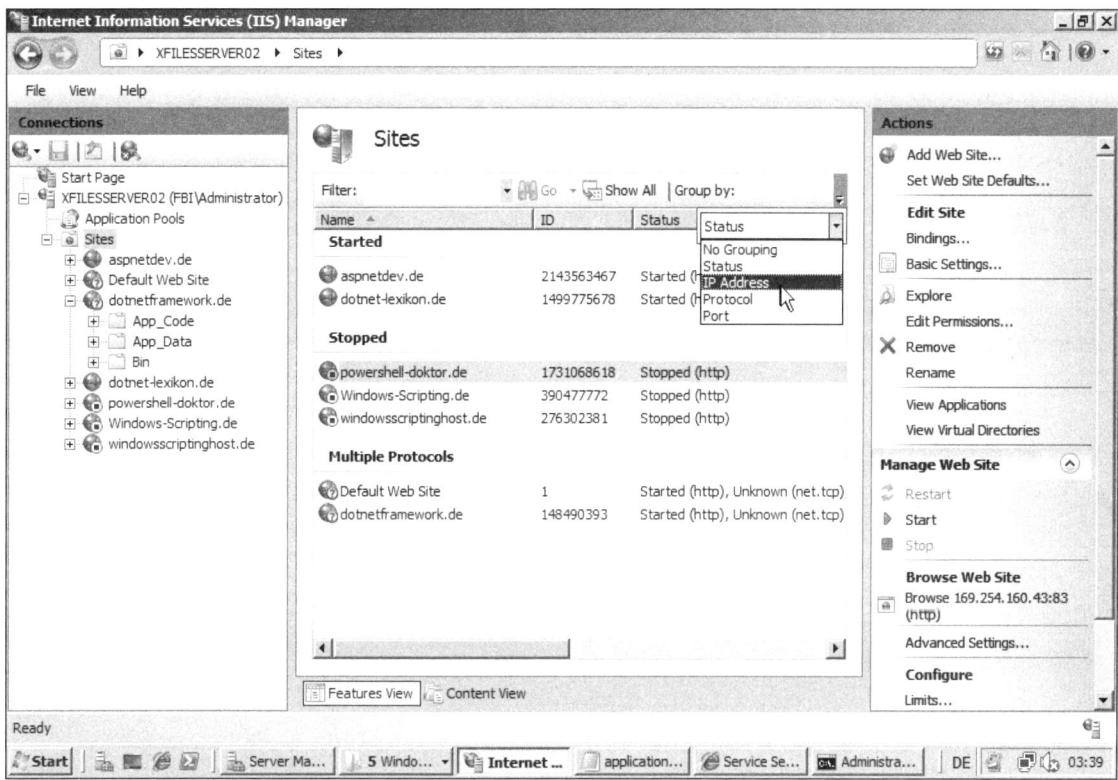

Abbildung 9.4   Gruppieren und Filtern in der Liste der virtuellen Webserver

Wichtige Einstellungen

Eine zu prüfende Einstellung befindet sich in der Rubrik *IIS/Standarddokument* (*IIS/Default Document*): Hier ist festzulegen, welches Dokument an den Webbrowser gesendet werden soll, wenn der Aufrufer nur den Verzeichnisnamen (z. B. *http://localhost/MeineAnwendung*) angibt, aber kein konkretes Dokument (z. B. *http://localhost/MeineAnwendung/Produktliste.aspx*). Falls die Startseite nicht bereits unter den hier aufgelisteten Seitennamen zu finden ist, müssen Sie einen entsprechenden Eintrag hinzufügen.

Soll dem Benutzer gestattet werden, eine Liste der in dem Verzeichnis verfügbaren Dateien einzusehen, um selbst eine Datei auszuwählen, ist dies unter *Verzeichnis durchsuchen* (*Directory Browsing*) einzustellen. Voraussetzung dafür ist, dass das Feature *Verzeichnis durchsuchen* (*Directory Browsing*) in der Installation von IIS aktiviert wurde.

Authentifizierung

Standardmäßig ist in IIS der anonyme Zugriff aktiviert, das heißt, ein Benutzer muss sich gegenüber IIS nicht authentifizieren. Sofern Sie IIS explizit nicht als öffentlichen Webserver nutzen wollen, sollten Sie den anonymen Zugriff deaktivieren. In einer reinen Windows-Umgebung ist die *Integrierte Windows-Authentifizierung* sinnvoll, die eine Einmalanmeldung (Single Sign-On) innerhalb einer Domäne ermöglicht. Ein Client, der sich nicht an der Windows-Domäne angemeldet hat, hat dann keinen Zugriff auf die Webanwendungen. Sie erreichen die Authentifizierungseinstellungen im IIS-Manager unter *Authentifizierung* (*Authentication*).

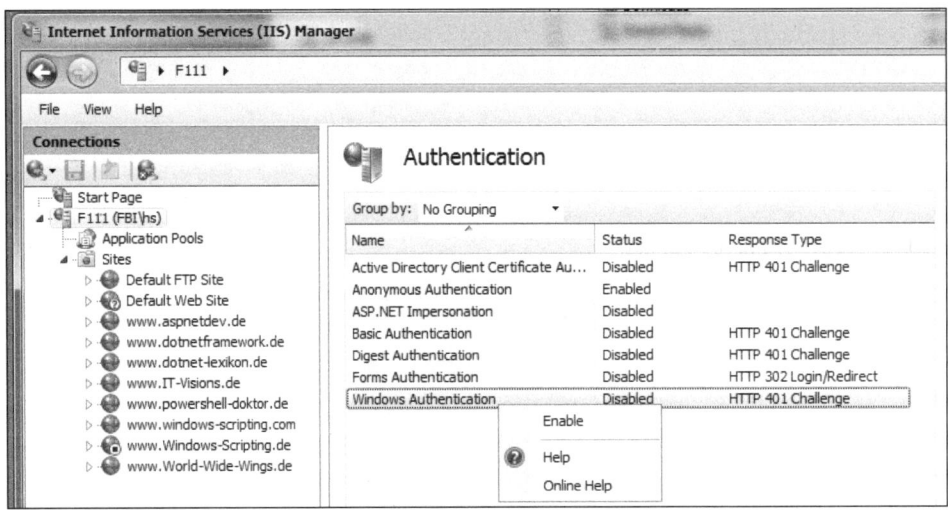

Abbildung 9.5   Änderung der Authentifizierungsverfahren

Secure Socket Layer (SSL)

Um den Zugang zu einer Website mit Secure Socket Layer (SSL) zu ermöglichen, sind folgende Schritte notwendig:

1. Einfügen eines Serverzertifikats unter *Serverzertifikate* (*Server Certificates*). Dies muss im Stammverzeichnis des physischen Webservers erfolgen (siehe Symbol mit Servergehäuse im Baum). Man kann hier ein selbstsigniertes Zertifikat anlegen. Für den Betrieb im Internet braucht man aber in der Regel ein Zertifikat einer der in Windows bereits bekannten Zertifizierungsstellen (z.B. VeriSign, Thawte, Deutsche Telekom, GlobalSign und andere).

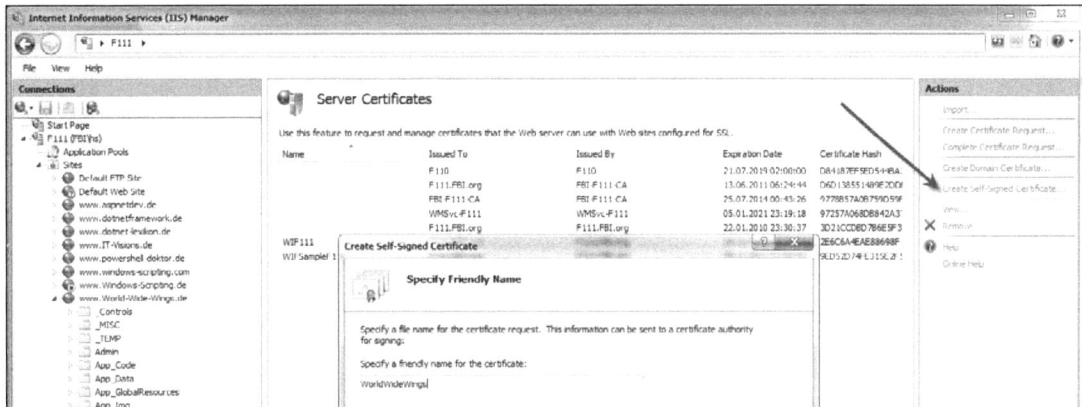

Abbildung 9.6 Anlegen eines Testzertifikats

2. Anschließend wählt man auf der Ebene des virtuellen Webservers *Bindungen* (*Bindings*) und dort *https* mit dem eingefügten Zertifikat.

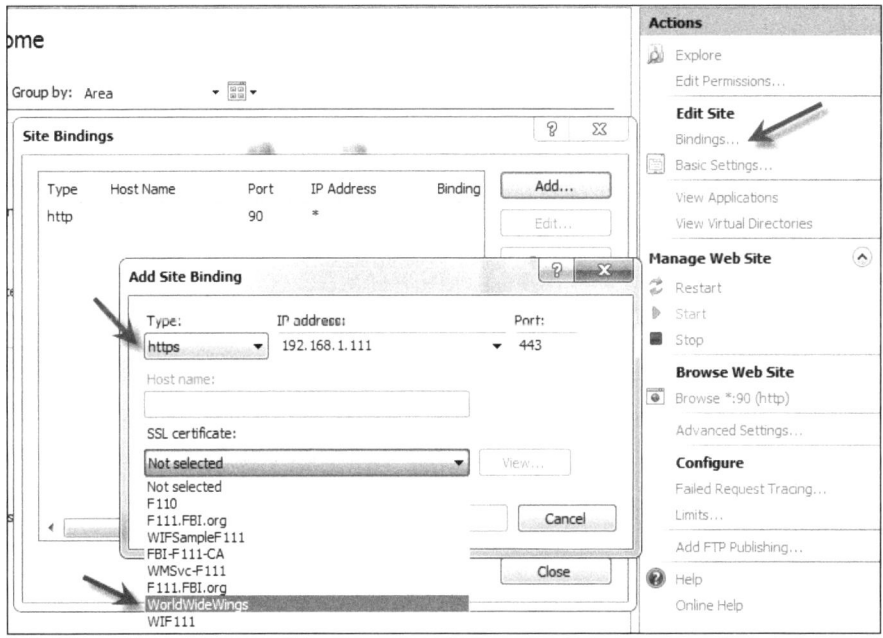

Abbildung 9.7 SSL für eine Website aktivieren

ACHTUNG Wenn die Website nur per SSL erreichbar sein soll, müssen Sie die Bindung für *http* entfernen.

TIPP   Oft ist es sinnvoll, dass Benutzer, die eine Site ohne SSL betreten, zu SSL umgelenkt werden. In diesem Fall würde man die HTTP-Bindung belassen und in der *global.asax*-Datei eine Umlenkung festlegen:

```
protected void Application_BeginRequest(Object sender, EventArgs e)
{  if (HttpContext.Current.Request.IsSecureConnection.Equals(false))
   {
       Response.Redirect("https://" + Request.ServerVariables["HTTP_HOST"] +
       HttpContext.Current.Request.RawUrl);
   }
}
```

Die Funktion `Response.Redirect("Ziel.aspx")` ist uralt: Sie gab es schon zu Zeiten der klassischen Active Server Pages (ASP), die noch auf dem Component Object Model (COM) basierten. `Response.Redirect()` sendet den Statuscode *HTTP 302 Found* (Temporary Redirect) an den Client unter Angabe der neuen Seitenadresse.

Virtuelle Verzeichnisse

Ein virtuelles Verzeichnis ist ein Konzept, das es erlaubt, jedes Unterverzeichnis als eine eigenständige Anwendung zu betrachten. Hierbei werden *IP-Adresse, TCP-Portnummer* und *relatives Verzeichnis* einem *Dateisystemverzeichnis* zugeordnet. Dabei muss das Dateisystemverzeichnis nicht in der gleichen Beziehung zu dem Basisverzeichnis stehen, wie es der relative Pfad in der URL angibt. Konkret bedeutet dies, dass für jedes virtuelle Verzeichnis ein beliebiger Pfad im Dateisystem gebunden werden kann. Beispielsweise sind folgende Abbildungen möglich:

http://server/   → *c:\website*

http://server/Produkte   → *c:\website\Kunden\Produkte*

http://server/Neuigkeiten   → *c:\website\News*

Mit virtuellen Webservern lässt sich eine logische Verzeichnisstruktur innerhalb eines virtuellen Webservers unabhängig von der physischen Verzeichnisstruktur auf dem Speichermedium etablieren. Einem physischen Verzeichnis können mehrere virtuelle Webserver und/oder Verzeichnisse zugeordnet werden.

Abbildung 9.8 veranschaulicht den Zusammenhang von virtuellen Webservern (z.B. *http://1.2.3.5:1234*), virtuellen Verzeichnissen (z.B. *http://1.2.3.5:1234/Kundendaten*) und physischen Verzeichnissen (z.B. *e:\Daten\Kunden*) an einem Beispiel. Die auf Windows 2000 Professional und Windows XP verfügbaren Varianten von IIS unterscheiden sich von den jeweiligen Serverversionen dadurch, dass es dort nur genau einen virtuellen Webserver (*Standardwebsite*) geben darf. Diese Restriktion existiert in IIS ab Version 7.x in Windows Vista, Windows 7 und Windows 8 nicht mehr.

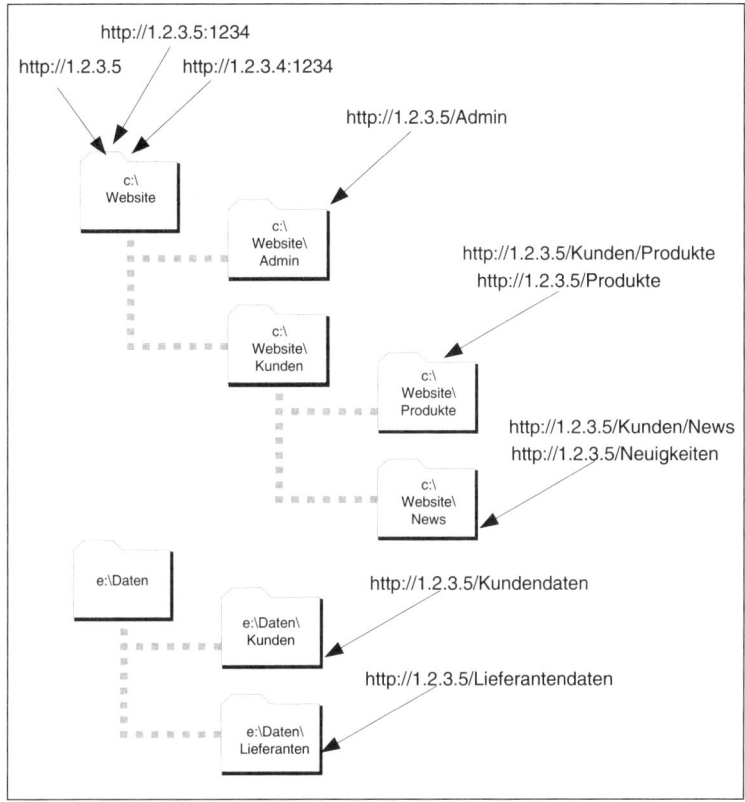

Abbildung 9.8   Das Konzept virtueller Verzeichnisse

Zum Anlegen eines virtuellen Verzeichnisses rufen Sie nach Auswahl einer Website den Eintrag *Virtuelles Verzeichnis hinzufügen* (*Add Virtual Directory*) auf. In früheren Windows-Versionen konnte man auch im Windows-Explorer in der Registerkarte *Webfreigabe* (*Web Sharing*) ein virtuelles Verzeichnis anlegen. Diese Möglichkeit bietet Microsoft seit Windows Vista nicht mehr an.

Abbildung 9.9   Anlegen eines virtuellen Verzeichnisses

IIS-Anwendungen

Aus der Sicht des IIS-Webservers ist eine Anwendung etwas anderes als aus der Sicht des Webentwicklers. Für IIS ist eine Anwendung ein Element in der Konfigurationshierarchie, das auch auf ASP.NET wirkt.

Aus Sicht der IIS gehören alle Seiten, die in der gleichen IIS-Anwendung laufen, zu einer einzigen ASP.NET-Webanwendung. Eine IIS-Anwendung ist eine Funktion des Webservers zur Abgrenzung von dynamischen Inhalten. In den IIS kann man für jede IIS-Anwendung einen eigenen Anwendungspool festlegen und damit einen eigenen Webserver-Arbeitsprozess erzeugen.

Rahmenbedingungen einer IIS-Anwendung

Es gilt:

- Eine IIS-Anwendung hat eine eigene Zustandsverwaltung und es gibt auch keine gemeinsame Authentifizierung. Sie kann Zustandsvariablen (Session, Application, vgl. Kapitel 7 »Zustandsverwaltung«) sowie Authentifizierungsdaten nicht automatisch, sondern nur manuell mit anderen IIS-Anwendungen teilen.

- Eine IIS-Anwendung gehört zu genau einem IIS-Anwendungspool (gilt nur ab IIS 6.0, vgl. Abschnitt »IIS-Anwendungspools«; Seite 295)

ACHTUNG   ASP.NET-Entwickler müssen beachten, dass sich durch die Aufteilung einer ASP.NET-Website in mehrere IIS-Anwendungen das Verhalten der ASP.NET-Webanwendung sehr stark ändern kann, da es keine gemeinsame Zustandsverwaltung mehr gibt und die Konfiguration anders wirkt. Bei Fehlern könnten hier z. B. zugangsgeschützte Seiten plötzlich öffentlich sein.

Anlegen einer IIS-Anwendung

Es gilt:

- Ein virtueller Webserver (alias Website) ist immer eine IIS-Anwendung
- Ein virtuelles Verzeichnis kann eine IIS-Anwendung sein
- Ein physisches Verzeichnis kann eine IIS-Anwendung sein

Eine IIS-Anwendung legt man entweder an, indem man für ein Unterverzeichnis einer Website die Option *In Anwendung konvertieren* (*Convert to Application*) oder *Anwendung hinzufügen* (*Add Application*) wählt. Beide Funktionen fragen nach dem Alias. Durch Vergabe eines Alias erzeugt man gleichzeitig ein virtuelles Verzeichnis.

Eine IIS-Anwendung erkennt man an einem anderen Symbol im Baum (Abbildung 9.10). Unter *Anwendung verwalten/Erweiterte Einstellungen* (*Manage Application/Advanced Settings*) kann man einen IIS-Anwendungspool zuordnen (siehe nächster Abschnitt).

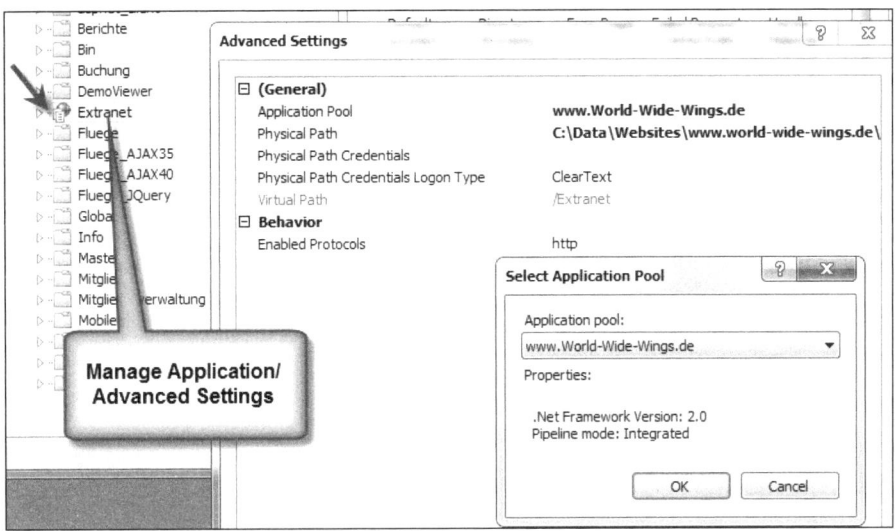

Abbildung 9.10   Einer IIS-Anwendung einen IIS-Anwendungspool zuordnen

IIS-Anwendungspools

Seit der Version 6.0 von IIS lassen sich Webanwendungen durch Anwendungspools isolieren. Ein IIS-Anwendungspool erlaubt verschiedene Einstellungen hinsichtlich Stabilität und Sicherheit.

In IIS 5.x gab es immer nur eine Warteschlange und einen Arbeitsprozess (Worker Process) für alle Webanwendungen auf einem IIS-Server. Ab IIS 6.0 sind nun beliebig viele Warteschlangen und Arbeitsprozesse möglich. Eine Kombination aus Warteschlange und Arbeitsprozess nennt man *Anwendungspool*.

Ein Anwendungspool umfasst eine oder mehrere IIS-Anwendungen. Die im Kernel-Modus arbeitende *http.sys*-Komponente verteilt Anfragen an den Webserver auf die verschiedenen Warteschlangen; die Warteschlangen werden durch Arbeitsprozesse (*w3wp.exe*) abgearbeitet.

Jedem Anwendungspool steht mindestens ein eigener Arbeitsprozess zur Verfügung. Die zur Anfrageverarbeitung notwendigen Erweiterungen (ISAPI-Filter wie ASP und ASP.NET) werden in den Arbeitsprozess geladen.

Der Absturz eines einzelnen Pools hat keine Auswirkung auf die anderen Anwendungspools und den IIS-Webdienst als Ganzes. Das Limit konfigurierbarer Anwendungspools wird im Wesentlichen durch den vorhandenen Speicher gesetzt.

Der so genannte Web Administration Service (WAS) erzeugt und überwacht alle Anwendungspools.

HINWEIS   Ein Anwendungspool umfasst eine oder mehrere IIS-Anwendungen. Eine IIS-Anwendung ist dabei ein virtueller Webserver oder ein virtuelles Verzeichnis, das in der IIS-Metabase als *Anwendung* konfiguriert ist. Jeder Anwendungspool hat seine eigene Instanz von *w3wp.exe*. Es kann auch pro Anwendungspool mehr als eine Instanz des Arbeitsprozesses geben. Der IIS-Arbeitsprozess ersetzt den ASP-Arbeitsprozess, den es in IIS 5.0/5.1 gab: Er ist der .NET Runtime Host für ASPX-Seiten. Gleichzeitig beheimatet dieser Prozess aber auch andere dynamische Webtechniken, die innerhalb von IIS-Anwendungen verwendet werden, die zum gleichen Anwendungspool gehören.

Eigenschaften eines Anwendungspools

Zu den zahlreichen Einstellungen für einen IIS-Anwendungspool gehören:

- Das Benutzerkonto (die *Identität*), unter dem der IIS-Arbeitsprozess läuft, kann frei gewählt werden

- Die Anzahl der Arbeitsprozesse pro Anwendungspool kann eingestellt werden

- Die maximale Prozessornutzung eines Arbeitsprozesses kann festgelegt werden

- Das Recycling (Erneuern des Prozesses, das heißt kontrolliertes Beenden und Neustarten; in der deutschen Version von IIS schlicht *Wiederverwendung* genannt) von Prozessen unter bestimmten Bedingungen kann eingestellt werden

- Es kann festgelegt werden, dass IIS den Arbeitsprozess regelmäßig überprüft und recycelt, wenn es zu Problemen kommt. Diese Funktion wird *Pinging* genannt.

Liste der Anwendungspools

Anwendungspools werden im IIS-Manager in dem neuen Zweig *Anwendungspools* (*Application Pools*) verwaltet. Hier sieht man die vorhandenen Pools, ihren Status, die darin verwendete ASP.NET-Version sowie die Prozessidentität (Abbildung 9.11).

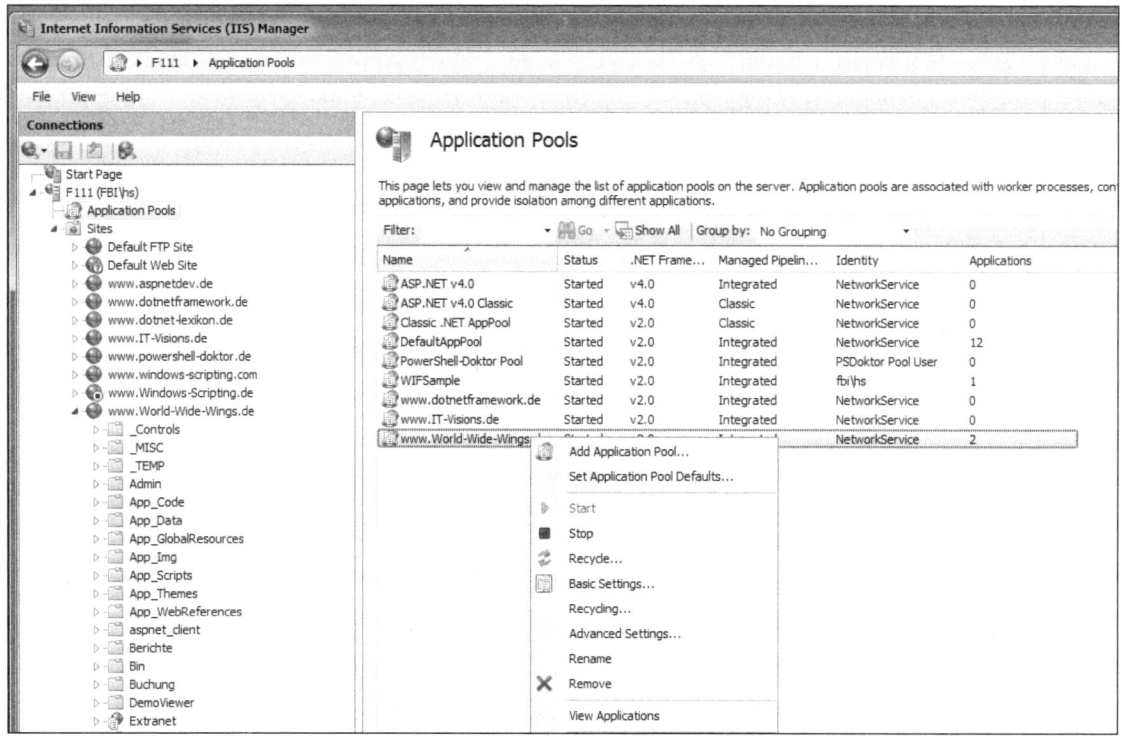

Abbildung 9.11   Anwendungspoolliste in IIS 7.x

Zuordnung von Websites und IIS-Anwendungen zu Anwendungspools

Der IIS-Manager erzeugt jeweils beim Anlegen einer Website auch automatisch einen neuen Anwendungspool unter der Prozessidentität *NetworkService*. Die Zuordnung einer Website zu einem Pool kann man ändern, indem man *Erweiterte Einstellungen/Anwendungspool* (*Advanced Settings/Application Pool*) ändert.

Eine IIS-Anwendung erhält im Standard den gleichen IIS-Anwendungspool wie die übergeordnete Website. Auch dies kann man in den erweiterten Einstellungen einer IIS-Anwendung ändern.

TIPP   Eine Website kann zu mehreren verschiedenen Anwendungspools gehören, wenn sie aus mehreren IIS-Anwendungen besteht.

ASP.NET-Version

Für ASP.NET 4.0/4.5 muss man unbedingt unter *Grundeinstellungen* (*Basic Settings*) des Anwendungspools die *.NET Framework-Version* ändern.

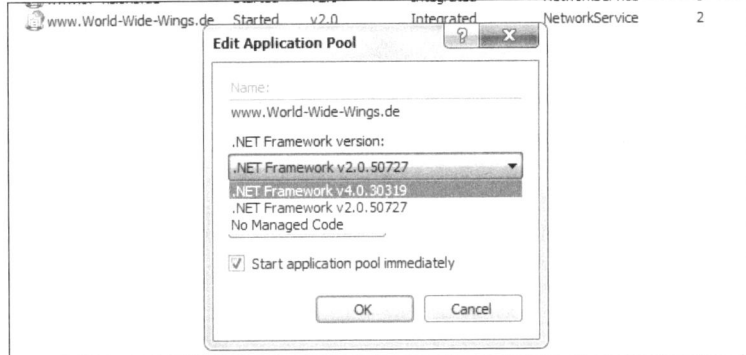

Abbildung 9.12   Ändern der ASP.NET-Version

ACHTUNG   Hier verzweifeln viele: In dem Dialogfeld kann man – je nach den installierten .NET Framework-Versionen – nur zwischen ASP.NET 1.0, 1.1 und 2.0 und 4.0 wählen. ASP.NET 3.5 und ASP.NET 4.5 erscheinen dort nie. Ein Unterschied zwischen ASP.NET 2.0 und 3.5 bzw. 4.0 und 4.5 ist auf dieser Ebene auch nicht vorhanden, sodass Microsoft – zur Verwirrung der Anwender – darauf verzichtet (oder vergessen) hat, hier einen neuen Eintrag bereitzustellen. Man hätte hier Bezug nehmen sollen auf die CLR-Version statt auf die .NET Framework-Version.

ASP.NET 4.0 ist die richtige Auswahl für ASP.NET 4.5.

Erweiterte Einstellungen

Zahlreiche weitere Einstellungen werden unter *Erweiterte Einstellungen* (*Advanced Settings*) vorgenommen (siehe Abbildung 9.13 und folgende Abschnitte).

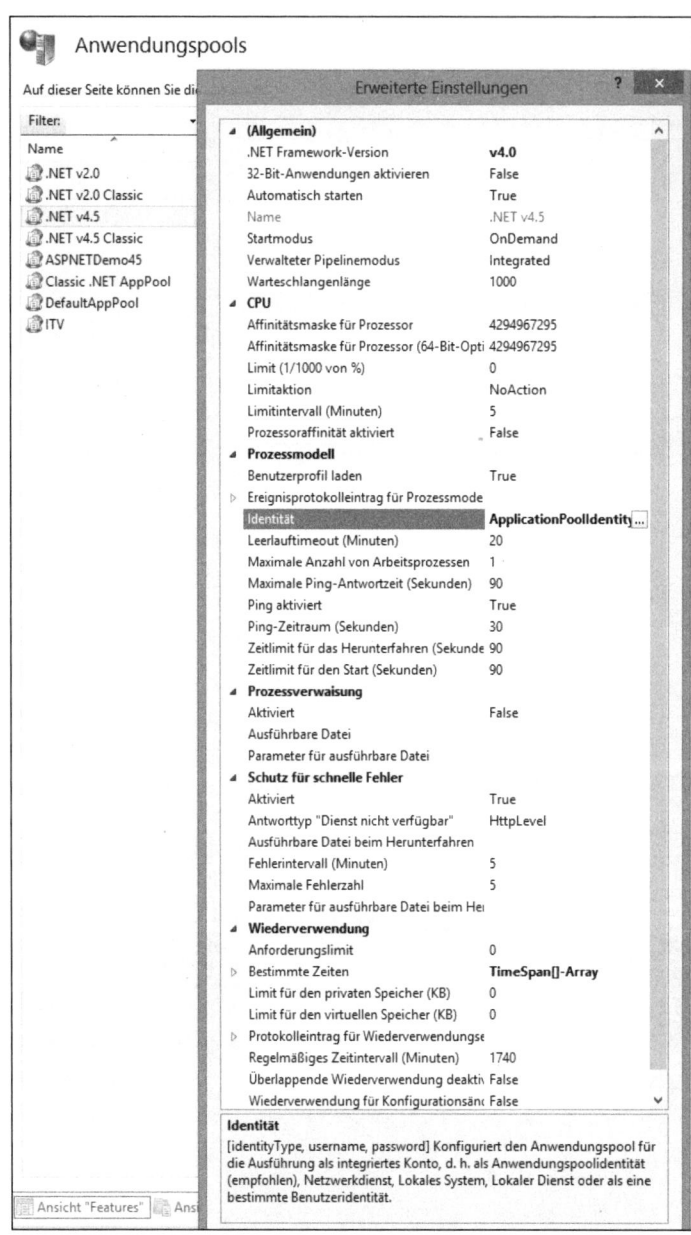

Abbildung 9.13   *Erweiterte Einstellungen* für einen IIS-Anwendungspool

Anwendungspoolidentität

Jedem IIS-Anwendungspool muss ein Benutzerkonto als Anwendungsidentität zugeordnet werden. Der dem Pool zugeordnete Arbeitsprozess (*w3wp.exe*) benutzt diese Identität zur Interaktion mit dem Windows-Betriebssystem und zum Zugriff auf andere Prozesse (z.B. einen Microsoft SQL Server-Datenbankmanagementsystemprozess).

Zur Festlegung der Identität eines Anwendungspools werden vier vordefinierte Konten angeboten:

- **LocalSystem**   Alle Rechte auf dem System wie Administratoren

- **NetworkService**   Mitglieder der Gruppe *Users*, Zugriff auf Netzwerk (Standard bei Anwendungspools, die durch Anlegen einer Website entstehen)

- **LocalService**   Mitglieder der Gruppe *Users*, kein Zugriff auf Netzwerk

- **ApplicationPoolIdentity**   Pseudobenutzer mit sehr wenigen Rechten (Standard bei manuell angelegten Anwendungspools)

ACHTUNG   Bei der Installation einer Anwendung in IIS ist es regelmäßig die Identitätseinstellung, die Schwierigkeiten bereitet. Ein Entwickler, der seine Anwendung mit ASP.NET Development Server oder IIS Express entwickelt hat, testet unter seinem Benutzerkonto. Wenn die Anwendung dann auf dem IIS-Webserver eingerichtet wird, hat die Anwendung in der Standardkonfiguration möglicherweise weniger Rechte und kann nicht mehr korrekt auf Datenbanken, Dateisystem und andere Ressourcen zugreifen.

TIPP   Bei einer Konfiguration der Identität sollte man ein Benutzerkonto auswählen, das im Kontext der Anwendung mit *minimal* möglichen Rechten auf dem System und Netzwerk ausgestattet ist. Wählen Sie folgenden Weg:

- Erstellen Sie ein eigenes Domänen-Benutzerkonto (das lokale Benutzerkonto, wenn kein Zugang zum Netzwerk notwendig ist) für den Anwendungspool

- Vergeben Sie dem Konto explizite Rechte in der Datenbank, im NTFS-Dateisystem und gegebenenfalls anderen Ressourcen (aber so wenig wie möglich!)

Wiederverwendung (Recycling)

Eine zentrale Funktion der IIS-Anwendungspools ist, dass die IIS eine neue Instanz von *w3wp.exe* starten können, wenn es zu Problemen bei der Verarbeitung kommt. Diesen Vorgang nennt man Recycling. Die IIS ersetzen Arbeitsprozesse eines Anwendungspools auf Basis von Konfigurationseinstellungen aufgrund eintretender Ereignisse.

Der Ersatz geschieht aus Benutzersicht ohne Unterbrechungen der Webanwendungen, denn beim Recycling eines Arbeitsprozesses wird ein Ersatzprozess gestartet, der mit der Entnahme von Anfragen des Anwendungspools aus der zugehörigen Warteschlange beginnt. Der bestehende Arbeitsprozess stoppt die Annahme weiterer Webanfragen und beendet die in Bearbeitung befindlichen. Die alte Instanz wird nach Beantwortung der letzten Anfrage beendet. Dies gilt, solange Sie nicht die Option *Überlappende Wiederverwendung deaktivieren*/*Disable Overlapped Recycle* manuell von *False* auf *True* stellen!

Recycling kann automatisch erfolgen (siehe unten) oder manuell im IIS-Manager (Funktion *Wiederverwenden (Recycle)*) ausgelöst werden. Auch skriptbasiert bzw. über die APIs ist dies möglich.

Das automatische Recycling lässt sich festlegen:

- zu bestimmten Zeiten zwischen 00:00 und 24:00 Uhr (*Specific Times*)

- auf Basis der »Lebenszeit« des Prozesses (*Request Time Interval* – in Minuten)

- auf Basis der Zahl von Anfragen (*Request Limit*)

- auf Basis des Speicherverbrauchs (*Virtual Memory Limit*)

TIPP   Das Recycling von Prozessen kann insbesondere Webanwendungen, die Probleme beim Ressourcenmanagement bereiten (z. B. zunehmender Speicherverbrauch), zu höherer Stabilität im Betrieb verhelfen.

Leistungseinstellungen

Mit der Eigenschaft *Prozessmodell/Leerlauftimeout* (*Process Model/Idle Time-out*) eines Anwendungspools wird bei festgestellter Inaktivität eines Arbeitsprozesses über einen festgelegten Zeitraum hinweg dieser gestoppt. Der Zeitraum ist in Minuten konfigurierbar und sollte sich an der Sitzungsdauer von ASP bzw. ASP.NET orientieren, um nicht versehentlich Sitzungen zu beenden.

Um einen weiteren Single Point of Failure zu vermeiden, kann einem Anwendungspool mehr als ein Arbeitsprozess zugeordnet werden (*Maximale Anzahl von Arbeitsprozessen* (*Maximum Worker Process*)). Sollte beispielsweise einer von vier konfigurierten Prozessen abstürzen, stehen dem Pool drei weitere zur Verarbeitung zur Verfügung, womit eine kontinuierliche Serviceleistung möglich ist.

Um eine Überlastung eines Anwendungspools mit Anfragen zu vermeiden, die sich in der zugeordneten Warteschlange ansammeln, kann man die *Warteschlangenlänge* (*Queue Length*) beschränken (gleichnamige Eigenschaft). Beim Überschreiten des Limits beantwortet die *http.sys*-Kernelkomponente die Anfrage mit einem Fehler »503: Service unavailable«.

Für einen Anwendungspool kann auch der maximale Prozessorverbrauch (siehe Einstellungen im Bereich *CPU*) eingestellt werden. Sofern ein Pool diese Beschränkung überschreitet, werden die Arbeitsprozesse bei entsprechender Konfiguration gestoppt und nach einem bestimmten Zeitintervall wieder gestartet. So wird der Prozessorverbrauch durch einzelne Webanwendungen kontrollierbar.

Zustandsüberwachung

Ein weiteres Leistungsmerkmal der IIS ermöglicht die Kontrolle laufender und das Aufspüren von nicht mehr reagierenden Arbeitsprozessen. Bei Aktivierung von *Process Pinging* schickt Web Administration Service (WAS) in definierbaren Abständen eine Kontrollnachricht an den Anwendungspool bzw. den zugeordneten Prozess. Hierbei kann im IIS-Manager das Ping-Intervall festgelegt werden. Wird auf die Nachricht von WAS nicht innerhalb einer konfigurierten Zeit geantwortet, beginnt WAS mit dem Recycling des Arbeitsprozesses.

Sollte das Recycling innerhalb eines einstellbaren Zeitraums wiederholt misslingen bzw. der Arbeitsprozess eines Anwendungspools innerhalb eines einstellbaren Zeitraums wiederholt nicht reagieren, wird der Pool deaktiviert und weitere Anfragen an den Pool von der *http.sys*-Systemkomponente mit einem Fehler »503:Service unavailable« beantwortet.

Um blockierenden Prozessen beim Starten oder Stoppen eines Anwendungspools vorzubeugen, ist es möglich, ein Zeitlimit für die Initialisierung bzw. die Beendigung eines Arbeitsprozesses anzugeben. Bei Überschreitung der Beschränkung wird der Prozess durch WAS terminiert und eine Fehlermeldung in das Windows Server 200-Ereignisprotokoll geschrieben.

IIS-Autostart

ASP.NET-Webanwendungen unterliegen verschiedenen Kompilierungsschritten. Sofern nicht mit komplett vorkompilierten Seiten gearbeitet wird, erfolgt ein Teil der Kompilierung immer auf dem Zielsystem beim ersten Aufruf. Selbst im komplett vorkompilierten Fall sind einige Initialisierungsschritte notwendig (z.B. Anlegen des Schattenkopieverzeichnisses). Beim ersten Aufruf einer Website nach einer Aktualisierung fällt daher in der Regel die Performance schlecht aus. Zudem gibt es Webanwendungen, die größere Datenmengen in einen Cache laden. Auch dies wirkt negativ auf den ersten Benutzer, in diesem Fall den ersten Benutzer nach jedem Neustart des Webserverprozesses.

ASP.NET seit Version 4.0 unterstützt das Aufwärmen von Webanwendungen schon beim Prozessstart des Webservers (Start von *w3wp.exe* für die Webanwendung). Der Entwickler kann in einem so genannten Preload-Provider (alias: Autostart Provider) Programmcode festlegen, der noch vor dem ersten Besuch während der Initialisierung der Webwendungen (Start der *w3wp.exe*, auch nach einem Recycling) ausgeführt werden soll.

Es sind folgende Voraussetzungen notwendig:

- IIS ab 7.5 (enthalten in Windows Server 2008 R2 und Windows 7)
- ASP.NET ab 4.0
- Der Anwendungspool in IIS muss auf ASP.NET 4.0 oder 4.5 konfiguriert sein
- Der Anwendungspool in IIS muss auf `startMode="AlwaysRunning"` konfiguriert sein
- Implementierung der Methode `Preload()` in einer Klasse, die die Schnittstelle `System.Web.Hosting.IProcessHostPreloadClient` realisiert
- In IIS muss diese Klasse unter `<serviceAutoStartProviders>` hinterlegt werden
- Die IIS-Website muss mit `serviceAutoStartEnabled="true"` und `serviceAutoStartProvider=`*Name* konfiguriert sein. Dabei muss sich *Name* auf einen der in `<serviceAutoStartProviders>` hinterlegten Namen beziehen. Im World Wide Wings-Beispiel sieht dies so aus: `serviceAutoStartProvider="WorldWideWingsAutoStart"`.

> **HINWEIS** Die IIS-Einstellungen kann man leider nicht alle über den IIS-Manager vornehmen. Man muss die Datei *applicationHost.config* manuell bearbeiten.

```
<system.applicationHost>
<applicationPools>
...
    <add
        name="World Wide Wings"
        managedRuntimeVersion="v4.0"
        startMode="AlwaysRunning"
    />
...
</applicationPools>

...
```

```
<sites>
...
    <site name="World Wide Wings" id="4">
        <application path="/" applicationPool="ASPNEt40Demos"
            serviceAutoStartEnabled="true"
            serviceAutoStartProvider="WorldWideWingsAutoStart">
                <virtualDirectory path="/"
                physicalPath="H:\TFS\Demo\NET4\ASPNET4Demos\ASPNET4Demos" />
        </application>
        <bindings>
            <binding protocol="http" bindingInformation="*:111:" />
        </bindings>
    </site>
...

<serviceAutoStartProviders>
    <add name="WorldWideWingsAutoStart"
        type="ASPNET4Demos_LIB.WorldWideWingsAutoStart, ASPNET4Demos_LIB" />
</serviceAutoStartProviders>
```

Listing 9.1   Einträge in der Datei *applicationHost.config* von IIS

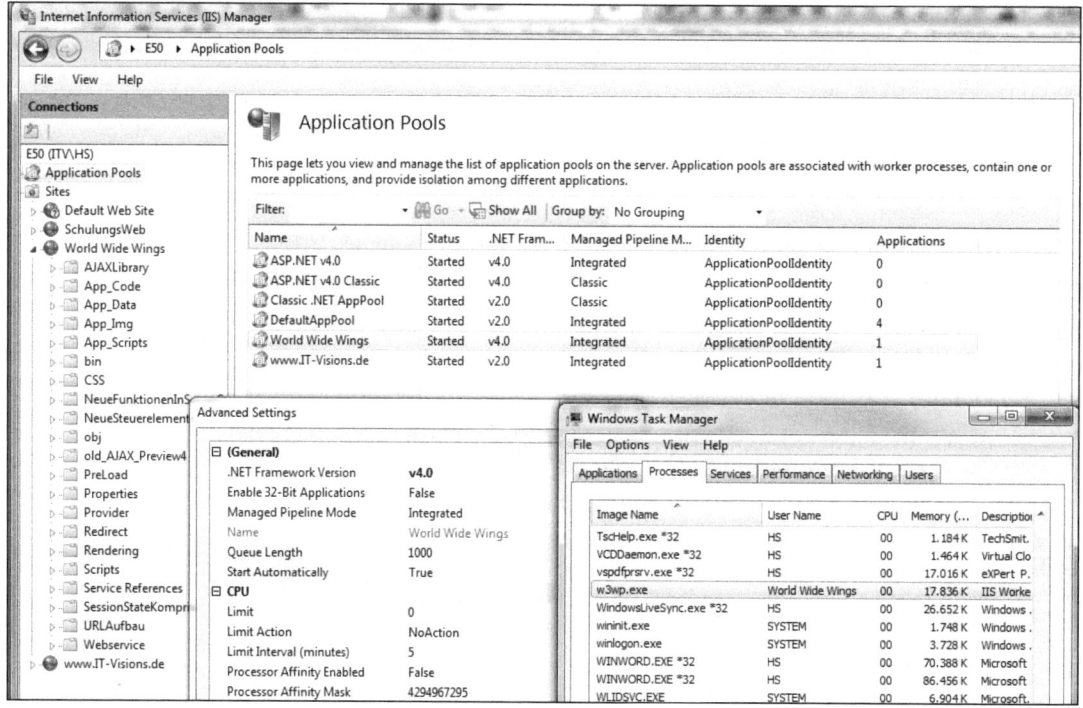

Abbildung 9.14   Eine ASP.NET-Website wird noch vor dem ersten Besucher gestartet. Man sieht deutlich den Webserverprozess (*w3wp.exe*) im Windows Task-Manager

---

TIPP   In einem solchen Preload-Provider (alias Autostart-Provider) könnte z. B. die zeitaufwändige Initialisierung eines größeren ADO.NET Entity Framework-Modells stehen. Die lästige Zusatzwartezeit für den ersten Benutzer verlagert sich damit auf den Bootvorgang des Servers.

Das folgende Listing zeigt eine Implementierung eines Preload-Providers, der ein Entity Framework-Modell initialisiert und eine erste Speicheraktion ausführt; dies führt dazu, dass alle folgenden Operationen schneller sind. Zudem erzeugt der Preload-Provider einen Protokolleintrag im Dateisystem und in der Datenbank.

```
using System;

namespace ASPNET4Demos_LIB
{  /// <summary>
   ///    ASP.NET 4.0 AutoStart-Provider (alias Preload-Provider)
   /// </summary>
   public class WorldWideWingsAutoStart : System.Web.Hosting.IProcessHostPreloadClient
   {
     public void Preload(string[] parameters)
     {
       // Protokollierung
       System.IO.StreamWriter sw =
           new System.IO.StreamWriter(@"c:\temp\autostartlog.txt",
           true);
       sw.WriteLine("Autostart beginning: " + DateTime.Now);
       if (parameters != null) sw.WriteLine(String.Join(";", parameters));

       // Erste Instanz des EF-Modells
       ASPNET4Demos_LIB.WWWings6Entities modell =
         new ASPNET4Demos_LIB.WWWings6Entities();
       // Erste Speicheroperation

       var p = new Protokoll();
       p.Zeit = DateTime.Now;
       p.Text = "ASP.NET Webapp Preload";
       modell.AddToProtokoll(p);
       modell.SaveChanges();

       // Protokollierung
       sw.WriteLine("Autostart completed: " + DateTime.Now);
       sw.Close();

     }
   }
}
```

Listing 9.2   Beispiel eines *Preload*-Providers

ACHTUNG   Ein Fehler in der `Preload()`-Routine sorgt dafür, dass der IIS-Anwendungspool anhält: »There was an error during processing of the managed application service auto-start«. Den Fehler findet man dann im Windows-Ereignisprotokoll (Rubrik *Application*).

Konfiguration des Webservers in der Entwicklungsumgebung

Welchen Webserver die Entwicklungsumgebung Visual Studio beim Start des Debuggings einer Webanwendung verwendet, legt der Entwickler im Rahmen der Projekteigenschaften im Registerblatt *Web* fest (siehe Abbildung 9.15). Aktiviert er die Optionen *Use Local IIS Web server* sowie *Use IIS Express*, kommen die IIS Express zum Einsatz. Aktiviert er nur erstere nicht jedoch letztere Option, kommt er im Zuge der Ausführung in den Genuss der IIS. Sofern Visual Studio als Administrator gestartet wurde, wird per Klick auf die Schaltfläche *Create Virtual Directory* ein Virtuelles Verzeichnis, welches auf das aktuelle Projekt verweist, innerhalb der lokalen IIS-Installation eingerichtet.

Beim Durchsuchen des Registerblatts Web in den Projekteigenschaften stößt der Entwickler auch auf eine Option *Use Visual Studio Development Server*. Diese Option veranlasst Visual Studio, zur Ausführung von Web-Anwendungen einen eigenen ASP.NET-fähigen Web-Server einzusetzen. Da sich dessen Möglichkeiten von jenen der IIS im Detail erheblich unterscheiden, sollte diese Option nicht mehr verwendet werden.

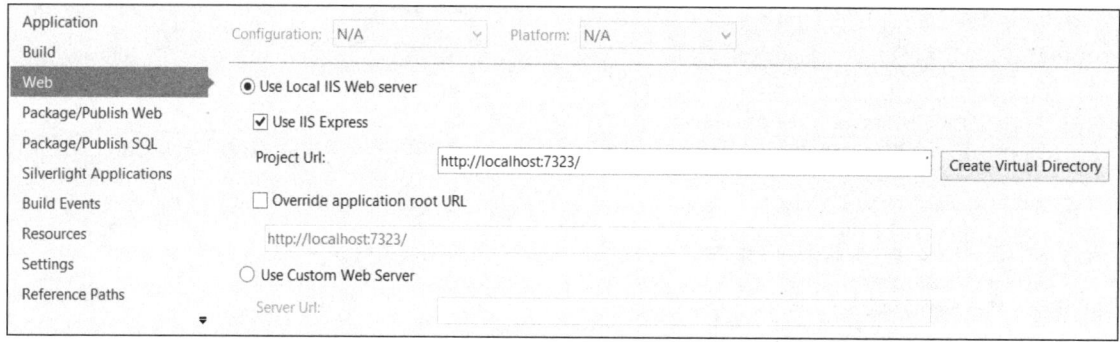

Abbildung 9.15 Festlegung des zu verwendenden Web-Servers in Visual Studio 2012

Kapitel 10

Sicherheit

In diesem Kapitel:

Verschlüsselung	306
Zugang zu Action-Methoden beschränken	306
Zugriff auf Anwendung beschränken	307
HTTP-basierte Authentifizierung	308
Formularbasierte Authentifizierung	310
Mitgliedschaftsanbieter	312
Rollenanbieter	315
Benutzerdefinierte Mitgliedschafts- und Rollenanbieter	317
Single Sign-On mit Google, Facebook, Twitter und Co.	318
Erweiterte Sicherheitsszenarien mit OAuth2 und DotNetOpenAuth	326
Single Sign-On mit WIF	345

Egal welches System Sie absichern möchten, es gibt einige Fragestellungen, die sich immer wiederholen:

- Wie wird verhindert, dass Dritte den Datenverkehr mitlesen können (Verschlüsselung)?
- Wie ermittelt man, welcher Benutzer welche Rechte hat (Autorisierung)?
- Wie kann man prüfen, ob ein Benutzer jener Benutzer ist, der er vorgibt zu sein (Authentifizierung)?

Das vorliegende Kapitel zeigt Antworten für diese Fragen im Umfeld von ASP.NET MVC auf und diskutiert darüber hinaus auch Möglichkeiten zur Realisierung von Single Sign-On-Szenarien, sprich Szenarien, bei denen sich ein Benutzer bei mehreren bzw. idealerweise sämtlichen Anwendungen mit demselben Benutzerkonto anmelden kann.

Verschlüsselung

Zur Verschlüsselung der Kommunikation mit einer Webanwendung kommt in der Praxis so gut wie ausschließlich SSL zum Einsatz. Auf der Ebene von ASP.NET bekommt der Entwickler davon jedoch nur wenig mit, da SSL vom Webserver, sprich von den IIS, realisiert wird. Wie man die IIS dazu bringen kann, die Kommunikation über SSL abzusichern, behandelt unter anderem Kapitel 9.

Zugang zu Action-Methoden beschränken

Mit dem Attribut `Authorize` legt der Entwickler fest, dass eine Action-Methode lediglich von angemeldeten Benutzern angestoßen werden darf (Listing 10.1). Daneben besteht die Möglichkeit, über dessen Eigenschaft `Roles` eine kommaseparierte Liste an Rollen anzugeben. Wird davon Gebrauch gemacht, muss der Aufrufer eine dieser Rollen innehaben, um die jeweilige Operation aufrufen zu dürfen. Alternativ dazu kann der Entwickler mit `Authorize` auch die Namen ausgewählter Benutzer hinterlegen, die die Berechtigung haben, die Methoden zur Ausführung zu bringen. Hierzu ist die Eigenschaft `Users` vorgesehen, der ebenfalls eine kommaseparierte Liste zugewiesen werden kann.

```
public class SecureController : Controller
{
    [Authorize]
    public ActionResult Get()
    {
[…]
    }

    [Authorize(Roles="Heros")]
    public ActionResult Get(int id)
    {
[…]
    }
}
```

Listing 10.1 Zugang zu Operationen mit dem Attribut `Authorize` beschränken

Um den Zugang zu sämtlichen Action-Methoden eines Diensts zu beschränken, kann der Entwickler das Attribut `Authorize` auch auf Klassenebene einsetzen. Um in diesem Fall einige der von diesem Controller angebotenen Action-Methoden doch wieder auch für nicht angemeldete Benutzer zugänglich zu machen, können diese mit `AllowAnonymous` annotiert werden.

Neben dem deklarativen Beschränken des Zugangs zu Operationen mittels `Authorize` kann der Entwickler auch innerhalb von Operationen Daten des aktuellen Benutzers einsehen, um zu ermitteln, auf welche Informationen dieser zugreifen darf. Dazu nutzt er die statische Eigenschaft `CurrentPrincipal` der Klasse `Thread` (Listing 10.2). Diese Eigenschaft beinhaltet per Definition ein Objekt vom Typ `IPrincipal`, das den aktuellen Benutzer repräsentiert. Über dessen Eigenschaft `Identity` erhält der Entwickler Zugriff auf den Namen des Benutzers und kann sich darüber informieren, ob es sich hierbei um einen anonymen Benutzer oder um einen angemeldeten handelt. Daneben kann über den `Principal` geprüft werden, ob sich der Benutzer in einer bestimmten `Rolle` befindet.

```
public class SecureController : Controller
{
    [Authorize]
    public ActionResult Get()
    {
        var cp = Thread.CurrentPrincipal;

        Debug.WriteLine("Name: " + cp.Identity.Name);
        Debug.WriteLine("IsAuthenticated: " + cp.Identity.IsAuthenticated);
        Debug.WriteLine("isHero: " + cp.IsInRole("Heros"));

        [...]
    }
}
```

Listing 10.2 Informationen zum aktuellen Benutzer ermitteln

Das aktuelle `Principal`-Objekt kann daneben auch innerhalb von Controllern über die von der Klasse `Controller` geerbte Eigenschaft `User` abgerufen werden.

> **HINWEIS** `Authorize` kann auch in Web-API-basierten Controllern (siehe Kapitel 2) sowie in SignalR-basierten Hubs (siehe Kapitel 4) verwendet werden.

Zugriff auf Anwendung beschränken

Seit seinen ersten Stunden bietet ASP.NET auch die Möglichkeit, den Zugriff auf eine Webanwendung generell zu beschränken. Dazu kann der Entwickler in der Datei *web.config* unter `system.web/authorization` eine Zugriffskontrollliste einrichten. Die Zugriffskontrollliste in Listing 10.3 erlaubt zum Beispiel sämtlichen Benutzern der Gruppen `Kunden` und `Admin` sowie den Benutzern `Markus` und `Hans` Zugriff auf die Webanwendung. Allen anderen Benutzern wird der Zugriff verwehrt. Der Stern steht dabei für »alle Benutzer«.

```
<system.web>
    <authorization>
      <allow groups="Kunden, Admin" />
      <allow users="Markus, Hans" />
      <deny users="*" />
    </authorization>
</system.web>
```

Listing 10.3   Zugriff auf bestimmte direkt angegebene Benutzer einschränken

Neben dem Stern kann auch ein Fragezeichen verwendet werden, um alle nicht-angemeldeten Benutzer zu referenzieren. Somit kann der Entwickler durch Angabe von `<deny users="?">` angeben, dass nur angemeldete Benutzer Zugriff auf die Anwendung erhalten.

Die Tatsache, dass eine auf diese Weise hinterlegte Benutzerprüfung für einen Benutzer erfolgreich verläuft, hebelt jedoch eventuelle Prüfungen auf Controllerebene nicht aus: Prüfungen, die der Entwickler zum Beispiel für Action-Methoden durch Einsatz des Attributs `Authorize` hinterlegt, werden somit trotzdem ausgeführt.

HTTP-basierte Authentifizierung

HTTP definiert verschiedene Möglichkeiten zur Authentifizierung des Benutzers. Zu den bekanntesten gehören die Verfahren HTTP BASIC und HTTP DIGEST. Bei HTTP BASIC werden Benutzername und Passwort in Klartext übertragen. Aus diesem Grund sollte diese Spielart immer gemeinsam mit SSL Verwendung finden.

Bei HTTP DIGEST überträgt der Browser nicht das Passwort, sondern einen Hashwert, der sich unter anderem aus einer zufälligen Zeichenfolge, die der Server vorgibt und dem Passwort zusammensetzt. Aus dieser Zeichenfolge kann man nicht auf das Passwort zurückschließen. Der Server führt dieselbe Berechnung durch, und wenn sein Ergebnis mit dem übersendeten Hashwert übereinstimmt, kann der Server darauf schließen, dass es sich beim aktuellen Benutzer tatsächlich um jenen handelt, dessen Benutzername ebenfalls übertragen wurde.

Dieses Verfahren wird auch als Challenge/Response bezeichnet. HTTP DIGEST wird in der Praxis gemieden, unter anderem deswegen, weil nach dem Verbindungsaufbau die Kommunikation unverschlüsselt erfolgt. Möchte man jedoch eine große Menge an nicht-sensiblen Daten übertragen, bringt HTTP DIGEST aufgrund der fehlenden Verschlüsselung gegenüber der Kombination HTTP BASIC + SSL Performancevorteile und verhindert aufgrund seines Charakters gleichzeitig, dass das Passwort Dritten in die Hände fällt.

Neben HTTP BASIC und HTTP DIGEST erlauben die IIS auch eine so genannte Windows-Authentifizierung. Dabei kommt, ähnlich wie bei HTTP DIGEST, das Verfahren Challenge/Response zum Einsatz. Als Protokoll wird dabei jedoch das auch von Windows verwendete NTLM genutzt. Dies erlaubt bei entsprechenden Browsereinstellungen die Realisierung von Single Sign-On, da dann automatisch für den am Client angemeldeten Windows-Benutzer ein NTLM-Token generiert und übersendet wird.

HTTP-Sicherheit in IIS konfigurieren

Wie bereits in Kapitel 9 erwähnt, kann die gewünschte Spielart für eine eventuelle HTTP-Authentifizierung in IIS konfiguriert werden. Diese Spielarten entsprechen jedoch nicht dem Standard, sondern müssen explizit bei der IIS-Installation angeführt bzw. über die Systemsteuerung nachinstalliert werden.

Entscheidet man sich für eine dieser Authentifizierungsarten, so erfolgt die Authentifizierung von Windows-Benutzern bzw. über Active Directory. Deswegen wird für öffentliche Webauftritte in der Regel die formularbasierte Sicherheit (siehe unten) eingesetzt.

Tabelle 10.1 liefert einen Überblick über die möglichen Authentifizierungsarten.

Authentifizierungsart	Beschreibung
Anonyme Authentifizierung	Diese Option bedeutet, dass der Benutzer ohne Authentifizierung auf die Website zugreifen darf
Standardauthentifizierung	Verwendung von HTTP BASIC
Digestauthentifizierung	Verwendung von HTTP DIGEST
Windows-Authentifizierung	Verwendung von NTLM. Erlaubt Single Sign-On

Tabelle 10.1   Methoden zur Beeinflussung des Ergebnisses

Um über den IIS-Manager die gewünschten Authentifizierungsvarianten zu aktivieren, wählt man im Baum auf der linken Seite die jeweilige Website sowie anschließend die Option *Authentifizierung*. Danach kann man eine oder mehrere der installierten Authentifizierungsarten auswählen (Abbildung 10.1).

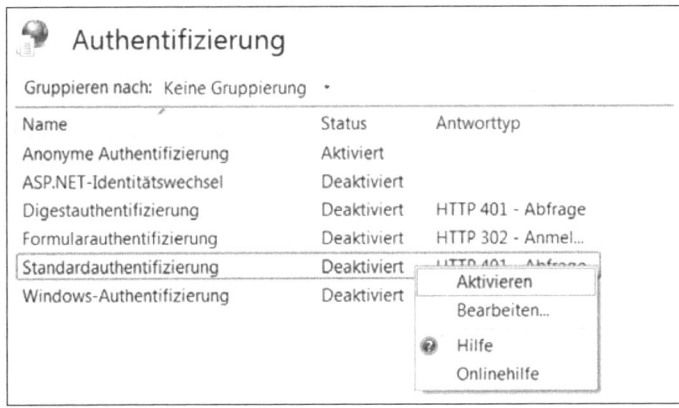

Abbildung 10.1   HTTP BASIC aktivieren

HTTP-Sicherheit in ASP.NET konfigurieren

Um auch die ASP.NET-Anwendung wissen zu lassen, dass die HTTP-basierte Sicherheit zum Einsatz kommt, legt der Entwickler in der *web.config* unter system.web/authentication die Eigenschaft mode auf Windows fest (vgl. Listing 10.4). Im betrachteten Listing werden darüber hinaus auch sämtliche nicht angemeldeten Benutzer ausgesperrt. Alternativ dazu könnte der Entwickler auch nur jene Action-Methoden, zu denen der Zugang zu beschränken ist, mit Authorize annotieren.

```
<system.web>
    <authentication mode="Windows">
    </authentication>

    <!-- Nicht angemeldete Benutzer werden ausgesperrt -->
    <authorization>
      <deny users="?" />
    </authorization>

</system.web>
```

Listing 10.4   HTTP-basierte Sicherheit für ASP.NET konfigurieren

Da standardmäßig die formularbasierte Sicherheit aktiviert ist, die sich mit der HTTP-basierten Sicherheit bei ASP.NET MVC 4 nicht verträgt, muss sie noch durch das Entfernen des jeweiligen Handlers deaktiviert werden (siehe Listing 10.5).

```
<system.webServer>
  [...]
  <modules runAllManagedModulesForAllRequests="true">
    <remove name="FormsAuthentication" />
  </modules>
  [...]
</system.webServer>
```

Listing 10.5   Formularbasierte Sicherheit deaktivieren

Formularbasierte Authentifizierung

Gerade öffentliche Webauftritte nutzen nicht die HTTP-basierte, sondern die so genannte formularbasierte Authentifizierung. Dies bedeutet, dass sie sich über eine von der Webanwendung zur Verfügung gestellte Anmeldemaske anmelden, zum Beispiel unter Bekanntgabe von Benutzername und Passwort. Die Prüfung von Benutzername und Passwort erfolgt dabei in der Regel unter Verwendung einer benutzerdefinierten Datenbank.

Listing 10.6 zeigt, wie der Entwickler in der Datei *web.config* für eine Webanwendung die formularbasierte Authentifizierung aktivieren kann. Er legt dazu die Eigenschaft mode unter system.web/authentication auf Forms fest. Mit dem Element forms, welches authentication untergeordnet wird, definiert er darüber hinaus noch weitere Details. Das Attribut loginUrl legt zum Beispiel die Adresse fest, unter der das Anmeldeformular zu finden ist. Wird einem Benutzer der Zugriff auf eine Action-Methode oder auf die gesamte Webanwendung verweigert, leitet ihn ASP.NET zu dieser Adresse um. Konnte sich der Benutzer auf dieser Seite ausweisen, erhält er ein Zugriffsticket, welches standardmäßig in Form eines Cookies ausgestellt wird.

timeout legt die Gültigkeitsdauer des Zugriffstokens fest. Legt der Entwickler dafür zum Beispiel den Wert 120 fest, ist es für 120 Minuten gültig. Definiert der Entwickler für slidingExpiration den Wert true, aktualisiert ASP.NET das Zugriffstoken bei jedem Zugriff auf die Webanwendung, sodass es ab dann für jene Anzahl an Minuten, die über timeout festgelegt wurden, gültig ist.

Tabelle 10.2 beschreibt ausgewählte Eigenschaften des hier betrachteten Konfigurationselements forms.

```
<system.web>
    <authentication mode="Forms">

        <forms loginUrl="~/Account/Login" timeout="120" slidingExpiration="true" />

    </authentication>

    <authorization>
        <deny users="?" />
    </authorization>
</system.web>
```

Listing 10.6 Formularbasierte Sicherheit konfigurieren

loginUrl	Der URL, zu dem umgeleitet werden soll, falls noch kein Authentifizierungscookie erstellt wurde. Wenn diese Angabe fehlt, wird als Standardeinstellung die Seite *login.aspx* im Stammverzeichnis der Webanwendung gesucht.
protection	Darüber lässt sich festlegen, ob eine Datenüberprüfung und Verschlüsselung des Cookies durchgeführt werden soll. Der Standardwert ist A11. Mögliche Ausprägungen sind: All, None, Encryption und Validation.
timeout	Definiert die Anzahl der Minuten seit der letzten Übermittlung des Cookies, bevor dieses verfällt und somit ungültig wird. Der Standard liegt bei 30 Minuten. Diese Timeoutzeit ist nicht von Bedeutung, wenn das Authentifizierungscookie persistent gemacht wurde.
path	Legt den Pfad für das von der Anwendung ausgegebene Authentifizierungscookie fest. Grundsätzlich sollte man auf die Groß- und Kleinschreibung achten, da die meisten Browser diese unterscheiden und ein Cookie nicht zurücksenden, falls die Pfadangabe nicht exakt übereinstimmt. Der Standardwert ist ein umgekehrter Schrägstrich (\).
cookieless	Mit diesem Attribut kann festgelegt werden, ob das Authentifizierungstoken in einem URL oder in einem Cookie gespeichert wird. UseUri: Token wird in der URL gespeichert. UseCookies: Token wird im Cookie gespeichert. AutoDetect: Wenn der anfordernde Browser Cookies unterstützt, sollen Cookies verwendet werden, andernfalls der URL. Zu diesem Zweck setzt ASP.NET zum Test ein Cookie und prüft, ob dieses wieder abrufbar ist. UseDeviceProfile: ASP.NET bestimmt anhand der in ASP.NET hinterlegten Browsereigenschaften, ob der Browser Cookies unterstützt. Wenn ja, werden diese verwendet, sonst der URL.

Tabelle 10.2 Ausgewählte Eigenschaften des `<forms>`-Elements

Um dem aktuellen Benutzer bei erfolgreicher Authentifizierung ein Token auszustellen, ruft der Entwickler die statische Hilfsmethode FormsAuthentication.SetAuthCookie auf. Als Parameter erwartet diese Methode den Namen des Benutzers sowie einen booleschen Wert, der als createPersistentCookie bezeichnet wird und darüber Auskunft gibt, ob das Token im Rahmen eines persistenten Cookies ausgestellt werden soll. Persistente Cookies werden am Rechner des Benutzers gespeichert und überleben somit das Ende der aktuellen Benutzersitzung. Wird diese Option verwendet, kann der Benutzer über die aktuelle Benutzersitzung hinaus angemeldet bleiben.

Listing 10.7 zeigt eine Action-Methode, welche eine vom Benutzer erfasste Kombination aus Benutzername und Passwort prüft und im Falle einer erfolgreichen Prüfung mittels FormsAuthentication.SetAuthCookie ein Token ausstellt. Daraufhin leitet sie den Benutzer auf die Startseite um. War die Benutzerprüfung nicht erfolgreich, fügt sie dem ModelState einen Fehler hinzu und bringt anschließend die zur Action-Methode gehörige View zur Ausführung.

```
[HttpPost]
[AllowAnonymous]
public ActionResult Login(LoginModel model)
{
    if (model.UserName == "max"
              && model.Password == "geheim")
    {
        FormsAuthentication.SetAuthCookie(
              "Max", createPersistentCookie: true);

        return RedirectToAction("Index", "Home");
    }
    else
    {
        ModelState.AddModelError("", "Wrong Username/Pwd");
        return View(model);
    }
}
```

Listing 10.7 Benutzerprüfung bei formularbasierter Sicherheit

Um das Token des aktuellen Benutzers zu löschen und diesen somit abzumelden, muss der Entwickler lediglich die Methode FormsAuthentication.SignOut aufrufen.

Mitgliedschaftsanbieter

Damit Entwickler nicht bei jedem Projekt aufs Neue Code zum Prüfen und Verwalten von Benutzern schreiben müssen, wurde mit ASP.NET 2 das Konzept des Mitgliedschaftsanbieters eingeführt. Es handelt sich dabei um eine austauschbare Komponente, welche sich um die soeben genannten Aufgaben kümmert. Technisch gesehen ist ein Mitgliedschaftsanbieter lediglich eine Implementierung der abstrakten Basisklasse MembershipProvider, welche über die Konfiguration bei ASP.NET registriert werden kann. In ASP.NET mitgeliefert werden Mitgliedschaftsanbieter für Microsoft SQL Server (SqlMembershipProvider) und Active Directory (ActiveDirectoryMembershipProvider). Eigene Mitgliedschaftsanbieter kann der Entwickler durch Ableiten von MembershipProvider bereitstellen.

Konfiguration

Die Mitgliedschaftsanbieter werden über die *web.config*-Dateien konfiguriert. In der Konfigurationseinstellung sind der Name der Klasse, die den Provider implementiert, sowie ein frei wählbarer Name für den Provider zu hinterlegen. Da mehrere Mitgliedschaftsanbieter konfiguriert werden können, ist darüber hinaus der standardmäßig heranzuziehende Mitgliedschaftsanbieter zu benennen.

Listing 10.8 zeigt eine einfache Konfiguration der mitgelieferten SqlMembershipProvider-Klasse. Diese wird mit dem Element system.web/membership/providers/add konfiguriert. Der Eintrag clear gibt zuvor an, dass die von ASP.NET standardmäßig konfigurierten Mitgliedschaftsanbieter nicht verwendet werden sollen.

Die betrachtete Konfiguration legt als Namen für den konfigurierten Mitgliedschaftsanbieter AspNetSqlMembershipProvider fest. Dadurch, dass dieser Wert auch im Attribut defaultProvider des membership-Elements eingetragen ist, verwendet ASP.NET MVC ihn standardmäßig. Die Eigenschaft connectionStringName verweist auf eine Verbindungszeichenfolge, welche im Konfigurationsabschnitt ConnectionStrings definiert wurde.

Zum Anlegen dieser Datenbank kann ein mit .NET ausgelieferter Assistent verwendet werden. Diesen finden Sie unter *{WINDIR}\Microsoft.NET\Framework\{VERSION}\aspnet_regsql.exe*, wobei *{WINDIR}* für das Verzeichnis der aktuellen Windows-Installation und *{VERSION}* für die aktuelle .NET-Version steht. Da in einer Benutzerdatenbank Benutzer für mehrere Anwendungen hinterlegt werden können, legt die Eigenschaft `applicationName` einen (äußerst kurzen) Namen für die aktuelle Anwendung fest.

```
<system.web>
[…]
<membership defaultProvider="AspNetSqlMembershipProvider">
  <providers>
    <clear/>
    <add name="AspNetSqlMembershipProvider"
      type="System.Web.Security.SqlMembershipProvider"
      connectionStringName="MembershipDatenbank"
      applicationName="/" />
  </providers>
</membership>
[…]
</system.web>

<ConnectionStrings>
  <add name="MembershipDatenbank"
    ConnectionString="Data Source=E45;Initial Catalog=WorldWideWings;
    Persist Security Info=True;User ID=www;Password=123$www"
    providerName="System.Data.SqlClient" />
</ConnectionStrings>
```

Listing 10.8 Konfiguration des Mitgliedschaftsanbieters

Eine Auflistung sämtlicher Konfigurationsoptionen für Mitgliedschaftsanbieter findet sich unter *http://msdn.microsoft.com/en-us/library/system.web.security.membershipprovider.aspx*.

HINWEIS   Die Projektvorlage *Internet-Application* richtet einen `AccountController` mit einigen Views ein. Dieser stellt die Möglichkeit zur Anmeldung eines Benutzers sowie zur Registrierung neuer Benutzer über den konfigurierten Mitgliedschaftsanbieter zur Verfügung.

Allerdings registriert dieser Controller in ASP.NET MVC 4 über einen Filter, der den Namen `InitializeSimpleMembership` trägt, einen eigenen Mitgliedschaftsanbieter. Damit stattdessen der in der Konfiguration hinterlegte Mitgliedschaftsanbieter Verwendung findet, muss die Anwendung dieses Filters entfernt oder auskommentiert werden:

```
//[InitializeSimpleMembership]
public class AccountController : Controller
{
    […]
}
```

Mitgelieferte Administrationsoberfläche

Mit ASP.NET wird auch eine sehr einfache Administrationsoberfläche ausgeliefert, die unter anderem das Verwalten von Benutzern und Rollen für den aktuell konfigurierten Mitgliedschaftsanbieter erlaubt. Diese kann direkt über Visual Studio aufgerufen werden. Dazu wählt der Entwickler den Menüeintrag *Project/ASP.NET Configuration*. Hierbei handelt es sich um eine ASP.NET-Webanwendung, deren Quellcodedateien im Verzeichnis der aktuellen .NET-Installation zu finden sind.

Nutzung des Mitgliedschaftsanbieters

Um auf den aktuellen Mitgliedschaftsanbieter zuzugreifen, verwendet der Entwickler die statischen Methoden der Klasse Membership:

- Ermitteln von Benutzern: GetUser, GetAllUsers, FindUserByEmail

- Erstellen und Löschen von Benutzern: CreateUser, DeleteUser

- Kennwortverwaltung: GetPassword, ResetPassword

- Benutzerprüfung: ValidateUser

Listing 10.9 zeigt eine Action-Methode, die unter Verwendung des aktuell konfigurierten Mitgliedschaftsanbieters prüft, ob die übermittelte Kombination aus Benutzername und Passwort einem registrierten Benutzer entspricht. Dazu delegiert sie an Membership.ValidateUser und übergibt dabei den übersendeten Benutzernamen sowie das übersendete Passwort. War diese Prüfung erfolgreich, stellt sie dem aktuellen Benutzer mit der bereits diskutierten Methode FormsAuthentication.SetAuthCookie ein Token aus und leitet diesen auf die Startseite um. Ansonsten delegiert sie an eine View, die eine Fehlermeldung präsentiert.

```
[HttpPost]
[AllowAnonymous]
public ActionResult Login(LoginModel model)
{

    if (ModelState.IsValid &&
            Membership.ValidateUser(
                        model.UserName, model.Password))
    {
        FormsAuthentication.SetAuthCookie(model.UserName,
                            createPersistentCookie: true);
        return RedirectToAction("Index", "Home");
    }
    ModelState.AddModelError("", "Wrong UserName/Pwd!");
    return View(model);
}
```

Listing 10.9   Benutzerprüfung unter Verwendung des Mitgliedschaftsanbieters

Rollenanbieter

Analog zum Mitgliedschaftsanbieter stellt ASP.NET mit dem Rollenanbieter eine wiederverwendbare und austauschbare Komponente zur Verfügung, mit der die Rollen von Benutzern verwaltet und in Erfahrung gebracht werden können. Bei einem Rollenanbieter handelt es sich um eine Implementierung der abstrakten Basisklasse `RoleProvider`, welche in der Konfiguration registriert wird. ASP.NET enthält standardmäßig drei Rollenprovider:

- `WindowsTokenRoleProvider`   Abbildung der Rollen auf Windows-Benutzergruppen

- `SqlRoleProvider`   Speicherung der Rollen in der gleichen Microsoft SQL Server-Datenbank, die auch das Mitgliedschaftssystem verwendet

- `AuthorizationStoreRoleProvider`   Integration mit dem Microsoft Authorization Manager (*azman.mmc*)

Konfiguration

Die Konfiguration der Rollenverwaltung erfolgt in der *web.config*-Datei im Abschnitt *system.web*. Die Rollenverwaltung muss explizit aktiviert werden. Weitere Eigenschaften betreffen die Zwischenspeicherung der Rollen in einem Cookie.

ASP.NET müsste eigentlich bei jedem Zugriff auf eine Webseite prüfen, zu welchen Rollen der Benutzer gehört, der die Anfrage stellt. Um diese ständigen Zugriffe auf den Rollenspeicher (z.B. eine Datenbank oder Active Directory) zu vermeiden, kann die Liste der Rollen in einem Cookie an den Browser übermittelt werden (`cacheRolesInCookie="true"`).

Dies macht aber nur Sinn, wenn für diese Rollendaten gleichzeitig Hashverfahren und Verschlüsselung aktiviert werden (`cookieProtection="All"`) und das Cookie eine begrenzte Lebensdauer erhält (`cookieTimeout="30"`). Listing 10.10 zeigt einige mögliche Konfigurationseinstellungen. Einen detaillierten Überblick über sämtliche Konfigurationseinstellungen finden Sie unter *http://msdn.microsoft.com/en-us/library/ms164660(v=vs.80).aspx*.

```
<roleManager
    enabled="true"
    cacheRolesInCookie="true"
    cookieName=".ASPROLES"
    cookieTimeout="30"
    cookiePath="/"
    cookieRequireSSL="false"
    cookieSlidingExpiration="true"
    cookieProtection="All" >
    [...]
</roleManager>
```

Listing 10.10   Konfiguration des Rollenmanagers

Ein Beispiel für die Konfiguration einer `RoleProvider`-Implementierung findet sich in Listing 10.11. Der Eintrag `clear` löscht die standardmäßig vorhandene Konfiguration und `add` fügt die eigene Konfiguration hinzu. Sie verweist auf den mitgelieferten `SqlRoleProvider`, welcher die Rollenzuweisungen jener Datenbank, die auch der `SqlMembershipProvider` (siehe oben) verwendet, verwaltet. Die Eigenschaft `ConnectionString`

referenziert eine im Abschnitt ConnectionStrings hinterlegte Verbindungszeichenfolge, die auf diese Datenbank verweist und da die Datenbank für verschiedene Anwendungen verwendet werden kann, legt
ApplicationName einen (kurzen) Namen für die aktuelle Anwendung fest.

Da der Entwickler in der Konfiguration mehrere RoleProvider-Objekte registrieren kann, wird der Name des
eingetragenen RoleProvider-Objekts der Eigenschaft defaultProvider zugewiesen, sodass dieser standardmäßig zum Einsatz kommt.

```
<system.web>
  [...]
    <roleManager enabled="true" defaultProvider="MyRoleProvider" >
      <providers>
        <clear />
        <add connectionStringName="DefaultConnection"
             applicationName="/"
             name="MyRoleProvider"
             type="System.Web.Security.SqlRoleProvider" />
      </providers>
    </roleManager>
    [...]
<system.web>

<ConnectionStrings>
  <add name="MembershipDatenbank"
    ConnectionString="Data Source=E45;Initial Catalog=WorldWideWings;
    Persist Security Info=True;User ID=www;Password=123$www"
    providerName="System.Data.SqlClient" />
</ConnectionStrings>
```

Listing 10.11 Konfiguration eines Rollenanbieters

Programmierschnittstelle für Rollen

Um auf den konfigurierten RoleProvider zuzugreifen, verwendet der Entwickler die statischen Methoden der
Klasse RoleProvider:

- GetRoles() liefert die Rollennamen für den angemeldeten Benutzer in Form eines Zeichenfolgenarrays

- GetRolesForUser(string) liefert die Rollennamen für einen bestimmten Benutzer in Form eines Zeichenfolgenarrays

- IsUserInRole(string) prüft, ob der angemeldete Benutzer Mitglied der angegebenen Rollen ist

- IsUserInRole(Benutzer, Rolle) prüft, ob der übergebene Benutzername Teil der übergebenen Rolle ist

- GetUsersInRole(Rolle) gibt eine Liste der Benutzer in der angegebenen Rolle zurück

- AddUserToRole(Benutzer, Rolle) fügt den Benutzernamen der Rolle hinzu

- RemoveUserFromRole(Benutzer, Rolle) entfernt den angegebenen Benutzernamen aus der Rolle

Darüber hinaus kann der Entwickler mit der Methode User.IsInRole bzw. Thread.CurrentPrincipal.IsInRole
prüfen, ob sich der aktuelle Benutzer in einer bestimmten Rolle befindet. Außerdem kann er bei Verwendung des Attributs Authorize zur Beschränkung des Zugangs zu Action-Methoden die Namen der erlaubten
Rollen angeben (z.B. [Authorize(Roles="Heros")]), um lediglich Mitgliedern der Rolle Heros Zutritt zu gewähren).

Benutzerdefinierte Mitgliedschafts- und Rollenanbieter

Um einen benutzerdefinierten Mitgliedschaftsanbieter bereitzustellen, muss der Entwickler lediglich die abstrakte Klasse `MembershipProvider` implementieren; für einen benutzerdefinierten Rollenanbieter die abstrakte Klasse `RoleProvider`. Ersteres wird in Listing 10.12; Letzteres in Listing 10.13 demonstriert. Zur Vereinfachung wurden hier nur die Methoden, die zum Prüfen von Benutzern im Zuge des Anmeldens bzw. zum Ermitteln der Rollen eines Benutzers benötigt werden, implementiert und abgebildet. Alle anderen Methoden, die dem Administrieren von Benutzern und Rollen dienen, lösen lediglich eine `NotImplementedException` (aus Platzgründen nicht abgebildet) aus.

Zur weiteren Vereinfachung verwendet die vorliegende beispielhafte Implementierung hartcodierte Werte. In einer Implementierung für den Produktiveinsatz würde man stattdessen eine Datenbank abfragen. Listing 10.14 zeigt, wie die beiden benutzerdefinierten Provider zu konfigurieren sind. Dabei fällt auf, dass nicht nur die vollständigen Klassennamen anzugeben sind, sondern auch der Assemblyname, der dem Klassennamen, wie unter .NET üblich, getrennt durch ein Komma nachgestellt wird.

```
public class CustomMembershipProvider: MembershipProvider
{
    public override string ApplicationName
    {
        get;
        set;
    }

    […]

    public override bool ValidateUser(string username, string password)
    {
        if (username == "max" && password == "geheim") return true;
        return false;
    }
}
```

Listing 10.12 Benutzerdefinierter Mitgliedschaftsanbieter

```
public class CustomRoleProvider: RoleProvider
{

    public override string ApplicationName
    {
        get;
        set;
    }

    public override string[] GetRolesForUser(string username)
    {
        if (username == "Max") return new[] { "Customer" };
        return new String[] { };
    }

    public override bool IsUserInRole(string username, string roleName)
    {
        if (username == "max" && roleName == "Customer") return true;
        return false;
```

```
    }
    [...]
}
```

Listing 10.13   Benutzerdefinierter Rollenanbieter

```xml
<membership defaultProvider="MyMembershipProvider">
  <providers>

    <clear />
    <add name="MyMembershipProvider"
         type="Security.security.CustomMembershipProvider, Security"
         connectionStringName="DefaultConnection"
         applicationName="/" />

  </providers>
</membership>

<roleManager enabled="true" defaultProvider="MyRoleManager">
  <providers>

    <clear />
    <add
         connectionStringName="DefaultConnection"
         applicationName="/"
         name="MyRoleManager"
         type="Security.security.CustomRoleProvider, Security" />

  </providers>
</roleManager>
```

Listing 10.14   Konfigurieren benutzerdefinierter Membership- und Rollenanbieter

Single Sign-On mit Google, Facebook, Twitter und Co.

Um zu verhindern, dass sich ein Benutzer für jede Webanwendung ein eigenes Passwort merken muss, wurden Konzepte entwickelt, welche die Möglichkeit bieten, zentral verwaltete Benutzerkonten für beliebige Webanwendungen zu verwenden. Diese Lösungen sehen in der Regel einen zentralen Dienst vor, bei dem sich der Benutzer anmeldet. Dieser Dienst gibt anschließend der Webanwendung Bescheid, um welchen Benutzer es sich gerade handelt. Dies erfolgt zum Beispiel in Form eines Sicherheits-Tokens, welches Zugriff auf Daten des Benutzers gestattet. Zentrale Dienste diese Art werden als Security Token Service (STS), Anmeldeanbieter oder Authentication- bzw. Autorisations-Server bezeichnet.

Damit ein Benutzer sein Google-Passwort der Webanwendung jedoch nicht verraten muss, leitet die Webanwendung ihn zunächst zu einer Anmeldemaske bei Google um. Hat er sich dort erfolgreich authentifiziert, wird er wieder zur ursprünglichen Seite zurückgeleitet. Im Zuge dessen erhält die Anwendung ein Sicherheitstoken oder einen Zugriffscode, mit der sie sich ein Sicherheitstoken von Google besorgen kann. Dieses Sicherheitstoken gestattet Zugriff auf Informationen des angemeldeten Benutzers, wie den Benutzernamen. Um Sicherheitslücken zu verhindern, muss die Website erhaltene Tokens validieren, um herauszufinden, dass es zum einen tatsächlich für sie bestimmt ist sowie, dass es zum anderen tatsächlich von Google ausgestellt wurde.

Protokolle und Implementierungen

Wie die Kommunikation zwischen der Website und dem STS im Detail aussieht, bestimmt das verwendete Protokoll. Großer Beliebtheit erfreuen sich für den geschilderten Einsatzzweck derzeit die offenen Webprotokolle OAuth, OAuth2 sowie OpenId. Diese werden unter anderem von den zuvor genannten Webangeboten unterstützt, wobei natürlich nicht jedes Angebot jedes dieser drei Protokolle anbietet. Damit man diese Protokolle nicht vollkommen selbstständig umsetzen muss, was aller Wahrscheinlichkeit nach auch in nicht offensichtlichen Sicherheitslücken enden würde, bietet sich der Einsatz von Frameworks an, welche hierbei unterstützen und von Sicherheitsexperten ausgiebig getestet wurden.

Eines dieser Frameworks, welches sich unter der Motorhaube in ASP.NET MVC 4 wiederfindet, ist das freie und anerkannte Framework DotNetOpenAuth (*http://www.dotnetopenauth.net/*). Dabei handelt es sich um ein mächtiges Framework, welches die drei oben genannten Protokolle implementiert, jedoch aufgrund seiner Mächtigkeit auch nicht ganz einfach anzuwenden ist, sowie eine genauere Kenntnis dieser Protokolle erfordert. Glücklicherweise abstrahiert ASP.NET MVC 4 dieses Framework und bietet Standardkonfigurationen für einige weitverbreitete Anmeldeanbieter, welche öffentlich zur Verfügung stehen, sodass man sehr schnell als Entwickler ein Erfolgserlebnis verzeichnen kann. Bei diesen Anmeldeanbietern handelt es sich um Facebook, Google, LinkedIn, Live-Id, Twitter und Yahoo.

Anmeldeanbieter registrieren

Um diese vordefinierten Standardkonfigurationen zu nutzen, sind die zu unterstützenden Anmeldeanbieter zunächst zu registrieren. Der dazu vorgesehene Ort ist die Methode RegisterAuth der Klasse AuthConfig, welche unter App_Code zu finden ist. RegisterAuth wird beim Starten der Webanwendung über die global.asax aufgerufen und gibt über Hilfsmethoden der statischen Klasse OAuthWebSecurity bekannt, welche STS zu unterstützen sind.

Listing 10.15 demonstriert dies, indem es Facebook und Google registriert. Für die anderen genannten Anbieter existieren aquivalente Methoden. Im Gegensatz zu Google erwarten die meisten Anbieter, dass sich auch die Anwendung bei ihnen durch Angabe eines Benutzernamens und eines Passworts (Id und Secret) anmeldet. Die Zugangsdaten erhält man, indem man auf den Seiten des gewünschten Anmeldeanbieters ein Konto für die Anwendung anlegt. Im Zuge dessen muss der Entwickler meistens auch festlegen, an welchen URL der Anmeldeanbieter die Benutzerdaten des angemeldeten Benutzers (bzw. Informationen, mit denen die Anwendung diese Daten in Erfahrung bringen kann) zurücksenden soll (Callback-URL).

Im Falle von Facebook erfolgt diese Registrierung unter *https://developers.facebook.com/apps*. Die dazu auszufüllende Maske ist in Abbildung 10.2 zu sehen. Im unteren Teil der Abbildung befindet sich die Angabe des gewünschten Callback-URLs.

```
public static class AuthConfig
{
    public static void RegisterAuth()
    {

        OAuthWebSecurity.RegisterFacebookClient(
            appId: "...Your AppId here...",
            appSecret: "...Your AppSecret here...");
```

```
        OAuthWebSecurity.RegisterGoogleClient();

    }
}
```

Listing 10.15 Facebook und Google als STS registrieren

Anwendungen ▸ TEST ▸ Grundlegend

TEST
App ID: 4965621
App Secret: 7fb60d8e0b1ad919   (zurücksetzen)
⚙ (Miniaturbild bearbeiten)

Allgemeine Informationen

Display Name: [?]	TEST
Namespace: [?]	steyer-test
Kontakt-E-Mail-Adresse: [?]	manfred.steyer@
App Domains: [?]	http://localhost:10836 ✕
Kategorie: [?]	Sonstiges ▾ Choose a sub-category ▾
Hosting URL: [?]	You have not generated a URL through one of our partners (Get one)
Sandkasten-Modus: [?]	◯ Aktiviert ⦿ Deaktiviert

Wähle aus, wie sich deine Anwendung in Facebook integriert

✓ **Website with Facebook Login**   ✕
Adresse der Webseite: [?] http://localhost:10836/Account/ExternalLoginCallback

Abbildung 10.2 Anwendung bei Facebook registrieren

Um einen Anmeldeanbieter zu registrieren, für den ASP.NET keine Standardkonfiguration vorsieht, ist die Methode OAuthWebSecurity.RegisterClient zu bemühen. Sie erwartet eine Implementierung der Schnittstelle IAuthenticationClient, welche zwei Methoden vorgibt: Eine Methode, welche eine Weiterleitung zum Anmeldeanbieter veranlasst, damit sich der Benutzer dort anmelden kann, sowie eine zweite Methode, welche die Antwort des Anmeldeanbieters nach erfolgter Anmeldung entgegennimmt, validiert und daraus Informationen über den Benutzer, wie zum Beispiel den Benutzernamen, ableitet.

Authentifizierung über Anmeldeanbieter anfordern

Um einen Anmeldeanbieter aufzufordern, den aktuellen Benutzer zu authentifizieren, ruft der Entwickler die statische Methode

```
OAuthWebSecurity.RequestAuthentication(provider, returnUrl);
```

auf. Der erste Parameter ist ein String, welcher auf den registrierten Anmeldeanbieter schließen lässt. Dabei handelt es sich zum Beispiel um google oder facebook. Die Auflistung

```
OAuthWebSecurity.RegisteredClientData
```

gestattet Zugriff auf sämtliche registrierte Anmeldeanbieter, und ihre Einträge beinhalten eine Eigenschaft `AuthenticationClient.ProviderName`, die die Zeichenfolge für diesen ersten Parameter beinhaltet.

Beim zweiten Parameter von `RequestAuthentication` handelt es sich um den lokalen Callback-URL, zu dem der Anmeldeanbieter nach erfolgter Anmeldung umleiten soll.

Der Aufruf von `RequestAuthentication` bewirkt eine Umleitung auf die Anmeldemaske des jeweiligen Anbieters. Da ein direktes Umleiten innerhalb von Action-Methoden nicht der feinen englischen Art der MVC-Entwicklung entspricht, bietet es sich an, diesen Aufruf in einem benutzerdefinierten `ActionResult` zu kapseln.

Callback von Anmeldeanbieter entgegennehmen

Nachdem sich der Benutzer beim Anmeldeanbieter authentifiziert hat, leitet ihn dieser zum registrierten Callback-URL der Webanwendung zurück. Listing 10.16 zeigt ein Beispiel für eine Action-Methode, welche mit diesem Callback-URL assoziiert wird. `VerifyAuthentication` nimmt die Daten, die der Anmeldeanbieter an den URL angehängt hat, entgegen und validiert sie. Zusätzlich ermittelt die betrachtete Methode Daten über den angemeldeten Benutzer und liefert diese in Form einer `AuthenticationResult`-Instanz zurück.

Diese beinhaltet unter anderem den Namen des Anmeldeanbieters sowie den Namen des Benutzers. Diese beiden Daten sind nur gemeinsam eindeutig, da unterschiedliche Personen bei zwei Anmeldeanbietern denselben Benutzernamen haben können. Diese Informationen werden in der Session abgelegt.

Auf weitere Daten, die der Anmeldeanbieter über den Benutzer liefert, könnte der Entwickler an dieser Stelle über das Dictionary `ExtraData` zugreifen. Die darin enthaltenen Daten variieren von Provider zu Provider. Google liefert zum Beispiel im Zuge dessen nur die E-Mail-Adresse. Facebook versorgt die Anwendung hingen über dieses Dictionary mit einigen weiteren Informationen.

Die betrachtete Action-Methode erstellt unter Verwendung des zurückgelieferten Benutzernamens mit der Hilfe der seit ASP.NET 1.0 enthaltenen Klasse `FormsAuthentication` ein Sitzungscookie und leitet den Benutzer anschließend an die Startseite der Anwendung weiter.

Als Alternative zur Verwendung dieser klassischen Variante der Formularauthentifizierung bietet sich jene Variante an, welche die Windows Identity Foundation (WIF) in .NET 4.5 mitbringt. Diese erlaubt es, ein Sicherheitstoken zu erzeugen, welches nicht nur einen Benutzernamen sondern auch eine beliebige Anzahl an weiteren Merkmalen, so genannten Claims, repräsentiert. Bei diesen Claims könnte es sich um Rollenzuweisungen, den Namen des Anmeldeanbieters oder Informationen wie Alter und E-Mail-Adresse handeln. Mehr dazu findet man in Abschnitt »Single Sign-On mit WIF«.

```
[AllowAnonymous]
public ActionResult ExternalLoginCallback()
{
    AuthenticationResult result = OAuthWebSecurity.VerifyAuthentication();

    Session["UserName"] = result.UserName;
    Session["Provider"] = result.Provider;

    FormsAuthentication.SetAuthCookie(result.UserName, false);
    return RedirectToLocal("~/");
}
```

Listing 10.16 Action-Methode für Callback

Authentifizierung mit vorgefertigter Logik aus Vorlage

Seit den ersten Tagen von ASP.NET MVC bietet die Projektvorlage *Internet-Application* einen Controller AccountController, welcher die Mitgliedschaftsanbieterinfrastruktur von Microsoft kapselt und eine Authentifizierung über diese erlaubt. Mit ASP.NET MVC 4 wurde dieser Controller überarbeitet, sodass er auch eine Anmeldung über registrierte Anmeldeanbieter erlaubt.

Die Tatsache, dass mit Mitteln der Formularauthentifizierung in der Konfiguration der URL der Anmeldeseite festgelegt wird, hat sich nicht geändert (Listing 10.17). Versucht ein nicht angemeldeter Benutzer eine Action-Methode, die eine Autorisierung erfordert, abzurufen, wird er somit von ASP.NET zu diesem URL umgeleitet.

```
<system.web>
  <compilation debug="true" targetFramework="4.5" />
  <httpRuntime targetFramework="4.5" />

  <authentication mode="Forms">
    <forms loginUrl="~/Account/Login" timeout="2880" />
  </authentication>
    [...]
</system.web>
```

Listing 10.17　Startseite mittels Formularauthentifizierung festlegen

Bei Verwendung der besprochenen Vorlage führt dieser URL zu einer Seite, bei der sich der Benutzer entweder über Benutzername und Passwort oder über einen der registrierten Anmeldeanbieter anmelden kann. Für letztere Option steht pro Anmeldeanbieter eine Schaltfläche bereit. Die registrierten Provider wurden dazu über die oben beschriebene Auflistung OAuthWebSecurity.RegisteredClientData ermittelt.

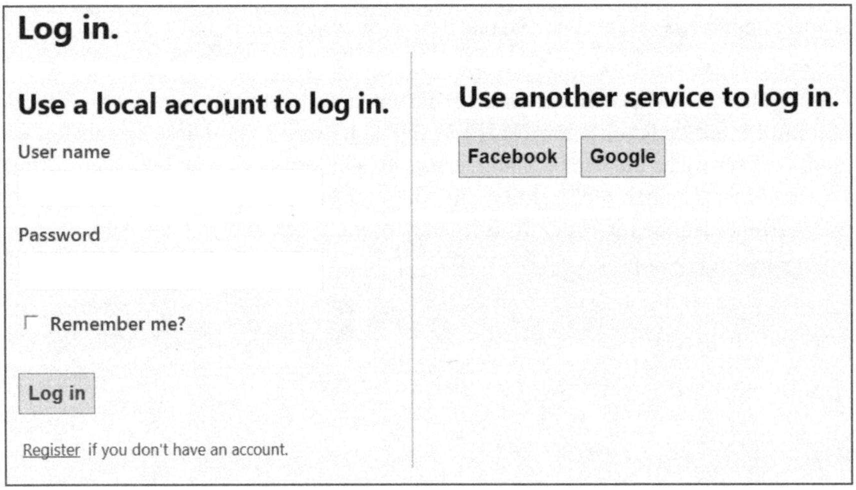

Abbildung 10.3　Neues Anmeldeformular in der Vorlage *Internet-Application*

Listing 10.18 zeigt die Action-Methode, welche aufgerufen wird, wenn eine der Schaltflächen für die Anmeldung über einen Anmeldeanbieter gewählt wurde. Als Parameter erwartet diese Methode den Namen des Providers sowie jenen URL, welche der Benutzer aufrufen wollte, als er zur Login-Seite umgeleitet worden ist. Der Inhalt der betrachteten Action-Methode gestaltet sich sehr schlank: Die Methode liefert einfach nur eine Instanz des benutzerdefinierten ActionResult-Derivats ExternalLoginResult zurück (Listing 10.19). Übergeben wird der Name des Providers sowie der beim Anmeldeanbieter registrierte Callback-URL, der auf eine weitere Action-Methode verweist. Darüber hinaus wird angegeben, dass beim Aufruf dieses Callback-URLs als URL-Parameter der besprochene returnUrl zu retournieren ist. Dieser erlaubt es der adressierten Action-Methode, den Benutzer nach dessen Anmeldung auf jene Seite weiterzuleiten, die er ursprünglich abrufen wollte.

```
[HttpPost]
[AllowAnonymous][ValidateAntiForgeryToken]
public ActionResult ExternalLogin(string provider, string returnUrl)
{
    return new ExternalLoginResult(provider,
                Url.Action("ExternalLoginCallback", new { ReturnUrl = returnUrl }));
}
```

Listing 10.18 Action-Methode zum Anfordern einer Authentifizierung über einen Anmeldeanbieter

```
internal class ExternalLoginResult : ActionResult
{
    public ExternalLoginResult(string provider, string returnUrl)
    {
        Provider = provider;
        ReturnUrl = returnUrl;
    }

    public string Provider { get; private set; }
    public string ReturnUrl { get; private set; }

    public override void ExecuteResult(ControllerContext context)
    {
        OAuthWebSecurity.RequestAuthentication(Provider, ReturnUrl);
    }
}
```

Listing 10.19 ActionResult, welches das Umleiten auf den Anmeldeanbieter kapselt

Die Umsetzung der Action-Methode für den Callback findet sich in Listing 10.20. Sie ruft die statische Methode OAuthWebSecurity.VerifyAuthentication auf, um die Daten vom Anmeldeanbieter zu validieren. Diese Methode ermittelt auch Informationen über den aktuellen Benutzer und liefert sie in Form eines AuthenticationResult retour.

Die Action-Methode überprüft, ob das Anmeldeverfahren erfolgreich abgeschlossen werden konnte. Falls nicht, leitet sie an eine View weiter, die eine Fehlermeldung ausgibt. Anschließend versucht sie, den Benutzer mit der statischen Hilfsmethode OAuthWebSecurity.Login mit den im Zuge der Anmeldung ermittelten Daten bei der Website anzumelden. Dazu wird ein Sitzungscookie erzeugt, das von der Formularauthentifizierung bei jedem weiteren Seitenaufruf überprüft wird. Dies funktioniert jedoch nur, wenn für diesen Benutzer bereits ein Benutzerkonto in der Anwendung existiert.

Die Art und Weise der Speicherung von Benutzerkonten wird vom Framework DotNetOpenAuth, welches hier in abstrahierter Form Verwendung findet, offen gelassen. DotNetOpenAuth gibt lediglich eine Schnittstelle vor, welches der Entwickler mit Leben füllen muss. Im Zuge von ASP.NET MVC 4 wird eine solche Implementierung mitgeliefert, die sich über einen erweiterten Mitgliedschaftsanbieter auf SQL Server abstützt.

Diese wird standardmäßig herangezogen und nutzt jene Datenbank, welche die in der Datei *web.config* angegebene Datenbankverbindung mit dem Namen `DefaultConnection` adressiert. Existiert sie nicht, wird sie – sofern der aktuelle Prozess die Berechtigungen dazu hat – angelegt. Initialisiert wird dieser Mitgliedschaftsanbieter durch den Filter `InitializeSimpleMembershipAttribute`, mit welchem der `AccountController` annotiert ist.

War der Benutzer noch nicht in der Datenbank vorhanden, prüft die Action-Methode, ob der Benutzer bereits bei der Webanwendung angemeldet ist. Unter Verwendung des aktuellen Benutzernamens, der vom Anmeldeanbieter vergebenen Benutzer-ID und des Namens dieses Providers erzeugt die Methode `OAuthWebSecurity.CreateOrUpdateAccount` in diesem Fall ein Benutzerkonto.

Ist der Benutzer nicht angemeldet, wird er gefragt, unter welchem Namen er in der Webanwendung agieren möchte. Diese Aufgabe übernimmt die View `ExternalLoginConfirmation`, auf welche die betrachtete Action-Methode am Ende verweist (Abbildung 10.4). Bevor das geschieht, wandelt die Methode `OAuthWebSecurity.SerializeProviderUserId` den Namen des Providers (Eigenschaft `result.Provider`) und die vom Anmeldeanbieter vergebene Benutzer-ID (`result.ProviderUserId`) in einen String um. Dieser wird über das Model an die View weitergereicht, wobei die View diesen String anschließend in einem versteckten Feld hinterlegt. Ebenfalls über das Model gelangt die Eigenschaft `result.UserName`, welcher den vom Anmeldeanbieter verwendeten Benutzernamen widerspiegelt, zur View.

```
[AllowAnonymous]
public ActionResult ExternalLoginCallback(string returnUrl)
{
    var result = OAuthWebSecurity.VerifyAuthentication(Url.Action("ExternalLoginCallback",
                                                        new { ReturnUrl = returnUrl }));
    if (!result.IsSuccessful)
    {
        return RedirectToAction("ExternalLoginFailure");
    }

    if (OAuthWebSecurity.Login(result.Provider, result.ProviderUserId, createPersistentCookie: false))
    {
        return RedirectToLocal(returnUrl);
    }

    if (User.Identity.IsAuthenticated)
    {
        // If the current user is logged in add the new account
        OAuthWebSecurity.CreateOrUpdateAccount(result.Provider, result.ProviderUserId, User.Identity.Name);
        return RedirectToLocal(returnUrl);
    }
    else
    {
        // User is new, ask for their desired membership name
        string loginData = OAuthWebSecurity.SerializeProviderUserId(result.Provider, result.ProviderUserId);
```

```
    ViewBag.ProviderDisplayName = OAuthWebSecurity.GetOAuthClientData(result.Provider).DisplayName;
    ViewBag.ReturnUrl = returnUrl;
    return View("ExternalLoginConfirmation", new RegisterExternalLoginModel {
                                        UserName = result.UserName,
                                        ExternalLoginData = loginData });
    }
}
```

Listing 10.20   Action-Methode für Callback

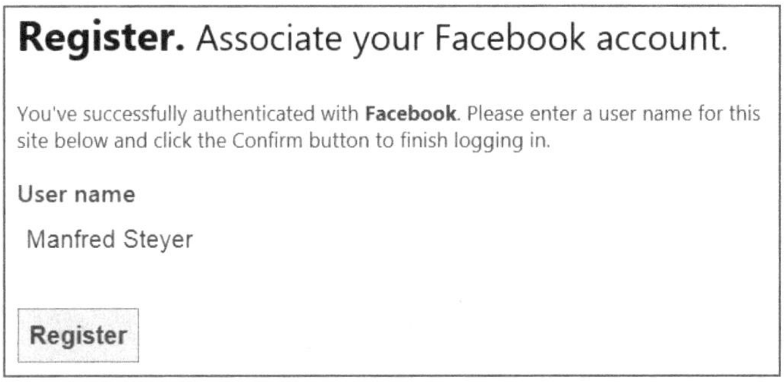

Abbildung 10.4   Vergabe des
gewünschten Benutzernamens

Nachdem der Benutzer einen Benutzernamen festgelegt hat, wird die Action-Methode `ExternalLoginConfirmation`
(Listing 10.21) angestoßen. Diese parst mit `OAuthWebSecurity.TryDeserializeProviderUserId` die empfangenen
Daten und stellt damit die von der View in einem versteckten Feld hinterlegte Anbieterbezeichnung sowie
die `ProviderUserId` wieder her.

Anschließend prüft die Action-Methode mit den Möglichkeiten des Entity Framework, ob bereits ein
Benutzer mit dem gewünschten Benutzernamen existiert. Falls ein solcher bereits existiert, veranlasst die
Action-Methode das Anzeigen einer Fehlermeldung. Ansonsten erzeugt sie den gewünschten Benutzer
unter Verwendung des Entity Framework. Zusätzlich stellt sie mit `OAuthWebSecurity.CreateOrUpdateAccount`
eine Verbindung zum Benutzerkonto vom Anmeldeanbieter her. Somit wird zum Beispiel festgelegt, dass
der Benutzer Manfred Steyer dem Google-Benutzer *manfred.steyer@home.net* entspricht. Anschließend
erstellt sie mittels `OAuthWebSecurity.Login` für den Benutzer ein Session-Cookie und leitet den Benutzer an
die ursprünglich angeforderte Seite weiter.

```
[HttpPost]
[AllowAnonymous][ValidateAntiForgeryToken]
public ActionResult ExternalLoginConfirmation(RegisterExternalLoginModel model, string returnUrl)
{
    string provider = null;
    string providerUserId = null;

    if (User.Identity.IsAuthenticated || !OAuthWebSecurity.TryDeserializeProviderUserId(
                                    model.ExternalLoginData, out provider, out providerUserId))
    {
        return RedirectToAction("Manage");
    }
```

```
if (ModelState.IsValid)
{
    // Neuen Benutzer zur Datenbank hinzufügen
    using (UsersContext db = new UsersContext())
    {
        UserProfile user =
            db.UserProfiles.FirstOrDefault(u => u.UserName.ToLower() == model.UserName.ToLower());
        // Check if user already exists
        if (user == null)
        {
            // Namen der Profiltabelle hinzufügen
            db.UserProfiles.Add(new UserProfile { UserName = model.UserName });
            db.SaveChanges();

            OAuthWebSecurity.CreateOrUpdateAccount(provider, providerUserId, model.UserName);
            OAuthWebSecurity.Login(provider, providerUserId, createPersistentCookie: false);

            return RedirectToLocal(returnUrl);
        }
        else
        {
            ModelState.AddModelError("UserName", "User name already exists. […]");
        }
    }
}

ViewBag.ProviderDisplayName = OAuthWebSecurity.GetOAuthClientData(provider).DisplayName;
ViewBag.ReturnUrl = returnUrl;
return View(model);
}
```

Listing 10.21   Benutzerkonto anlegen und mit Benutzer vom Anmeldeanbieter verknüpfen

Erweiterte Sicherheitsszenarien mit OAuth2 und DotNetOpenAuth

Das aufstrebende Protokoll OAuth2 gibt Webnutzern die Möglichkeit, Rechte an Dritte zu delegieren, ohne das eigene Passwort preisgeben zu müssen. Dies erlaubt es Anwendungen zum Beispiel, im Namen des Benutzers Nachrichten zu veröffentlichen. Darüber hinaus wird OAuth2 zunehmend für Single Sign-On-Szenarien verwendet. Mit *DotNetOpenAuth* liegt eine .NET-Implementierung dieses Protokolls vor.

Im Gegensatz zum letzten Abschnitt, der gezeigt hat, wie man die in ASP.NET MVC 4 enthaltenen Möglichkeiten zur Implementierung von Single-Sign-On-Szenarien, die teilweise auf OAuth2 basieren, verwenden kann, beschreibt dieser Abschnitt, wie der Entwickler sämtliche Möglichkeiten von OAuth2 unter Verwendung von DotNetOpenAuth, nutzen kann.

Überblick zu OAuth

Die erste Version von OAuth wurde 2006 von Twitter und Ma.gnolia entwickelt. Das Ziel war es, Benutzern die Möglichkeit zu geben, einen Teil ihrer Rechte an Dritte weiterzugeben, ohne das eigene Passwort zu teilen. Somit können zum Beispiel Anwendungen das Recht erhalten, im Namen eines Twitter-Nutzers Nachrichten zu veröffentlichen oder abzurufen.

Mittlerweile wird OAuth bzw. dessen Nachfolger OAuth2 von Größen wie Google, Facebook, Flickr, Microsoft, Salesforce.com oder Yahoo! eingesetzt. Dabei fällt auf, dass es zunehmend nicht nur zur Delegation von Rechten (Autorisierung) sondern auch für Single Sign-On-Szenarien (Authentifizierung) eingesetzt wird. So können sich Benutzer zum Beispiel mit ihrem Google-Konto auch bei anderen Weblösungen anmelden. In diesem Fall erhält die betroffene Weblösung das Recht, auf die Profildaten des angemeldeten Google-Benutzers zuzugreifen. Auch andere der zuvor gelisteten Unternehmen bieten diese Möglichkeit. Während die einen dies als Missbrauch von OAuth2 bezeichnen und auf die damit vorhandenen Sicherheitslücken verweisen, arbeiten andere an einer Standardisierung der damit verbundenen Vorgehensweise unter dem Namen *OpenId Connect*. Im Zuge dessen wird auch aufgezeigt, wie die von den Kritikern gerodeten Sicherheitslücken zu schließen sind.

OAuth2 sieht insgesamt vier Rollen vor, die miteinander interagieren: *Resource Owner*, *Resource Server*, *Client* und *Authorization Server*. Der *Resource Owner* ist der Besitzer einer Ressource, welche über einen Ressourcenserver bereitgestellt wird. Andere Anwendungen, die in der Rolle des Clients auftreten, bekommen auf Wunsch des Ressourcenbesitzers (Resource Owner) vom Autorisierungsserver (*Authorization Server*) ein Token ausgestellt, welches sie zum Zugriff auf bestimmte Ressourcen berechtigt.

Wenn beispielsweise von Facebook die Rede ist, sind damit der Ressourcenserver und der Autorisierungsserver gemeint. Der Ressourcenbesitzer (*Resource Owner*) ist hingegen ein Facebook-Benutzer, der Ressourcen, wie zum Beispiel Bilder, hochlädt. Die Rolle des Clients würde von einer Drittanwendung eingenommen, welche Zugriff auf diese Bilder erhielte.

Zugriff auf geteilte Ressourcen über Webanwendungen

Eine Webanwendung, welche Zugriff auf geteilte Ressourcen erhalten möchte, ist angehalten, den Benutzer auf eine Seite des Autorisierungsservers umzuleiten. Im Zuge dessen gibt sie dem Autorisierungsserver bekannt, um welche Zugriffsrechte sie bittet. Bei dieser Information, welche als *Scope* bezeichnet wird, handelt es sich um eine Liste von leerzeichengetrennten Bezeichnern, die zur Vermeidung von Namenskonflikten häufig in Form von URLs vorliegen und vom Ressourcenserver vorgegeben sind.

Der Autorisierungsserver fordert daraufhin den Benutzer in seiner Rolle als Ressourcenbesitzer auf, sich – zum Beispiel unter Angabe von Benutzername und Passwort – zu authentifizieren. Anschließend kann er dem Ansuchen des Clients zustimmen oder dieses ablehnen. Als nächstes leitet der Autorisierungsserver den Benutzer wieder zum Client um und übergibt diesem die Entscheidung des Benutzers als URL-Parameter. Hat der Benutzer dem Ansuchen zugestimmt, findet sich in der Abfragezeichenfolge auch ein Code, den der Client gegen ein Sicherheitstoken eintauschen kann. Im Zuge dessen authentifiziert sich der Client beim Autorisierungsserver. Meist geschieht dies ebenfalls unter Angabe von Benutzername und Passwort.

Das auf diesem Weg erhaltene Token kann der Client fortan heranziehen, um über den Ressourcenserver Zugriff auf die gewünschten Ressourcen zu erlangen. Der Ressourcenserver muss nach Erhalt des Tokens prüfen, ob es zum einen noch gültig ist und zum anderen tatsächlich vom genannten Autorisierungsserver stammt. Ersteres kann anhand eines im Token enthaltenen Ablaufdatums geschehen; Letzteres durch Prüfung einer Beweisführung, die ebenfalls in das Token aufgenommen wurde. Bei solch einer Beweisführung handelt es sich zum Beispiel um eine digitale Signatur oder um einen HMAC. Möchte man kryptographische Verfahren dieser Art vermeiden, besteht auch die Möglichkeit, dass der Ressourcenserver den Autorisierungsserver kontaktiert, um sich von ihm die Gültigkeit des Tokens bestätigen zu lassen.

Das Token an sich kann Informationen über den Benutzer beinhalten, welche der Ressourcenserver zur Rechtekontrolle heranziehen kann. Alternativ dazu kann es sich beim Token lediglich um einen Schlüssel handeln, den der Ressourcenserver gegen benutzerbezogene Daten beim Autorisierungsserver eintauschen kann.

Umsetzung mit ASP.NET MVC, DotNetOpenAuth und OAuth2

Die nächsten Abschnitte zeigen, wie das soeben besprochene Szenario mit der freien Bibliothek DotNetOpen-Auth umgesetzt werden kann. Bei DotNetOpenAuth handelt es sich um eine akzeptierte .NET-Bibliothek, welche neben einer Implementierung der Protokolle OAuth und OAuth2 auch eine Umsetzung von OpenId anbietet. Bezogen werden kann sie per Download (*www.dotnetopenauth.net*) aber auch über NuGet. Zum Zeitpunkt, als dieser Text verfasst wurde, hatte das benötigte NuGet-Paket die Bezeichnung *DotNetOpenAuth (unified)*. Sollte sich dies im Laufe der Zeit ändern, bieten die Beschreibungen jener Pakete, die bei einer Suche nach *DotNetOpenAuth* gefunden werden, die nötigen Informationen für die Auswahl der geeigneten Variante.

Authentifizierung und Autorisierung mit Google

Um die Dinge einfach zu halten, stützt sich das erste hier gezeigte Beispiel auf einen bereits existierenden Autorisierungsserver sowie auf einen bereits existierenden Ressourcenserver. Für diese beiden Rollen kommen von Google bereitgestellte Dienste zum Einsatz. Damit dies möglich ist, muss der Entwickler in der *Google API Console* unter *code.google.com/apis/console* die Anwendung registrieren und für jeden Client einen Zugang anlegen (siehe Abbildung 10.5).

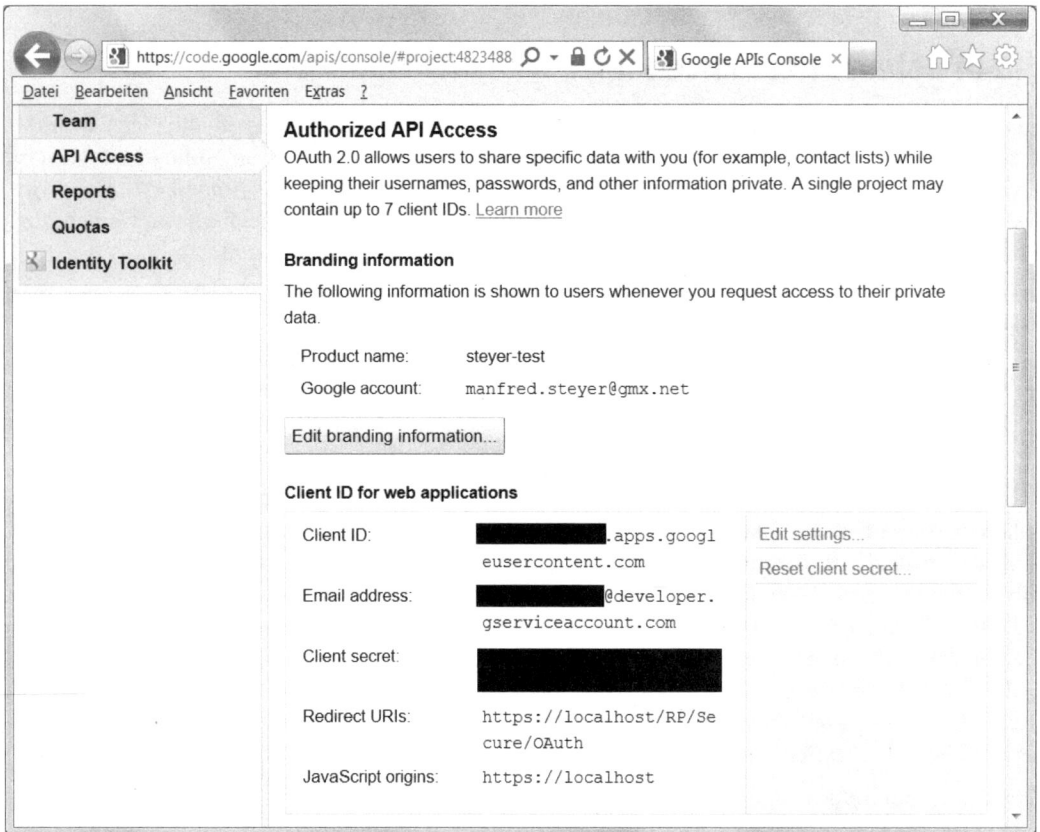

Abbildung 10.5 Registrieren einer Anwendung und eines Clients in der *Google API Console*

Die Implementierung von OAuth2 innerhalb der Webanwendung übernimmt die Klasse `WebClient`. Ein Beispiel für die Instanziierung dieser Klasse stellt die Methode `CreateClient` in Listing 10.22 dar. Sie übergibt an den Konstruktor ein Objekt vom Typ `AuthorizationServerDescription` sowie die ID, welche dem Client von Google zugewiesen wurde. Diese kann – wie auch das benötigte Client Secret – über die API-Konsole in Erfahrung gebracht werden (siehe Abbildung 10.5). `AuthorizationServerDescription` beinhaltet Informationen über den Autorisierungsserver und wird im betrachteten Fall mit der Methode `GetAuthServerDescription` erzeugt. Mit `AuthorizationEndpoint` wird die Adresse, unter der sich der Benutzer authentifizieren kann, angegeben; mit `TokenEndpoint` jene Adresse, über die der Webclient schlussendlich das Token bezieht.

Die Methode `CreateClient` legt auch das zu verwendende Client Secret (»Passwort«) fest. Dazu übergibt sie es an die Methode `ClientCredentialApplicator.PostParameter` und weist den Rückgabewert dieser Methode anschließend der Eigenschaft `ClientCredentialApplicator` des Clients zu. `PostParameter` erzeugt im Zuge dessen eine Instanz einer internen Subklasse von `ClientCredentialApplicator`, welche den `WebClient` veranlasst, die Client-ID sowie das Client Secret innerhalb der HTTP-Nutzlast zu übergeben. Dies ist aufgrund einer Inkompatibilität zwischen Google und den aus .NET stammenden Klassen, auf welche `DotNetOpenAuth` aufsetzt, notwendig. Könnte das Gegenüber hingegen den Client über das weit verbreitete Schema HTTP Basic authentifizieren, könnte der Entwickler alternativ dazu auf die Methode `ClientCredentialApplicator.NetworkCredential` zurückgreifen oder, da HTTP Basic standardmäßig verwendet wird, das Client Secret dem `WebClient` über ein drittes optionales Konstruktorargument übergeben.

```
public class AuthHelper
{
    public static WebServerClient CreateClient()
    {
        var desc = GetAuthServerDescription();
        var client = new WebServerClient(desc,
            clientIdentifier: "xyz.apps.googleusercontent.com");

        client.ClientCredentialApplicator =
                ClientCredentialApplicator.PostParameter("some_password");

        return client;
    }

    public static AuthorizationServerDescription GetAuthServerDescription()
    {
        var authServerDescription = new AuthorizationServerDescription();
        authServerDescription.AuthorizationEndpoint =
                new Uri(@"https://accounts.google.com/o/oauth2/auth");
        authServerDescription.TokenEndpoint =
                new Uri(@"https://accounts.google.com/o/oauth2/token");
        authServerDescription.ProtocolVersion = ProtocolVersion.V20;

        return authServerDescription;
    }
}
```

Listing 10.22 Klasse mit Hilfsmethoden

Der in Listing 10.23 abgebildete Controller zeigt, wie eine Instanz von `WebClient` im Rahmen eines ASP.NET MVC-Projekts genutzt werden kann. Einsprungpunkt ist hier die Action-Methode `OAuth`. Diese ermittelt, ob sie direkt vom Benutzer angestoßen oder gerade vom Autorisierungsserver aufgerufen wird, nachdem der Benutzer einem Zugriff auf dessen Ressourcen zugestimmt hat. Im letzteren Fall findet sich der Parameter `code`, welchen die Webanwendung gegen das gewünschte Token eintauschen kann, im Aufruf.

Bei einem direkten Aufruf durch den Benutzer delegiert `OAuth` an `InitAuth` weiter. Diese Methode erzeugt zunächst eine Instanz von `AuthorizationState`, welche das Autorisierungsansuchen des Clients beschreibt. Dabei legt die betrachtete Methode den vom Autorisierungsserver zu verwendenden Callback-URL sowie den gewünschten Scope fest. Da hier als Callback-URL ebenfalls der soeben aufgerufene URL herangezogen werden soll, bringt die Methode diesen durch Aufruf von `Request.Url.AbsoluteUri` in Erfahrung und entfernt unter Verwendung der Hilfsmethode `RemoveQueryStringFromUri` eine eventuelle Abfragezeichenfolge. Dabei ist zu beachten, dass Google aus Sicherheitsgründen als Callback-URL nur solche erlaubt, die innerhalb der API-Konsole für den Client registriert wurden. Der Vergleich zwischen registrierten und übergebenen Callback-URLs erfolgt unter Berücksichtigung der Groß-/Kleinschreibung.

Als Scope zieht die Methode `InitAuth` die von Google vorgesehenen Bezeichner für Profilinformationen des Benutzers, dessen E-Mail-Adresse und Kalender heran. Informationen dieser Art finden sich in der von Google bereitgestellten Dokumentation (*https://developers.google.com/accounts/docs/OAuth2*). Anschließend erzeugt `InitAuth` durch Aufruf der Methode `PrepareRequestUserAuthorization` ein Objekt, welches die Autorisierungsanfrage beschreibt. Unter Verwendung der Erweiterungsmethode `AsActionResult` wandelt sie dieses in ein `ActionResult` um und liefert dieses zurück. Das `ActionResult` veranlasst ASP.NET MVC dazu, den Benutzer – wie eingangs beschrieben – zum Autorisierungsserver umzuleiten. Dort muss er sich authentifizieren und kann anschließend dem Autorisierungsansuchen des Webclients zustimmen oder dieses ablehnen.

Nachdem der Benutzer dem Autorisierungsserver seine Entscheidung mitgeteilt hat, leitet dieser den Benutzer zum festgelegten Callback-URL um. Ist die Entscheidung positiv ausgefallen, beinhaltet der damit einhergehende Aufruf den URL-Parameter `code`, was zur Folge hat, dass die Action-Methode `OAuth` an `OAuthCallback` delegiert. `OAuthCallback` verwendet die Methode `ProcessUserAuthorization`, welche vom `WebClient` bereitgestellt wird, um diesen Code gegen ein Token zu tauschen.

Dieses Token kann nun verwendet werden, um auf Ressourcen des Benutzers zuzugreifen, welche durch den erbetenen Scope beschrieben werden. Dazu ist das Token beim Anfordern der gewünschten Ressourcen via HTTP zu übergeben. In der Regel wird dazu, wie in der Methode `GetUserInfo` (Listing 10.25) demonstriert, der HTTP-Header `Authorization` verwendet. Dieser Headereintrag besteht aus zwei durch Leerzeichen getrennte Teile: Der erste Teil repräsentiert das gewünschte Autorisierungsschema; der zweite die Anmeldeinformationen, zum Beispiel Benutzername und Passwort oder eben ein Token. OAuth2 sieht `Bearer` (engl. für Überbringer oder Inhaber [einer Vollmacht]) als Bezeichnung für das Autorisierungsschema vor. Dies hat damit zu tun, dass Tokens der betrachteten Art auch als Bearer-Token bezeichnet werden.

OAuth2-Tokens sind per Definition nur für eine kurze Zeitspanne gültig, um Missbrauch zu verhindern. Allerdings können sie vom Client bei Bedarf erneuert werden. Dazu bietet die Klasse `WebClient` eine Methode `Refresh`. Das Ausstellungsdatum sowie das Ablaufdatum des Tokens kann über dessen Eigenschaften in Erfahrung gebracht werden.

```
public class SecureController : Controller
{
    public ActionResult OAuth()
    {
        if (string.IsNullOrEmpty(Request.QueryString["code"]))
```

```
        {
            return  InitAuth();
        }
        else
        {
            return  OAuthCallback();
        }
    }

    static WebServerClient client = AuthHelper.CreateClient();

    private  ActionResult InitAuth()
    {
        var state = new AuthorizationState();

        var uri = Request.Url.AbsoluteUri;
        uri = RemoveQueryStringFromUri(uri);
        state.Callback = new Uri(uri);

        state.Scope.Add("https://www.googleapis.com/auth/userinfo.profile");
        state.Scope.Add("https://www.googleapis.com/auth/userinfo.email");
        state.Scope.Add("https://www.googleapis.com/auth/calendar");

        var r = client.PrepareRequestUserAuthorization(state);
        return r.AsActionResult();
    }

    private static string RemoveQueryStringFromUri(string uri)
    {
        int index = uri.IndexOf('?');
        if (index > -1)
        {
            uri = uri.Substring(0, index);
        }
        return uri;
    }

    private ActionResult OAuthCallback()
    {
        var auth = client.ProcessUserAuthorization(this.Request);
        Session["auth"] = auth;

            [...]

dynamic userInfo = google.GetUserInfo(auth.AccessToken);

// Später, bei Bedarf:
// bool success = client.RefreshAuthorization(auth);

    }
}
```

Listing 10.23   Controller zum Anfordern eines Sicherheitstokens

Token validieren um Sicherheitsloch zu schließen

Wie eingangs erwähnt, wurde OAuth2 zur Autorisierung von Anwendungen (Clients) geschaffen, damit diese eingeschränkten Zugriff auf Ressourcen eines Benutzers erlangen können. Im soeben betrachteten Beispiel hat ein Webclient Zugriff auf das Profil sowie auf die Kalenderdaten des aktuellen Benutzers angefordert.

Mit Authentifizierung hat dies nichts zu tun. Allerdings könnte man auf die Idee kommen, dass man nun zur Authentifizierung des Benutzers gegen den implementierten Webclient lediglich auf dessen Profildaten zugreifen muss. Schließlich kann so in Erfahrung gebracht werden, um wen sich hierbei handelt. Das Problem dabei ist nur, dass auf diese Art nicht sichergestellt werden kann, dass der Benutzer tatsächlich Zugriff auf den implementierten Client haben wollte. Theoretisch könnte der Autorisierungsserver das Token auch für eine ganz andere Anwendung ausgestellt haben, welche nun ohne Erlaubnis des Benutzers in dessen Namen auf den implementierten Webclient zugreift. Um dieses potenzielle Sicherheitsloch zu schließen, ist ein Client, welcher OAuth zur Autorisierung verwenden möchte, angehalten, das Token zu validieren. Im Zuge dessen muss er prüfen, ob das Token tatsächlich für den Zugriff auf seine Dienste ausgestellt wurde.

Listing 10.24 zeigt, wie das von Google erhaltene Token validiert werden kann. Zunächst ruft es bei Google unter Verwendung der Methode GetTokenInfo der benutzerdefinierten Klasse GoogleProxy weitere Informationen zum Token ab. Anschließend übergibt es diese Informationen an die Methode ValidateToken zur Validierung. War die Validierung erfolgreich, kann es getrost Daten des Benutzerprofils abrufen und diese zur Authentifizierung des Benutzers verwenden. Hierzu wird die Methode GetUserInfo der Klasse GoogleProxy herangezogen.

Listing 10.26 zeigt die Implementierung der Klasse GoogleProxy. Sie nutzt zum Aufruf von REST-Diensten die Klasse HttpClient, welche mit .NET 4.5 eingeführt wurde. Außerdem nutzt sie für die Arbeit mit JSON die freie Bibliothek JSON.net, welche über NuGet bezogen werden kann. Die beiden Methoden fordern beim HttpClient das Ergebnis der angestoßenen HTTP-Anfrage in Form eines JObject-Objekts an. Dabei handelt es sich um ein dynamisches Objekt, welches die in Form von JSON übertragenen Objekte repräsentiert.

Da im Falle von GetUserInfo das Token zur Autorisierung beim Ressourcenserver heranzuziehen ist, wird es auch innerhalb des HTTP-Headers Authorization übertragen. Im Falle von GetTokenInfo findet sich das Token als URL-Parameter in der Anfrage wieder, da hier weitere Informationen zum Token angefordert werden.

Die Klasse TokenValidator findet sich in Listing 10.26 wieder. Ihre Methode ValidateToken nimmt die mittels GoogleProxy.GetTokenInfo in Erfahrung gebrachten Informationen entgegen und prüft deren Eigenschaft audience. Nur wenn sie die Id aufweist, welche in der Google API-Konsole für den aktuellen Client vergeben wurde, würde das Token für diesen erstellt. Ist dem nicht so, wird eine Ausnahme ausgelöst. Zusätzlich überprüft die Methode ValidateToken die Eigenschaft expires_in. Ist deren Wert kleiner/gleich Null, ist das Token nicht mehr gültig. Auch dies führt zu einer Ausnahme.

Diese Art der Tokenprüfung geht konform mit der Dokumentation von Google und korreliert mit der aktuellen Arbeitsversion des künftigen Standards *OpenId Connect*, welcher auf OAuth2 basiert und für Authentifizierungsszenarien der hier besprochenen Art konzipiert wurde.

Neben dem Verstauen der Daten des Benutzers innerhalb der Sitzung bietet sich auch die Erzeugung eines Sitzungscookies an. Dies kann zum Beispiel mit den Mitteln der in ASP.NET integrierten Formularauthentifizierung geschehen.

```
var google = new GoogleProxy();
var tv = new TokenValidator();

dynamic tokenInfo = google.GetTokenInfo(auth.AccessToken);
tv.ValidateToken(tokenInfo,
    expectedAudience: "xyz.apps.googleusercontent.com");

dynamic userInfo = google.GetUserInfo(auth.AccessToken);

Session["user.name"] = userInfo.name;
Session["user.birthday"] = userInfo.birthday;
Session["user.locale"] = userInfo.locale;
Session["user.userid"] = userInfo.id;
Session["user.email"] = userInfo.email;
```

Listing 10.24 Zugriffstoken gegen Sicherheitstoken tauschen

```
[...]
using System.Net.Http;
using System.Net.Http.Headers;
using DotNetOpenAuth.OAuth2;
using Newtonsoft.Json.Linq;
[...]

public class GoogleProxy
{
    public dynamic GetUserInfo(string authToken)
    {
        var userInfoUrl = "https://www.googleapis.com/oauth2/v1/userinfo";
        var hc = new HttpClient();

        hc.DefaultRequestHeaders.Authorization = new
                          AuthenticationHeaderValue("Bearer", authToken);

        var response = hc.GetAsync(userInfoUrl).Result;
        dynamic userInfo = response.Content.ReadAsAsync<JObject>().Result;
        return userInfo;
    }
    public dynamic GetTokenInfo(string accessToken)
    {
        var verificationUri =
                  "https://www.googleapis.com/oauth2/v1/tokeninfo?access_token="
                  + accessToken;

        var hc = new HttpClient();

        var response = hc.GetAsync(verificationUri).Result;
        dynamic tokenInfo = response.Content.ReadAsAsync<JObject>().Result;
        return tokenInfo;
    }

}
```

Listing 10.25 Proxy zum Zugriff auf die von Google bereitgestellten Dienste via OAuth2

```
public class TokenValidator
{
    public void ValidateToken(dynamic tokenInfo, string expectedAudience)
    {
        var audience = tokenInfo.audience.ToString();
        if (string.IsNullOrEmpty(audience) || audience != expectedAudience)
        {
            var e = new HttpException("token with unexpected audience: ");
            throw e;
        }

        if (tokenInfo.expires_in == null) return;
        var expiresIn = tokenInfo.expires_in.ToString();
        int intExpiresIn;
        var isInt = int.TryParse(expiresIn, out intExpiresIn);

        if (!isInt || intExpiresIn <= 0)
        {
            var e = new HttpException("token is expired");
            throw e;
        }

    }
}
```

Listing 10.26   Token validieren

Entwicklung eines Autorisierungsservers

Nachdem die vorangegangenen Abschnitte die Entwicklung eines OAuth2-fähigen Clients beschrieben haben, widmet sich dieser Abschnitt der Umsetzung eines benutzerdefinierten OAuth2-konformen Autorisierungsservers. Dreh- und Angelpunkt dieser Umsetzung ist die Implementierung der von DotNetOpenAuth vorgegebenen Schnittstelle IAuthorizationServerHost. Listing 10.27 beinhaltet ein Beispiel, welches zeigt, wie diese Aufgabe bewerkstelligt werden kann. Zur Vereinfachung dieses Beispiels wurde dabei auf den Einsatz einer Datenbank verzichtet. Stattdessen werden statische Auflistungen oder hartcodierte Informationen verwendet.

GetClient wird von DotNetOpenAuth aufgerufen, um Informationen über den aufrufenden Client in Erfahrung zu bringen. Im betrachteten Beispiel gibt es lediglich einen Client mit der ID RP. Als Rückgabewert liefert GetClient eine Instanz von IClientDescription. Diese beinhaltet neben der Client-ID und dem Client Secret auch den erlaubten Callback-URL.

Die Methode IsAuthorizationValid prüft, ob der aktuelle Benutzer die angeforderten Rechte (= Scope) an den Client delegieren darf. Die betrachtete Implementierung erlaubt nur, dass der Benutzer Max Muster das durch den Scope http://localhost/demo beschriebene Recht an den Client RP delegiert.

CreateAccessToken ist für das Ausstellen des Tokens verantwortlich. Neben dem Ablaufdatum legt diese Methode lediglich einen privaten Schlüssel zum Signieren sowie einen öffentlichen Schlüssel zum Verschlüsseln des Tokens fest. Der Scope sowie die Client-ID und der Benutzername werden nach Prüfung durch IsAuthorizationValid in das Token übernommen.

Mit der Signatur beweist der Autorisierungsserver, dass er der Aussteller ist; durch die Verschlüsselung wird sichergestellt, dass lediglich der Ressourcenserver den Inhalt des Tokens lesen kann. Die beiden hierfür benötigten Schlüssel bezieht die betrachtete Methode aus dem Windows-Zertifikatspeicher (Windows Certificate Store). Dazu greift sie auf die private Hilfsmethode `LoadCert` zurück. Diese erwartet den Fingerabdruck des gewünschten Zertifikats. Um Magic-Strings zu vermeiden, finden sich diese Fingerabdrücke in öffentlichen Konstanten der Klasse `Config` (Listing 10.28) wieder.

Um die Implementierung von OAuth2 einfach zu halten, wurde der Einsatz von Signaturen und Verschlüsselung als optional eingestuft. Auf die Signatur kann verzichtet werden, da der Ressourcenserver das Token direkt vom Autorisierungsserver abruft. Auf die Verschlüsselung des Tokens kann ebenfalls verzichtet werden, da OAuth2 hierbei den Einsatz von SSL vorschreibt. Trotzdem bringt der Einsatz dieser Maßnahmen ein weiteres Maß an Sicherheit, da dadurch die möglichen Angriffsszenarien eingeschränkt werden.

Die Eigenschaft `CryptoStore` liefert eine benutzerdefinierte Implementierung von `ICryptoStore` zurück. Deren Aufgabe liegt im Verwalten von ausgestellten Zugriffscodes und Tokens. Analog dazu liefert `NonceStore` eine benutzerdefinierte Implementierung von `INonceStore` zurück. Die Aufgabe eines `NonceStore` liegt im Speichern von Einmal-Passwörtern, so genannten Nonces, die intern von DotNetOpenAuth verwendet werden. Dadurch, dass der Store bereits verwendete Nonces speichert, kann geprüft werden, ob ein neu generierter Nonce schon mal verwendet wurde. Ein Beispiel für einen einfachen `CryptoStore`, welcher zur Demonstration eine statische Liste mit `CryptoKeyStoreEntry`-Instanzen (Listing 10.30) verwendet, findet sich in Listing 10.31. Eine für Demonstrationszwecke geeignete Dummy-Implementierung von `INonceStore` findet sich in Listing 10.32. Anstatt zu prüfen, ob der übergebene Nonce bereits existiert und diesen anschließend zu speichern, bestätigt die gezeigte Methode `StoreNonce` bei jedem Aufruf lediglich, dass der übergebene Nonce noch nicht verwendet wurde.

Die Methode `AutomatedUserAuthorizationCheckResponse` hat die Aufgabe, zu prüfen, ob der angegebene Benutzer mit dem angeführten Passwort existiert und, falls dem so ist, ob er überhaupt das angeforderte Recht (Scope) an einen Client delegieren darf.

Der Rückgabewert vom Typ `AutomatedUserAuthorizationCheckResponse` beinhaltet drei Werte: Die von DotNetOpenAuth an die Methode übergebene `IAccessTokenRequest`-Instanz, einen booleschen Wert, der anzeigt, ob der Benutzer den gewünschten Scope delegieren darf sowie den offiziellen Benutzernamen des Benutzers. Gerade in Hinblick auf Groß-/Kleinschreibung kann sich dieser vom übersendeten Benutzernamen unterscheiden.

`AutomatedAuthorizationCheckResponse` löst in der betrachteten Implementierung lediglich eine `NotImplementedException` aus. Der Grund dafür ist, dass diese Methode nicht für das hier betrachtete Szenario benötigt wird, sondern für solche Fälle, in denen der Client in seinem eigenen Namen und nicht im Namen des Benutzers Zugriff auf den Ressourcenserver benötigt.

```
public class AuthServerHostImpl : IAuthorizationServerHost
{
    public IClientDescription GetClient(string clientIdentifier)
    {
        switch (clientIdentifier)
        {
            case "RP":
                    var allowedCallback =
                            "https://localhost/RP/Secure4ownAuthSvr/OAuth";
```

```
                    return new ClientDescription(
                                "data!", new Uri(allowedCallback),
                                        ClientType.Confidential);
    }
    return null;
}

public bool IsAuthorizationValid(IAuthorizationDescription authorization)
{
    if (authorization.ClientIdentifier == "RP"
            && authorization.Scope.Count == 1
            && authorization.Scope.First() == "http://localhost/demo"
            && authorization.User == "Max Muster")
    {
        return true;
    }
    return false;
}

public AccessTokenResult CreateAccessToken(
                IAccessTokenRequest accessTokenRequestMessage)
{
    var token = new AuthorizationServerAccessToken();
    token.Lifetime = TimeSpan.FromMinutes(10);

    var signCert = LoadCert(Config.STS_CERT);
    token.AccessTokenSigningKey =
                (RSACryptoServiceProvider) signCert.PrivateKey;

    var encryptCert = LoadCert(Config.SERVICE_CERT);
    token.ResourceServerEncryptionKey =
                (RSACryptoServiceProvider) encryptCert.PublicKey.Key;

    var result = new AccessTokenResult(token);
    return result;
}

private static X509Certificate2 LoadCert(string thumbprint)
{
    X509Store store = new X509Store(StoreName.My,
                                        StoreLocation.LocalMachine);
    store.Open(OpenFlags.ReadOnly);
    var certs = store.Certificates.Find(
                        X509FindType.FindByThumbprint,
                        thumbprint, validOnly: false);

    if (certs.Count == 0) throw new Exception("Could not find cert");
    var cert = certs[0];
    return cert;
}

public ICryptoKeyStore CryptoKeyStore
{
    get { return new InMemoryCryptoKeyStore(); }
}
```

```
public INonceStore NonceStore
{
    get { return new DummyNonceStore(); }
}


public AutomatedAuthorizationCheckResponse
        CheckAuthorizeClientCredentialsGrant(
                        IAccessTokenRequest accessRequest)
{
    throw new NotImplementedException();
}

public AutomatedUserAuthorizationCheckResponse
        CheckAuthorizeResourceOwnerCredentialGrant(
                    string userName, string password,
                    IAccessTokenRequest accessRequest)
{

    if (userName != "Max Muster" || password != "test123")
    {
        return new AutomatedUserAuthorizationCheckResponse(
                                    accessRequest: accessRequest,
                                    approved: false,
                                    canonicalUserName: null);
    }
    if (accessRequest.Scope.Count != 1
            || accessRequest.Scope.First() != "http://localhost/demo")
    {
        return new AutomatedUserAuthorizationCheckResponse(
                                    accessRequest: accessRequest,
                                    approved: false,
                                    canonicalUserName: null);
    }

    return new AutomatedUserAuthorizationCheckResponse(
                                    accessRequest: accessRequest,
                                    approved: true,
                                    canonicalUserName: userName);
    }
}
```

Listing 10.27   Einfacher Autorisierungsserver

```
public static class Config
{
    public const string STS_CERT = "[…]";
    public const string SERVICE_CERT = "[…]";
}
```

Listing 10.28   Konfiguration für Autorisierungsserver

HINWEIS Listing 10.29 beinhaltet Kommandozeilenbefehle, welche die benötigten Zertifikate für Test- und Entwicklungs-Szenarien erzeugen. Auszuführen sind diese als Administrator auf der Visual Studio-Kommandozeile. Der Reihe nach generieren diese Anweisungen mit dem Werkzeug *makecert* ein Root-Zertifikat *CA_DNOA_DEMO*, eine Widerrufsliste für das Root-Zertifikat sowie zwei durch das Root-Zertifikat signierte Zertifikate: *DNOA_STS* ist für das Signieren durch den Autorisierungs-server gedacht; *DNOA_Service* zum Verschlüsseln für den Ressourcenserver. Anschließend werden aus den generierten Zertifikaten und den dazugehörigen privaten Schlüsseln *.pfx*-Dateien generiert, welche in den Windows-Zertifikatspeicher (Windows Certificate Store) importiert werden können.

Zum Einrichten der Zertifikate startet man die Management-Konsole (*Start/Ausführen/mmc*) und fügt das Snap-In mit dem Namen Zertifikate hinzu (*Snap-In hinzufügen/entfernen/Hinzufügen/Zertifikate/Computerkonto/Computerkonto*).

Das Root-Zertifikat ist unter *Vertrauenswürdige Stammzertifizierungsstellen* bereitzustellen (Rechtsklick auf *Vertrauenswürdige Stammzertifizierungsstellen*, dann Auswahl von *Alle Aufgaben/Importieren/Weiter/Durchsuchen/Zuvor erstelltes Root-Zertifikat auswählen*). Dasselbe gilt für die Widerrufsliste mit der Endung *.crl*. Damit diese Datei ausgewählt werden kann, ist der vorge-gebene Filter auf **.crl* abzuändern. In dem Ordner *Eigene Zertifikate* sollten auf dieselbe Weise die *.pfx*-Dateien (nicht die *.cer*-Dateien) der beiden verbleibenden Zertifikate hinterlegt werden. Dazu ist ebenfalls der Filter zu modifizieren.

Daneben muss sichergestellt werden, dass die IIS sowie der aktuelle Benutzer Zugriff auf die Dateien haben, in denen der Zertifikatspeicher die privaten Zertifikate ablegt (Rechtsklick auf *Zertifikat im Store*, dann Auswahl von *Alle Aufgaben/Private Schlüssel verwalten*).

```
makecert -n "CN=CA_DNOA_DEMO" -pe -r -sv ca_dnoa_demo.pvk ca_dnoa_demo.cer
makecert -crl -n "CN=DA_DNOA_DEMO" -r -sv ca_dnoa_demo.pvk ca_dnoa.crl
makecert -iv ca_dnoa_demo.pvk -n "CN=DNOA_STS" -ic ca_dnoa_demo.cer
             -sv dnoa_sts.pvk dnoa_sts.cer -sky exchange -pe -a sha1
makecert -iv ca_dnoa_demo.pvk -n "CN=DNOA_Service" -ic ca_dnoa_demo.cer
             -sv dnoa_service.pvk dnoa_service.cer -sky exchange -pe -a sha1
pvk2pfx -pvk dnoa_sts.pvk -spc dnoa_sts.cer -pfx dnoa_sts.pfx -po P@ssw0rd
pvk2pfx -pvk dnoa_service.pvk -spc dnoa_service.cer -pfx dnoa_service.pfx
             -po P@ssw0rd
```

Listing 10.29 Anweisungen zum Erstellen von Zertifikaten zu Entwicklungszwecken

```
public class CryptopKeyStoreEntry
{
    public string Bucket { get; set; }
    public string Handle { get; set; }
    public CryptoKey Key { get; set; }
}
```

Listing 10.30 Eintrag für CryptoKeyStore

```
public class InMemoryCryptoKeyStore: ICryptoKeyStore {

    private static List<CryptopKeyStoreEntry> keys
                        = new List<CryptopKeyStoreEntry>();

    public CryptoKey GetKey(string bucket, string handle)
    {
        return keys.Where(k => k.Bucket == bucket
                    && k.Handle == handle)
                .Select(k => k.Key)
                .FirstOrDefault();
    }
}
```

```
    public IEnumerable<KeyValuePair<string, CryptoKey>> GetKeys(string bucket)
    {
        return keys.Where(k => k.Bucket == bucket)
                   .OrderByDescending(k => k.Key.ExpiresUtc)
                   .Select(k =>
                                   new KeyValuePair<string, CryptoKey>(
                                                    k.Handle, k.Key));
    }

    public void RemoveKey(string bucket, string handle)
    {
        keys.RemoveAll(k => k.Bucket == bucket && k.Handle == handle);
    }

    public void StoreKey(string bucket, string handle, CryptoKey key)
    {
        var entry = new CryptopKeyStoreEntry();

        entry.Bucket = bucket;
        entry.Handle = handle;
        entry.Key = key;

        keys.Add(entry);
    }
}
```

Listing 10.31 Simple Implementierung eines `CryptoKeyStore`

```
class DummyNonceStore : INonceStore
{
    public bool StoreNonce(string context, string nonce, DateTime timestampUtc)
    {
        return true;
    }
}
```

Listing 10.32 Simple Implementierung eines `NonceStore`

Hat der Entwickler eine Implementierung der Schnittstelle `IAuthorizationServerHost` vorliegen, kann er sich an die Implementierung des MVC-Controllers für den Autorisierungsserver machen. Ein Beispiel dafür findet sich in Listing 10.33. Die OAuth2-Flow startet mit der Action-Methode `Auth`. Auf diese Methode leitet der Client den Benutzer um.

Unter Verwendung einer Instanz von `AuthorizationServer`, welche die besprochene Implementierung von `IAuthorizationServerHost` übergeben bekommt, wird die OAuth2-Anfrage des Clients ermittelt. Dies geschieht unter Verwendung der Methode `ReadAuthorizationRequest`. Übergeben wird das aktuelle Request-Objekt, das die zugrunde liegende HTTP-Anfrage beschreibt und u.a. auf die vom Client übergebenen OAuth2-konformen URL-Parameter Zugriff gestattet.

Das Ergebnis dieser Methode ist ein Objekt, welches die OAuth2-Anfrage beschreibt. Dieses wird in der aktuellen Sitzung für die spätere Verwendung hinterlegt. Anschließend leitet die betrachtete Action-Methode zu einer View um. Deren Aufgabe ist es, den Benutzer zur Eingabe von Benutzername und Passwort aufzufordern sowie um Bestätigung der Autorisierungsanfrage des Clients zu bitten.

Ist dies geschehen, wird die mit HttpPost annotierte Überladung von Auth angestoßen. Sie prüft Benutzername und Passwort. Beide Informationen finden sich im übergebenen LoginModel (Listing 10.34). Passen diese beiden Informationen zueinander, ruft sie die zuvor in der Sitzung abgelegte OAuth2-Anfrage ab und erzeugt eine neue Instanz von AuthorizationServer, welche sich auf die entwickelte IAuthorizationServerHost-Implementierung abstützt.

Anschließend bestätigt die betrachtete Action-Methode die Autorisierungsanfrage mittels PrepareApproveAuthorizationRequest. Sie übergibt dazu die OAuth2-Anfrage, den Benutzernamen und den Scope. Das Ergebnis dieser Methode wandelt sie unter Verwendung von AsActionResult in ein ActionResult um, welches zurückgegeben wird und anschließend ASP.NET MVC dazu bringt, den Benutzer zum anfragenden Webclient umzuleiten. In Zuge dessen wird, wie bereits besprochen, ein Autorisierungscode übergeben, welchen der Client gegen das gewünschte Token eintauschen kann. Dazu ruft er die im selben Listing abgebildete Action-Methode Token auf, wobei der Autorisierungscode von der AuthorizationServer-Instanz als URL-Parameter erwartet wird. Um die Autorisierungsanfrage abzulehnen, könnte analog dazu die Methode RejectAuthorizationRequest herangezogen werden.

```
public class OAuthController : Controller
{
    public ActionResult Auth()
    {
        var authSvr = new AuthorizationServer(new AuthServerHostImpl());
        var request = authSvr.ReadAuthorizationRequest(Request);
        Session["request"] = request;
        return View();
    }

    [HttpPost]
    public ActionResult Auth(LoginModel loginData)
    {
        var authSvrHostImpl = new AuthServerHostImpl();

        var ok = (loginData.Username == "Max Muster"
                        && loginData.Password == "test123");

        if (ok)
        {
            var request = Session["request"]
                                    as EndUserAuthorizationRequest;

            var authSvr = new AuthorizationServer(authSvrHostImpl);

            var approval = authSvr.PrepareApproveAuthorizationRequest(
                                    request,
                                    loginData.UserName,
                                    new[] { "http://localhost/demo" });

            return authSvr
                        .Channel
                        .PrepareResponse(approval)
                        .AsActionResult();
        }
```

```
        ViewBag.Message = "Falscher Benutzername/ falsches Passwort!";
        return View();
    }

    public ActionResult Token()
    {
        var authSvr = new AuthorizationServer(new AuthServerHostImpl());
        var response = authSvr.HandleTokenRequest(Request);
        return response.AsActionResult();
    }
}
```

Listing 10.33   Controller für die Anmeldung beim Autorisierungsserver

```
public class LoginModel
{
    public string Username { get; set; }
    public string Password { get; set; }
}
```

Listing 10.34   Modell für Anmeldevorgang

Mit Client auf Autorisierungsserver und Ressourcenserver zugreifen

Die Implementierung des Clients für den Zugriff auf den benutzerdefinierten Autorisierungsserver gleicht jener des Clients für das Google-Szenario (siehe Listing 10.22 und Listing 10.23), wobei natürlich die URLs auszutauschen und als Scope lediglich der Bezeichner *http://localhost/demo* heranzuziehen ist. Listing 10.35 zeigt die angepasste Umsetzung der Callback-Methode OAuthCallback. Für das Anfordern des Tokens gegen Vorlage des Autorisierungscodes ist auch hier die Methode ProcessUserAuthorization verantwortlich. Anschließend wird das Token zum Zugriff auf den Ressourcenserver verwendet.

Um zu zeigen, wie dieses Token auch für die Authentifizierung des Benutzers verwendet werden kann, fragt die gezeigte Methode unter Verwendung des Tokens weitere Infos zum Token ab und validiert diese anschließend. Dies geschieht entsprechend den Vorgaben der aktuellen Version von OpenId Connect unter Verwendung eines TokenValidator-Objekts (Listing 10.28). Die Infos zum Token bezieht sie vom Autorisierungsserver, der hier die Rolle des Ressourcenservers einnimmt.

Die Implementierung der mit diesem Aufruf angestoßenen Action-Methode findet man in Listing 10.36. Diese erzeugt eine Instanz der Klasse ResourceServer, welche sich auf einen StandardAccessTokenAnalyzer abstützt. Letzterer kennt jene Schlüssel, die zum Prüfen der Signatur sowie zum Entschlüsseln des Tokens verwendet werden können. Durch Aufruf von GetAccessToken fördert die Action-Methode die entschlüsselte Version des übermittelten Tokens ans Tageslicht. GetAccessToken nimmt das aktuelle ASP.NET-Request-Objekt sowie den erwarteten Scope entgegen. Findet sich dieser Scope nicht im Token, löst sie eine Ausnahme aus. Bei Problemen bei der Signaturprüfung oder bei Problemen bei der Entschlüsselung geschieht dasselbe. Nachdem die Action-Methode auf diese Weise das Token erhalten hat, liefert sie Informationen aus dem Token retour. Für die Validierung durch den Client ist dabei die Eigenschaft audience wichtig, aus der hervorgeht, für den das Token ausgestellt wurde.

```
private ActionResult OAuthCallback()
{
    var auth = client.ProcessUserAuthorization(this.Request);

    var hc = new HttpClient();
    hc.DefaultRequestHeaders.Authorization =
                new AuthenticationHeaderValue("Bearer", auth.AccessToken);
    var tokenInfoUrl = "http://localhost/sts/oauth/TokenInfo";
    dynamic tokenInfo =
            hc.GetAsync(tokenInfoUrl).Result.Content.ReadAsAsync<JObject>().Result;

    var tv = new TokenValidator();
    tv.ValidateToken(tokenInfo, expectedAudience: "RP");

    string info = tokenInfo.user + ", " + tokenInfo.audience;

    return Content(info);
}
```

Listing 10.35   Action-Methode zum Zugriff auf den Autorisierungsserver

```
public ActionResult TokenInfo()
{
    var signCert = LoadCert(Config.STS_CERT);
    var encryptCert = LoadCert(Config.SERVICE_CERT);

    var analyzer = new StandardAccessTokenAnalyzer(
                    (RSACryptoServiceProvider)signCert.PublicKey.Key,
                    (RSACryptoServiceProvider)encryptCert.PrivateKey);

    var resourceServer = new ResourceServer(analyzer);

    var token = resourceServer.GetAccessToken(
                        Request, new[] { "http://localhost/demo"});

    return Json(
            new { audience=token.ClientIdentifier, user=token.User },
            JsonRequestBehavior.AllowGet);
}
```

Listing 10.36   Action-Methode, welche Informationen über den aktuellen Benutzer liefert

OAuth2 für den Zugriff auf Dienste über klassische Clients

Bis dato wurden nur Webclients verwendet. OAuth2 kann jedoch auch herangezogen werden, um einen klassischen Client zu autorisieren, im Namen des Benutzers auf einen Dienst zuzugreifen. Ist es nicht möglich, dass der Benutzer dem Client sein Passwort für diesen Zweck anvertraut, ist der Client gezwungen, den in den letzten Abschnitten beschriebenen Flow in einem Browserfenster stattfinden zu lassen, welches er selbst hostet. In diesem Fall wird als Callback-URL der Wert urn:ietf:wg:oauth:2.0:oob herangezogen, was den Autorisierungsserver veranlasst, anstatt der Umleitung den Autorisierungscode im Browserfenster anzuzeigen. Dort kann der Client den Code abholen, und ihn auf die besprochene Weise gegen das gewünschte Token eintauschen. Die Beispiele, welche in der Downloadversion von DotNetOpenAuth enthalten sind (*www.dotnetopenauth.net*), beinhalten ein WPF-Projekt, welches diese Spielart demonstriert.

OAuth2 unterstützt jedoch auch Szenarien, bei denen der Benutzer dem Client seinen Benutzernamen und sein Passwort anvertraut. In diesem Fall übersendet der Client diese Informationen gemeinsam mit der Client-ID und dem Client Secret sowie dem gewünschten Scope an den Autorisierungsserver und erhält daraufhin – ohne Umweg über einen weiteren Aufruf – das gewünschte Token.

Damit dies möglich ist, muss die vom Autorisierungsserver verwendete `IAuthorizationServerHost`-Implementierung die Methode `TryAuthorizeResourceOwnerCredentialGrant` mit Leben erfüllen (Listing 10.37). Diese Methode hat die Aufgabe, zu prüfen, ob der angegebene Benutzer mit dem angeführten Passwort existiert und, falls dem so ist, ob er überhaupt das angeforderte Recht (Scope) an einen Client delegieren darf. Sind diese beiden Bedingungen erfüllt, liefert sie `true`; ansonsten `false`. Darüber hinaus liefert sie über den `out`-Parameter `canonicalUserName` den offiziellen Benutzernamen des angegebenen Benutzers zurück. Gerade in Hinblick auf die Groß-/Kleinschreibung kann sich dieser vom übersendeten Benutzernamen unterscheiden.

```
public bool TryAuthorizeResourceOwnerCredentialGrant(
                              string userName, string password,
                              IAccessTokenRequest accessRequest,
                              out string canonicalUserName)
{
    canonicalUserName = null;

    if (userName != "Max Muster" || password != "test123") return false;
    if (accessRequest.Scope.Count != 1
            || accessRequest.Scope.First() != "http://localhost/demo")
        return false;

    canonicalUserName = userName;
    return true;
}
```

Listing 10.37 Direkte Autorisierung eines Benutzers

Um das gewünschte Token zu erhalten, verwendet der Client die Klasse `UserAgentClient`, welche der von Webclients eingesetzten Klasse `WebClient` sehr ähnlich ist (Listing 10.38). Auch sie stützt sich auf eine `AuthorizationServerDescription`, welche u.a. Auskunft über die Endpunkte des Autorisierungsservers gibt. Mit `ExchangeUserCredentialForToken` kann der Client den Benutzernamen und das Passwort des Benutzers gegen das gewünschte Token eintauschen.

```
private static IAuthorizationState GetAccessTokenFromOwnAuthSvr()
{
    var server = new AuthorizationServerDescription();
    server.TokenEndpoint = new Uri("https://localhost/STS/OAuth/Token");
    server.ProtocolVersion = DotNetOpenAuth.OAuth2.ProtocolVersion.V20;

    var client = new UserAgentClient(server, clientIdentifier: "RP");

    client.ClientCredentialApplicator =
                ClientCredentialApplicator.PostParameter("data!");
```

```
    var token = client.ExchangeUserCredentialForToken(
                "Max Muster", "test123", new[] { "http://localhost/demo"});


    return token;
}
```

Listing 10.38   Ausstellen eines AccessToken-Objekts für Clients

Hat der Client das Token erhalten, kann er es wie gewohnt zum Zugriff auf Dienste nutzen (Listing 10.39).
Ein Beispiel für solch eine Dienstmethode, welche natürlich das übersendete Token zu prüfen hat, findet
sich in Listing 10.40. Zur Token-Prüfung zieht sie das Attribut OAuth2 heran, deren Implementierung aus
Listing 10.41 ersichtlich ist. Dieses Attribut fungiert als Autorisierungsfilter und nimmt über die bereitgestellten Konstruktoren keinen, einen oder mehrere Bezeichner entgegen, die im Rahmen des Scopes des
übersendeten Tokens erwartet werden.

In der Methode OnAuthorization wird unter Verwendung der von der Klasse ResourceServer angebotenen
Methode GetAccessToken das übersendete Token ermittelt. Im Zuge dessen wird es entschlüsselt. Daneben
finden eine Prüfung der Signatur sowie eine Prüfung gegen den angegebenen Scope statt. Schlagen diese
Aktionen fehl, wird eine Ausnahme ausgelöst und die Abarbeitung der Anfrage somit abgebrochen. Um zu
verhindern, dass diese Prüfung bei jedem Aufruf stattfinden muss, könnte bei Erfolg auch ein Sitzungscookie oder ein entsprechender Sitzungseintrag erzeugt werden. Dies lässt sich zum Beispiel mit dem Mitgliedschaftsanbieter von ASP.NET sehr einfach erledigen.

```
var token = GetAccessTokenFromOwnAuthSvr();

HttpWebRequest request =
        (HttpWebRequest)WebRequest.Create("http://localhost/RP/api/demo");

request.Headers.Add("Authorization", "Bearer " + token.AccessToken);

var response = request.GetResponse();
var msg = new StreamReader(response.GetResponseStream()).ReadToEnd();

Console.WriteLine(msg);
```

Listing 10.39   Aufruf eines Services unter Verwendung eines über OAuth2 erhaltenen Tokens

```
[OAuth2("http://localhost/demo")]
public string Demo()
{
    return "Hallo Welt";
}
```

Listing 10.40   Abgesicherte Action-Methode

```
public class OAuth2Attribute: FilterAttribute, IAuthorizationFilter
{
   String[] scopes = new String[0];

   public OAuth2Attribute() { }
   public OAuth2Attribute(String scope) { scopes = new String[] { scope }; }
   public OAuth2Attribute(String[] scopes) { this.scopes = scopes; }
```

```
public void OnAuthorization(AuthorizationContext filterContext)

    var signCert = AuthHelper.LoadCert(Config.STS_CERT);
    var encryptCert = AuthHelper.LoadCert(Config.SERVICE_CERT);

    var analyzer = new StandardAccessTokenAnalyzer(
            (RSACryptoServiceProvider)signCert.PublicKey.Key,
            (RSACryptoServiceProvider)encryptCert.PrivateKey);

    var resourceServer = new ResourceServer(analyzer);

    var token =
            resourceServer.GetAccessToken(
                filterContext.HttpContext.Request, scopes);
    }
}
```

Listing 10.41   Attribut zum Absichern von Action-Methoden

HINWEIS   Obwohl OAuth2 heute bereits von Größen wie Google oder Facebook unterstützt wird und für Neuentwicklungen die erste Wahl darstellt, existieren noch immer Plattformen, die sich auf OAuth in der ursprünglichen Version stützen. Auch dafür bietet DotNetOpenAuth Unterstützung. Das Objektmodell dafür ähnelt sehr stark dem für OAuth2, orientiert sich jedoch verständlicherweise am Vokabular, welches die ursprüngliche OAuth-Spezifikation verwendet. Beispiele dafür finden sich im Downloadpaket von DotNetOpenAuth (*www.dotnetopenauth.net*).

Single Sign-On mit WIF

Die letzten Abschnitte haben gezeigt, wie mit offenen Webstandards, allen voran OAuth2, Single Sign-On-Szenarien unter Verwendung wohlbekannter Websites, wie Google, Facebook oder Twitter, realisiert werden können. Dieser Abschnitt knüpft daran an, zeigt jedoch, wie dieselbe Aufgabe unter Verwendung von Webdienststandards, die im Geschäftsumfeld sehr verbreitet sind, zu meistern ist.

Die Rede ist hierbei von Standards, wie WS-Trust, WS-Federation oder SAML. WS-Trust normt beispielsweise die Kommunikation mit Security Token Services via SOAP. WS-Federation findet unter anderem Verwendung, um Vertrauensstellungen zwischen einzelnen STS und somit auch zwischen einzelnen Sicherheitsdomänen zu etablieren. Als Format für Tokens kommt dabei häufig das XML-Derivat SAML zum Einsatz.

Die nachfolgenden Abschnitte zeigen anhand eines Beispiels, wie mit diesen Standards eine offene Sicherheitsarchitektur mit den Mitteln von ASP.NET realisiert werden kann. Dabei wird auf die Windows Identity Foundation (WIF), die zur Unterstützung solcher Szenarien geschaffen wurde, zurückgegriffen.

WIF ist seit .NET 4.5 ein integraler Bestandteil von .NET und bietet ein einheitliches Sicherheitsmodell, welches sich an den oben genannten Standards orientiert sowie offen für Erweiterungen ist. Die Werkzeugunterstützung für WIF ist hingegen nicht in Visual Studio 2012 enthalten, sondern muss über den Extension Manager (*Tools/Extensions and Updates*) nachgerüstet werden. Diese Erweiterung, die den Namen *Identity and Access* trägt, bietet zum einen Masken für die Konfiguration von WIF und zum anderen einen einfachen STS, den so genannten Development-STS, welcher ohne Zutun des Benutzers ein Token ausstellt. Die Claims dieses Tokens kann der Entwickler in den Dialogfeldern des Werkzeugs *Identity and Access* hinterlegen.

Während sich der Development-STS für die Entwicklungsphase anbietet, muss für den Produktivbetrieb auf einen »echten« STS, wie zum Beispiel Active Directory Federation Services (ADFS), zurückgegriffen werden.

Verweis auf STS einrichten

Um eine Webanwendung mittels WIF mit einem STS zu verbinden, wählt der Entwickler im Kontextmenü des Projekts den Befehl *Identity and Access* aus (Abbildung 10.6). Dieser Befehl steht erst nach dem Einrichten des Tools *Identity and Access* zur Verfügung und startet diese.

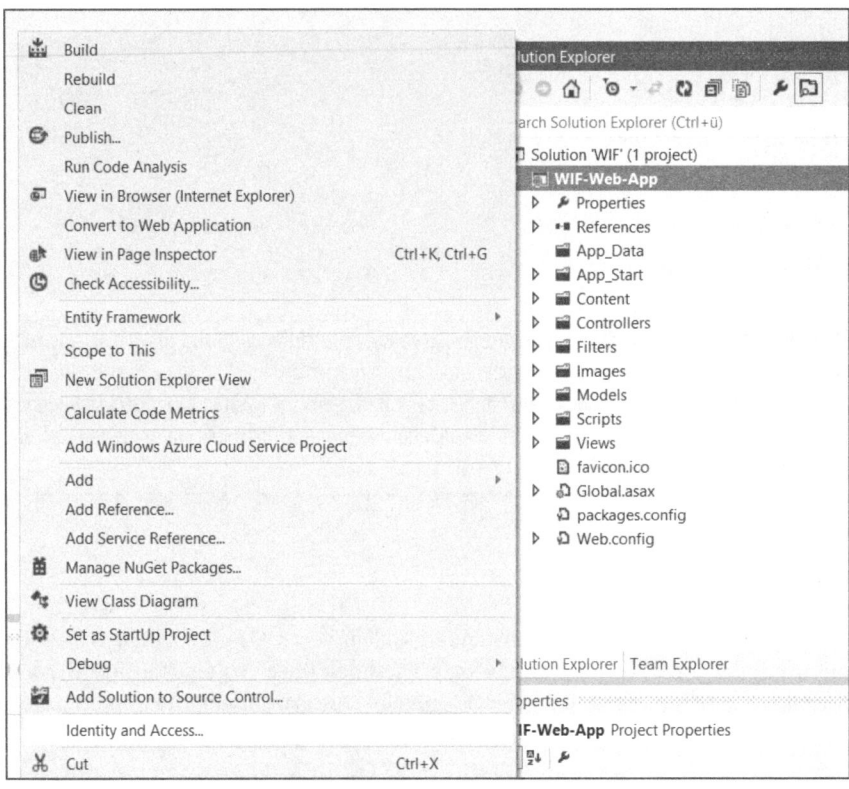

Abbildung 10.6   Neuer Kontextmenübefehl zum Einfügen eines Verweises auf einen STS

Auf der Registerkarte mit dem Namen *Providers* wählt der Entwickler für Testzwecke die Option *Use the Local Development STS to test your application* (Abbildung 10.7) aus. Für den Produktivbetrieb ist hingegen die zweite Option zu wählen. Diese erlaubt die Angabe der benötigten Eckdaten, damit sich WIF zu einem produktiven STS, wie zum Beispiel jenem, das von Active Directory Federation Services (ADFS) bereitgestellt wird, verbinden kann.

Abbildung 10.7   Auswahl einer STS im *Identity and Access*-Tool

Auf der Registerkarte *Local Development STS* (Abbildung 10.8) legt der Entwickler hingegen jene Claims fest, die der Development-STS zu Testzwecken ausstellen soll. Im betrachteten Fall wird neben den bereits vorgeschlagenen Claims der Claim *http://localhost/IsFlightAgent* mit dem Wert *true* angegeben. Wie weiter oben beschrieben, ist es üblich, URLs als Namen für Claim-Typen heranzuziehen, damit diese eindeutig sind.

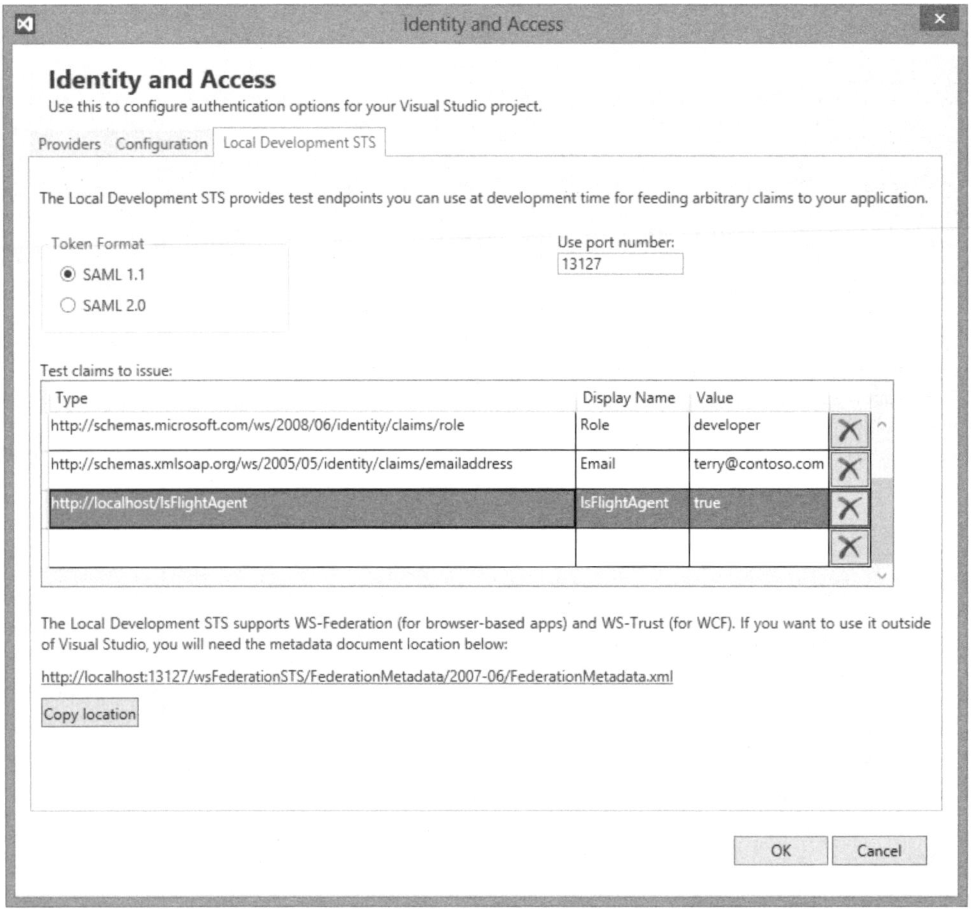

Abbildung 10.8   Festlegen der gewünschten Claims im *Identity and Access*-Tool

Per Klick auf OK aktualisiert das *Identity and Access*-Tool die Datei *web.config* anhand der festgelegten Daten. Mit diesen wird ein neuer Konfigurationsabschnitt system.identityModel erzeugt (Listing 10.42). Die hier betrachtete identityConfiguration legt unter audienceUris fest, welche Audience-URIs im Token zur Identifikation des Empfängers angegeben werden dürfen. Darüber hinaus gibt sie unter trustedIssuers die Fingerabdrücke jener Zertifikate an, mit denen der STS das Token signieren darf. Übersendete Tokens, welche diese Eigenschaften nicht aufweisen, werden von WIF abgelehnt.

Die ebenfalls vom *Identity and Access*-Tool hinzugefügte Sektion system.identityModel.services definiert, wie die Webanwendung das benötigte Token erhält. Das Attribut passiveRedirectEnabled definiert, dass die so genannte passive Variante zu verwenden ist, bei der der Browser mit einem HTTP-Redirect auf den STS weitergeleitet wird. Nachdem er sich dort angemeldet hat, wird er samt Token wieder zur Webanwendung umgeleitet. Die Alternative dazu besteht darin, dass sich der Client direkt an den STS wendet, um ein Token zu beziehen und anschließend damit auf die Anwendung zugreift. Webbrowser sind im Gegensatz zu »echten« Clientanwendungen dazu nicht in der Lage, weswegen für Browseranwendungen generell diese passive Spielart zum Einsatz kommt. Das Attribut issuer legt den URL des STS fest; reply hingegen jenen URL innerhalb der Webanwendung, an den der Benutzer samt Token nach erfolgreicher Anmeldung beim STS umzuleiten ist.

```
<system.identityModel>
  <identityConfiguration>
    <audienceUris>
      <add value="http://localhost:47343/" />
    </audienceUris>
    <issuerNameRegistry type="System.IdentityModel.Tokens.ConfigurationBasedIssuerNameRegistry,↙
System.IdentityModel, Version=4.0.0.0, Culture=neutral, PublicKeyToken=b77a5c561934e089">
      <trustedIssuers>
        <add thumbprint="9B74CB2F320F7AAFC156E1252270B1DC01EF40D0" name="LocalSTS" />
      </trustedIssuers>
    </issuerNameRegistry>
    <certificateValidation certificateValidationMode="None" />
  </identityConfiguration>
</system.identityModel>
<system.identityModel.services>
  <federationConfiguration>
    <cookieHandler requireSsl="false" />
    <wsFederation passiveRedirectEnabled="true" issuer="http://localhost:12049/wsFederationSTS/Issue"↙
realm="http://localhost:47343/" reply="http://localhost:47343/" requireHttps="false" />
  </federationConfiguration>
</system.identityModel.services>
```

Listing 10.42 WIF-Konfiguration

Konfigurieren von ASP.NET-Projekten für den Einsatz mit WIF

Beim Konfigurieren einer Website mit dem *Identity and Access*-Tool konfiguriert dieses auch ein paar IIS-Module, welche sich um die Weiterleitung zum STS sowie um das Prüfen des zurückgesendeten Tokens kümmern. Um einen Konflikt mit der standardmäßig aktivierten Formularauthentifizierung zu verhindern, muss der Entwickler diese anschließend in der Datei *web.config* deaktivieren (siehe Listing 10.43)

```
<system.webServer>
  <validation validateIntegratedModeConfiguration="false" />
  <modules runAllManagedModulesForAllRequests="true">
    <remove name="FormsAuthentication" />
    [...]
  </modules>
</system.webServer>
```

Listing 10.43 Formularauthentifizierung deaktivieren

Daneben ist zu beachten, dass der HTML-Helper `@AntiForgeryToken`, welcher in ASP.NET MVC unter anderem im Zuge des Logins zum Einsatz kommt, im Falle der Claim-basierten Sicherheit einen eindeutigen Bezeichner für den angemeldeten Benutzer benötigt. Standardmäßig erwartet er dazu zwei Claims mit den Typen `http://schemas.xmlsoap.org/ws/2005/05/identity/claims/nameidentifier` sowie `http://schemas.microsoft.com/accesscontrolservice/2010/07/claims/identityprovider`. Sind diese Claims nicht vorhanden, löst `@AntiForgeryToken` eine Exception aus.

Aus diesem Grund muss der Entwickler dafür sorgen, dass diese beiden Claims übertragen werden, oder er muss einen anderen Claim angeben, der stattdessen als eindeutiger Bezeichner für den Benutzer heranzuziehen ist. Der nachfolgende Schnipsel zeigt, wie der Entwickler, zum Beispiel im Rahmen der Datei *global.asax*, angeben kann, dass die E-Mail-Adresse hierzu herangezogen werden soll.

```
AntiForgeryConfig.UniqueClaimTypeIdentifier = ClaimTypes.Email;
```

Welche Seiten Authentifizierung benötigen, wird dabei mit den üblichen Bordmitteln, wie dem Attribut Authorize unter ASP.NET MVC oder den entsprechenden Einstellungen in der Datei *web.config* (Listing 10.44) festgelegt.

```
<system.web>
  <authorization>
    <deny users="?" />
  </authorization>
</system.web>
```

Listing 10.44 Festlegen, dass unangemeldete Benutzer keinen Zugriff erhalten

Übermittelte Claims prüfen

Nachdem die Webanwendung zur Verwendung des STS konfiguriert wurde, soll diese nun erweitert werden, sodass sie die in den Token enthaltenen Claims zur Prüfung der Berechtigungen heranzieht. Dazu wird die Assembly System.IdentityModel eingebunden und eine Subklasse von ClaimsAuthorizationManager bereitgestellt (Listing 10.45).

Ein ClaimsAuthorizationManager hat die Aufgabe zu prüfen, ob der aktuelle Benutzer aufgrund seiner Claims auf eine bestimmte Ressource zugreifen bzw. eine bestimmte Aktion anstoßen darf. Diese Prüfung kann in der zu überschreibenden Methode CheckAccess platziert werden, die jeweils vor der Ausführung einer Service-Operation aufgerufen wird. Lautet der Rückgabewert true, darf der aktuelle Benutzer die gewünschte Operation ausführen; ansonsten nicht.

Zur Prüfung übergibt WIF eine Instanz von AuthorizationContext. Diese beinhaltet Informationen über den aktuellen Benutzer (Eigenschaft Principal). Die angeforderte Seite wird dabei durch die Eigenschaft Resource der von WIF übergebenen Context-Instanz widergespiegelt. Die Art des Zugriffs (GET, POST etc.) kann hingegen über die Eigenschaft Action in Erfahrung gebracht werden.

```
public class CustomClaimsAuthorizationManager : ClaimsAuthorizationManager
{
    public override bool CheckAccess(AuthorizationContext context)
    {
        if (context.Resource.First().Value.EndsWith("/info")) {

            if (context.Principal
                        .FindAll("http://localhost/IsManager").Count() > 0) {
                return true;
            }
            return false;
        }

        return true;
    }
}
```

Listing 10.45 Benutzerdefinierter ClaimsAuthorizationManager

Damit der bereitgestellte `ClaimsAuthorizationManager` auch Verwendung findet, ist er über die Konfiguration bekannt zu machen. Dies erfolgt im Rahmen der zuvor betrachteten `identityConfiguration`. Hier wird der vollständige Name des `ClaimsAuthorizationManagers` im üblichen Format `Namespaces.Klassename, Assemblyname` innerhalb eines `claimsAuthorizationManager`-Elements hinterlegt (Listing 10.46).

```
<system.identityModel>
  <identityConfiguration saveBootstrapContext="true" name="MyIdentityConfig">
    <claimsAuthorizationManager
          type="MyProject.CustomClaimsAuthorizationManager, MyAssembly" />
    [...]
  </identityConfiguration>
</system.identityModel>
```

Listing 10.46 Registrieren eines `ClaimsAuthorizationManagers`

Claims in Action-Methoden verwenden

Um die im Token enthaltenen Claims innerhalb der Action-Methoden zu verwenden, wird das `Principal`-Objekt, welches den Aufrufer beschreibt, über `Thread.CurrentPrincipal` bzw. über die Eigenschaft `User` abgerufen und nach `ClaimsPrincipal` gecastet (Listing 10.47). Wie bei allen Prinzipalen ab .NET 4.5 handelt es sich dabei um einen `ClaimsPrincipal`, welcher Eigenschaften und Methoden zum Zugriff auf die Claims des Benutzers bietet.

Mit `HasClaim` prüft die Dienstoperation, ob der `Principal` den angeführten Claim mit dem angeführten Wert aufweist; mit `FindFirst` bringt sie hingegen den Wert des ersten Claims mit dem übergebenen Typ in Erfahrung. Daneben könnte man über die Eigenschaft `Claims` direkt auf sämtliche im `Principal` enthaltenen Claims zugreifen oder mit `FindAll` sämtliche Claims eines bestimmten Claimtyps in Erfahrung bringen.

Für einen sanften Umstieg auf die Claim-basierte Sicherheit weist WIF den Wert des Claims mit dem Benutzernamen auch den Namen der jeweiligen Identität (Eigenschaft `Name`) zu. Analog geht WIF mit dem Claim vor, der die übermittelten Rollenzugehörigkeiten widerspiegelt: Seine Werte werden an die Rollen des `Principal`-Objekts übergeben. Somit kann auf diese Informationen auch auf die gewohnte Art und Weise über `Identity.Name` bzw. `Principal.IsInRole` zugegriffen werden. Dies macht es auch möglich, eine Prüfung gegen Rollenzuweisungen deklarativ unter Verwendung des Attributs `PrincipalPermission` zu veranlassen. Beide Möglichkeiten sind mit den Kommentaren im betrachteten Listing angedeutet.

```
public string GetFlightInfo(int flightNumber)
{
    var p = User as ClaimsPrincipal;

    // isInRole = p.IsInRole("...")

    if (!p.HasClaim("http://localhost/IsFlightAgent", "true") )
                throw new SecurityException("Kein Flight-Agent");

    var emailAddress = p.FindFirst(ClaimTypes.Email);
    return string.Format(
                "User: {0}, Flight: {1}, EmailAddress: {2}",
                p.Identity.Name, value, emailAddress);
}
```

Listing 10.47 Zugriff auf Claims

Programmatisches Anfordern einer Anmeldung

Die statische Klasse FederatedAuthentication bietet unter anderem die Möglichkeit, eine Authentifizierung über den STS programmatisch anzufordern bzw. den Benutzer programmatisch abzumelden. Der ASP.NET MVC-basierte Controller in Listing 10.48 demonstriert dies.

```
[Authorize]
public class AccountController : Controller
{

    [AllowAnonymous]
    public ActionResult Login(string returnUrl)
    {

        if (!User.Identity.IsAuthenticated)
        {
            FederatedAuthentication.WSFederationAuthenticationModule.SignIn("");
            return new EmptyResult();
        }

        if (!string.IsNullOrEmpty(returnUrl))
        {
            return Redirect(returnUrl);
        }

        return Redirect("~/");

    }

    public ActionResult LogOff()
    {
        FederatedAuthentication.WSFederationAuthenticationModule.SignOut();
        return RedirectToAction("Index", "Home");
    }

}
```

Listing 10.48   Programmtisches An- und Abmelden eines Benutzers

Sitzungscookie für Claims erstellen

Eine weitere interessante Methode, die diese statische Klasse anbietet, ist FederatedAuthentication. SessionAuthenticationModule.CreateSessionSecurityToken. Damit lässt sich programmatisch ein Sitzungstoken erstellen, welches sich auf einen übergebenen Claims-Prinzipal abstützt. Dieser Prinzipal wird bei jedem erneutem Zugriff auf die Website wieder durch die eingesetzten IIS-Module hergestellt. Somit stehen er und die darin abgelegten Claims, im Gegensatz zur klassischen Formularauthentifizierung, wo nur der Benutzername und seine Gruppenzuweisungen berücksichtigt werden, ständig zur Verfügung.

Kapitel 11

ASP.NET MVC und ASP.NET Web API erweitern

In diesem Kapitel:

ASP.NET MVC erweitern   354

ASP.NET Web API erweitern   383

Das von Webentwicklern wahrgenommene Verhalten von ASP.NET MVC und ASP.NET Web API ist häufig lediglich das Verhalten von standardmäßig verwendeten Komponenten, die durch benutzerdefinierte Implementierungen ersetzt werden können. Kennen Sie als Entwickler diese Komponenten (das hierfür notwendige Wissen wird in diesem Kapitel vermittelt), können Sie ASP.NET MVC sowie ASP.NET Web API an die eigenen Bedürfnisse anpassen. Auf diese Weise erhalten Sie auch ein besseres Verständnis für die Funktionsweise dieser Frameworks sowie für Erweiterungen von Drittanbietern.

ASP.NET MVC erweitern

Dieser Abschnitt zeigt, wie ASP.NET MVC erweitert werden kann. Die hier vorgestellten Komponenten entstammen dem Namensraum System.Web.Mvc. Diese Information ist essenziell, da viele dieser Komponenten in leicht veränderter Form auch von ASP.NET Web API genutzt werden. Diese Varianten, die dieselben Namen wie ihre MVC-Pendants tragen, finden sich jedoch im Namensraum System.Web.Http.

DependencyResolver

Seit Version 3 existiert eine zentrale Factory, bei der ASP.NET MVC sämtliche benötigte Komponenten anfordert. Diese Factory nennt sich DependencyResolver. Indem dieser DependencyResolver durch eine benutzerdefinierte Implementierung ausgetauscht wird, kann der Entwickler steuern, welche Implementierungen der Komponenten zum Einsatz kommen sollen. Darüber hinaus wird dieses Konzept in der Praxis häufig genutzt, um IoC-Container wie Unity oder Spring.Net einzubinden, welche sich um das Auflösen von Abhängigkeiten kümmern.

Da das Konzept von DependencyResolver jedoch erst seit Version 3 existiert, gibt es aus historischen Gründen für die meisten Komponenten noch eine weitere »traditionelle« Variante, mit der bestimmt werden kann, welche konkrete Implementierung einer Komponente heranzuziehen ist. Kann ASP.NET MVC die gewünschte Komponente nicht über den DependencyResolver ausfindig machen, verwendet es den traditionellen Weg.

Dieser Abschnitt zeigt, sofern verfügbar, für jede vorgestellte Komponente die Bereitstellung sowohl über den DependencyResolver als auch über den traditionellen Weg. Zuvor erfahren Sie jedoch, wie der DependencyResolver generell zu verwenden ist.

Bei einem DependencyResolver handelt es sich um eine Klasse, welche die Schnittstelle System.Web. Mvc.IDependencyResolver implementiert. Diese Schnittstelle gibt die folgenden Methoden vor:

- `object GetService(Type serviceType);`
- `IEnumerable<object> GetServices(Type serviceType);`

Erstere wird von ASP.NET MVC aufgerufen, wenn eine einzige Instanz einer Komponente benötigt wird. Letztere nutzt ASP.NET MVC, wenn mehrere Instanzen einer Komponente verwendet werden können. Beide Methoden nehmen den Typ der Schnittstelle bzw. der (Basis-)Klasse der gewünschten Komponente(n) entgegen.

Welche von diesen Methoden zum Einsatz kommt, hängt von der Art der Komponente ab. Auszuführende Controller fordert ASP.NET MVC zum Beispiel über die erste Variante an, da es pro Aufruf nur einen Controller anstoßen kann. Die Dokumentation spricht hierbei von einem einzelregistrierten Dienst (engl. singly registered service). Die möglichen View-Engines, wie RazorViewEngine oder WebFormViewEngine, ruft das

Framework über GetServices ab, da mehrere View-Engines zur Laufzeit koexistieren können. In weiterer Folge iteriert ASP.NET MVC die auf diese Weise ermittelten View-Engines und verwendet die erste, welche signalisiert, dass sie die gewünschte View rendern kann. Hierbei ist von mehrfachregistrierten Diensten (engl. multiply registered services) die Rede.

Listing 11.1 zeigt eine benutzerdefinierte Implementierung von DependencyResolver. Sie verwaltet die zu erzeugenden Komponenten in zwei Dictionaries: Das eine bildet einen (Super-)Typ auf eine einzige Komponente ab und beherbergt somit einzelregistrierte Dienste. Das zweite bildet einen (Super-)Typ auf mehrere Komponenten ab, womit auch mehrfachregistrierte Dienste unterstützt werden. Die Methode RegisterService registriert einzelregistrierte Dienste; die Methode AddService registriert hingegen mehrfachregistrierte Dienste . Die beiden von Interface IDependencyResolver vorgegebenen Methoden GetService und GetServices liefern die in diesen Dictionaries hinterlegten Komponenten zurück.

```
class CustomDependencyResolver : IDependencyResolver
{
    private IDictionary<Type, object> singlyRegisteredServices
                              = new Dictionary<Type, object>();
    private IDictionary<Type, List<object>> multiplyRegisteredServices
                              = new Dictionary<Type, List<object>>();

    public object GetService(Type serviceType)
    {
        if (singlyRegisteredServices.ContainsKey(serviceType))
        {
            return singlyRegisteredServices[serviceType];
        }
        return null;
    }

    public IEnumerable<object> GetServices(Type serviceType)
    {
        if (multiplyRegisteredServices.ContainsKey(serviceType))
        {
            return multiplyRegisteredServices[serviceType];
        }
        return new List<object>();

    }

    public void RegisterService(Type serviceType, object service)
    {
        singlyRegisteredServices[serviceType] = service;
    }

    public void AddService(Type serviceType, object service)
    {
        List<object> services;
        if (multiplyRegisteredServices.ContainsKey(serviceType))
        {
            services = multiplyRegisteredServices[serviceType];
        }
```

```
        else
        {
            services = new List<object>();
            multiplyRegisteredServices[serviceType] = services;
        }

        services.Add(service);

    }
}
```

Listing 11.1   Einfacher benutzerdefinierter DependencyResolver

Damit ASP.NET MVC diesen benutzerdefinierten `DependencyResolver` verwendet, muss der Entwickler ihn im Zuge des Starts der Webanwendung registrieren. Dazu bietet sich die Methode `Application_Start` in der Klasse `MvcApplication` an, die sich in der Datei `global.asax` befindet.

Listing 11.2 zeigt, wie der Entwickler diese Aufgabe bewerkstelligen kann. Es instanziiert den `CustomDependencyResolver` und registriert den `HomeController` als einzelregistrierten Dienst sowie die Klasse `RazorViewEngine`, welche für das Abarbeiten von Razor-Views verantwortlich ist, als mehrfachregistrierten Dienst. Damit diese Komponenten von ASP.NET MVC auch wieder gefunden werden, müssen sie unter Verwendung des zur Laufzeit verwendeten, in Form eines Typs vorliegenden Schlüssels hinterlegt werden. Für den `HomeController` wird der Typ des `HomeControllers` verwendet; für die `RazorViewEngine` der Typ `IViewEngine`. Anschließend registriert das betrachtete Beispiel den benutzerdefinierten `DependencyResolver` mit der statischen Methode `DependencyResolver.SetResolver`, sodass ASP.NET MVC künftig auf ihn zurückgreift.

Registriert der Entwickler keine `ViewEngine` beim `DependencyResolver`, liefert die Methode `GetServices` der hier vorgestellten Implementierung zur Laufzeit den Wert `null` an ASP.NET MVC zurück. Dies hätte zur Folge, dass ASP.NET MVC auf dem »traditionellen« Weg versuchen würde, die registrierten `ViewEngines` zu finden. Auf diesem Weg würde es dann die beiden standardmäßig verwendeten `ViewEngines` entdecken, nämlich die `RazorViewEngine` und die `WebFormViewEngine`.

```
var dr = new CustomDependencyResolver();
dr.RegisterService(typeof(HomeController), new HomeController());
dr.AddService(typeof(IViewEngine), new RazorViewEngine());

DependencyResolver.SetResolver(dr);
```

Listing 11.2   Registrieren eines benutzerdefinierten DependencyResolver

ModelBinder

`ModelBinder` ermitteln jene Werte, die ASP.NET MVC den Übergabeparametern von Action-Methoden zuweist. Der Standardimplementierung der Modellbindung ist es zum Beispiel zu verdanken, dass bei einem Aufruf des URLs */hotel/find?minSterne=3* dem Parameter `minSterne` der angestoßenen Action-Methode der Wert 3 zugewiesen wird. Bei der Modellbindung handelt es sich um Implementierungen der Schnittstelle `System.Web.Mvc.IModelBinder`.

ModelBinder anpassen

Die Standardimplementierung der Modellbindung trägt den Namen `DefaultModelBinder`. Möchte man die Standardlogik lediglich erweitern, bietet es sich an, von dieser Klasse abzuleiten, anstatt `IModelBinder` komplett neu zu implementieren. Das Ergebnis eines solchen Vorhabens findet sich in Form der Klasse `SimpleCustomModelBinder` in Listing 11.3. Diese Klasse erbt von `DefaultModelBinder` und überschreibt die Methode `BindModel`. Diese Methode erhält von ASP.NET MVC zwei Parameter, aus denen hervorgeht, welcher Wert zu binden ist. Hierbei ist zu beachten, dass Framework-intern der Begriff Modell auch für Parameter sowie für Teile von Modellen verwendet wird.

Die betrachtete Methode informiert durch Einsatz der Eigenschaft `ModelName` der übergebenen `BindingContext`-Instanz über den Namen des zu bindenden Parameters; über `ModelType` bringt sie den Typ dieser Eigenschaft in Erfahrung. Handelt es sich um einen Parameter `userName` vom Typ `string`, gibt sie den Namen der Identität des aktuellen `Principal`-Objekts zurück, welches unter .NET per Definition Informationen über den aktuellen Benutzer beinhaltet. Dies veranlasst ASP.NET MVC dazu, dem jeweiligen Parameter den zurückgegebenen Namen zuzuweisen.

Handelt es sich hingegen um einen Parameter vom Typ `IPrincipal`, liefert `BindModel` den aktuellen Prinzipal. In allen anderen Fällen verwendet die betrachtete Methode die Logik der Standardimplementierung, indem sie unter Verwendung des Schlüsselworts `base` an diese weiterdelegiert.

```
public class SimpleCustomModelBinder: DefaultModelBinder {

    public override object BindModel(
                ControllerContext controllerContext,
                ModelBindingContext bindingContext)
    {
        if (bindingContext.ModelName == "userName" &&
                            bindingContext.ModelType == typeof(string))
        {
            return Thread.CurrentPrincipal.Identity.Name;
        }

        if (bindingContext.ModelType == typeof(IPrincipal))
        {
            return Thread.CurrentPrincipal;
        }
        return base.BindModel(controllerContext, bindingContext);
    }
}
```

Listing 11.3 Einfacher benutzerdefinierter `ModelBinder`

Validierende Modellbindung

Modellbindungen haben auch die Aufgabe, die übergebenen Werte vor dem Binden zu validieren. Das machen sie in der Regel nicht alleine, sondern mithilfe des Validierungsframeworks von ASP.NET MVC. Konnte ein Wert nicht erfolgreich validiert werden, muss die Modellbindung diesen Wert samt Fehlermeldung im aktuellen `ModelState` hinterlegen. Dies ermöglicht es der View, den fehlerhaften Wert nochmals anzuzeigen und den Benutzer aufzufordern, ihn zu korrigieren.

Um die Komplexität von Modellbindungsimplementierungen zu reduzieren, stützen sie sich auf so genannte `ValueProvider`, welche sie mit den zur Verfügung stehenden Werten vorsorgen. Unter diesen Werten finden sich in erster Linie die beim Aufruf übermittelten Parameter wieder.

Eine Modellbindung, die all diese nicht gerade trivialen Aspekte demonstriert, findet sich in Listing 11.4. Der hier abgebildete `IntArrayModelBinder` hat die Aufgabe, Werte, die kommasepariert übergeben werden, an Integer-Arrays zu binden. Die einzelnen Werte des jeweiligen Integer-Arrays validiert er mit jenen Validatoren, die für das gesamte Array hinterlegt wurden.

Der erste Abschnitt der Methode `BindModel` im betrachteten Listing legt sich lediglich Objekte, die sie zur Durchführung der gestellten Aufgabe benötigt, zurecht. Dabei handelt es sich um:

- Den Namen des zu bindenden Models
- Den aktuellen *ValueProvider*, über den *ModelBinder* später die zu bindenden Werte bezieht
- Metadaten über das aktuelle Modell

Auch hier gilt es zu beachten, dass MVC-intern die Bezeichnung Model auch für Parameter und Eigenschaften von Modellen verwendet wird. `BindModel` bringt über die Methode `GetValue` des `ValueProviders` den Wert des Models in Erfahrung. Dieser wird als Instanz von `ValueProviderResult` repräsentiert. Damit die View später auf diesen Wert Zugriff hat, erzeugt sie damit eine Instanz von `ModelState` und verstaut diese im aktuellen `BindingContext` unter Verwendung der Methode `bindingContext.ModelState.Add`.

Danach wird der zu bindende Wert ermittelt. Dazu wandelt `BindModel` den Wert, der durch das `ValueProviderResult` repräsentiert wird, mittels `ConvertTo` in einen String um. Aus diesem erzeugt sie mittels `Split` ein Zeichenfolgenarray, welches sie in weiterer Folge in ein Integer-Array überführt. Tritt bei dieser Aufgabe ein Fehler auf, hinterlegt `BindModel` im aktuellen `ModelState` eine Fehlermeldung und verstaut die Zeichenfolgenrepräsentation des fehlerhaften Werts, die sie über `valueProviderResult.AttemptedValue` in Erfahrung bringt, in den Metadaten unter der Eigenschaft `Model`.

Konnte `BindModel` das gewünschte Integer-Array ohne Probleme erzeugen, validiert sie es unter Verwendung der benutzerdefinierten Hilfsmethode `Validate` und liefert das Integer-Array als zu bindenden Wert zurück.

```
public class IntArrayModelBinder: IModelBinder {

    public object BindModel(ControllerContext controllerContext,
                            ModelBindingContext bindingContext) {

        var name = bindingContext.ModelName;
        var valueProvider = bindingContext.ValueProvider;
        var metaData = bindingContext.ModelMetadata;

        var valueProviderResult = valueProvider.GetValue(name);
        var modelState = new ModelState { Value = valueProviderResult };
        bindingContext.ModelState.Add(name, modelState);

        var strValue = (string)
                              valueProviderResult.ConvertTo(typeof(string));
        var strArray = strValue.Split(',');
        var intArray = new int[strArray.Length];

        try {
            for (int i = 0; i < intArray.Length; i++)
```

```
            {
                intArray[i] = Convert.ToInt32(strArray[i]);
            }
        } catch {
            modelState.Errors.Add("Ungültiger Wert");
            metaData.Model = valueProviderResult.AttemptedValue;
            return null;
        }
        Validate(controllerContext, metaData, modelState, intArray);
        return intArray;
    }
}
```

Listing 11.4   Benutzerdefinierter `ModelBinder` für Integer-Arrays

Die Hilfsmethode `Validate` ermittelt alle für das zu bindende Modell definierten `Validatoren`. In der Regel werden diese in Form von Validierungsattributen mit dem Modell verknüpft. Dazu ruft `Validate` die Methode `GetValidators` der statischen Eigenschaft `ModelValidatorProviders.Providers` auf. Das betrachtete Beispiel validiert mit diesen `Validatoren` alle Werte des erzeugten `Int`-Arrays. Alle Fehlermeldungen, die die einzelnen `Validatoren` zurückliefern, verstaut sie in der Eigenschaft `Errors` des `modelStates`.

```
private void Validate(
        ControllerContext controllerContext,
        ModelMetadata metaData,
        ModelState modelState,
        int[] intArray) {

    var validators = ModelValidatorProviders.Providers
                        .GetValidators(metaData, controllerContext);

    foreach (var validator in validators) {
        foreach (var item in intArray) {
            var errors = validator.Validate(item);
            foreach (var error in errors) {
                modelState.Errors.Add(error.Message);
            }
        }
    }
}
```

Listing 11.5   Hilfsmethode für Validierung durch `ModelBinder`

ModelBinder auf traditionellem Weg registrieren

Zum Registrieren benutzerdefinierter Modellbindungen stehen mehrere Möglichkeiten zur Verfügung. Möchte der Entwickler, dass eine Modellbindung nur für ausgewählte Parameter zum Einsatz kommt, kann er diese mit dem Attribut `ModelBinder` annotieren und im Zuge dessen den Typ der gewünschten Modellbindung angeben. Im nachfolgenden Beispiel definiert der Entwickler auf diese Weise, dass ASP.NET MVC für das Binden des Parameters `ary` der Action-Methode `Stuff` den benutzerdefinierten `IntArrayModelBinder` heranzuziehen hat.

```
public ActionResult Stuff(
    [ModelBinder(typeof(IntArrayModelBinder))] int[] ary)  { … }
```

Um anzugeben, dass ASP.NET MVC eine Modellbindung generell zum Binden eines bestimmten Datentyps verwenden soll, verwendet der Entwickler die Konfigurationsmethode `ModelBinders.Binders.Add`, an welche er sowohl den Typ als auch die gewünschte Modellbindung übergibt:

```
ModelBinders.Binders.Add(
                typeof(int[]), new IntArrayModelBinder());
```

Da Konfigurationseinstellungen beim Start der Webanwendung bekannt gegeben werden sollten, bietet es sich an, diese Methode innerhalb der Methode `Application_Start`, welche sich in der Klasse `MvcApplication` in der Datei `global.asax` befindet, aufzurufen.

In Fällen, in denen der Entwickler weder auf der Ebene der Action-Methode noch auf der Ebene des Typs eine Modellbindung registriert hat, stützt sich ASP.NET MVC auf eine registrierte Standardmodellbindung. Der Entwickler kann über die Eigenschaft `ModelBinders.Binders.DefaultBinder` angeben, welche Implementierung als Standardmodellbindung fungieren soll:

```
ModelBinders.Binders.DefaultBinder = new SimpleCustomModelBinder();
```

Tut er dies nicht, verweist diese Eigenschaft auf die Standardimplementierung `DefaultModelBinder`.

ModelBinder über DependencyResolver bereitstellen

Um `ModelBinder` über den `DependencyResolver` der Wahl bereitzustellen, muss der Entwickler diesen dazu bewegen, eine benutzerdefinierte Implementierung von `IModelBinderProvider` zurückzugeben, wenn das Framework die Methode `GetServices` mit dem Schlüssel `typeof(IModelBinderProvider)` aufruft. Die Tatsache, dass sich das Framework hierfür an `GetServices` und nicht an `GetService` wendet, weist darauf hin, dass mehrere `IModelBinderProvider`-Instanzen koexistieren können. Es handelt sich hierbei somit um mehrfachregistrierte Dienste.

Die Schnittstelle `IModelBinderProvider` gibt die folgende Methode vor:

```
IModelBinder GetBinder(Type modelType);
```

Das Framework nutzt diese Methode, um für eine Instanz des übergebenen Typs beim `ModelBinderProvider` einen `ModelBinder` abzurufen. Ist der `ModelBinderProvider` dazu nicht in der Lage, gibt er per Definition `null` zurück. Dies veranlasst das Framework, sich an den nächsten `ModelBinderProvider` zu wenden, sofern ein solcher existiert.

ValueProvider

Damit sich Modellbindungen nicht mit der Ermittlung der zu bindenden Werte belasten müssen, stützen sie sich in der Regel auf so genannte `ValueProvider`. Dabei handelt es sich um Klassen, welche die Schnittstelle `System.Web.Mvc.IValueProvider` implementieren. Die standardmäßig von ASP.NET MVC verwendeten `ValueProvider` liefern zum Beispiel Werte, die sich im URL oder in den übersendeten Nutzdaten befinden. Möchte ein `ModelBinder` jenen Wert abrufen, der mit einem Parameter bzw. mit einer Modelleigenschaft assoziiert wird, durchläuft ASP.NET MVC sämtliche registrierte `ValueProvider`, bis einer angibt, den gewünschten Wert liefern zu können. Dies zeigt auch, dass die Reihenfolge, in denen die Value-Provider registriert werden, ausschlaggebend für das Verhalten zur Laufzeit ist.

Benutzerdefinierter ValueProvider

Listing 11.6 zeigt die Implementierung eines einfachen ValueProvider, der innerhalb der aktuellen Sitzung nach Werten sucht. Es zeigt die Klasse SessionValueProvider, die die Schnittstelle IValueProvider implementiert. Der Konstruktor erwartet eine Instanz von HttpSessionStateBase, welche Zugriff auf das aktuelle Sitzungsobjekt gewährt.

Um in Erfahrung zu bringen, ob der ValueProvider einen bestimmten Wert liefern kann, ruft ASP.NET MVC die implementierte Methode ContainsPrefix auf und übergibt den Namen des jeweiligen Werts als prefix. Dabei kann es sich sowohl um den Namen eines Parameters (z.B. userName) als auch um den Namen einer Eigenschaft einer erwarteten Klasse (z.B. user.Address.Street) handeln. Die betrachtete Implementierung prüft, ob innerhalb der Session ein Eintrag mit dem angefragten Namen existiert und liefert true, falls dem so ist bzw. false, falls kein entsprechender Eintrag gefunden wurde.

Wird eine solche Anfrage mit true beantwortet, wendet sich ASP.NET MVC an die Methode GetValue. Ihre Aufgabe besteht darin, den jeweiligen Wert zu liefern. In der betrachteten Implementierung nutzt sie dazu das Sitzungsobjekt und liefert den darin gefundenen Wert in Form einer Instanz von ValueProviderResult zurück.

```
public class SessionValueProvider: IValueProvider
{
    private HttpRequestBase request;
    private HttpSessionStateBase session;

    public SessionValueProvider(HttpSessionStateBase hss) {
        this.session = hss;
    }

    public bool ContainsPrefix(string prefix) {
        var found = (session[prefix] != null);
        return found;
    }

    public ValueProviderResult GetValue(string key) {
        var value = session[key];
        return new ValueProviderResult(value, null, null);
    }
}
```

Listing 11.6   Benutzerdefinierter ValueProvider für den Zugriff auf den Sitzungsstatus

ValueProvider mit ValueProviderFactories erzeugen

ASP.NET MVC erzeugt die einzelnen ValueProvider nicht direkt, sondern verwendet dazu Instanzen von ValueProviderFactory. Listing 11.7 zeigt die Implementierung einer einfachen ValueProviderFactory für den soeben diskutierten SessionValueProvider. Es handelt sich dabei um eine Klasse, welche zum einen von ValueProviderFactory erbt und zum anderen deren Methode GetValueProvider überschreibt. Beim Aufruf dieser Methode übergibt ASP.NET MVC Informationen über den aktuellen Aufruf in Form einer Instanz von ControllerContext. Die betrachtete Implementierung erzeugt eine neue Instanz von SessionValueProvider und übergibt das aktuelle Sitzungsobjekt, welches über den controllerContext in Erfahrung gebracht wird, an deren Konstruktor. Anschließend gibt sie diese Instanz zurück.

```
public class SessionValueProviderFactory : ValueProviderFactory
{
    public override IValueProvider
                GetValueProvider(ControllerContext controllerContext)
    {
        return new
            SessionValueProvider(controllerContext.HttpContext.Session);
    }
}
```

Listing 11.7 ValueProviderFactory zur Bereitstellung benutzerdefinierter ValueProvider

Damit ASP.NET MVC von einer ValueProviderFactory Gebrauch machen kann, muss der Entwickler diese registrieren. Dazu hinterlegt er eine Instanz der Factory in der statischen Auflistung ValueProviderFactories.Factories:

```
ValueProviderFactories.Factories.Add(new SessionValueProviderFactory());
```

Wie bereits erwähnt, ist die Reihenfolge, in der MVC die einzelnen ValueProvider heranzieht, ausschlaggebend. Diese Reihenfolge korreliert mit der Reihenfolge ihrer Factories innerhalb dieser Auflistung. Insofern kann es notwendig sein, die ValueProviderFactory der Wahl mit der Methode Insert an einer bestimmten Stelle innerhalb von ValueProviderFactories.Factories zu platzieren.

ValueProviderFactory über DependencyResolver bereitstellen

Der Entwickler kann ValueProviderFactory-Instanzen auch über den DependencyResolver bereitstellen. Dazu muss er diesen dazu bringen, immer dann, wenn das Framework die Methode GetServices aufruft und dabei als Parameter typeof(ValueProviderFactory) übergibt, die zur Verfügung stehenden ValueProviderFactory-Instanzen zurückzuliefern.

ModelValidatorProvider

Die Tatsache, dass Validierungsregeln für Modelle durch den Einsatz von Attributen, wie Required oder Range bereitgestellt werden können, ist wohlbekannt. Allerdings ist das lediglich die Standardimplementierung, die ASP.NET MVC bereitstellt. Dem Entwickler steht es frei, diese durch eine benutzerdefinierte Implementierung auszutauschen. Dazu muss er lediglich einen eigenen ModelValidatorProvider bereitstellen. Dabei handelt es sich um eine Klasse, welche von der Basisklasse ModelValidatorProvider erbt und die Aufgabe hat, für eine Eigenschaft eines Modells Validatoren zu liefern. Der Entwickler muss sich jedoch nicht für eine einzelne Implementierung entscheiden, sondern kann mehrere gleichzeitig einsetzen. In diesem Fall werden alle Validatoren herangezogen, die sämtliche ModelValidatorProvider für die zu validierende Eigenschaft liefern.

Benutzerdefinierter ModelValidatorProvider

Listing 11.8 zeigt eine einfache Implementierung eines benutzerdefinierten ModelValidatorProviders. Die Klasse erbt von ModelValidatorProvider und überschreibt die Methode GetValidator. Diese wird von ASP.NET MVC aufgerufen, wenn für eine Eigenschaft eines Models Validatoren in Erfahrung zu bringen sind. Die übergebene Instanz von ModelMetadata gibt Auskunft über die zu validierende Eigenschaft; der übergebene ControllerContext liefert Informationen zur aktuellen HTTP-Anfrage.

Zur Vereinfachung dieses Beispiels prüft die hier beschriebene Implementierung hartcodiert, ob der Aufruf für die Eigenschaft `Vorname` von `PersonModel` erfolgt. Ist dem so, wird eine Auflistung mit einem `CustomStringLengthValidator` zurückgeliefert.

Die Implementierung dieses benutzerdefinierten `Validators` findet sich in Listing 11.9. Es fällt auf, dass diese von der Basisklasse `ModelValidator` erbt und nicht wie die standardmäßig eingesetzten Validierungsattribute von `ValidationAttribut`. Der Grund hierfür besteht darin, dass die Validierungsattribute, auch wenn sie die Standardimplementierung darstellen, nur eine mögliche Spielart sind, frameworkintern kommt hingegen ein anderes, allgemeineres Objektmodell zum Einsatz. Ein Blick in den Quellcode von ASP.NET MVC verrät, dass die Validierungsattribute durch einen Wrapper[1] diesem Objektmodell zugänglich gemacht werden.

Die betrachtete Implementierung nimmt über den Konstruktor Eckdaten zur Validierung entgegen, darunter zwei benutzerdefinierte Werte sowie eine `ModelMetadata`-Instanz und den `ControllerContext`. Die letzten beiden reicht sie an die Basisimplementierung weiter. Die überschriebene Methode `Validate` hat die Aufgabe, die durch die an den Konstruktor übergebenen Metadaten beschriebene Eigenschaft zu validieren. Diese Metadaten können über die geerbte Eigenschaft `Metadata` eingesehen werden. Als Parameter `container` erhält `Validate` das Model mit der zu validierenden Eigenschaft. Die betrachtete Implementierung macht davon jedoch keinen Gebrauch, da sich der Wert der zu validierenden Eigenschaft auch in den Metadaten wiederfindet.

Das Ergebnis von `Validate` ist eine Auflistung mit `ModelValidationResult`-Instanzen, welche die entdeckten Validierungsfehler beschreiben. Konnte kein Validierungsfehler ausgemacht werden, wird eine leere Auflistung zurückgegeben.

Um eine clientseitige Validierung zu ermöglichen, überschreibt die betrachtete Implementierung neben `Validate` auch die Methode `GetClientValidationRules`. Das Ergebnis dieser Methode ist eine Auflistung mit `ModelClientValidationRule`-Instanzen, welche die nötigen Eckdaten für die Validierung mittels JavaScript liefert.

```
public class CustomModelValidatorProvider : ModelValidatorProvider
{
    public override IEnumerable<ModelValidator> GetValidators(
                            ModelMetadata metadata, ControllerContext context)
    {
        var validators = new List<ModelValidator>();
        if (metadata.ContainerType == typeof(PersonModel) &&
                                    metadata.PropertyName == "Vorname")
        {
            validators.Add(new CustomStringLengthValidator
                                            (metadata, context, 2, 3));
        }
        return validators;
    }
}
```

Listing 11.8 Benutzerdefinierter `ModelValidatorProvider`

---

[1] Kenner des GOF-Entwurfsmusters würden hierzu auch Adapter sagen

```
public class CustomStringLengthValidator: ModelValidator
{
    public int MinLength { get; set; }
    public int MaxLength { get; set; }

    public CustomStringLengthValidator(
                    ModelMetadata metadata,
                    ControllerContext context,
                    int minLength,
                    int maxLength): base(metadata, context)
    {
        this.MinLength = minLength;
        this.MaxLength = maxLength;
    }

    public override IEnumerable<ModelValidationResult> Validate(
                                                object container)
    {
        var result = new List<ModelValidationResult>();
        if (this.Metadata.Model == null) return result;

        var value = this.Metadata.Model.ToString();

        if (value.Length < MinLength || value.Length > MaxLength)
        {
            var propertyName = Metadata.PropertyName;
            var msg = string.Format(
                        "Muss zwischen {0} und {1} Zeichen lang sein",
                        MinLength, MaxLength);

            result.Add(new ModelValidationResult {
                        MemberName=propertyName, Message = msg });

        }

        return result;
    }

    public override IEnumerable<ModelClientValidationRule> GetClientValidationRules()
    {
        yield return new ModelClientValidationStringLengthRule(
                        "Muss zwischen {0} und {1} Zeichen lang sein",
                        MinLength, MaxLength);
    }
}
```

Listing 11.9   Benutzerdefinierter Model Validator

ModelValidationProvider auf traditionellem Weg bereitstellen

Damit ASP.NET MVC von einem benutzerdefinierten ModelValidationProvider Gebrauch macht, muss der Entwickler diesen beim Hochfahren der Anwendung registrieren. Dazu fügt er eine Instanz dieses Providers der statischen Auflistung ModelValidatorProviders.Providers hinzu:

```
ModelValidatorProviders.Providers.Add(new CustomModelValidatorProvider());
```

ModelValidationProvider über DependencyResolver bereitstellen

Um `ModelValidationProvider`-Instanzen über den `DependencyResolver` bereitzustellen, muss der Entwickler diesen dazu bewegen, immer dann, wenn dessen Methode `GetServices` aufgerufen und im Zuge dessen als Parameter `typeof(ModelValidationProvider)` übergeben wird, die zur Verfügung stehenden `ModelValidationProvider`-Instanzen zu retournieren.

MetadataProvider

ASP.NET MVC versorgt seine Komponenten mit Metadaten über Modelle. Zu diesen Metadaten gehört zum Beispiel der Anzeigename oder die Information, ob es sich bei einer Eigenschaft um ein Pflichtfeld handelt. Diese Metadaten, welche beliebig erweiterbar sind, bringt ASP.NET unter Verwendung eines austauschbaren `MetadateProvider`-Objekts in Erfahrung. Dabei handelt es sich um eine Klasse, welche von der Basisklasse `ModelMetadataProvider` erbt.

Die Standardimplementierung, welche auf den Namen `CachedDataAnnotationsModelMetadataProvider` hört, bringt die Metadaten über Attribute, wie zum Beispiel `Required` und `DisplayName`, in Erfahrung. Da hierzu die Reflektion zum Einsatz kommt, fragt sie diese Attribute aus Performancegründen nur ein einziges Mal ab, woraufhin sie die daraus resultierenden Metadaten zwischenspeichert.

Die Basisklasse `ModelMetadataProvider` definiert drei Methoden, welche zu überschreiben sind:

-
    ```
    IEnumerable<ModelMetadata> GetMetadataForProperties(
                        object container, Type containerType)
    ```

-
    ```
    ModelMetadata GetMetadataForProperty(
        Func<object> modelAccessor, Type containerType, string propertyName)
    ```

-
    ```
    ModelMetadata GetMetadataForType(
                    Func<object> modelAccessor, Type modelType)
    ```

`GetMetadataForProperties` liefert die Metadaten für sämtliche Eigenschaften eines Modell zurück. Die Modellinstanz übergibt der Aufrufer an den Parameter `container`, den Typ des Modells an den Parameter `containerType`.

`GetMetadataForProperty` bringt die Metadaten für eine einzige Eigenschaft eines Modells in Erfahrung. Der Aufrufer übergibt hier als ersten Parameter einen `modelAccessor`. Dabei handelt es sich um eine Funktion, die das gewünschte Modell als `object` liefert. Wird diese Funktion nicht aufgerufen, weil das Modell gar nicht benötigt wird, bringt dies Performanceverbesserungen. An den Parameter `containerType` übergibt der Aufrufer den Typ des Modells und an `propertyName` den Namen der Eigenschaft, für welche er Metadaten haben möchte.

`GetMetadataForType` liefert Metadaten zurück, die sich auf das Modell und nicht auf einzelne Eigenschaften des Modells beziehen. Auch diese Methode nimmt einen `modelAccessor` entgegen. Darüber hinaus erwartet sie innerhalb des zweiten Parameters den Typ des Modells.

Ein einfacher MetadataProvider

Listing 11.10 zeigt die Implementierung eines sehr einfachen `MetadataProvider`-Objekts. Es demonstriert, wie der Entwickler die Metadaten aus einer beliebigen Datenquelle laden kann. Zur Vereinfachung liefert sie jedoch lediglich für jede angefragte Eigenschaft dieselben hartcodierten Metadaten zurück.

Dazu nutzt es die Hilfsmethode `BuildMetadata`. Diese simuliert im ersten Abschnitt das Laden von Metadaten, indem die Variablen `isRequired` und `DisplayName` direkt zugewiesen werden. Die Variable `isRequired` wird zur Demonstration auf `true` gesetzt und `DisplayName` erhält einen Namen, der auf dem Namen der Eigenschaft in der Modellklasse basiert und – ebenfalls aus Demonstrationsgründen – mit jeweils einem Sternchen am Beginn und am Ende »dekoriert« wird.

Daneben überschreibt die hier gezeigte Implementierung die drei zuvor besprochenen Methoden `GetMetadataForProperties`, `GetMetadataForProperty` und `GetMetadataForType`. Diese erzeugen für die jeweilige(n) Eigenschaft(en) bzw. für den jeweiligen Typ eine Instanz von `ModelMetadata` und übergeben diese an die Hilfsmethode `BuildMetadata`, welche die besprochenen Metadaten setzt.

```
public class CustomMetadataProvider: ModelMetadataProvider {

    private void BuildMetadata(ModelMetadata metadata)
    {
        // 1. Informationen zu metadata "ermitteln"
        var isRequired = true;
        var displayName = "*" + metadata.PropertyName + "*";

        // 2. Ermittelte Informationen setzen
        metadata.IsRequired = isRequired;
        metadata.DisplayName = displayName;
    }

    public override IEnumerable<ModelMetadata>
            GetMetadataForProperties(object container, Type containerType)
    {
        var result = new List<ModelMetadata>();
        foreach (var p in containerType.GetProperties())
        {
            Func<object> acc = () => p.GetAccessors().First();
            var metadata = new ModelMetadata(
                            this, containerType, acc, p.PropertyType, p.Name);
            BuildMetadata(metadata);  // Hilfsmethode

            result.Add(metadata);
        }
        return result;
    }
    public override ModelMetadata GetMetadataForProperty(
        Func<object> modelAccessor, Type containerType, string propertyName)
    {
        var p = containerType.GetProperty(propertyName);
        var metadata = new ModelMetadata(this, containerType,
                            modelAccessor, p.PropertyType, propertyName);
        BuildMetadata(metadata); // Hilfsmethode
        return metadata;
    }
}
```

```
public override ModelMetadata GetMetadataForType(
                            Func<object> modelAccessor, Type modelType)
{
        var metadata = new ModelMetadata(
                                this, null, modelAccessor, modelType, null);
        BuildMetadata(metadata);
        return metadata;
}
}
```

Listing 11.10 Benutzerdefinierter `ModelMetadataProvider`

MetadataProvider auf traditionellem Weg registrieren

Um einen benutzerdefinierten `ModelMetadataProvider` zu registrieren, weist der Entwickler die gewünschte Instanz beim Start der Webanwendung zur statischen Eigenschaft `ModelMetadataProviders.Current` zu:

```
ModelMetadataProviders.Current = new CustomMetadataProvider();
```

MetadataProvider über DependencyResolver bereitstellen

Um einen `MetadataProvider` über den `DependencyResolver` bereitzustellen, muss der Entwickler diesen dazu bewegen, immer dann, wenn das Framework dessen Methode `GetService` aufruft und dabei als Parameter `typeof(ModelMetadataProvider)` übergibt, die gewünschte Implementierung von `MetadataProvider` zurückzuliefern.

Benutzerdefinierte Metadaten

Häufig möchte man nicht auf der grünen Wiese starten, sondern bestehende Funktionalitäten lediglich erweitern. Aus diesem Grund zeigt dieser Abschnitt, wie der `DataAnnotationsModelMetadataProvider`, welcher Metadaten aus den bekannten Attributen bezieht, erweitert werden kann, sodass er auch Metadaten aus einem benutzerdefinierten Attribut ausliest. Bei diesem benutzerdefinierten Attribut handelt es sich in diesem Beispiel um das Attribut `ToolTipAttribute` (Listing 11.11), welches die Möglichkeit bietet, für ein Feld einen Infotext (`ToolTipText`) zu definieren. Die Anwendung dieses Attributs wird durch Listing 11.12 demonstriert. Die Implementierung des `ModelMetadataProvider` findet sich in Listing 11.13. Es handelt sich dabei um die Klasse `CustomDataAnnotationsModelMetadataProvider`, welche von `DataAnnotationsModelMetadataProvider` ableitet.

Die Logik zum Platzieren benutzerdefinierter Metadaten befindet sich in der überschriebenen Methode `CreateMetadata`, welche von `DataAnnotationsModelMetadataProvider` bereitgestellt wird. Diese Methode erhält unter anderem den Parameter `attributes`. Es handelt sich dabei um eine Auflistung mit sämtlichen Attributen jener Eigenschaft, für die der Aufrufer Metadaten anfordert.

Die betrachtete Implementierung delegiert zunächst an die Basisimplementierung weiter und erhält auf diesem Wege eine Instanz von `ModelMetadata` für die angefragte Eigenschaft. Anschließend prüft sie, ob die Eigenschaft mit einem `ToolTipAttribute` annotiert wurde. Falls dem so ist, entnimmt sie aus der Eigenschaft `ToolTipText` die hinterlegte Information und erzeugt damit einen Eintrag im Dictionary `AdditionalValues` der `ModelMetadata`-Instanz. Alternativ dazu könnte der Entwickler an dieser Stelle auch eine Subklasse von `ModelMetadata` erzeugen, welche eine eigene Eigenschaft für den Infotext beinhaltet.

Anschließend können andere Komponenten auf den Infotext zugreifen und ihn zur Erledigung ihrer Aufgaben verwenden. Der nächste Abschnitt zeigt zum Beispiel einen ViewHelper, welcher einen acronym-Tag, der beim Mouse-Over den Infotext anzeigt, rendert.

```
public class ToollipAttribute: Attribute
{
    public ToolTipAttribute(string toolTipText)
    {
        this.ToolTipText = toolTipText;
    }
    public string ToolTipText { get; set; }
}
```

Listing 11.11   Benutzerdefiniertes Attribut

```
public class Address {

    [Required]
    [ToolTip("Beispiel: Musterstrasse 17/3")]
    public string Strasse { get; set; }

    [...]
}
```

Listing 11.12   Anwendung des benutzerdefinierten ToolTipAttribute

```
public class CustomDataAnnotationsModelMetadataProvider :
                              DataAnnotationsModelMetadataProvider
{
    protected override ModelMetadata CreateMetadata(
        IEnumerable<Attribute> attributes, Type containerType,
        Func<object> modelAccessor, Type modelType, string propertyName)
    {
        var metadata = base.CreateMetadata(attributes, containerType,
                                 modelAccessor, modelType, propertyName);
        var attr = attributes.OfType<ToolTipAttribute>().FirstOrDefault();
        if (attr != null)
        {
            metadata.AdditionalValues.Add("tooltiptext", attr.ToolTipText);
        }

        return metadata;
    }
}
```

Listing 11.13   Benutzerdefinierter DataAnnotationsModelMetadataProvider

Performanceverbesserung durch das Zwischenspeichern von Metadaten

Der Umstand, dass für die im letzten Abschnitt betrachtete Implementierung die Basisklasse DataAnnotationsModelMetadataProvider verwendet wurde, führt dazu, dass immer dann, wenn ASP.NET MVC Metadaten anfordert, diese mittels der Reflektion ermittelt werden. Das hat den Vorteil, dass der Entwickler somit die Metadaten in Abhängigkeit vom aktuellen Zustand der jeweiligen Instanz variieren kann. Der Nachteil liegt in einem erhöhten Performancebedarf.

Diesen Nachteil kann der Entwickler umgehen, indem er stattdessen von `CachedDataAnnotationsModelMetadataProvider` ableitet. Diese Klasse gibt zwei zu überschreibende Methoden vor: `CreateMetadataPrototype` und `CreateMetadataFromPrototype`. `CreateMetadataPrototype` erzeugt für eine gewünschte Eigenschaft eine Instanz von `CachedDataAnnotationsModelMetadata`, welche zwischengespeichert wird. Fordert der Aufrufer Metadaten an, kommt die Methode `CreateMetadataFromPrototype` zur Ausführung. Diese nimmt die zwischengespeicherten Metadaten entgegen und hat darüber hinaus die Möglichkeit, diese Daten um ausgewählte Metadaten zu ergänzen, die abhängig von der aktuellen Modellinstanz zu ermitteln sind.

View-Helper

Für immer wiederkehrende Aufgaben beim Rendern von Views stellt ASP.NET MVC einige View-Helper zur Verfügung. Der View-Helper `@Html.LabelFor` unterstützt den Entwickler zum Beispiel beim Rendern eines Beschriftungsfelds; `@Html.EditorFor` greift ihm beim Erstellen von Feldern zum Editieren von Werten unter die Arme. Bei `Html` handelt es sich hier um eine Eigenschaft vom Typ `HtmlHelper<T>`, welche standardmäßig jede View aufweist und die mit dem Modelltyp typisiert wird. Bei `LabelFor` und `EditorFor` handelt es sich um Erweiterungsmethoden.

View-Helper bereitstellen

Um einen eigenen View-Helper zu erstellen, muss der Entwickler somit nur eine weitere Erweiterungsmethode für `HtmlHelper<T>` bereitstellen. Zur Demonstration beinhaltet Listing 11.14 eine solche Erweiterungsmethode, welche den Namen `LabelWithToolTipFor` trägt. Sie hat die Aufgabe, ein Beschriftungsfeld zu rendern und dieses mit einem `ToolTipText` zu versehen. Bezogen wird dieser über die Metadatenerweiterung, welche im vorangegangenen Abschnitt beschrieben wurde.

Die Methode nimmt den zu erweiternden `HtmlHelper` sowie einen Lambda-Ausdruck in Form von `Expression<T>` entgegen. Die Ausnahme (engl. expression) bildet das Model auf jene Eigenschaft ab, für die das Beschriftungsfeld zu erzeugen ist. Wollte der Aufrufer zum Beispiel ein Beschriftungsfeld für die Modelleigenschaft `Name` rendern, würde er den Lambda-Ausdruck `m => m.Name` übergeben, wobei `m` ein frei wählbarer Name ist, der das Model repräsentiert.

Laut Signatur liefert `LabelWithToolTipFor` eine Instanz von `IHtmlString` zurück. Diese Schnittstelle repräsentiert eine Zeichenfolge, die bereits HTML-kodiert ist und somit nicht mehr von der View-Engine kodiert werden muss. Dies ist notwendig, da Helper in der Regel HTML-Fragmente rendern, die 1:1 in die View zu übernehmen sind.

Die betrachtete Implementierung delegiert zunächst an die bekannte Methode `LabelFor`, um das HTML-Markup für ein Beschriftungsfeld zu erhalten. `LabelFor` gibt dieses in Form eines `IHtmlString`-Objekts zurück. Der Aufruf von `ToHtmlString` wandelt es in eine HTML-kodierte Zeichenfolge um. Anschließend ermittelt die betrachtete Implementierung die Metadaten für das gewünschte Feld durch Aufruf der Methode `ModelMetadata.FromLambdaExpression`, an welche sie zum einen den Lambda-Ausdruck sowie zum anderen das aktuelle `ViewData`-Objekt übergibt.

Letzteres wird aus einer öffentlichen Eigenschaft des erweiterten `HtmlHelpers` übernommen und beinhaltet jene Informationen, die die Action-Methode an die View weiterreicht, allen voran das Modell. Dieser Aufruf fördert eine Instanz von `ModelMetadata`, welche die jeweilige Modelleigenschaft näher beschreibt, zu Tage. Falls das Dictionary `AdditionalValues` den benutzerdefinierten Eintrag `tooltiptext` beinhaltet, wird dieser für die Erzeugung eines `acronym`-Tags herangezogen, welcher das Beschriftungsfeld ummantelt. Dieses Tag wird anschließend als `HtmlString` zurückgegeben. Konnte dieser Metadateneintrag nicht gefunden werden, liefert die Implementierung das Beschriftungsfeld direkt zurück.

```
public static class ToolTipHelper
{
        public static IHtmlString LabelWithToolTipFor<Model, Property>(
                        this HtmlHelper<Model> html,
                        Expression<Func<Model, Property>> expr)
        {
            var label = LabelExtensions.LabelFor(html, expr);
            var str = label.ToHtmlString();

var metadata = ModelMetadata.FromLambdaExpression(
                                    expr, html.ViewData);

            if (metadata.AdditionalValues.ContainsKey("tooltiptext"))
            {
                str = @"<acronym title="""
                            + metadata.AdditionalValues["tooltiptext"]
                            + @""">" + str + "</acronym>";
                return new HtmlString(str);
            }
            return label;
        }
}
```

Listing 11.14   Benutzerdefinierter Html-Helper

Benutzerdefinierte View-Helper aufrufen

Damit ein benutzerdefinierter View-Helper innerhalb einer View aufgerufen werden kann, muss sich dieser in einem Namensraum befinden, den die View importiert. Um dies zu erreichen, existieren zwei Möglichkeiten: Eine einfache und eine saubere. Die einfache Variante besteht darin, den View-Helper innerhalb eines Namensraums zu platzieren, den Views standardmäßig importieren, z.B. System.Web.Mvc.Html. Der Nachteil dieser einfach zu realisierenden Vorgehensweise ist offensichtlich: Der Entwickler verwendet einen fremden Namensraum. Die saubere Lösung besteht darin, einen benutzerdefinierten Namensraum zu verwenden und die Views anzuweisen, auch diesen zu importieren. Dies kann der Entwickler durch das Erweitern der Datei web.config im Verzeichnis *Views* bewerkstelligen. Diese Datei beinhaltet einen Abschnitt system.web.webPages.razor, welcher innerhalb des Elements pages/namespaces jene Namensräume listet, die standardmäßig von sämtlichen Views zu importieren sind. Diese Auflistung kann um die benutzerdefinierten Namensräume, welche View-Helper beherbergen, erweitert werden. Im betrachteten Beispiel wurde am Ende zum Beispiel der Namensraum System.ItVisions.Helper ergänzt.

```
<system.web.webPages.razor>

  [...]

  <pages pageBaseType="System.Web.Mvc.WebViewPage">
    <namespaces>
      <add namespace="System.Web.Mvc" />
      <add namespace="System.Web.Mvc.Ajax" />
      <add namespace="System.Web.Mvc.Html" />
      <add namespace="System.Web.Optimization"/>
      <add namespace="System.Web.Routing" />
      <add namespace="System.ItVisions.Helper" />
```

```
    </namespaces>
  </pages>
</system.web.webPages.razor>
```

Listing 11.15 Konfiguration der einzubindenden Namensräume

Nachdem sichergestellt wurde, dass die View der Wahl den Namensraum mit dem View-Helper importiert, kann der Entwickler diesen innerhalb der View zur Ausführung bringen:

```
@Html.LabelWithToolTipFor(model => model.Strasse)
```

Mit View-Helper auf Model zugreifen

Die letzten Abschnitte haben lediglich gezeigt, wie Sie innerhalb eines View-Helpers auf die Metadaten einer Eigenschaft zugreifen können. Dieser Abschnitt präsentiert ein weiteres Beispiel, aus dem hervorgeht, wie Sie auch auf die Eigenschaft selbst zugreifen können. Bei diesem Beispiel handelt es sich um einen View-Helper, der mit den Daten einer Auflistung das HTML-Markup einer Aufzählungsliste (unsortierte Liste; engl. unordered list; <ul>…</ul>) rendert. Der Aufruf dieses Helpers soll wie folgt erfolgen:

```
@Html.UnorderedList(m => m.ProductNames)
```

Ein beispielhaftes Ergebnis dieses Aufrufes findet sich in Listing 11.16.

```
<ul>
    <li>Produkt 1</li>
    <li>Produkt 2</li>
    <li>Produkt 3</li>
    <li>Produkt 4</li>
</ul>
```

Listing 11.16 HTML-Markup für eine Auflistung

Listing 11.17 zeigt die Implementierung des View-Helpers. Wie bei dem in den letzten Abschnitten präsentierten View-Helper handelt es sich auch hierbei um eine Erweiterungsmethode für `HtmlHelper<T>`, welche den Verweis auf eine Eigenschaft in Form eines Lambda-Ausdrucks entgegennimmt und das gerenderte Markup in Form einer Instanz von `IHtmlString` zurückgibt.

Die Implementierung ermittelt ebenfalls durch Aufruf der Methode `ModelMetadata.FromLambdaExpression` die Metadaten für die angegebene Eigenschaft. Neu ist hier jedoch, dass anschließend über `metadata.Model` auf den Wert dieser Eigenschaft zugegriffen wird. Wie so oft, ist auch hier das Wort `Model` irreführend, da es lediglich einen Teil des Modells beschreibt, nämlich die jeweilige Eigenschaft. Der Helper castet diese Eigenschaft nach `IEnumerable<object>` und iteriert diese Auflistung anschließend. Dabei baut er die gewünschte Aufzählungsliste auf. Das resultierende Markup liefert er schlussendlich in Form eines `HtmlString` zurück.

```
public static class ListHelper
{
        public static IHtmlString UnorderedList<Model, Property>(
                this HtmlHelper<Model> html,
                Expression<Func<Model, Property>> expr) {
```

```
        var metadata = ModelMetadata.FromLambdaExpression(
                                    expr, html.ViewData);

        if (metadata == null || metadata.Model == null)
                                return new HtmlString("");

        var entries = metadata.Model as IEnumerable<object>;

        if (entries == null) return new HtmlString("");
        var buffer = new StringBuilder();

        buffer.Append("<ul>\n");
        foreach (var obj in entries)
        {
            buffer.AppendFormat("   <li>{0}</li>\n", obj.ToString());
        }
        buffer.Append("</ul>\n");

        return new HtmlString(buffer.ToString());
    }
}
```

Listing 11.17   Benutzerdefinierter Html-Helper

Basisklasse für Razor-Views ändern

Es ist zwar nicht offensichtlich, aber Razor-Views werden bei ihrer ersten Verwendung (wie übrigens die im Umfeld von ASP.NET MVC nicht mehr zeitgemäßen ASPX-Views auch) in eine Klasse umgewandelt und kompiliert. Somit können alle weiteren Aufrufe rascher erfolgen.

Bei diesen generierten Klassen handelt es sich um Derivate von System.Web.Mvc.WebViewPage<T>, welche unter anderem über ihre Eigenschaft Html die bekannten Html-Helper anbieten. Der Typparameter T repräsentiert den Typ des Models.

Der Entwickler kann angeben, dass Views stattdessen von einer benutzerdefinierten Basisklasse erben sollen. Einzige Voraussetzung für diese Basisklasse ist, dass sie ebenfalls – direkt oder indirekt – von System.Web.Mvc.WebViewPage<T> erbt. Auf diesem Weg kann der Entwickler allen Views zusätzliche Eigenschaften und Methoden spendieren.

Um diese Möglichkeit zu demonstrieren, beinhaltet Listing 11.18 eine Klasse CustomWebViewPage<T>, welche von WebViewPage<T> erbt und diese um eine Methode SayHello ergänzt. SayHello nimmt einen Namen entgegen und gibt eine Instanz von IHtmlString zurück. Wie bereits weiter oben beschrieben, repräsentiert IHtmlString einen HTML-kodierten String, der 1:1 ohne weitere Kodierung in die View übernommen werden soll.

```
public abstract class CustomWebViewPage<T>: WebViewPage<T>
{
    public IHtmlString SayHello(string name = "World")
    {
        var str = "Hello " + name + "!";
        return new HtmlString(str);
    }
}
```

Listing 11.18   Benutzerdefinierte Basisklasse für Views

Um festzulegen, dass diese Klasse künftig die Basisklasse für sämtliche Views darstellen soll, hinterlegt der Entwickler ihren vollständigen Namen innerhalb der Datei web.config, welche sich im Verzeichnis *Views* befindet, im Attribut pageBaseType des Elements system.web.webPages.razor/pages (Listing 11.19).

```
<system.web.webPages.razor>
  [...]
  <pages pageBaseType="ExtendingMVC.Razor.CustomWebViewPage">
    <namespaces>
      <add namespace="System.Web.Mvc" />
      <add namespace="System.Web.Mvc.Ajax" />
      <add namespace="System.Web.Mvc.Html" />
      <add namespace="System.Web.Optimization"/>
      <add namespace="System.Web.Routing" />
      <add namespace="System.itvisions.helper" />
    </namespaces>
  </pages>
</system.web.webPages.razor>
```

Listing 11.19 Konfiguration einer benutzerdefinierten Basisklasse für Views

Anschließend kann der Entwickler die Methode SayHello direkt in allen Views aufrufen:

```
@this.SayHello("Manfred")
@SayHello("Manfred") // this kann natürlich auch weggelassen werden
```

Möchte der Entwickler hingegen nur ausgewählte Views von einer benutzerdefinierten Basisklasse erben lassen, kann er dies am Beginn dieser View durch die Angabe einer Inherits-Klausel angeben:

```
@Inherits Namespace.CustomViewPage
```

Action-Methoden mit ActionMethodSelectorAttribute auswählen

ASP.NET MVC muss von einem URL eindeutig auf die aufzurufende Action-Methode schließen können. Dazu wird unter anderem Routing eingesetzt. Existieren mehrere mögliche Action-Methoden für einen URL, muss der Entwickler diese Auswahl durch Einsatz von ActionMethodSelectorAttribute auf eine einzige Methode einschränken. Tut er dies nicht, mahnt ASP.NET MVC ihn mit einer Ausnahme ab.

Bekannte ActionMethodSelectorAttribute sind zum Beispiel HttpGet und HttpPost: Wird eine Action-Methode mit HttpPost annotiert, zieht sie ASP.NET MVC nur dann heran, wenn der Aufruf über das HTTP-Verb POST erfolgt. Somit kann der Entwickler zwei gleichnamige Methoden anbieten: Eine für den GET- und eine für den POST-Fall.

Benutzerdefinierte ActionMethodSelectorAttribute-Implementierungen bereitstellen

Durch Ableiten von der Basisklasse ActionMethodSelectorAttribute kann der Entwickler auch eigene Regeln zur Auswahl einer Action-Methode bereitstellen. Zur Demonstration beinhaltet Listing 11.20 ein MobileOnlyAttribute, welches der Entwickler verwenden kann, um anzuzeigen, dass die damit annotierte Action-Methode nur dann zur Ausführung kommen soll, wenn der Benutzer einen mobilen Browser verwendet. Die hier gezeigte Klasse erbt von ActionMethodSelectorAttribute und überschreibt die Methode

IsValidForRequest. Diese erhält von ASP.NET MVC Informationen über den aktuellen Aufruf. Dabei handelt es sich um eine ControllerContext-Instanz sowie um Informationen über die annotierte Methode in Form einer MethodInfo-Instanz.

Über die Eigenschaft HttpContext bringt IsValidForRequest das Request-Objekt, welches die aktuelle Anfrage repräsentiert, in Erfahrung. Dieses wird verwendet, um herauszufinden, ob der HTTP-Kopfzeileneintrag User-Agent den Teilstring mobile beinhaltet. Ist dem so, wird davon ausgegangen, dass es sich beim verwendeten Browser um einen mobilen handelt. Da in diesem Fall ASP.NET MVC die annotierte Methode zur Ausführung bringen soll, liefert sie true. In allen anderen Fällen gibt sie false zurück.

```
public class MobileOnlyAttribute: ActionMethodSelectorAttribute
{
    public override bool IsValidForRequest(
                        ControllerContext controllerContext,
                        System.Reflection.MethodInfo methodInfo)
    {
        var request = controllerContext.HttpContext.Request;
        var userAgent = request.Headers["User-Agent"];

        if (string.IsNullOrEmpty(userAgent)) return false;
        if (userAgent.ToLower().Contains("mobile")) return true;
        return false;
    }
}
```

Listing 11.20   Benutzerdefiniertes ActionMethodSelectorAttribute

ActionMethodSelectorAttribute anwenden

Listing 11.21 demonstriert, wie das im letzten Abschnitt beschriebene MobileOnly-Attribut eingesetzt werden kann. Es beinhaltet zwei Action-Methoden eines Controllers. Beide weisen denselben Namen auf, doch die zweite Überladung wurde zusätzlich mit MobileOnly annotiert. Verwendet der Aufrufer nun einen URL, wie zum Beispiel /controller/data, welcher auf eine Action-Methode mit dem Namen data verweist, erkennt ASP.NET MVC, dass prinzipiell beide Methoden damit gemeint sein könnten. Aus diesem Grund erkundigt sich ASP.NET MVC, ob die mit dem MobileOnly-Attribut annotierte Methode mit dem aktuellen Aufruf korreliert. Wird diese Frage bejaht, kommt die zweite Überladung zur Ausführung. Wird diese Frage verneint, bleibt lediglich die erste Überladung übrig. Da für diese kein ActionMethodSelectorAttribute vorliegt, kommt sie zur Ausführung.

Würden alle in Frage kommenden Methoden ein ActionMethodSelectorAttribute aufweisen, das zu einer Verneinung der Anfrage führte, oder würden mehrere Methoden ein solches Attribut aufweisen, welches eine Bestätigung der Anfrage zur Folge hätte, käme es zu einer Ausnahme, da in diesem Fall ASP.NET MVC den URL nicht eindeutig auf eine Action-Methode abbilden könnte.

```
public ActionResult Data()
{
    return Content("Standard-Data");
}


[MobileOnly]
public ActionResult Data(int width, int height)
```

```
{
    return Content("Mobile-Data");
}
```

Listing 11.21   Einsatz eines benutzerdefinierten `ActionMethodSelectorAttribute`

ActionNameSelectorAttribute

ASP.NET MVC entnimmt den Namen der gewünschten Aktion unter Verwendung von Routen dem aktuellen URL. Alternativ dazu kann dieser Name auch mit einer Route fix verdrahtet sein. Dieser Action-Name wird verwendet, um innerhalb des adressierten Controllers eine Action-Methode auszuwählen. Standardmäßig wird jene Action-Methode gewählt, die denselben Namen wie die angefragte Action hat. Beispielsweise wird bei Verwendung der Standard-Route aus dem URL /myController/myAction der Action-Name myAction abgeleitet und daraufhin wird auch die Action-Methode mit dem Namen myAction angestoßen.

Das muss aber nicht so sein! Über ein benutzerdefiniertes `ActionNameSelectorAttribute` kann der Entwickler eine beliebige Action-Methode mit einem Action-Namen assoziieren. Dies kann zum Beispiel nützlich sein, wenn ein Formular mehrere Submit-Schaltflächen beinhaltet, die unterschiedliche Action-Methoden anstoßen sollen. Da beim Absenden eines Formulars unabhängig von der verwendeten Submit-Schaltfläche die Formulardaten an jenen URL gesendet werden, der im form-Tag platziert wurde, kann der Entwickler einem `ActionNameSelectorAttribute` die Entscheidung überlassen, welche Action-Methode nun tatsächlich aufzurufen ist. Dazu kann dieses Attribut in Erfahrung bringen, auf welche Submit-Schaltfläche geklickt wurde, sodass es abhängig davon eine Entscheidung treffen kann.

Listing 11.22 zeigt einen Auszug aus einem Controller, welcher ein benutzerdefiniertes `SubmitButton-ActionNameSelectorAttribute` für die beschriebene Aufgabenstellung heranzieht. Dieses nimmt zwei Eigenschaften entgegen: `ActionName` und `ButtonName`. `ActionName` repräsentiert jene Aktion, welche durch das HTML-Formular adressiert wird; `ButtonName` den Namen der Schaltfläche, die die annotierte Action-Methode zur Ausführung bringen soll.

```
[SubmitButtonActionNameSelectorAttribute(
    ActionName = "MultiSubmitButtonDemo", ButtonName = "btnSave")]
public ActionResult Save()
{
    return Content("Save");
}

[SubmitButtonActionNameSelectorAttribute(
    ActionName = "MultiSubmitButtonDemo", ButtonName = "btnDelete")]
public ActionResult Delete()
{
    return Content("Delete");
}
```

Listing 11.22   Einsatz eines benutzerdefinierten `ActionNameSelectorAttribute`

Um solch ein `ActionNameSelectorAttribute` für ASP.NET MVC bereitzustellen, leitet der Entwickler von `ActionNameSelectorAttribute` ab und überschreibt die Methode `IsValidName` (Listing 11.28). ASP.NET MVC ruft diese Methode auf, um herauszufinden, ob die annotierte Action-Methode für die aktuelle HTTP-

Anfrage in Frage kommt. Liefert sie true, geht ASP.NET MVC davon aus, dass die Action-Methode zur Ausführung kommen soll. Damit IsValidName diese Entscheidung treffen kann, übergibt ASP.NET MVC Informationen über die aktuelle Anfrage, darunter den aktuellen ControllerContext, der zum Beispiel den Zugriff auf das aktuelle Request-Objekt ermöglicht. Der übergebene Parameter Action beinhaltet den Namen der adressierten Action.

Die hier betrachtete Implementierung prüft, ob jene Aktion, die durch das Attribut repräsentiert wird, zur Ausführung kommen soll. Daneben prüft sie, ob ein Parameter mit dem Namen jener Schaltfläche vorliegt, für die das Attribut verantwortlich ist. In diesem Fall wird davon ausgegangen, dass der Benutzer auf die Schaltfläche geklickt hat. Treffen beide Bedingungen zu, liefert die betrachtete Implementierung true; ansonsten false.

```
public class SubmitButtonActionNameSelectorAttribute : ActionNameSelectorAttribute
{
    public String ButtonName { get; set; }
    public String ActionName { get; set; }

    public override bool IsValidName(ControllerContext controllerContext,
                            string actionName, System.Reflection.MethodInfo methodInfo)
    {
        var request = controllerContext.HttpContext.Request;
        var nameMatches = (actionName.ToLower() == ActionName.ToLower());
        var buttonWasPushed = (!string.IsNullOrEmpty(request.Form[ButtonName]));

        if (nameMatches && buttonWasPushed) return true;
        return false;
    }
}
```

Listing 11.23　Benutzerdefiniertes ActionNameSelectorAttribute

Controller mit ControllerFactory auswählen

Ebenso wie der Action-Name wird auch der Name des Controllers dem aktuellen URL bzw. der Route entnommen. Um für diesen Namen eine Instanz eines Controllers zu erhalten, delegiert ASP.NET MVC standardmäßig an eine ControllerFactory. Die Standardimplementierung, welche wie gewohnt versucht, einen Controller mit dem gegebenen Namen und der Endung Controller zu instanziieren (z.B. CustomerController für /customer), nennt sich DefaultControllerFactory.

Benutzerdefinierte ControllerFactory

Um eine eigene ControllerFactory bereitzustellen, die auf eine benutzerdefinierte Weise die Controllernamen aus dem URL bzw. aus der Route auf einen Controller abbildet und diesen ggf. mit weiteren benötigten Objekten über Konstruktorargumente bzw. Eigenschaften versorgt, erstellt der Entwickler eine Klasse, die die Schnittstelle IControllerFactory realisiert.

Ein einfaches Beispiel für solch eine ControllerFactory findet sich in Listing 11.24. Die hier gezeigte Klasse implementiert die von IControllerFactory vorgegebene Methode CreateController, welche ASP.NET MVC aufruft, um für einen Controllernamen ein Controllerobjekt zu erhalten. Übergeben wird dabei der RequestContext mit Informationen über die aktuelle HTTP-Anfrage sowie der Controllername. Die betrachtete

Implementierung gibt zu Demonstrationszwecken für den Controllernamen Home und für Start den HomeController zurück. Andere Controller können von dieser beispielhaften Implementierung nicht erzeugt werden. Deswegen liefert sie in allen anderen Fällen null.

IControllerFactory gibt noch weitere Methoden vor, die von der betrachteten Implementierung nicht genutzt werden, darunter GetControllerSessionBehavior und ReleaseController. Ersterer wird aufgerufen, wenn ASP.NET MVC wissen möchte, ob der aktuelle Controller den Sitzungsstatus unterstützt; Letztere, wenn ASP.NET MVC vorhat, die Controllerinstanz nicht mehr zu verwenden. Sie könnte beispielsweise für Aufräumaufgaben genutzt werden.

```
public class CustomControllerFactory: IControllerFactory
{
    public IController CreateController(
                        RequestContext requestContext,
                        string controllerName)
    {
        if (controllerName == "Home") return new HomeController();
        if (controllerName == "Start") return new HomeController();
        return null;
    }

    public SessionStateBehavior GetControllerSessionBehavior(
                            RequestContext requestContext,
                            string controllerName)
    {
        return SessionStateBehavior.Default;
    }

    public void ReleaseController(IController controller)
    {
    }
}
```

Listing 11.24   Benutzerdefinierte IControllerFactory

ControllerFactory auf traditionellem Weg registrieren

Damit ASP.NET MVC eine benutzerdefinierte Controller-Factory heranzieht, muss der Entwickler sie im Zuge des Hochfahrens der Webanwendung registrieren. Dazu übergibt er die gewünschte Instanz an die Methode SetControllerFactory der statischen Eigenschaft ControllerBuilder.Current:

```
ControllerBuilder.Current.SetControllerFactory(new CustomControllerFactory());
```

ControllerFactory und DependencyResolver

Derzeit existiert keine Möglichkeit, um die ControllerFactory über den DependencyResolver anzufordern. Allerdings existiert seit Version 3 neben der ControllerFactory die Schnittstelle IControllerActivator. Komponenten, welche diese Schnittstelle implementieren, übernehmen die Aufgabe, Controller zu instanziieren. Im Zuge dessen kann der ControllerActivator zum Beispiel auch Abhängigkeiten an den Konstruktor des Controllers übergeben. Die Aufgabe, Controllernamen auf die Controllertypen abzubilden, verbleibt bei der ControllerFactory. Diese sollten jedoch zur Instanziierung des gewählten Controllertyps an ControllerActivator delegieren. Die Standardimplementierung DefaultControllerFactory macht dies auch.

Die Schnittstelle IControllerActivator gibt die folgende Methode vor:

```
IController Create(RequestContext requestContext, Type controllerType);
```

Sie nimmt den gewünschten Controllertyp sowie Informationen über den aktuellen Aufruf in Form einer RequestContext-Instanz entgegen und liefert eine Instanz des angeforderten Typs zurück.

Um den gewünschten ControllerActivator über DependencyResolver bereitzustellen, muss der Entwickler diesen dazu bewegen, den ControllerActivator beim Aufruf von GetService zurückzugeben, sofern der Aufrufer als Parameter typeof(IControllerActivator) übergibt.

Kann das Framework über den DependencyResolver keinen ControllerActivator abrufen, versucht es, den gewünschten Controller direkt vom DependencyResolver zu erhalten, indem es den Typ des Controllers an GetService übergibt.

View-Engine

Neben den beiden View-Engines, die mit ASP.NET MVC ausgeliefert werden, kann der Entwickler auch noch weitere, benutzerdefinierte erstellen. Dieser Abschnitt zeigt, wie dies bewerkstelligt werden kann.

Benutzerdefinierte Pfade für Views mit benutzerdefinierter View-Engine

Listing 11.25 zeigt eine benutzerdefinierte View-Engine, die von der RazorViewEngine ableitet und die Art und Weise ändert, wie nach Views gesucht wird. Dazu muss man wissen, dass RazorViewEngine mehrere Auflistungen mit Pfaden verwendet, in denen nach Views gesucht wird. Diese Pfade verwenden bis zu drei Platzhalter: {0} steht für den Viewnamen, {1} für den Controllernamen und {2} für den Namen der Area. Das Array ViewLocationFormats beinhaltet zum Beispiel sämtliche Pfade, in denen nach klassischen Views gesucht wird, wenn Areas nicht verwendet wird.

Das Array AreaViewLocationFormats beinhaltet jene Pfade, die hingegen beim Einsatz von Areas heranzuziehen sind. Für die Suche nach partiellen Views existieren ebenfalls zwei Arrays. Die Pfade in PartialViewLocationFormats werden berücksichtigt, wenn partielle Views zu suchen sind und keine Areas verwendet werden; AreaPartialViewLocationFormats wird verwendet, um partielle Views innerhalb einer Area zu suchen.

Die folgenden Pfade, die jedem ASP.NET MVC-Entwickler bekannt erscheinen dürften, finden sich innerhalb von ViewLocationFormats sowie PartialViewLocationFormats:

- »~/Views/{1}/{0}.cshtml«
- »~/Views/{1}/{0}.vbhtml«
- »~/Views/Shared/{0}.cshtml«
- »~/Views/Shared/{0}.vbhtml«

Innerhalb von AreaViewLocationFormats und AreaPartialViewLocationFormats sind hingegen diese Pfade zu finden:

- »~/Areas/{2}/Views/{1}/{0}.cshtml«

- »~/Areas/{2}/Views/{1}/{0}.vbhtml«

- »~/Areas/{2}/Views/Shared/{0}.cshtml«

- »~/Areas/{2}/Views/Shared/{0}.vbhtml«

Um andere Pfade zu verwenden, reicht es, diese Arrays im Konstruktor entsprechend abzuändern. Die betrachtete Implementierung in Listing 11.25 fügt zum Beispiel zum Array `PartialViewLocationFormats` zwei Einträge hinzu (genaugenommen wird das Array durch ein anderes ersetzt, welches zusätzlich zwei weitere Einträge aufweist).

Noch mehr Kontrolle über die zu verwendende View erhält der Entwickler, indem er die Methoden `FindPartialView` und/oder `FindView` überschreibt. Das betrachtete Beispiel fügt zum Beispiel auf diese Weise eine benutzerdefinierte Logik zum Finden der gewünschten View zur Methode `FindView` hinzu: Falls jemand eine View mit dem Namen `Index` anfordert und nicht angemeldet ist, leitet diese Logik ASP.NET MVC auf die View ~/Views/Anonymous/Index.cshtml um, sofern diese existiert. Dazu wird eine Instanz vom Typ `IView` mit der geerbten Methode `CreateView` erzeugt und in Form einer `ViewEngineResult`-Instanz zurückgegeben. In allen anderen Fällen wird an die Implementierung der Basisklasse delegiert. Diese liefert ebenfalls ein `ViewEngineResult` mit einer Instanz vom Typ `IView`, welche die jeweilige View repräsentiert, sofern diese gefunden wurde. Konnte diese nicht gefunden werden, liefert die Basisimplementierung ein `ViewEngineResult` zurück, das lediglich alle durchsuchten Pfade aufweist. Damit wird angezeigt, dass die aktuelle View-Engine die gewünschte View nicht liefern kann.

```
public class CustomRazorEngine: RazorViewEngine
{
    public CustomRazorEngine(): base()
    {
        var locations = this.PartialViewLocationFormats.ToList();

        locations.Add(" /Views/Navigation/{0}.cshtml");
        locations.Add("~/Views/Navigation/{0}.vbhtml");

        this.PartialViewLocationFormats = locations.ToArray();
    }

    public override ViewEngineResult FindPartialView(ControllerContext controllerContext, string
partialViewName, bool useCache)
    {
        return base.FindPartialView(controllerContext, partialViewName, useCache);
    }

    public override ViewEngineResult FindView(ControllerContext controllerContext, string viewName,↵
string masterName, bool useCache)
    {
        var user = controllerContext.HttpContext.User;
        if (viewName == "Index" && !user.Identity.IsAuthenticated)
        {
            var viewPath = "~/Views/Anonymous/Index.cshtml";
            var masterPath = masterName;
```

```
        if (this.VirtualPathProvider.FileExists(viewPath))
        {
            var view = CreateView(controllerContext, viewPath, masterPath);
            return new ViewEngineResult(view, this);
        }
    }
    return base.FindView(controllerContext, viewName, masterName, useCache);

  }
}
```

Listing 11.25   Benutzerdefinierte RazorViewEngine

View-Engine auf traditionellem Weg registrieren

Um eine benutzerdefinierte View-Engine zu registrieren, fügt der Entwickler eine Instanz dieser Implementierung zur statischen Auflistung ViewEngines.Engines hinzu:

```
ViewEngines.Engines.Add(new ViewEngineDemo());
```

Daraus kann man schließen, dass mehrere View-Engines nebeneinander existieren können. Um die zu einem Aufruf passende View zu finden, iteriert ASP.NET MVC diese Auflistung und ruft nach und nach bei den einzelnen View-Engines FindView auf. Die View der ersten View-Engine, für die dieser Methodenaufruf ein ViewEngineResult zurückgibt, das tatsächlich eine View beinhaltet, wird von ASP.NET MVC verwendet.

View-Engine über DependencyResolver bereitstellen

Der Entwickler kann über den DependencyResolver die zur Verfügung stehenden View-Engines bereitstellen. Dazu muss er diesen dazu bringen, die zur Verfügung stehenden ViewEngine-Instanzen zurückzugeben, wenn das Framework die GetService-Methode des Resolvers aufruft und als Parameter typeof(IViewEngine) übergibt.

Seit Version 3 bietet ASP.NET MVC ergänzend dazu die Schnittstelle IViewPageActivator. Komponenten, welche diese Schnittstelle implementieren, haben die Aufgabe, View-Klassen, die von einer View-Engine erstellt wurden, zu instanziieren.

Die beiden in ASP.NET MVC beinhalteten ViewEngine-Implementierungen delegieren an den ViewPageActivator, sodass der Entwickler diesen nutzen kann, um benutzerdefinierte Logiken im Zuge des Instanziierens von Views ausführen zu lassen. Zum Beispiel könnte er Abhängigkeiten an den Konstruktor des Controllers oder an dessen Eigenschaften übergeben.

Um einen benutzerdefinierten ViewPageActivator über den DependencyResolver zur Verfügung zu stellen, muss der Entwickler den Resolver dazu bringen, den gewünschten ViewPageActivator bei Aufruf der Methode GetService zurückzugeben, wenn der Aufrufer typeof(IViewPageActivator) übergibt.

Benutzerdefiniertes Rendering mit benutzerdefinierter View-Engine

Auch wenn es nur sehr selten bis gar nie notwendig ist, zeigt dieser Abschnitt der Vollständigkeit halber, wie eine eigene, äußerst einfache View-Engine erzeugt werden kann, die Views auf eine benutzerdefinierte Weise rendert. Die Klasse in Listing 11.26 implementiert dazu die Schnittstelle IViewEngine. Die von dieser Schnittstelle vorgegebene Methode FindPartialView liefert eine Instanz von ViewEngineResult zurück. Diese beinhaltet jedoch keine Instanz von IView, sondern nur eine leere Liste. Damit zeigt die Methode an, dass die View-Engine die angeforderte View nicht liefern kann. Bei einer Implementierung für den Produktivbetrieb sollte die angegebene Liste jene Pfade beinhalten, die vergebens nach dieser View durchsucht wurden.

FindView gibt hingegen ein ViewEngineResult mit einer View zurück, sofern eine View mit dem Namen __DEBUG__ angefordert wurde. Diese View ist vom Typ CustomView. Dabei handelt es sich um eine benutzerdefinierte Implementierung der Schnittstelle IView (Listing 11.27).

Die von IView vorgegebene Methode Render nimmt zwei Parameter entgegen: einen ViewContext sowie einen TextWriter. Der ViewContext beinhaltet Informationen über den aktuellen Aufruf sowie Informationen über das anzuzeigende Modell. Der TextWriter wird hingegen von der View verwendet, um sich zu rendern.

Die betrachtete Implementierung ermittelt über den ViewContext das aktuelle Response-Objekt und setzt den HTTP-Kopfzeileneintrag Content-Type. Darüber hinaus ruft die View über den ViewContext das von der vorgelagerten Action-Methode retournierte Model ab und iteriert dessen Eigenschaft mittels Reflektion. Im Zuge dessen schreibt sie die Namen der Eigenschaften und deren Werte in den TextWriter, sodass diese Informationen direkt zum Aufrufer gesendet werden.

```
public class ViewEngineDemo: IViewEngine
{
    public ViewEngineResult FindPartialView(
                            ControllerContext controllerContext,
                            string partialViewName,
                            bool useCache)
    {
        return new ViewEngineResult(new List<string>());
    }

    public ViewEngineResult FindView(
                            ControllerContext controllerContext,
                            string viewName,
                            string masterName,
                            bool useCache)
    {
        if (viewName == "__DEBUG__") {
            var view = new CustomView();
            return new ViewEngineResult(view, this);
        }
        return new ViewEngineResult(new List<string>());
    }

    public void ReleaseView(ControllerContext controllerContext, IView view)
    {
    }
}
```

Listing 11.26 Benutzerdefinierte Implementierung von IViewEngine

```
public class CustomView: IView
{
    public void Render(ViewContext viewContext, System.IO.TextWriter writer)
    {
        var response = viewContext.HttpContext.Response;
        response.ContentType = "text/plain";
```

```
    var model = viewContext.ViewData.Model;
    foreach (var p in model.GetType().GetProperties())
    {
        writer.WriteLine("{0}: {1}", p.Name, p.GetValue(model, null));
    }
  }
}
```

Listing 11.27   Benutzerdefinierte Implementierung von IView

Benutzerdefiniertes ActionResult

Eine der einfachsten Erweiterungen stellt das Bereitstellen benutzerdefinierter ActionResult-Implementierungen dar. Dazu muss eine Klasse lediglich von der abstrakten Basisklasse ActionResult erben und deren Methode ExecuteResult überschreiben. Innerhalb dieser Methode erhält man über einen übergebenen ControllerContext unter anderem Zugriff auf die aktuelle Anfrage sowie auch auf die Antwort – Letzteres über eine Instanz von HttpResponseBase. Diese können Sie nach Belieben verwenden, um Daten an den Browser zu senden.

Listing 11.28 zeigt eine einfache ActionResult-Implementierung. Sie nimmt über den Konstruktor ein Modell eines beliebigen Typs entgegen. Innerhalb von ExecuteResult legt sie den Inhaltstyp der Antwort auf text/xml fest und verwendet daraufhin den XmlSerializer, um die Modellinstanz nach XML zu serialisieren. Das Ergebnis dieser Serialisierung leitet sie an Response.OutputStream weiter, was dazu führt, dass die XML-Daten auf direktem Wege zum Browser gesendet werden.

```
public class XmlActionResult: ActionResult
{
    private object model;

    public XmlActionResult(object model)
    {
        this.model = model;
    }

    public override void ExecuteResult(ControllerContext context)
    {
        var response = context.HttpContext.Response;
        response.ContentType = "text/xml";

        var serializer = new XmlSerializer(model.GetType());
        serializer.Serialize(response.OutputStream, model);
    }
}
```

Listing 11.28   Benutzerdefiniertes ActionResult

ASP.NET Web API erweitern

Ähnlich wie ASP.NET MVC kann auch ASP.NET Web API erweitert bzw. angepasst werden, indem der Entwickler benutzerdefinierte Implementierungen von Komponenten bereitstellt. Die Registrierung dieser Komponenten erfolgt hier jedoch ausnahmslos über den DependencyResolver. Dabei handelt es sich jedoch nicht um denselben DependencyResolver, den auch ASP.NET MVC verwendet. Vielmehr bringt ASP.NET Web API seinen eigenen DependencyResolver mit.

Dies trifft auch auf andere Komponenten zu, welche zwar denselben Namen und dieselbe prinzipielle Funktionsweise wie ihre MVC-Gegenstücke aufweisen, jedoch im Detail etwas für ASP.NET Web API angepasst wurden. Um diese gleichnamigen Elemente unterscheiden zu können, befinden sie sich in unterschiedlichen Namensräumen. Während ASP.NET MVC den Namensraum System.Web.Mvc nutzt, zieht ASP.NET Web API die Komponenten aus dem Namensraum System.Web.Http heran.

Abhängigkeiten auflösen mit benutzerdefiniertem DependencyResolver

Sämtliche benötigten Komponenten, wie Controller oder Validierungsattribute, fordert ASP.NET Web API bei einem globalen DependencyResolver an. Indem Sie diesen DependencyResolver gegen eine eigene Implementierung austauschen, können Sie bestimmen, wie diese Komponenten instanziiert werden. Sie können sie außerdem auf benutzerdefinierte Weise konfigurieren sowie bei Bedarf austauschen. Darüber hinaus können auf diese Weise IoC-Container, wie *Spring.Net* oder *Microsoft Unity* (*http://unity.codeplex.com*) eingebunden werden.

Listing 11.29 zeigt ein einfaches Beispiel für einen benutzerdefinierten DependencyResolver. Es handelt sich dabei um eine Klasse, die die Schnittstelle IDependencyResolver implementiert. Zum Anfordern von Komponenten stützt sich ASP.NET Web API auf die beiden Resolvermethoden GetService und GetServices. Erstere ruft sie immer dann auf, wenn genau eine Instanz einer gegebenen Schnittstelle benötigt wird; Letztere, wenn sie mit mehreren Instanzen eines Typs umgehen kann.

Zur Demonstration prüft die Implementierung von GetService, ob eine Instanz von ValuesController angefordert wurde. Ist dem so, erzeugt sie eine neue Instanz und parametrisiert sie mit Initialwerten. Anschließend liefert sie diese Instanz zurück. Andere Typen werden vom betrachteten Beispiel nicht unterstützt.

Die Schnittstelle DependencyResolver gibt auch die Methode BeginScope sowie Dispose vor. BeginScope liefert einen DependencyResolver, der einen neuen Wertebereich repräsentiert und für einen Typ immer dieselbe Instanz zurückliefert. Mit Dispose wird solch ein Wertebereich geschlossen.

```
public class CustomDependencyResolver : IDependencyResolver
{
    public IDependencyScope BeginScope()
    {
        return this;
    }

    public object GetService(Type serviceType)
    {
        if (serviceType == typeof(ValuesController))
        {
            var initData = new List<string> { "A", "B", "C" };
```

```
                var controller = new ValuesController(initData);
                return controller;
            }
        return null;
    }

    public IEnumerable<object> GetServices(Type serviceType)
    {
        return Enumerable.Empty<object>();
    }

    public void Dispose()
    {

    }
}
```

Listing 11.29 Benutzerdefinierter DependencyResolver

Um einen benutzerdefinierten `DependencyResolver` zu registrieren, kann der Entwickler innerhalb der Methode `WebApiConfig.Register` den nachfolgenden Schnipsel heranziehen:

```
config.DependencyResolver = new CustomDependencyResolver();
```

Methodenparameter auf benutzerdefinierte Weise mit HttpParameterBinding binden

Standardmäßig übernimmt ASP.NET Web API die Parameter für Operationen entweder aus dem URL oder aus den Nutzdaten der übersendeten HTTP-Nachricht. Um alternative Datenquellen hierfür zur Verfügung zu stellen, kann der Entwickler benutzerdefinierte Parameterbindungen bereitstellen. Dazu implementiert er eine Klasse, welche von `HttpParameterBinding` ableitet.

Die Logik zum Ermitteln des jeweiligen Werts hinterlegt er in der zu überschreibenden Methode `ExecuteBindingAsync`. Diese erhält beim Aufruf Informationen über die aktuelle Anfrage sowie über den zu bindenden Parameter. Ihre Aufgabe ist es, unter Verwendung der geerbten Methode `SetValue` den Wert für diesen Parameter zu definieren.

Listing 11.30 und Listing 11.31 zeigen jeweils ein Beispiel für eine solche Implementierung. Jene in Listing 11.30 bindet den aktuellen Benutzernamen an den vom Framework angezeigten Parameter; jene in Listing 11.31 das aktuelle Prinzipalobjekt, welches den aktuellen Benutzer repräsentiert. Dazu rufen beide Listings die Methode `SetValue` auf und übergeben als ersten Parameter den übergebenen `actionContext` sowie als zweiten Parameter den zu bindenden Wert.

Als Rückgabewert erwartet die asynchrone Methode `ExecuteBindingAsync` einen Task. Da zur Erledigung der gestellten Aufgabe im betrachteten Fall jedoch kein Task abgespalten werden muss, legen sich beide Implementierungen eine Instanz von `TaskCompletionSource` zurecht. Darüber ermitteln sie einen Task, der vorgibt, bereits fertig ausgeführt worden zu sein und der den Rückgabewert `null` mit sich bringt. Diesen Task liefern die beiden Implementierungen zurück.

```
public class UserNameParameterBinding : HttpParameterBinding
{
    public UserNameParameterBinding(HttpParameterDescriptor desc)
        : base(desc)
    {
    }
    public override System.Threading.Tasks.Task
ExecuteBindingAsync(System.Web.Http.Metadata.ModelMetadataProvider metadataProvider,↵
 HttpActionContext actionContext, System.Threading.CancellationToken cancellationToken)
    {
        SetValue(actionContext, Thread.CurrentPrincipal.Identity.Name);

        var tcs = new TaskCompletionSource<object>();
        tcs.SetResult(null);
        return tcs.Task;

    }
}
```

Listing 11.30 HttpParameterBinding für die Zuweisung des Benutzernamens

```
public class PrincipalParameterBinding : HttpParameterBinding
{
    public PrincipalParameterBinding(HttpParameterDescriptor desc)
        : base(desc)
    {
    }

    public override System.Threading.Tasks.Task
ExecuteBindingAsync(System.Web.Http.Metadata.ModelMetadataProvider metadataProvider,↵
 HttpActionContext actionContext, System.Threading.CancellationToken cancellationToken)
    {
        SetValue(actionContext, Thread.CurrentPrincipal);

        var tcs = new TaskCompletionSource<object>();
        tcs.SetResult(null);
        return tcs.Task;
    }
}
```

Listing 11.31 HttpParameterBinding für die Zuweisung des aktuellen Prinzipals

Neben den beiden Implementierungen von HttpParameterBinding muss der Entwickler auch einen Mechanismus bereitstellen, welcher entscheidet, wann welches HttpParameterBinding zum Einsatz kommen soll. Dazu definiert er eine ParameterBindingRule (siehe Listing 11.32). Dabei handelt es sich um eine Methode, welche einen HttpParameterDescriptor zurückgibt. Dieser HttpParameterDescriptor nimmt einen Parameter der angestoßenen Operation entgegen, und liefert dafür ein HttpParameterBinding zurück.

Kann die Methode für den jeweiligen Parameter kein HttpParameterBinding liefern, gibt sie per Definition null zurück. Dies veranlasst ASP.NET Web API zur Laufzeit, sich an die nächsten registrierten ParameterBindingRule zu wenden, sofern eine solche existiert.

```
public class PrincipalParameterBindingRule
{
    // Zum Testen auth in web.config aktivieren, z. B. mit <authentication mode="Windows" />
    public static HttpParameterBinding GetRule(HttpParameterDescriptor descriptor)
    {
        if (descriptor.ParameterName == "userName" && descriptor.ParameterType == typeof(string))
        {
            return new UserNameParameterBinding(descriptor);
        }
        else if (descriptor.ParameterType == typeof(IPrincipal))
        {
            return new PrincipalParameterBinding(descriptor);
        }

        return null;
    }
}
```

Listing 11.32   ParameterBindingRule zur Auswahl eines benutzerdefinierten HttpParameterBinding

Eine ParameterBindingRule wird bei ASP.NET Web API registriert, indem der Entwickler einen darauf verweisenden Delegaten in der Auflistung ParameterBindingRules des Konfigurationsobjekts verstaut:

```
config.ParameterBindingRules.Insert(0,
    PrincipalParameterBindingRule.GetRule);
```

Da ASP.NET Web API für jeden zu bindenden Parameter die registrierten ParameterBindingRules sukzessive nach einer ParameterBinding abfragt, ist die Reihenfolge, in der die ParameterBindingRules in dieser Auflistung platziert werden, Ausschlag gebend.

Listing 11.33 zeigt einen ApiController, mit dem die hier beschriebene Implementierung getestet werden kann. Beim Aufruf via GET sind die Parameter a und b über den URL zu übergeben. Die Parameter userName und p werden hingegen durch die diskutierten ParameterBindings bestückt. Damit dieses Beispiel erfolgreich getestet werden kann, sollte das Projekt für die Verwendung der Windows-Authentifizierung konfiguriert und der anonyme Zugriff über IIS unterbunden werden. Darüber hinaus bietet es sich an, diese Implementierung über einen Browser zu testen, da sich in diesem Fall der Entwickler nicht mit der korrekten Übergabe der Anmeldeinformationen über die HTTP-Kopfzeile kümmern muss.

```
public class HttpParameterBindingSampleController : ApiController
{
    public string Get(int a, int b, string userName, IPrincipal p)
    {
        return "*" + userName + "*";
    }
}
```

Listing 11.33   ApiController zum Testen der benutzerdefinierten Parameterbindungen

---

HINWEIS Neben dem `HttpParameterBinding`-Objekt, das das Binden von Parametern auf sehr einfache Weise erlaubt, unterstützt ASP.NET Web API noch weitere von ASP.NET MVC bekannte Konzepte, die sich auf die Arbeit mit Modellen beziehen: `ModelBinder`, `ValueProvider`, `ModelValidatorProvider`, `MetadataProvider`. Diese Komponenten funktionieren vom Prinzip her genauso wie ihre MVC-Gegenstücke, welche weiter oben beschrieben wurden. Die Signaturen ihrer Methoden variieren jedoch von Fall zu Fall. Beispiele dazu finden sich im Quellcode, der für das vorliegende Buch heruntergeladen werden kann.

Zusätzliche Assemblys mit AssembliesResolver laden

Standardmäßig durchsucht ASP.NET Web API lediglich die aktuelle Assembly nach `ApiController`-Implementierungen. Ein Trick, der zur Umgehung dieser Einschränkung bereits in Kapitel 2 beschrieben wurde, besteht darin, die Controller aus eingebundenen Assemblys mittels `typeof (ControllerName)` zu laden.

Eine elegantere Möglichkeit zur Lösung dieses Problems besteht in der Nutzung eines `AssembliesResolver`-Objekts. Dazu implementiert der Entwickler die Schnittstelle `IAssembliesResolver`. Alternativ dazu kann natürlich auch von einer bestehenden Implementierung abgeleitet werden.

Das Beispiel in Listing 11.34 beschreitet letzteren Weg und leitet von der Standardimplementierung `DefaultAssembliesResolver` ab, um deren Möglichkeiten zu erweitern. Möchte ASP.NET Web API die zu durchsuchenden Assemblys ermitteln, ruft sie beim registrierten `AssembliesResolver` die Methode `GetAssemblies` auf. Das betrachtete Beispiel delegiert zunächst an die Basisimplementierung, um deren Funktionalität zu erhalten. Anschließend lädt sie eine benutzerdefinierte Assembly und retourniert die ermittelten Assemblys in Form einer `List<Assembly>` an ASP.NET Web API.

```
public class CustomAssembliesResolver : DefaultAssembliesResolver
{
    public override ICollection<System.Reflection.Assembly> GetAssemblies()
    {
        IEnumerable<Assembly> baseAssemblies = base.GetAssemblies();
        var assemblies = new List<Assembly>(baseAssemblies);

        const string path = @"[…]\ControllerLib.dll";

        Assembly controllerLibraryAssembly = Assembly.LoadFrom(path);
        assemblies.Add(controllerLibraryAssembly);

        return assemblies;
    }
}
```

Listing 11.34 Benutzerdefinierter `AssembliesResolver`

Damit ASP.NET Web API den benutzerdefinierten `AssembliesResolver` heranzieht, muss er in der Methode `WebApiConfig.Register` registriert werden. Das nachfolgende Schnipsel demonstriert diese Aufgabe:

```
var assemblyResolver = new CustomAssembliesResolver();
config.Services.Replace(typeof(IAssembliesResolver), assemblyResolver);
```

Service-Operationen über HttpActionSelector auswählen

Um herauszufinden, welche Methode eines `ApiController`-Objekts für den aktuellen Aufruf herangezogen werden soll, konsultiert ASP.NET Web API eine Instanz von `IHttpActionSelector`. An deren Methode `SelectAction` übergibt sie Informationen zum aktuellen Aufruf sowie zum adressierten `ApiController`. Diese Methode hat die Aufgabe, eine Methode auszuwählen und eine Beschreibung dieser Methode in Form einer Instanz von `HttpActionDescriptor` an ASP.NET Web API zurückzuliefern.

Das Beispiel in Listing 11.35 beinhaltet einen `HttpActionDescriptor`, der von der Standardimplementierung `ApiControllerActionSelector` ableitet, die ihrerseits `IHttpActionDescriptor` implementiert. Es implementiert eine Unterstützung für den HTTP-Kopfzeileneintrag `X-HTTP-Method-Override`. Dieser wird verwendet, wenn das gewünschte HTTP-Verb nicht verwendet werden kann, zum Beispiel weil der Webserver Anfragen mit bestimmten Verben, wie `DELETE`, abblockt. In diesem Fall verwendet der Aufrufer `POST` und übermittelt das eigentlich zu verwendende Verb über `X-HTTP-Method-Override`.

Hierzu prüft die betrachtete Implementierung, ob dieser Kopfzeileneintrag existiert. Falls ja, ändert sie die Eigenschaft `Method` der aktuellen Anfrage dahingehend ab. Anschließend ruft sie die Basisimplementierung auf, die das ggf. abgeänderte Verb verwendet, um die auszuführende Methode zu ermitteln.

```
public class CustomActionSelector : ApiControllerActionSelector
{
    public override HttpActionDescriptor SelectAction(HttpControllerContext controllerContext)
    {
        const string X_HTTP_METHOD_OVERRIDE = "X-HTTP-Method-Override";
        var request = controllerContext.Request;

        if (request.Headers.Contains(X_HTTP_METHOD_OVERRIDE))
        {
            request.Method = new HttpMethod(request.Headers.GetValues(X_HTTP_METHOD_OVERRIDE).First());
        }

        return base.SelectAction(controllerContext);
    }
}
```

Listing 11.35   Benutzerdefinierter `IHttpActionSelector`

Zum Registrieren eines benutzerdefinierten `HttpActionSelectors` bei der aktuellen Konfiguration kann der Entwickler den nachfolgenden Schnipsel verwenden:

```
config.Services.Replace(typeof(IHttpActionSelector),
                        new CustomActionSelector());
```

Controller über HttpControllerSelector auswählen

Der HttpControllerSelector zeichnet sich verantwortlich für die Auswahl eines Controllers im Zuge einer Anfrage. Hierbei handelt es sich um eine Implementierung der Schnittstelle IHttpControllerSelector. Diese gibt die folgenden Methoden vor:

- IDictionary<string, HttpControllerDescriptor> GetControllerMapping();

- HttpControllerDescriptor SelectController(HttpRequestMessage request);

GetControllerMapping liefert ein Dictionary, welches die dem URL entnommenen Namen von Controllern auf Instanzen von HttpControllerDescriptor abbildet, die unter anderem den Typ der jeweiligen Controllerklasse beinhalten. SelectController wird bei jeder HTTP-Anfrage aufgerufen, um den HttpControllerDescriptor des für diese Anfrage heranzuziehenden Controllers zu ermitteln. ASP.NET Web API übergibt im Zuge dessen eine Instanz von HttpRequestMessage, welche die aktuelle Anfrage repräsentiert.

Listing 11.36 zeigt die Implementierung eines benutzerdefinierten HttpControllerSelectors. Anstatt die Schnittstelle IHttpControllerSelector von Grund auf zu implementieren, erbt er von der Standardimplementierung DefaultHttpControllerSelector. Er hat die Aufgabe, den Aufrufer auf einen Mock (eine für Testzwecke entwickelte Dummy-Implementierung einer Komponente) des über den URL adressierten Controllers umzuleiten, wenn dieser den benutzerdefinierten HTTP-Kopfzeileneintrag X-Debug mit dem Wert Mock übergibt. Die Namen der Mock-Implementierungen von Controllerklassen enden in diesem Beispiel nicht auf Controller sondern auf MockController.

Um diese Aufgabe zu bewältigen, ruft die betrachtete Implementierung im Konstruktor die von der Schnittstelle vorgegebene Methode GetControllerMapping auf und legt deren Ergebnis in der Membervariablen cache ab. Somit werden die zur Verfügung stehenden Controller auf die gewohnte Weise ermittelt und zwischengespeichert.

Die Implementierung von SelectController prüft, ob der Kopfzeileneintrag X-Debug mit dem Wert Mock übergeben wurde. Ist dem so, hängt sie an den Namen des Controllers die Endung Mock an. Dabei ist zu beachten, dass die intern verwendeten Controllernamen im Gegensatz zu den Klassen, welche die Controller implementieren, nicht auf Controller enden. Sie werden vom Framework zwar aus dem Namen der Controllerklasse abgeleitet, dieses entfernt jedoch für den internen Gebrauch die Endung Controller. Anschließend durchsucht die betrachtete Implementierung die Membervariable cache nach einem Controller mit diesem Namen. Wird sie fündig, liefert sie die auf diese Weise ermittelte HttpControllerDescriptor-Instanz zurück. Ansonsten löst sie eine Ausnahme aus.

```
public class CustomHttpControllerSelector : DefaultHttpControllerSelector
{
    HttpConfiguration configuration;
    Dictionary<string, HttpControllerDescriptor> cache;

    public CustomHttpControllerSelector(HttpConfiguration configuration): base(configuration) {
        this.configuration = configuration;

        cache = GetControllerMapping();
    }
```

```
    public override System.Web.Http.Controllers.HttpControllerDescriptor
                    SelectController(System.Net.Http.HttpRequestMessage request)
    {
        if (request.Headers.Contains("X-Debug") && request.Headers.First(h => h.Key ==↙
"X-Debug").Value.First() == "Mock")
        {
            var controllerName = base.GetControllerName(request) + "Mock";
            controllerName = controllerName.ToLower();
            if (!cache.ContainsKey(controllerName))
                throw new HttpResponseException(HttpStatusCode.BadRequest);
            var controllerDescriptor = cache[controllerName];
            return controllerDescriptor;
        }
        return base.SelectController(request);
    }
}
```

Listing 11.36　　Benutzerdefinierter `HttpControllerSelector`

Um ASP.NET Web API einen benutzerdefinierten `HttpControllerSelector` bekannt zu machen, registriert ihn der Benutzer beim `DependencyResolver` unter Verwendung des Schlüssels `typeof(IHttpControllerSelector)`:

```
config.Services.Replace(typeof(IHttpControllerSelector), new CustomHttpControllerSelector(config));
```

Kapitel 12

Testbare Systeme mit Dependency-Injection

In diesem Kapitel:

Fallbeispiel ohne Dependency-Injection   392

Fallbeispiel mit Dependency-Injection   396

Zusammenfassung und Fazit   402

Die Muster MVC und Dependency-Injection haben das Ziel, die Flexibilität und Testbarkeit von Applikationen zu steigern. MVC sieht dazu die Trennung unterschiedlicher Aspekte vor. Dependency Injection erleichtert das Austauschen und vor allem Testen von Abhängigkeiten. Richtig eingesetzt, ergänzen sich diese beiden Muster gegenseitig und führen zu einer hochwertigeren Softwarearchitektur. Dieses Kapitel zeigt, wie solch eine Architektur mit ASP.NET MVC und Unity, dem Dependency-Injectionsframework aus dem Hause Microsoft, geschaffen werden kann.

Fallbeispiel ohne Dependency-Injection

Um den Sinn hinter Dependency-Injection zu erläutern, soll zunächst eine Implementierung gezeigt werden, welche ohne dieses Muster auskommt. Im Abschnitt »Fallbeispiel mit Dependency-Injection« wird anschließend gezeigt, wie diese Implementierung durch die Verwendung von Dependency-Injection wartbarer und vor allem testbarer gestaltet werden kann.

Implementierung mit ASP.NET MVC

Um den Nutzen des Zusammenspiels der beiden Muster zu demonstrieren, soll zunächst eine simple Webanwendung, welche (vorerst) lediglich dem MVC-Muster folgt, inspiziert werden. Diese Applikation bietet die Möglichkeit einer Kundensuche. Dazu werden zunächst Suchkriterien erfasst (Abbildung 12.1). Ist diese Suche erfolglos, so wird nochmals die Suchmaske angezeigt – jedoch mit einem entsprechenden Hinweis.

Falls die Suche mehrere Datensätze liefert, werden diese aufgelistet (Abbildung 12.2). Für jeden Datensatz kann anschließend eine Detailansicht (Abbildung 12.3) angefordert werden. Liefert die Suche genau einen einzigen Datensatz, so wird für diesen direkt die Detailansicht präsentiert – die Auflistung dieses Datensatzes analog zur Auflistung in Abbildung 12.2 wird in diesem Fall also übersprungen.

Listing 12.1 zeigt die für diese Suche zuständige Action-Methode des entsprechenden Controllers. Dabei ist zu beachten, dass der Rückgabewert vom Typ `ActionResult` ist. Instanzen dieser Klasse teilen dem Framework z.B. mit, welche View angezeigt werden soll und welches Modell an diese View weitergereicht werden soll. An die Methode werden die erfassten Suchparameter (vgl. Abbildung 12.1) übergeben.

Anschließend bedient sie sich eines `CustomerDAO`-Objekts, um die Suchabfrage anzustoßen. Das Ergebnis ist ein `List<Customer>`-Objekt. Die Anzahl der gefundenen Datensätze bestimmt die weitere Vorgehensweise. Eine leere Ergebnismenge führt zur Verwendung der View `Index` sowie eines `IndexModel`-Objekts; eine Ergebnismenge mit einem einzigen Eintrag zur Verwendung von `Detail` und `DetailModel` und bei einer Ergebnismenge mit mehreren Einträgen werden `SearchResult` und `SearchResultModel` herangezogen.

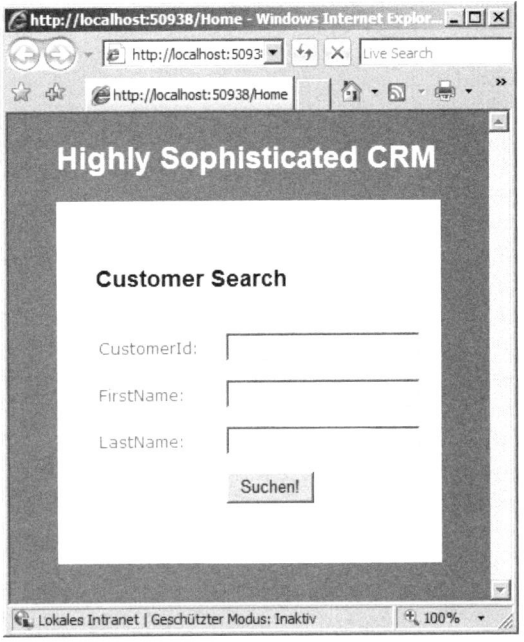

Abbildung 12.1 Suchmaske der Beispielapplikation

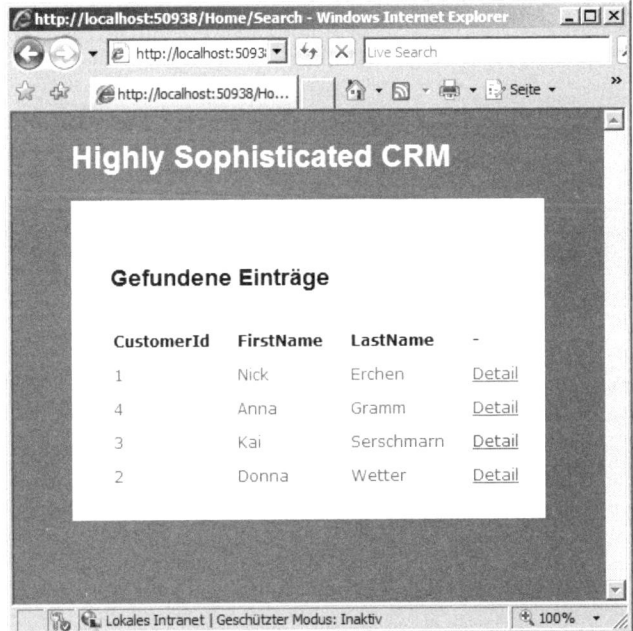

Abbildung 12.2 Auflistung der gefundenen Kunden

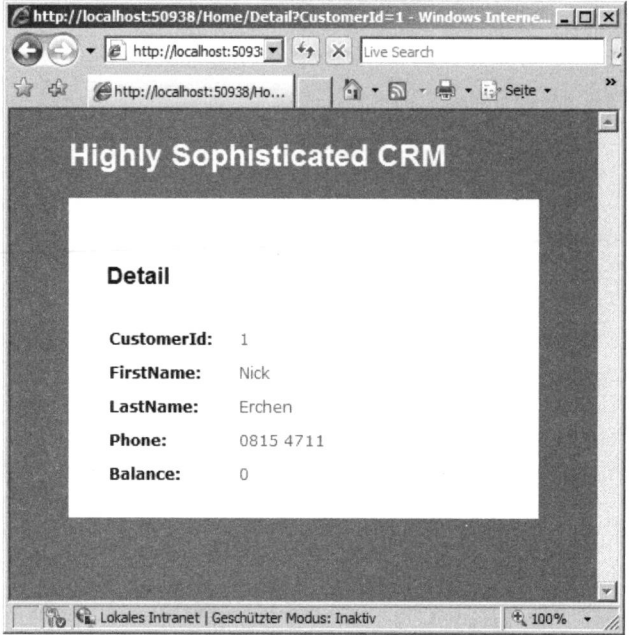

Abbildung 12.3   Detailansicht eines Kunden

```
public ActionResult Search(String customerId, String firstName, String lastName)
{
    int? customerIdasInt;
    CustomerDAO dao = new CustomerDAO();
    List<Customer> customers;

    customerIdasInt = ParseInt(customerId);

    customers = dao.FindCustomersBy(customerIdasInt, firstName, lastName);

    if (customers.Count == 0)
    {
        IndexModel model;
        model = new IndexModel();
        model.message = "Es wurden keine Einträge gefunden!";
        return View("Index", model);
    }
    else if (customers.Count == 1)
    {
        Customer foundCustomer;
        foundCustomer = customers[0];

        DetailModel model;
        model = new DetailModel();
        model.customer = foundCustomer;
        model.accountBalance = dao.CalcAccountBalanceFor(foundCustomer.CustomerId);

        return View("Detail", model);
    }
```

```
    else
    {
        SearchResultModel model;
        model = new SearchResultModel();
        model.customers = customers;
        return View("SearchResult", model);


    }
}
```

Listing 12.1   Action-Methode für Kundensuche

Komponententests (engl. Unit Tests)

Die Tatsache, dass die Action-Methode alle vom Framework benötigten Daten, wie z.B. den Namen der View oder das Modell, zurückliefert, erleichtert die Testprozedur ungemein. Der Controller kann prinzipiell sogar ohne MVC-Framework getestet werden. Dies wird durch den Testfall in Listing 12.2 demonstriert. Dieser Testfall prüft, ob bei einer Suche mit einem einzigen Ergebnis direkt zur Detailansicht umgeleitet wird sowie, ob im Zuge dessen das erwartete Modell weitergereicht wird. Dazu werden Variablen mit den Eingangsdaten und den erwünschten Ergebnissen definiert.

Die Variable expectedViewName beinhaltet z.B. den Namen der erwarteten View; expectedModelType den Typ des erwarteten Modells. Nach dem Aufruf der zu testenden Methode wird das Ergebnis vom Typ ActionResult nach ViewResult gecastet. Anschließend wird geprüft, ob dieses ViewResult sowie das im ViewResult enthaltene Modell die erwarteten Werte aufweist.

```
[TestMethod()]
public void SearchTest()
{
    ViewResult result;

    string customerId = "";
    string firstName = "";
    string lastName = "Erchen";

    string expectedViewName = "Detail";
    Type expectedModelType = typeof(DetailModel);
    decimal expectedAccountBalance = 0;
    string expectedLastName = "Erchen";

    HomeController target = new HomeController();

    result = (ViewResult)target.Search(customerId, firstName, lastName);

    Assert.AreEqual(expectedViewName, result.ViewName);
    Assert.IsInstanceOfType(result.ViewData.Model, expectedModelType);

    DetailModel model = (DetailModel)result.ViewData.Model;

    Assert.AreEqual(expectedAccountBalance, model.accountBalance);
    Assert.AreEqual(expectedLastName, model.customer.LastName);
}
```

Listing 12.2   Testmethode

Diskussion der betrachteten Lösung

Die vorgestellte Lösung bringt jene Vorteile mit sich, welche von ASP.NET MVC versprochen werden: Zum einen herrscht eine klare Trennung zwischen Präsentation und Logik. Dies erleichtert die Wiederverwendung und ermöglicht (prinzipiell) die Weiterentwicklung dieser beiden Schichten durch verschiedene Personen. Zum anderen kann die Logik des Controllers, wie mittels Listing 12.2 demonstriert wurde, relativ einfach getestet sowie testautomatisiert werden.

Ein Nachteil der diskutierten Lösung ist die Tatsache, dass der Controller direkt vom verwendeten Data Access Object (DAO) abhängig ist. Das DAO kann somit zum einen nicht flexibel ausgetauscht werden – zumindest nicht ohne Änderung von bestehenden Codestrecken. Zum anderen – und dieser Punkt ist aus Sicht des Autors viel gravierender – kann der Controller nicht für sich allein getestet werden.

Ein Test des Controllers geht immer mit einem indirekten Test des DAOs einher. Ferner muss beachtet werden, dass der Ausgang der Tests von den Testdaten in der Datenbank abhängig ist. Der Test in Listing 12.2 geht bspw. davon aus, dass es nur einen einzigen Kunden mit dem Nachnamen Erchen gibt. Dies hat zur Folge, dass die Testdatenbank sorgfältig gewartet und zu Beginn eines Tests in einen wohldefinierten Ausgangszustand, z.B. durch Einspielen von SQL-Skripts oder eines Backups, versetzt werden muss.

Das Dependency-Injectionsmuster schlägt genau in diese Kerben. Die Abhängigkeiten, wie z.B. das DAO im betrachteten Fall, werden über den Konstruktor oder über Properties zugewiesen – man spricht in diesem Zusammenhang von *injizieren*. Diese Abhängigkeiten müssen jedoch nicht manuell zugewiesen werden. Die Zuweisung erfolgt automatisiert durch ein Framework. Dieses ermittelt über die Konfiguration, welche Abhängigkeiten zu welcher Komponente zugewiesen werden sollen.

Allein durch Modifikation der Konfiguration können somit Abhängigkeiten ausgetauscht werden. Dies ermöglicht z.B. den Austausch von SqlServerDAO durch OracleDAO, sofern diese beiden Typen mit jenem der von der Komponente benötigten Abhängigkeit kompatibel sind. In der Regel wird dies erreicht, indem die Komponente gegen eine Schnittstelle programmiert wird und die Abhängigkeiten dieser Schnittstelle implementiert. Im Zuge von Komponententests könnte somit auch eine Dummy-Implementierung des benötigten DAOs, welche lediglich die für diesen Test benötigten Daten zurückliefert, zugewiesen werden.

Fallbeispiel mit Dependency-Injection

Nachdem die in diesem Kapitel verwendete Beispielimplementierung nun besprochen wurde, wird in diesem Abschnitt gezeigt, wie durch den zusätzlichen Einsatz von Dependency-Injectionen die Wartbarkeit sowie Testbarkeit gesteigert werden kann.

Implementierung der Webanwendung

Nun wird die vorgestellte Implementierung erweitert. Dabei wird vom Dependency-Injectionsmuster Gebrauch gemacht. Dazu wird an dieser Stelle Unity verwendet. Dies ist das frei verfügbare Dependency-Injectionsframework von Microsoft, welches über NuGet bezogen werden kann.

Dem DAO wird eine Schnittstelle spendiert (Listing 12.3), und der Controller wird um einen Konstruktor erweitert, welcher eine Implementierung dieser Schnittstelle entgegennimmt. Wie Listing 12.4 zeigt, verwendet nun die Action-Methode das auf diesem Wege zugewiesene DAO.

Da Unity die gewünschte Implementierung dieses DAOs automatisch zuweisen soll, muss der Entwickler auch die dafür nötigen Informationen bereitstellen. Dies erfolgt über eine neue Methode namens `CreateContainer`, welche innerhalb der Klasse `MvcApplication` in der Datei *global.asax* eingerichtet wird. Diese Methode kümmert sich um das Instanziieren und Konfigurieren einer `UnityContainer`-Instanz (Listing 12.5).

Die Klasse `UnityContainer` ist der Dreh- und Angelpunkt von Unity. Bei ihr registriert der Entwickler Komponenten und sie ist auch die zentrale Anlaufstelle, wenn es darum geht, Komponenten zu erzeugen und im Zuge dessen Abhängigkeiten aufzulösen. Die betrachtete Methode zeigt auch, dass Unity sehr leichtgewichtig konzipiert ist: Der Entwickler muss den Container lediglich wissen lassen, dass immer dann, wenn eine Instanz von `ICustomerDAO` benötigt wird, die konkrete Implementierung `CustomerDAO` heranzuziehen ist.

> **HINWEIS**   Der Entwickler kann beim Registrieren von Typen auch einen Namen hinterlegen, um zum Beispiel mehrere Implementierungen von `ICustomerDAO` zu konfigurieren. In diesem Fall müssten jedoch auch die Komponenten, deren Abhängigkeiten Unity auflösen soll, diesen Namen, z.B. unter Verwendung von Attributen, angeben.

Wird nun bei Unity eine Instanz des Controllers angefordert, so wird eine Instanz von `CustomerDAO` sowie eine Instanz des Controllers erzeugt. Der Controllerinstanz wird über den Konstruktor das DAO zugewiesen. Anschließend wird der Controller an den Aufrufer zurückgegeben – der Aufrufer bekommt somit von der »Verdrahtung« zwischen der angeforderten Komponente und ihren Abhängigkeiten nicht das Geringste mit.

```
public interface ICustomerDAO
{
    List<Customer> FindCustomersBy(
            int? customerId, string firstName, string lastName);

    [...]
}
```

Listing 12.3   Schnittstelle für `CustomerDAO`

```
public class HomeController : Controller
{
    private ICustomerDAO dao;

    public HomeController(ICustomerDAO dao)
    {
        this.dao = dao;
    }

    public ActionResult Search(String customerId, String firstName, String lastName)
    {

        int? customerIdasInt;

        List<Customer> customers;

        customerIdasInt = ParseInt(customerId);

        customers = dao.FindCustomersBy(customerIdasInt, firstName, lastName);
```

```
    if (customers.Count -- 0)
    {
        IndexModel model;
        model = new IndexModel();
        model.message = "Es wurden keine Einträge gefunden!";
        return View("Index", model);
    }
    else if (customers.Count == 1)
    {
        Customer foundCustomer;
        foundCustomer = customers[0];

        DetailModel model;
        model = new DetailModel();
        model.customer = foundCustomer;
[...]

        return View("Detail", model);
    }
    else
    {
        SearchResultModel model;
        model = new SearchResultModel();
        model.customers = customers;
        return View("SearchResult", model);

    }
}
[...]
}
```

Listing 12.4   HomeController, der ein DAO als Konstruktorargument erwartet

```
public class MvcApplication : System.Web.HttpApplication
{
    [...]
    private IUnityContainer CreateContainer()
    {
        var container = new UnityContainer();
        container.RegisterType<ICustomerDAO, CustomerDAO>();

        return container;
    }
}
```

Listing 12.5   Unity konfigurieren

Brückenschlag zwischen ASP.NET MVC und Unity

Nun muss noch ASP.NET MVC dazu gebracht werden, den Controller (und am besten auch sämtliche anderen Komponenten) bei Unity anzufordern, anstatt zu versuchen, ihn selbst zu instanziieren. Letzteres würde im Falle des Controllers nicht glücklich enden, zumal der Controller nun als Konstruktorargument ein DAO erwartet und MVC dieses nicht liefern kann.

Um dies zu bewerkstelligen, wird ein DependencyResolver (vgl. Kapitel 11), welcher an den UnityContainer delegiert, eingerichtet (Listing 12.6). Diese Klasse, welche den Namen UnityDependencyResolver trägt, nimmt den UnityContainer über den Konstruktor entgegen.

Die Implementierung von GetService prüft, ob es sich bei der angefragten Komponente um eine nicht-abstrakte Klasse handelt. Ist dem so, kann Unity die Klasse instanziieren, auch wenn sie nicht konfiguriert wurde, und im Zuge dessen jene Abhängigkeiten auflösen, die der Entwickler in der Konfiguration spezifiziert hat. Dies ist in erster Linie für die Instanziierung von Controllern notwendig, da ASP.NET MVC hierzu den konkreten Typ des Controllers an GetService übergibt und als Antwort die heranzuziehende Instanz erwartet.

Hat das Framework an GetService einen abstrakten Typ übergeben, zum Beispiel den einer abstrakten Klasse oder einer Schnittstelle, prüft sie, ob Unity aufgrund der vorliegenden Konfigurationsdaten eine Instanz dafür erstellen kann. Ist Unity dazu nicht in der Lage, wird null zurückgegeben und dem Framework somit angezeigt, dass es die gewünschten Komponenten nicht über den DependencyResolver erhalten kann. Ansonsten wird die Komponente mit der Methode Resolve der UnityContainer-Instanz erzeugt und zurückgegeben.

Die Methode GetServices geht analog dazu vor: Kann Unity Instanzen für den übergebenen Typ erzeugen, weist die Methode Unity an, dies zu tun und liefert diese Instanzen anschließend zurück. Ansonsten zeigt sie durch die Rückgabe einer leeren Liste an, dass der DependencyResolver nicht in der Lage ist, Instanzen der gewünschten Komponente zu liefern.

```
public class UnityDependencyResolver: IDependencyResolver
{
    private IUnityContainer container;

    public UnityDependencyResolver(IUnityContainer container)
    {
        this.container = container;
    }

    public object GetService(Type serviceType)
    {
        if (serviceType.IsClass && !serviceType.IsAbstract)
        {
            return container.Resolve(serviceType);
        }

        if (!container.IsRegistered(serviceType)) return null;
        var obj = container.Resolve(serviceType);
        return obj;
    }
}
```

```
public IEnumerable<object> GetServices(Type serviceType)
{
    if (!container.IsRegistered(serviceType)) return new List<object>();
    var objs = container.ResolveAll(serviceType);
    return objs;

}
}
```

Listing 12.6   DependencyResolver für Unity

Um den UnityDependencyResolver beim Start der Webanwendung zu registrieren, erweitert der Entwickler die Methode Application_Start der Klasse MvcApplication in der Datei *global.asax*, indem er mit der zuvor eingeführten Methode CreateContainer eine konfigurierte Instanz des UnityContainers erzeugt. Diese übergibt er an den Konstruktor von UnityDependencyResolver und diesen wiederum registriert er unter Verwendung der statischen Methode DependencyResolver.SetResolver.

Somit wendet sich ASP.NET MVC ab sofort, immer dann, wenn eine Komponente benötigt wird, an diesen DependencyResolver und dieser delegiert an den UnityContainer, welcher sich um das Auflösen von Abhängigkeiten kümmert.

```
public class MvcApplication : System.Web.HttpApplication
{
    private IUnityContainer CreateContainer()
    {
        var container = new UnityContainer();
        container.RegisterType<ICustomerDAO, CustomerDAO>();

        return container;
    }

    protected void Application_Start()
    {
        [...]

        var container = CreateContainer();
        DependencyResolver.SetResolver(new UnityDependencyResolver(container));
    }
}
```

Listing 12.7   Registrierung einer Instanz von UnityDependencyResolver

Testen

Durch die Integration von Unity können Abhängigkeiten einfach(er) über die Konfiguration ausgetauscht werden. Es wird aber auch die Testbarkeit der Applikation erhöht. Für bestimmte Tests können nun eigene Unity-Konfigurationen herangezogen werden. Alternativ dazu, kann jeder Test eine Dummy-Implementierung der Abhängigkeiten verwenden. Im betrachteten Fall wäre dies z.B. eine Dummy-Implementierung der DAO-Schnittstelle, welche genau die für den Test benötigten Daten zurückliefert.

Listing 12.8 demonstriert dies unter Verwendung des Mocking-Frameworks NMock3, welches über NuGet bezogen werden kann. NMock bietet die Möglichkeit zur Erzeugung von Attrappen (Mock-Objekten), welche an der Stelle der eigentlichen Komponenten für Testzwecke verwendet werden können. Diese Möglichkeit wird genutzt, um für das DAO eine Attrappe zu erstellen.

Zunächst werden, wie in Listing 12.2, die zu verwendenden Eingangsdaten sowie die erwarteten Ergebnisse definiert. Anschließend wird jenes List<Customer>-Objekt erzeugt, welches von der Attrappe des DAOs zurückgeliefert werden soll – ein List<Customer>-Objekt mit einem bestimmten Kunden. Danach wird eine Attrappe für das DAO bei NMock angefordert sowie festgelegt, dass ein Aufruf der Methode FindCustomersBy mit bestimmten Parametern bei dieser Attrappe erwartet wird.

Ferner wird festgelegt, dass diese Methode das zuvor erzeugte List<Customer>-Objekt zurückliefern soll. Im Anschluss daran wird der zu testende Controller manuell erzeugt, die Attrappe über den Konstruktor zugewiesen, und die Tests werden durchgeführt. Am Ende wird geprüft, ob alle für die Attrappe erwarteten Methodenaufrufe auch stattgefunden haben.

Auf diese Art und Weise könnte nun für jeden Test eine eigene Attrappe erzeugt werden. Einige Tests werden zum Beispiel eine Attrappe benötigen, welche mehrere Kunden zurückliefert; andere wiederum eine Attrappe, welche eine leere Ergebnismenge liefert. Diese Tests können nun unabhängig von der Datenzugriffsschicht ausgeführt werden. Ferner sind diese nicht mehr von bestimmten Konstellationen in der Testdatenbank abhängig.

```
[TestMethod()]
public void SearchTest()
{
    // Input
    string customerId = "1";
    int customerIdAsInt = 1;
    string firstName = "";
    string lastName = "";


    // Erwartete Ergebnisse
    string expectedViewName = "Detail";
    Type expectedModelType = typeof(DetailModel);
    decimal expectedAccountBalance = 0;
    string expectedLastName = "Erchen";


    // DAO-Ergebnis erzeugen
    Customer fakedCustomer = new Customer();
    fakedCustomer.CustomerId = 1;
    fakedCustomer.FirstName = "Nick";
    fakedCustomer.LastName = "Erchen";

    List<Customer> fakedResult = new List<Customer>();
    fakedResult.Add(fakedCustomer);


    // DAO-Mock-Objekt erzeugen
    var mocks = new MockFactory();
    var mock = mocks.CreateMock<ICustomerDAO>();
    mock.Expects
```

```
        .One.MethodWith(dao =>
                dao.FindCustomersBy(customerIdAsInt, firstName, lastName))
        .Will(Return.Value(fakedResult));
var daoMock = mock.MockObject;

[…]

// HomeController manuell erzeugen und Abhängigkeit (=Mock) zuweisen …
HomeController target = new HomeController(daoMock);

// Tests durchführen
ViewResult result;
result = (ViewResult)target.Search(customerId, firstName, lastName);

Assert.AreEqual(expectedViewName, result.ViewName);
Assert.IsInstanceOfType(result.ViewData.Model, expectedModelType);

DetailModel model = (DetailModel)result.ViewData.Model;

Assert.AreEqual(expectedAccountBalance, model.accountBalance);
Assert.AreEqual(expectedLastName, model.customer.LastName);

mocks.VerifyAllExpectationsHaveBeenMet();

}
```

Listing 12.8   Testen bei Injektion eines Mock-Objekts

Zusammenfassung und Fazit

Wie in diesem Abschnitt gezeigt wurde, stellt die Kombination der MVC- und Dependency-Injections-muster ein mächtiges Gespann dar. Durch den Einsatz dieser Muster kann sowohl die Wartbarkeit als auch die Wiederverwendbarkeit und Testbarkeit einer Applikation erhöht werden sowie lästige Abhängigkeiten zu Testdatenbanken vermieden werden.

Wie alles im Leben hat auch dieser Architekturansatz seinen Preis, denn »mehr Architektur« bedeutet erfahrungsgemäß auch »mehr Aufwand«. Bei großen Applikationen zahlt sich dieser Mehraufwand aus der Sicht des Autors jedoch allemal aus. Hier stellt die Investition in die Architektur zwar kurzfristig einen Aufwand dar; langfristig jedoch – vor dem Hintergrund der Aspekte Wartbarkeit, Wiederverwendbarkeit und Testbarkeit – einen Gewinn.

Stichwortverzeichnis

$ 124
$.ajax 128
$.connection 175
$.connection.hub.error 181
$.connection.hub.start() 182
$.validator.unobtrusive.adapters.add 131
$parent 161
.NET Runtime 295
.NET Runtime Host 295
@helper 49
@Html.ActionLink 30
@Html.DisplayNameFor 30
@Inherits 373
@model 29, 30, 48
@section 51
_Layout.cshtml 52
_ViewStart.cshtml 52
_ViewSwitcher 57

A

abort 130
Accept 77, 80, 82, 97, 129
Accept-Language 85
AcceptVerbs 76
AccountController 25, 324
ActionFilterAttribute 92
ActionMethodSelectorAttribute 373, 374
ActionName 27, 76
ActionNameSelectorAttribute 375
ActionResult 27, 45, 72
Active Directory 312
ActiveDirectoryMembershipProvider 312
AddAsync 45
addClass 126
AddHeader() 258
AdditionalFields 64
AdditionalValues 367
Administrator 299
ADO.NET Entity Framework 187
    Modell 302

Ajax 130
AJAX 128
Ajax.ActionLink 130
Ajax.BeginForm 130
AllowAnonymous 307
AllowedArithmeticOperators 244
AllowedFunctions 244
AllowedLogicalOperators 244
AllowedOrderByProperties 244
AllowedQueryOptions 244
AllowHtml 59
Anwendungspool 295, 301
Anwendungszustand 262, 268, 271
ApiController 76, 78, 82, 386, 387, 388
ApiControllerActionSelector 388
app.config 56
App_Code 50
App_Start 43, 58
AppCache 147, 148
AppendHeader() 258
Application 254
Application Pool 300
Application_Start 43, 56, 58, 71, 74, 78, 356, 360
applicationHost.config 301
ApplicationName 316
ApplicationPath 256
ApplicationPoolIdentity 299
applyBindings 155
ApplyFormatInEditMode 59
appSettings 130
Arbeitsprozess 295
AreaName 71
AreaPartialViewLocationFormats 378
AreaRegistration 71
Areas 69
AreaViewLocationFormats 378
Array 119, 121, 271
ASP.NET
    Benutzerdefinierte Routen 86
    Version 297

ASP.NET and Web Tools 2002.2 172, 176
ASP.NET MVC
    Action-Filter 72
    ActionResult 42
    AddModelError 60
    Area 69
    AreaName 70
    AreaRegistration 70
    AsyncController 45
    Asynchrone Controller 45
    Ausnahme 43
    Authorization-Filter 72
    Bind 41
    Clientseitige Validierung 65
    Controller anlegen 26
    ControllerContext 72
    Deklaratives Validieren 61
    Exception 43
    Exception-Filter 72
    ExceptionHandled 72
    Filter 72
    FormCollection 41
    HandleError 43
    Manuelles Validieren 60
    MapRoute 44, 70
    Model Binder 41
    Modell anlegen 25
    Models entgegennehmen 41
    NonAction 27
    Partielle Views 52
    Projekt anlegen 22
    RegisterAllAreas 71
    RegisterArea 70
    Result-Filter 72
    Serverseitige deklarative Validierung 65
    TryUpdateModel 41
    URL-Mapping beeinflussen 43
    ValidationMessageFor 60
    ValidationSummary 60
    Validieren 35, 60
    Validierungsattribute 61
    View anlegen 28
    View auswählen 42
ASP.NET Page Framework 263, 275
ASP.NET SignalR 171
ASP.NET Web API
    Benutzerdefinierte Formate 95
    Dateiupload 102
    Fortschritt 105
    HTML-Formulare 102
    JSON-Serializer 98
    Parameter 77

Rückgabewerte 77
    Serialisierung beeinflussen 98
    Service erstellen 76
    Services konfigurieren 78
    Services testen 79
    Tracing 88
    XML-Serializer 99
    Zirkuläre Referenzen 100
aspnet_regiis.exe 285
AspNetSqlMembershipProvider 312
AssembliesResolver 387
async 84
AsyncManager 45
AsyncTimeout 47
AttemptedValue 358
attr 126
Attrappe (Testen) 401
Attribute 107
Ausnahme 43
Authentifizierung 266, 290, 309
AuthorizationFilterAttribute 92
AuthorizationStoreRoleProvider 315
Authorize 306, 307, 316
Autostart 301
Autostart-Provider 302
await 84

B

bare function signature 166
BasicHttpBinding 309
BeginScope 383
Benutzerzustand 262, 271
BinaryRead() 256
BinaryWrite() 258
Bind 41
BindingContext 357, 358
BindModel 357, 358
Bindung 291
Broadcast 172
Browser 285
BrowserOverride 57
BuchungenByHotelRoute 107
BufferedMediaTypeFormatter 95
BufferOutput 258
BuildMetadata 366
BundleConfig 58
BundleTable 58
Bundling 58
ByteArrayContent 82

C

Cache 254, 258
Cache Manifest 147
CacheControl 258
CachedDataAnnotationsModelMetadata 369
CachedDataAnnotationsModelMetadataProvider 365, 369
Cacheinvalidierung 274, 279
Caching *siehe* Zwischenspeicherung
call 119
CancellationToken 47
CanReadType 95
CanWriteType 95
CheckBoxFor 35
checked 157
Claims 351
ClearContent() 258
ClearError() 255
ClearHeaders() 258
ClearOverriddenBrowser 57
click 157
ClientCertificate 256
ClientValidationEnabled 65
Close() 258
Common Language Runtime 269
Compare 62
Conditional Get 82
connection 181
connection.start 175
ConnectionStrings 312, 316
ContainsPrefix 361
Content 42, 81
CONTENT_LENGTH 257
Content-Disposition 103
ContentEncoding 257, 259
ContentLength 257
contentType 129
ContentType 257, 258
Content-Type 77, 97, 103
ContextCondition 56
ControllerActivator 377, 378
ControllerBase 27
ControllerBuilder 377
ControllerContext 361–363, 374, 376, 382
ControllerFactory 376, 377
ConvertTo 358
Cookie 257, 259, 269
CreateController 376
CreateMetadata 367
CreateMetadataFromPrototype 369

CreateMetadataPrototype 369
CreateObject() *siehe* XSS
CreateObjectFromClsid() 255
CreateProxy 178
CreateResponse 81
CreateView 379
CreditCard 62
css 127
CSS-Selektor 125
CurrentPrincipal 307
CustomDependencyResolver 356
CustomerController 376

D

DataAnnotationsModelMetadataProvider 367, 368
data-bind 156
DataContract 101
DataContractJsonSerializer 98, 99
DataContractSerializer 99, 101
data-fullscreen 136
data-icon 138
data-iconpos 135
DataMember 99
data-native-menu 142
data-position 136
data-role 135
data-step 140
data-theme 135
data-transition 136
dataType 129
DataType 53
Date 121
DateFormatHandling 98
Dateiupload 102
DateTimeZoneHandling 98
DCOM 289
declare var 166
DefaultAssembliesResolver 387
DefaultControllerFactory 376, 377
DefaultDisplayMode 56
DefaultHttpControllerSelector 389
DefaultModelBinder 357, 360
defaultProvider 316
DefaultRequestHeaders 85
DelegatingHandler 89, 90, 91
DELETE 76
Dependency Injection 392, 396
DependencyResolver 354–356, 360, 362, 365, 367, 378, 380, 383

Deutsche Telekom 290
Display 56, 59
DisplayFor 30, 53
DisplayFormat 59
DisplayModes 56
DisplayName 365, 366
DisplayNameFor 30, 59
DisplayTemplates 54
DNS 258
DotNetOpenAuth 319, 324
Download 17
Dropdown-Listenfeld 37
DropDownListFor 35, 39

E

EditorFor 35, 53, 369
EditorTemplates 54
EMailAddress 62
EnableQuerySupport 246
End() 259
Entity Framework 187
EntitySetController 247
error 130
Error 88
errorThrown 130
ETag 82
eval 123
Exception 43
ExceptionFilterAttribute 92
ExceptionHandeled 72
Exclude 41
Execute() 255
ExecuteBindingAsync 384
ExecuteResult 382
Expires 259
ExpiresAbsolute 259
export 167
Expression<T> 369
extends 165

F

Facebook 319
Fatal 88
Fiddler 79
File 42
FileData 103
FileExtensions 62

FilePath 257
Files 257
Filter 92
FilterAttribute 72
FilterInfo 94
FilterProvider 94
FilterQueryValidator 245
FindPartialView 379, 380
FindView 379, 380, 381
FlatFileFormatter 95
for...in 118
Form 257
Formatter 81, 82, 97
Formatting 99
FormCollection 41
FormData 103
FormsAuthentication 311
Formularbasierte Authentifizierung 310
FormUrlEncodedContent 82
FromLambdaExpression 369, 371
FTP 288

G

Get 76
GET 76
GetAssemblies 387
GetClientValidationRules 130, 363
GetControllerMapping 389
GetControllerSessionBehavior 377
GetEdmModel 250
GetLastError() 256
GetMetadataForProperties 365, 366
GetMetadataForProperty 365, 366
GetMetadataForType 365, 366
GetOverriddenBrowser 57
GetOverriddenUserAgent 57
GetServices 355, 362
GetValidator 362
GetValidators 359
GetValueProvider 361
global.asax 43, 58, 71, 74, 78
GlobalConfiguration 78
GlobalFilters 74
GlobalSign 290
Google 319

H

HandleError 47
Header 85
Headers 103, 257
HiddenFor 35
hide 127
HomeController 25, 27, 377
HotelController 27, 29
HotelRepository 25
html 127
Html.BeginForm 34, 35
Html.DisplayFor 53
Html.DisplayForModel 55, 56
Html.EditorFor 35, 53, 369
Html.EditorForModel 55, 56
Html.EndForm 35
Html.Hidden 54
Html.HiddenFor 35
Html.LabelFor 35, 369
Html.Partial 52, 57
Html.RenderPartial 52
Html.ValidationMessageFor 35
Html.ValidationSummary 35
HtmlAttributes 71
HtmlDecode() *siehe* XSS
HtmlEncode() 256
HtmlHelper 369, 371
HtmlHelper<T> 369
HtmlHelpers 369
Html-Text 59
HtmlXmlRequest 130
HTTP 257, 258, 262, 276, 284, 288, 289
HTTP BASIC 308
HTTP DIGEST 308
http.sys 295, 300
HttpActionDescriptor 388
HttpActionSelectors 388
HttpClient 83, 84, 85, 90, 91, 105
HttpClientFactory 91
HttpClientHandler 91, 105
HttpContent 81, 82
HttpContext 56, 254, 374
HttpControllerDescriptor 106, 389
HttpControllerDispatcher 107
HttpControllerSelector 389, 390
HttpControllerSettings 106
HttpDelete 33, 76
HttpGet 33, 76, 373
HttpMethod 257
HttpNotFoundResult 43

HttpParameterBinding 384, 385, 387
HttpPost 33, 76, 373
HttpProgressEventArgs 105
HttpPut 33, 76
HttpReceiveProgress 105
HttpRequest 256
HttpRequestMessage 82, 85, 88, 389
HttpResponse 81, 258
HttpResponseBase 382
HttpResponseMessage 80, 81, 85
HTTPS 257, 288
HttpSendProgress 105
HttpServerUtility 255
HttpStatusCodeResult 43
HttpXmlRequest 128
Hub 176
HubConnection 178
Hypertext Transfer Protocol 256

I

IActionFilter 72
IAssembliesResolver 387
IAuthorizationFilter 72
IClientValidatable 130
IConnection 172
IController 27
IControllerActivator 377, 378
IControllerConfiguration 106
IControllerFactory 376, 377
Identität 296
Identity 307
Identity and Access 346
Identity and Access-Tool 345, 349
IDependencyResolver 354, 355
IExceptionFilter 72
IFilterProvider 94
If-None-Match 82
IgnoreRoute 45
IGroupManager 172
IHtmlString 369, 371, 372
IHttpActionDescriptor 388
IHttpActionSelector 388
IHttpControllerSelector 389
IIS 284, 285, 300
    Version 7.5 301
IIS-Anwendung 294
IIS-Anwendungspool 295
IIS-Manager 286, 301
ImageMap 257

IModelBinder 356, 357
IModelBinderProvider 360
ImplementationInfo 76
import 167
Include 41, 58
IncludeErrorDetailPolicy 78
Index 27, 28
IndexdDB 147
Info 88
Initialize 106
InitializeSimpleMembership 313
InitializeSimpleMembershipAttribute 324
InputStream 257
International .NET Association 16
Internet-Application 22, 25
Invoke 179
IP-Adresse 258, 288
IPrincipal 307, 357
IProcessHostPreloadClient 301
IRequest 172
IResultFilter 72
ISAPI 295
ISAPI-Filter 295
IsAuthenticated 257
isNaN 112
IsoDateFormat 98
IsReference 101
IsSecureConnection 257
IsValid 64
IsValidForRequest 374
IsValidName 375, 376
ITraceWriter 88, 106
IValueProvider 360, 361
IView 379, 381
IViewEngine 356, 380
IViewPageActivator 380
iX 16

J

Java Script Object Notation 115
JavaScript 42, 110
  debuggen 123
JObject 87
jQuery 123, 124, 125, 155, 175
  AJAX 128
  Animationen 127
  Elemente modifizieren 126
  Ereignisbehandlung 125
  Selektion 125
  Wrapper-Objekte 124
jQuery Mobile 134
  Dialoge 137
  Formularfelder 140
  Listen 143
  Logische Seiten 135
  Navigationsleisten 138
jQuery UI 132
jQuery Validate 130
jQuery.Mobile.MVC 57
Json 42
JSON 95
JSON.parse 130
JSON.stringify 130
JsonFormatter 98, 100
JsonIgnore 99
JsonMediaTypeFormatter 97

K

Kernel-Modus 295
knockout.js 154, 155
ko.observable 155
ko.observableArray 159

L

LabelFor 59, 369
lawnchair 147
Layout page 28
LayoutPage 51, 52
Layoutseite 28, 50
Lebenszeit 300
length 121
Leser-Service 17
LimitResultMessageHandler 89, 107
LinkedIn 319
ListBoxFor 35, 40
Live-Id 319
LocalFileName 103
LocalService 299
localStorage 146
LocalSystem 299
LoggingHandler 89
LoggingMessageHandler 91
loginUrl 310
Long-Polling 170

M

MachineName 255
MapConnection 173
MapHttpRoutes 86
MapImageCoordinates() 257
MapPath() 256, 257
MaxLength 62
MediaTypeFormatter 95, 96
MembershipProvider 312, 317
MessageHandler 91, 105, 107
MessageProcessingHandler 90
MetadataProvider 367, 387
MetadataProviders 366
MetadataType 63
Metadaten 59
Metadaten-Klasse 62
MetadateProviders 365
MethodInfo 374
Microsoft Certified Solution Developer 16
Microsoft SQL Server 267, 279–281, 312, 315
Microsoft SQL Server 2005 280
Microsoft Unity 383
Microsoft.AspNet.WebApi.Client 84
MicrosoftDateFormat 99
Minification 58
MinLength 62
Mitgliedschaftssystem 315
Mitgliedschaftssystemprovider 312
Mobile Anwendungen 56
MobileOnly 374
MobileOnlyAttribute 373
Mock-Framework 401
Mock-Objekt (Testen) 401
Model 371
modelAccessor 365
ModelBinder 358, 359, 360, 387
ModelBinderProvider 360
ModelClientValidationRule 130, 363
Modellbindung 41
ModelMetadata 54, 362, 363, 366, 367, 369
ModelMetadataProvider 365, 367
ModelName 357
ModelState 311, 357, 358
ModelType 357
ModelValidationProvider 364, 365
ModelValidationResult 363
ModelValidator 363
ModelValidatorProvider 359, 362, 364, 387
Model-View-Controller *siehe* MVC
Model-View-ViewModel 21, 154

modernizr 153
Modernizr 153
Most Valuable Professional 16
multipart/form-data 102
MultipartContent 82
MultipartFileData 103
MultipartFileStreamProvider 104
MultipartFormDataContent 82
MultipartFormDataStreamProvider 102, 104
MultipartMemoryStreamProvider 104
MultipartRelatedStreamProvider 104
MultipartStreamProvider 102
multiply registered service 355
MultiSelectList 40
MVC 20
MvcApplication 74, 356, 360
MVVM 21

N

NameValueCollection 257
NetworkService 299
NMock 401
nodeValue 128
Not Found 43
NotImplementedException 317
NTLM 285
NuGet 175, 181

O

OAuth 319
OAuth2 319
ObjectContent 81, 82, 97
observableArray 159, 160
ODataConventionModelBuilder 250
ODataException 245
ODataModelBuilder 251
ODataQueryOptions 246
OnActionExecuted 72, 92
OnActionExecuting 72, 92
OnAuthorization 72, 92
OnException 72, 92
OnReadStream 95
OnReceiveAsync 172
OnReceived 172
OnResultExecuted 72
OnResultExecuting 72
OnWriteStream 95

OpenId 319
optionsCaption 160
optionsText 160
optionsValue 160
OrderByQueryValidator 245
Output 259
OutputCache 275
OutputCacheProvider 274
OutputStream 259

P

Parallelität
  vollständige 226
ParameterBinding 386
ParameterBindingRule 385, 386
ParameterBindingRules 386
ParameterBindings 386
Params 257
parseFloat 112
parseInt 112
parsererror 130
PartialView 42
PartialViewLocationFormats 378, 379
PartialViewLocationFormats: 378
Partielle View 28, 52
passiveRedirectEnabled 348
Path 257
PathInfo 257
PersistentConnection 171, 172, 173
Pfadinformation 257
Phone 62
PhysicalApplicationPath 257
PhysicalPath 257
PipelineModule 184
Pipeline-Module 184
Pool 300
pop 121
Portnummer 288, 292
POST 76
Preload 301, 303
Preload-Provider 302
Premium 195
preserveObjectReferences 101
PreserveReferencesHandling 100
Principal 307, 351, 357
Process Pinging 300
ProcessData 129
ProcessRequest 90

ProcessResponse 90
ProgressMessageHandler 105
ProgressPercentage 105
Protokollart 288
Provider 274, 315
Proxy 276
push 159
PUT 76

Q

Querschnittsfunktion 92, 184
QueryString 257

R

RadioButtonFor 35
Range 61, 62, 362
RawUrl 257
Razor 47
Razor-Helper 49
RazorViewEngine 354, 356, 378
ReadAsAsync 84
ReadAsByteArrayAsync 85
ReadAsFormDataAsync 102
ReadAsMultipartAsync 85, 102
ReadAsStreamAsync 83, 85
ReadAsync 97
ready 125, 126
received 175
Recycling 299
Redirect 42, 259, 292
RedirectPermanent 42
RedirectToAction 42
RedirectToActionPermanent 42
RedirectToRoute 42
RedirectToRoutePermanent 42
Refresh() 211
Register 86
RegisterBundles 58
RegisterGlobalFilters 74
RegisterRoutes 43, 45
RegisterService 355
RegularExpression 62
ReleaseController 377
Remote 62, 64
Remotevalidierung 63
removeClass 126
RenderBody 50, 51

RenderSection 51
reply 348
Repository 26, 27, 32
Request 81, 82, 102, 254, 374, 376
Request Body 80
RequestContext 376, 378
RequestType 257
Required 62, 362, 365
Response 254
RoleProvider 315, 316, 317
Roles 306
RouteConfig 43
RSCA 287
Runtime Host 295

S

SaveAs() 257
ScaffoldColumn 56
Schema Compare 195
ScriptBundle 58
Scripts.Render 35
ScriptTimeout 255
Seitenzustand 271
SelectAction 388
SelectController 389
SelectItemList 39, 40
SelectList 39, 40
SelectListItem 37, 39, 40
Send 172
SendAsync 85, 89
Server 254
ServerVariables 257
serviceAutoStartEnabled 301
serviceAutoStartProvider 301
Session 254, 271
SessionValueProvider 361
SetAuthCookie 311
SetControllerFactory 377
SetOverriddenBrowser 57
SetResolver 356
SetValue 384
Shared 25, 42
shift 121
SignalR 171
    Gruppen 183
    skalieren 186
SignOut 312

Single Sign-On 321, 345
singly registered services 354, 355
Sitzungszustand 264, 265, 267, 268, 271
SkipQueryValidator 245
slidingExpiration 310
slow 127
Spring.Net 383
SqlMembershipProvider 312, 315
SqlRoleProvider 315
src 126
SSL 257, 290, 291, 292, 306
Standardwebsite 292
startMode 301
Status 259
Statuscode 292
StatusCode 85, 259
StatusDescription 259
Stream 257, 258
StreamContent 82
Strict-Mode 123
StringContent 82
StringLength 61, 62
SubmitButtonActionNameSelectorAttribute 375
SuppressContent 259
System.Net.Http 83, 84
System.Web.Hosting 301
System.Web.Http 354, 383
System.Web.Mvc 354, 383

T

TaskCompletionSource 384
text 127, 157
text/cache-manifest 148
TextAreaFor 35
TextBoxFor 35
textStatus 130
TextWriter 381
Thawte 290
timeout 130, 310
toggle 128
ToHtmlString 369
TopQueryValidator 245
TotalBytes 257
Trace 88, 106
TraceRecord 88
TraceWriter 88, 89
Transfer() 256
TryUpdateModel 41
Twitter 319

TypeScript
  Ambiente Deklarationen 166
  Funktionen 163
  Interfaces 165
  Klassen 164
  Module 167
  Typen 163

U

ui-btn-active 138
UIHint 53
Ultimate 195
undefined 112
Unit-Test 395
Unity 399
UnityContainer 399
UnityDependencyResolver 399, 400
UnobtrusiveJavaScriptEnabled 130
unshift 121
Url 62, 257
URL 257, 292
UrlDecode() 256
UrlEncode() 256
URLParameter.Optional 44
UrlPathEncode() 256
UrlReferrer 258
UseDataContractJsonSerializer 98
User 254, 351
User.IsInRole 316
UserAgent 56, 57, 258
User-Agent 374
UserHostAddress 258
UserHostName 258
UserLanguages 258
Users 299, 306
UseXmlSerializer 99

V

Validate 358, 359, 363
ValidateBinaryOperatorNode 245
ValidateInput 66
ValidateQuery 245
ValidateUser 314
ValidationAttribut 363
ValidationAttribute 61, 130
ValidationMessage 60
ValidationMessageFor 60
ValidationResult 64

ValidationSummary 60
Validatoren 359, 362
Validators 363
Validieren unterbinden 66
value 160
ValueProvider 358, 360, 361, 387
ValueProviderFactories 362
ValueProviderFactory 361, 362
ValueProviderResult 358, 361
var 111
VaryByCustom 275
VaryByParam 275
Verbindungszeichenfolge 267
VeriSign 290
Verzeichnis
  virtuell 292, 294
View 31, 34, 42
ViewBag 30, 33, 37, 39
ViewContext 381
ViewData 54, 369
ViewEngine 356, 380, 381
ViewEngineResult 379–381
ViewLocationFormats 378
ViewModel 21
ViewPageActivator 380
Visual Basic 14
Vorlagen 30, 35, 53

W

w3wp.exe 295, 299
Warn 88
Web Administration Service 295, 300
Web SQL Database 147
web.config 65, 130, 307, 309
Web.config 266, 267, 268, 274
WebApiConfig 78, 88
WebApiConfig.cs 86
WebApiConfig.Register 78
WebDB 147
WebFormViewEngine 354
Webserver
  Virtuell 288
Webserverprozess 301
Website 288
Web-Sockets 171
WebViewPage<T> 372
WIF 345
Windows 7 301
Windows Identity Foundation 345

Windows Server 276
Windows Server 2003 276
Windows Server 2008 301
Windows-Authentifizierung 290
WindowsTokenRoleProvider 315
WMI 287
Worker Process 295, 300
Write() 259
WriteFile() 259
www.IT-Visions.de 16
WWW-Dienst 288

X

X-HTTP-Method-Override 388
XML 95
XmlHttpRequest 128, 170

XmlIgnore 99
XmlSerializer 99, 382

Y

Yahoo 319

Z

Zertifikat 256, 290
Zirkuläre Referenzen 100
Zustandsüberwachung 300
Zustandsverwaltung 262
Zwischenspeicherung 273, 274, 283, 305, 353, 391

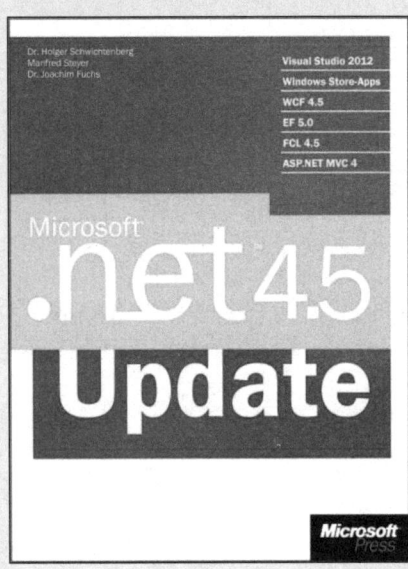